21世纪通识教育系列教材
21st Century Textbooks of General Education

跨国公司理论与实务

KUAGUO GONGSI LILUN YU SHIWU

主　编◎孔　欣
副主编◎李健欣　祝　佳

中国人民大学出版社
·北京·

前　言

跨国公司是全球对外直接投资（FDI）的主要载体，是推动经济全球化的重要力量。历年世界投资报告的资料显示，跨国公司数量呈几何级增长，跨国公司母公司数量从 20 世纪 60 年代末的不足 1 万家增至目前的 8.2 万家以上，其遍布世界的子公司超过 80 万家。跨国公司在数量暴增的同时，其规模也越来越大，实力更是显著增强。2010 年，全球对外直接投资增长了 5%，达到了 1.24 万亿美元，跨国公司创造了约 16 万亿美元的增加值，占全球 GDP 的 1/4，国外雇员人数高达8 000万，仅海外分支机构所创的增加值就占了全球 GDP 的 1/10 和全球出口额的 1/3。跨国公司通过其构筑的全球一体化的研发、采购、生产、营销体系，促进了世界范围内的自然资源、劳动力、资本、技术的跨国流动与重新配置，突破了国际经济联系的固有格局。可以说，跨国公司在世界经济增长、国外投资、增加就业、国际贸易、技术进步等方面发挥着举足轻重的作用。

一方面，中国自改革开放以来，实施了一系列吸引外资的政策与举措，从各个层面完善外商投资环境，优化利用外资结构，扩大开放领域，跨国公司对华直接投资迅猛发展，中国成为世界第二大外国直接投资接收国，外国公司在中国获得巨大经济利益的同时，也促进了中国的产业结构升级、技术进步和管理创新，实现了互利共赢的良好局面。另一方面，随着改革开放的不断深入，中国综合国力进一步增强，企业的国际竞争力也明显提高，特别是在国家实施“走出去”战略的有力支持下，越来越多的中国企业正在或已经走向世界，涌现出一大批具有全球视野和国际战略的中国跨国公司，成为世界市场上一支重要的新生力量。

因此，研究跨国公司的相关理论，了解跨国公司的成长轨迹，掌握其经营战略，分析其对东道国及母国的经济影响，探索中国跨国公司的成长之路，对于培养国际商务领域应用性人才都是非常必要的。正是基于以上原因，作者在充分借鉴国内外相关研究成果基础上编写了本教材。

本教材突出以下特色：

一是教学适用性。为了更好地实现国际商务人才的培养目标，丰富跨国公司有关方面的理论知识，突出专业特色，提升专业基本技能，吸纳跨国公司最新理论研究成果和经营管理实践案例，在内容安排上强化与需求相适应，注重综合素质和适应能力的培养，强调理论性、启发性、实用性有机结合。

二是研究视角开阔。跨国公司是对外直接投资的载体，本教材重点从微观层面研究企业跨国经营管理的同时，还从宏观层面阐述跨国公司对外直接投资对国家和产业的影响。

三是内容充实具体，结合案例分析。本教材注重理论联系实际，通过具体的案例分析深化理论内容。每章的“导入案例”引起读者的兴趣；“专栏”的文章是对基础知识的扩充，可以开阔视野，扩大信息量；“案例分析”旨在培养学生的创造性思维，提高学生分析问题与解决问题的能力。

四是现实性。与中国“走出去”战略紧密联系，深入探讨跨国公司与中国的经济联系，重点研究中国跨国公司的发展实际，增强现实性和应用性。

本教材由广东金融学院孔欣教授、李健欣讲师、祝佳博士共同编撰完成。各章的具体编写分工如下：孔欣编写第一、二、三、八章；李健欣编写第六、七章；祝佳编写第四、五、九、十章。

本教材在编写过程中，学习、借鉴了国内外专家学者的诸多研究成果，在此深表谢意！

由于作者学识有限，对有关问题和观点的研究与探讨尚欠深入，疏漏和问题在所难免。恳求读者批评指正。

编　者

目　录

第一章

跨国公司概述

本章要点

- 跨国公司的衡量标准
- 跨国公司的特征
- 跨国公司的形成与发展
- 企业跨国经营的阶段分析

导入案例

2010年的全球对外投资

2010年，全球对外直接投资（FDI）增长了5%，达到了1.24万亿美元，但仍比危机前的平均值低15%。与此形成鲜明对比的是，全球工业产出和贸易则已经恢复到危机前的水平。联合国贸发会议估计，全球国际直接投资将在2011年恢复到危机前的平均水平，增加到1.4万亿～1.6万亿美元，并在2013年接近2007年的2万亿美元的最高值。但这一乐观的预测是以全球经济不遭受意外冲击为前提的。目前世界经济存在着诸多风险。

尽管2010年全球国际直接投资总体上呈上升趋势，但其在不同区域、部门以及模式上表现为不均衡发展的状况：一方面，地区上的不均衡表现尤为突出。流入东亚和东南亚的国际投资猛增了34%，达到历史新高。流入拉丁美洲国家的国际投资增长了14%。非洲、南亚、西亚以及转型经济体的国际直接投资流入量却持续下降。发达国家整体的国际直接投资流入量经历了小幅下挫，其中一些欧洲国家跌幅明显，美国的外资流入量增长了近50%，但仍远低于危机前水平。另一方面，不同部门和产业的国际直接投资也出现了不均衡的发展格局。服务业的国际直接投资在经历了危机时的大幅下滑后，2010年依然不振。其主要行业，包括商业服务、金融、交通、通信以及公共事业，都经历了不同程度的下滑。相反，流入制造业的外资有所复苏，其项目数占全球国际直接投资总项目数的近一半。但在制造业中，商业周期敏感的行业，如金属和电子等行业的国际直接投资则有所下滑。外资未受危机影响的采掘业也在2010年间经历了国际直接投资的下滑。两大国际直接投资进入模式——绿地投资和跨国并购也同样印证了国际直接投资的不均衡发展。2010年跨国并购总额虽只是2007年历史最高位时的1/3，但却同比上升了36个百分点。而作为国际直接投资的主要模式，绿地投资的项目数在2010年则再次减少，但在2011年前五个月的投资额与项目数同比均有明显增长。

2010年尤其令人瞩目的是，发展中国家和转型经济体吸收了超过半数（52%）的全球国际直接投资，达到6 420亿美元。随着国际生产及消费的重心不断向发展中国家和转型经济体倾斜，跨国公司增加了在这些国家和地区的投资。但是，非洲、最不发达国家、内陆和小岛屿国家等最贫穷地区的国际直接投资流入量则不断下滑。这个现象引起了国际社会的关注。发展中国家和转型经济体的国际直接投资流出量在2010年度更达到了创纪录的3 880亿美元，超过2009年21个百分点，占世界国际直接投资流出总量的近30%，其中大部分投资流向了其他南方国家。这不仅反映了新型市场中跨国企业的信心与活力不断增长，同样也印证了其作为国际投资来源的重要性。与此同时，跨国公司的国际生产规模、海外销售额、就业和资产规模等都在继续扩张。2010年，跨国公司创造了约16万亿美元的增加值，占全球GDP的1/4。仅其海外分支所创的增加值就占了全球GDP的1/10和全球出口额的1/3。

国有跨国公司开始在全球国际直接投资中扮演越来越重要的角色。尽管其数量只占全球跨国公司总数的不到1%，但其国际直接投资却占到2010年全球国际直接投资流出量的11%。目前，全球至少有650家大型国有跨国公司，其国际生产经营网络也已遍布世界各地，总共拥有超过8 500家的海外分支机构。其中欧洲拥有数量最多的国有跨国公司，共约260家。从全球范围来看，有455家集中于服务业，尤其是像通信等很多原国家垄断的产业。从事金融业的国有跨国公司也占很大比重，约126家，这其中包括在金融危机时期接受政府大量资金注入而被认定为国有的跨国公司。《2011年世界投资报告》对国有跨国公司的特征、投资方式、地理和行业分布以及面临的挑战进行了全面、独到的分析。

国际投资领域呈现出新的政策趋势。2010年，开放和促进投资仍然是投资政策的主导因素，有68%的政策措施有利于国际直接投资。然而，由于近年来一些国家纷纷出台限制性投资措施和监管审批程序，投资保护主义的风险也随之增加。2010年有近1/3的政策措施是对国际直接投资进行监管和限制的，相对于20世纪90年代2%的平均水平来说，其比例明显提高。就国际投资政策而言，国际投资体系正处于十字路口。目前，构成国际投资法律体系的各类国际投资协定总计已达6 100多个，过去几年里平均每周至少有3个这样的协定签署。许多正在进行的协定谈判和多重争端处理机制，以及现存的各种协定，都使得国际投资协定体系对政府和投资者而言，已到了庞大、复杂而难以运作的地步。但即使这样，还需14 100个双边协定才能涵盖所有的双边投资关系。因此关于国际投资协定及国际投资体制未来定位和发展的讨论日益激烈。

近几年，各国纷纷出台产业政策，外国直接投资政策在国家和国际层面上与产业政策的相互作用正逐步增强，其所带来的挑战是如何处理好这一相互作用以使得两种政策形成合力并促进发展。一方面要加强国内生产能力的建设，另一方面要避免投资和贸易保护主义，在这两方面寻求平衡是关键，同时也要增强国际协调与合作。

最后一个政策方面的重要发展是企业社会责任。国际投资和国际投资政策越来越多地受到上千个企业社会责任标准的影响。政府可以通过适当的政策来促进这些标准的实施，比如统一公司报告标准的法规，提供能力建设规划，整合企业社会责任标准，并将其融入国际投资体系。

《2011 年世界投资报告》的主题是国际生产的非股权经营模式。在当今世界中，如要进一步推动发展中国家的生产向全球价值链整合，在政策选择方面就必须突破传统的国际直接投资与贸易的视野。其中非股权经营模式正成为政策制定者们的重要议题。非股权经营模式是指在诸如合同制造、服务外包、订单农业、特许经营、技术许可以及管理合同等国际生产中，跨国公司可以在不拥有东道国企业股权的情况下掌控这些企业的生产经营活动的经营模式。

据联合国贸发会议估算，全球范围内跨境非股权经营模式在 2010 年创造了超过 2 万亿美元的销售额。其中，合同制造与服务外包贡献了其中的 1.1 万亿～1.3 万亿美元，特许经营额为3 300亿～3 500亿美元，技术许可经营总额3 400亿～3 600亿美元，管理合同总额达到了1 000亿美元，订单农业也遍布全球 110 多个国家。几乎在所有的行业中，非股权经营模式的增长速度均好于其所在行业的总体增长水平。

非股权经营模式能够带来显著的发展效益。它在发展中国家创造了1 400万～1 600万个工作岗位。其中合同制造和服务外包更是创造了大量的就业机会。在一些国家中，其创造的增加值甚至超过了当地 GDP 的 15%。在一些产业中，其出口额则占到了该行业全球出口总额的 70%～80%。总体而言，非股权经营模式可以通过生产能力建设、技术扩散以及促进国内企业发展等方式，促进发展中国家中长期的产业发展，帮助其融入全球产业链而使之获益。例如，在莫桑比克，农业订单就使近 40 万名的农民参与到了全球产业链中。

从全球视角看中国的国际投资：

一方面，2010 年中国吸收外资势头良好。2010 年中国国际直接投资的流入量保持了两位数的高增长，达到1 057亿美元，相比 2009 年的 950 亿美元增长近 11%，基本恢复了 2008 年1 083亿美元的历史高位，在全球吸收外资排名第二。同时，中国吸收外资存量也达到5 788亿美元。

另一方面，中国对外投资高速增长。2010 年，中国对外投资年流量超过日本、英国等对外投资大国，达到创纪录的 680 亿美元，同比增长 17%，位居世界第五。对外投资总存量较 10 年前增长了 10 倍，达到3 000亿美元。中国企业 2010 年海外并购额高达 290 多亿美元，同比增长 26%，全球排名第四，略低于日本和英国。对外投资遍及全球各行业和地区，吸收外资和对外投资比例从 20 世纪 90 年代的 18∶1 上升至 2010 年的不到 2∶1。

资料来源：联合国贸易和发展会议：《2011 年世界投资报告：国际生产和发展的非股权形式》，北京，经济管理出版社，2012。

第一节 跨国公司的衡量标准与特征

随着经济全球化的不断深入，跨国公司在世界经济发展中的作用越来越重要。《2011

年世界投资报告》的资料显示，近 40 年来跨国经营企业数量呈几何级增长，规模也显著增大，跨国公司母公司数量从 20 世纪 60 年代末的不足 1 万家增至目前的 8.2 万家以上，其遍布世界的子公司超过 80 万家。2010 年全球对外直接投资增长了 5%，达到了 1.24 万亿美元，跨国公司创造了约 16 万亿美元的增加值，占全球 GDP 的 1/4，国外雇员人数高达8 000万。仅其海外分支机构所创的增加值就占了全球 GDP 的 1/10 和全球出口额的 1/3。可以说，跨国公司成为推动世界经济增长、对外投资、增加就业、国际贸易、技术进步的主要力量。

一、跨国公司的含义

1. 跨国公司名称的由来

20 世纪 60 年代，部分西方发达国家的大企业通过对外直接投资（Foreign Direct Investment，FDI），使其生产经营活动超越了国家界限，结合公司的全球发展战略和生产价值链空间布局，形成了一体化的网络结构。这种与国际化大生产相适应的现代企业组织形式，引起了学术界的极大关注。对于从事跨国生产经营企业的称谓也不尽相同，如跨国公司（Transnational Corporation）、多国公司（Multinational Corporation）、全球公司（Global Corporation）、国际公司（International Corporation）、世界公司（World Corporation）等。

早在 1960 年 4 月，时任美国田纳西河管理局长的大卫·利连撒尔（David E. Lilienthal）在美国卡内基工业大学发表演讲时说："跨越国界从事生产经营活动的经济组织已不再是纯粹的一国企业，而是'多国'的企业（Multinational Corporation）……"至此，"多国公司"一词便在西方经济学界流行开来，用来描述那些跨越国界进行生产经营活动的企业组织形式。

1965 年，美国哈佛大学建立了一个由多国经济学家组成的多国公司研究中心，该中心对美国及欧洲国家的跨国经营企业进行了相关调查和研究，并出版了大量论文和学术专著，在这些研究成果中，均使用了"Multinational Corporation"一词。20 世纪 70 年代初，联合国经济与社会理事会也展开了对跨国经营企业的研究，在 1973 年经社理事会提交的一份题为《世界发展中的多国公司》的报告中，同样采用了"Multinational Corporation"的称谓。但在 1974 年对这份报告的讨论中，拉丁美洲国家的代表提出异议，他们认为"Multinational Corporation"一词是专指由《安第斯条约》组织成员国联合创办与经营的公司。为了避免概念上的混淆，联合国经济与社会理事会在全面考察各种准则和定义后，于 1974 年做出决议，决定联合国统一采用"Transnational Corporation"（跨国公司）这一名称。联合国在 1974 年 8 月以后的有关文件中，一律用"跨国公司"来称呼这类企业，这一称谓也逐渐被国际社会普遍接受。

2. 跨国公司的定义

对外直接投资（FDI）是跨国公司最主要的活动形式。跨国公司根据它的全球经营战略，通过对外直接投资在世界范围内设立分支机构，按照成本最小化原则在各国（地区）

组织一体化生产，形成价值链的空间布局。跨国公司由此成为对外直接投资、产品内分工、一体化生产和国际贸易的重要载体。跨国公司对各个国别不同市场的运营系统实施统一战略和组织一体化管理是它的一个显著特征。跨国公司与国内公司的真正区别在于，它建立一个内部组织来经营各种跨国界的业务，并且实行内部化交易，而不是通过公开市场来完成上述交易活动。因此，跨国公司就是从事跨国经营业务的公司。但在具体定义上，由于看待跨国经营的角度存在差异，学术界至今尚无统一的概念。

早在 1963 年，美国出版的《每周商务周刊》就对跨国公司做了如下的描述性定义："跨国公司是指符合下列两个条件的公司，第一它至少要在一个或一个以上的国家设立生产场所或者是争取其他形态的直接投资；第二是具有名副其实的世界性预测能力，其经营者在市场开发、生产和研究等方面，能做出适用于世界各国的多种多样的基本决策。"

1971 年，英国里丁大学著名的跨国公司研究专家邓宁（John H. Dunning）教授从企业跨越国界从事直接生产经营活动的角度对跨国公司定义如下："国际的或多国的生产企业的概念……简单地说，就是在一个以上的国家拥有或者控制生产设施（如工厂、矿山、炼油厂、销售机构、办事处等）的企业。"①

1979 年，英国学者胡德（N. Hood）和杨（S. Young）在《多国企业经济学》中也对跨国公司做出了与邓宁相类似的定义："跨国公司是指在一个以上的国家拥有（全部或部分）控制和管理能产生收益的资产的企业，这就是从事国际生产，即通过对外直接投资、筹资进行的跨国界生产。"

在诸多跨国公司的定义中，联合国跨国公司中心于 1977 年起草，经过多次修改于 1986 年最终定稿的《跨国公司行为守则草案》中给出的定义最具权威性。"跨国公司是指由两个或多个国家的实体所组成的公营、私营或混合所有制企业，不论此等实体的法律形式和活动领域如何；该企业在一个决策体系下运营，通过一个或多个的决策中心制定协调的政策和共同的战略；该企业中的各个实体通过所有权或其他方式结合在一起，从而其中一个或更多的实体能够对其他实体的活动施加有效的影响，特别是与其他实体共享知识、资源和责任。"② 这一定义不仅指出了跨国公司的跨国经营性及母公司对子公司的控制力，而且特别强调了跨国公司内部管理、生产经营、战略实施的统一性。

总之，跨国公司作为现代国际化企业的高级组织形式，应该具备以下三个基本要素：第一，跨国公司应由设在两个或两个以上国家（地区）的经济实体所组成，无论这些实体的法律形式与经营如何；第二，在一个统一的决策系统下运行，拥有共同的经营战略和协调的配套政策；第三，各个经济实体通过股权或其他方式相互联系，各实体之间可以相互有效利用资源，并共同承担责任。

二、跨国公司的衡量标准

跨国公司往往是由两个或两个以上国家的经济实体所组成的，在世界范围内从事生产、销售和其他经营活动的国际性大企业。在衡量一个企业是否是跨国公司时，一般要考

---

① J. H. Dunning, *The Multinational Enterprise*, Praeger Publishers, 1971.

② 吴文斌：《跨国公司新论》，北京，北京大学出版社，2000。

虑以下标准。

1. 结构标准

结构标准主要将地区分布、所有权状况、股权结构等结构性指标作为划分跨国经营与国内经营的标准。

（1）地区分布标准。地区分布标准考察的是企业跨国经营的地理区域，一般把在两个或两个以上国家从事生产经营活动的企业称为跨国公司。而哈佛大学的“美国多国公司研究项目”认为，必须在六个国家以上设有子公司或附属企业才算是真正的跨国公司。著名经济学家弗农（Raymond Vernon）教授也认为，被称作跨国公司的企业应该有广泛的地区分布，如果一个母公司在本国基地以外只在一个或两个国家拥有股权（子公司），则不能把它列入跨国公司的行列。

（2）所有权状况标准。“所有权”状况包含资产所有权形式与企业母国所属地两层不同含义。跨国公司的资产所有权形式可以是私有、国有或混合所有制，其法律组织形式并不重要。关于跨国公司的国籍问题有各种不同的看法，美国学者梅森劳基（J. Maisonronuge）认为，跨国公司或多国公司的股权应该是多国公民所有，其管理权也应是多国性的。麻省理工学院国际经济学专家金德尔伯格（Charles P. Kindleberger）则认为，跨国公司或多国公司的特征之一是“无国籍性”的，即“并不忠于哪一个国家，也没有哪个国家使它感到特别亲近”。以联合利华（Unilever）公司和英荷皇家壳牌石油公司（Royal Dutch/Shell Group）为例，这两个公司都是在两个国家注册登记的“双重国籍公司”。

（3）股权结构标准。股权结构标准强调母公司拥有国外企业的股份比例，母公司拥有国外企业的股份多少，涉及该公司对国外企业生产经营控制能力的大小，关系到能否把国外企业视为自己的子公司。弗农、罗尔夫（Rolfe）都认为，跨国公司在国外子公司所拥有的股权至少应达到25%。对此各国相关的法律规定也不尽相同。美国法律规定一个企业拥有的国外企业股份要至少达到10%，国外企业才能算作该公司的子公司，该公司则为跨国公司。日本规定要至少达到25%，加拿大则规定要达到50%。

2. 经营绩效标准

经营绩效标准也称为跨国度标准，它以企业在全球经营业绩状况来界定企业是否是跨国公司。通常以国外资产占总资产比率、国外销售额占总销售额比率、国外雇员人数占总雇员人数比率的高低作为判断标准。这三个比率的平均数即为企业跨国度指数，世界100家最大跨国公司的平均跨国度指数超过50%，有些跨国公司甚至高达90%以上（见表1—1）。

表1—1　　2006年跨国度指数居世界前10位的跨国公司

2006年依据跨国度指数排名	公司名称	国籍	所属行业	跨国度指数（%）
1	Tomson Corporation	加拿大	传媒	97.2
2	Libercty Global In	美国	电信	96.5

续前表

2006年依据跨国度指数排名	公司名称	国籍	所属行业	跨国度指数（%）
3	罗氏制药	瑞士	制药	90.5
4	WPPP Group PLC	英国	商业服务	87.8
5	飞利浦	荷兰	电气/电子设备	87.4
6	雀巢	瑞士	食品/饮料	86.8
7	Cadbury Schweppes PLC	荷兰/英国	食品/饮料	86.7
8	沃达丰	英国	电信	82.4
9	Lafarge SA	法国	非金属矿产	81.9
10	Sabmiller PLC	英国	消费品/啤酒	81.1

资料来源：联合国贸易与发展会议：《2007年世界投资报告：跨国公司、采掘业与发展》，北京，中国财政经济出版社，2008。

跨国度指数是用来衡量跨国公司的“国际参与程度”的指标，是“公司经营活动在国外配置程度的函数”，联合国贸发会议于《1998年世界投资报告》中指出：“该指数……所依据的理论框架是以国外活动与本国活动的二分法为基础的，并有助于评估跨国公司的活动和利益介入本国或外国经济的程度。”这些比率，从不同角度反映了跨国公司在经营绩效方面所表现出来的跨国程度。

3. 战略取向标准

战略取向标准是指企业对跨国经营所采取的思维方式与动机选择，这一标准着重考察企业对待跨国经营的态度是积极的、消极的还是中性的，而企业跨国经营的途径与规模并不是最关键的。

美国宾夕法尼亚大学普尔穆特（Howard V. Perlmutter）教授1969年在《国际公司曲折演变》一文中，对企业跨国经营路径进行了较为深入的研究。他认为在描述公司从事海外业务时，外部的可量化的指标如海外投资比例、海外股权比例、海外东道国雇员人数等固然有用，但并不充分。当深入考察国际企业的现状时会发现，就企业决策者及高层管理者而言，对于企业在世界范围内从事经营活动持有何种态度十分重要。总部及子公司在东道国和母国的环境下，对“外国思维、外国员工、外部资源”的导向性在确定公司跨国性质时变得非常关键。一般而言，企业首先立足国内市场，进而从国内市场向国外领域扩张，直到定位于全面的国际导向，在此过程中，其价值观念和行为方式通常要经历以下三个阶段：

（1）母国取向。即以公司所在国（母国）为中心制定发展战略与经营决策，重点从母国的市场需求和经营环境出发，优先考虑母国企业的经济利益和发展前景。这类企业的生产经营虽然也有少量的涉外份额，但国外业务仍采用母国的经营管理模式；尽管也雇用东道国员工，但所属企业的高级管理人员仍由母公司委派。

（2）东道国取向。即公司在经营决策时，充分考虑东道国的政策法规、市场环境、要素供给状况等，母公司给予子公司更大的自主权，决策系统开始分散，决策权力下放，经营中在考虑母国利益的同时，也兼顾东道国当地企业的利益和要求。这类企业的生产经营虽然大量分布在海外，但缺乏统一的系统化的国际化经营战略。

(3) 国际化取向。国际化取向是指公司决策不再仅仅局限于母国或东道国，而是从全球竞争环境出发，以公司总体利益最大化和获取长远竞争优势为目标，做出系统性、整体性的战略与决策。这类企业在跨国经营中，母公司与国外子公司之间在相互依存和协调配合方面不断强化，要求母公司和子公司都必须服从全球范围内的整体利益。在企业绩效评价时采用统一标准，员工业绩考核时，对母国员工和东道国员工要一视同仁。只有国际化价值取向的企业才是真正意义上的跨国公司。

跨国公司的全球经营战略可使其在世界范围内实现生产要素的优化配置，在母公司控制最终决策权的前提下，把研发与设计、原材料采购、生产加工、营销与服务等生产链的价值增值活动和业务流程安排到世界各地，采用科学合理的生产力空间布局，通过内部一体化，实现跨国公司整体利益最大化。

三、跨国公司的特征

跨国经营企业与一般的国内企业一样，都是根据企业的内部条件和外部环境，做出科学决策，优化配置各种资源，以市场需求为导向，生产适销对路、物美价廉的产品，通过各种营销手段和良好的售后服务扩大市场占有率，提升企业的竞争力，最终实现利润最大化。但跨国公司与国内企业比较而言，具有显著的特征，具体表现在以下几个方面。

1. 全球化的战略目标

全球化的战略目标是当代跨国公司区别于其他公司的重要特征之一。跨国公司尽管开始时一般先在母国立足，把母国作为其向世界市场扩张的基地，但母国市场并不是跨国公司的终极目标市场，而是把整个世界作为它的经营活动平台，在全球范围内有效配置各种生产要素，充分利用世界各国的比较优势，降低经营成本，提高竞争力，以实现跨国公司整体利益最大化。跨国公司根据其全球化战略，在制定规划和决策时，考虑的不仅是公司目前的经营状况，更多着眼的是公司未来的发展前景；不是局限于一个子公司（分支机构）的得失或某一地区市场的成败，而是从全局出发；在对子公司（分支机构）的绩效评价时，也不是仅看其自身盈利的多少，更重视子公司（分支机构）对母公司和其他子公司的支持与贡献。跨国公司全球化的战略目标，所追求的是跨国公司整体的、长远的、最大的战略利益。

2. 统一的决策体系

跨国公司一般规模庞大，分支机构（子公司、分公司等）遍布世界各地，但拥有完整的决策体系。各子公司和分公司虽然有自己的决策部门，在本部门经营领域根据具体情况做出某些经营决策，但其决策必须服从于母公司的最高决策中心。各子公司和分公司应在母公司的统一决策和控制下进行跨国经营，通过研发、设计、采购、生产、营销、服务等一体化的全球价值链和国际化网络，实现公司共同的全球战略目标。

3. 对外直接投资的主要载体

简而言之，只要是跨越国界进行直接投资并且获得其投资的经济实体控制权的企业就是所谓的跨国公司。可见，对外直接投资是跨国公司最基本的跨国经营手段，并通过绿地投资、股权安排即跨国并购等具体方式，在东道国建立独资、合资、合作企业，在世界范围内开拓市场，进行合理的生产布局，实现全球一体化经营。

4. 知识产品内部化

专利、专有技术、技术诀窍、管理经验、商标、品牌、商誉等知识产品是跨国公司最重要的垄断优势，而这些所谓的知识性产品具有如下特点：一是非竞争性使用，即共享性，某一企业使用，不影响其他企业使用；二是零边际成本，即产量达到某一临界点后，再增加产量，成本几乎不再增加；三是信息不对称，即知识产品拥有者掌握的信息多，而知识产品需求者了解的信息少。这些特点决定了知识性产品很难通过市场来确定合理的交易价格，或者交易成本过高，同时知识产品在外部市场让渡时极易扩散，故知识性产品一般不能通过外部市场完成交易。因此，跨国公司为了规避知识外泄风险，降低市场交易费用，保持其垄断优势，往往将知识产品的交易内部化。

5. 技术创新的推动者

当今世界，技术创新已经成为企业开发新产品、提高产品质量、提升市场竞争力、获取高额利润的主要手段。跨国公司资金实力雄厚，高技术人才众多，实验设备先进，加之良好的技术创新环境和激励手段，使其成为全球技术创新的推动者。

6. 跨国经营面临巨大风险

跨国经营在给跨国公司带来丰厚的经济利益和巨大的发展空间的同时，也暗含很多不确定性和风险。跨国公司与东道国的政治制度、经济制度、法律制度不尽相同，跨国公司对东道国的市场需求空间、生产要素供给缺乏足够的了解，东道国的需求偏好、风俗习惯、宗教信仰、文化差异等也对跨国公司的经营绩效产生影响。跨国公司在东道国跨国经营必须考量可能的政治风险、商业风险、财务风险等。

第二节　跨国公司的形成与发展

跨国公司是科技进步和生产力发展的结果，是资本集聚、生产集中和经济国际化的产物。跨国公司的形成和发展与对外直接投资的发生和扩大密切相关。所谓对外直接投资，是指一个国家（或地区）的投资者（包括法人和自然人）以在国外获取长期利润为目标，以拥有国外企业的管理权和控制权为核心的投资活动。跨国公司与对外直接投资相辅相成，跨国公司是对外直接投资的主要载体，对外直接投资是跨国公司跨国经营的重要形式。跨国公司的形成与发展可以分为以下五个阶段。

一、跨国公司的萌芽（1914 年以前）

跨国公司的萌芽最早可以追溯到 17 世纪初英国的特许公司（Charted Company）。特许公司是由英国王室赋予某些特权的垄断性公司，最著名的是于 1600 年成立的英国东印度公司，其从成立之初就取得了与印度、中国的贸易、航运、金融特权，并且对印度行使政府职能，在印度领土上不仅拥有司法权、管理权和税收权，还可以代表政府签订通商条约，组建军队及代表政府对外宣战。后来由于英国新兴工业资本的迅速发展，社会、经济情况发生了很大变化，英国东印度公司的各种特权在 19 世纪初被相继取消，到 1858 年该公司也被撤销。英国的特许公司除了东印度公司外，还有英国皇家非洲公司、英国哈德逊湾公司、英资汇丰银行等。成立于 1602 年的荷兰东印度公司势力也十分强大，当时它的创业资本达 650 万盾，实行股份制，经营上几乎垄断了东方的香料贸易，在东南亚一带拥有大量的种植园。

这些特许公司以及后来 19 世纪和 20 世纪欧美的大型跨国公司，在亚洲、非洲和拉丁美洲的部分国家除了拥有商业特权外，还在当地的政治、军事、外交方面享有某些特权，影响东道国的政治制度和社会制度，具有明显的殖民主义色彩。也正因为如此，直到现在，非洲和拉丁美洲的部分国家，其民族主义政府对西方跨国公司仍心有余悸，怀有戒心，虽然发展资金不足，急需外资，但对西方跨国公司的进入仍持谨慎态度。

现代意义上的跨国公司出现于 19 世纪 60 年代。1865 年，德国的拜耳化学公司投资购买了美国纽约州爱尔班尼的苯胺工厂的股票，并于不久后把它兼并成为自己的工厂；1866 年，瑞典的阿佛列·诺贝尔公司在德国的汉堡开设了一家生产炸药的工厂；1868 年，美国的首家跨国公司——胜家公司（Singer）在苏格兰开办了第一家境外的生产缝纫机制造工厂，以后又先后在欧洲大陆建立了多家分公司，1889 年，胜家公司研制成功了世界第一台电动缝纫机（1975 年发明了电脑控制的多功能缝纫机，到 19 世纪 70 年代，基本垄断了欧洲的缝纫机市场，1994 年在中国上海建立了缝纫机有限公司）。西方学术界把这三家公司看成跨国公司的先驱。

19 世纪末到第一次世界大战前，美国经济实力大增，大企业不断涌现，超过 50%的大公司先后对外直接投资，在国外，特别是欧洲建立分支企业，如西方联合电机公司、国际收割机公司、贝尔电话公司、爱迪生电灯公司等。帝国化学公司、联合利华公司、杜邦公司、雀巢公司等也先后开始了跨国生产与经营。到 1914 年，西方发达国家的跨国公司在国外的子公司约有 800 家，它们遍布世界各地，从事制造、采掘、种植等行业的生产经营活动，对世界范围的经济影响逐渐显现。

专栏

跨国公司的先驱——拜耳化学公司

1863 年，德国人弗里德里克·拜耳（Bayer）在德国的伍贝塔尔城建立了生产化学染料的拜耳化学公司。1865 年，拜耳化学公司投资购买了美国纽约州爱尔班尼的苯胺工厂的股票，并于不久后把它兼并成为自己的工厂。从 1876 年开始，拜耳公司又先后在俄国、法国、比利时、英国和美国等国建立分厂，1881 年，公司正式改组成为拜耳化学股份有限公司，在上述国家生产和销售药品和农药。1892 年，该公司研制并生产出世界上第一种化学合成杀虫剂，1899 年 3 月 6 日，拜耳获得了阿司匹林的注册商标，商品专利号为 36433。阿司匹林开始在位于德国伍贝塔尔的埃尔伯福特工厂生产。该商标后来成为全世界使用最广泛、知名度最高的药品品牌，被人们称为“世纪之药”，并为拜耳带来了难以想象的巨额利润，从而奠定了公司发展的基础。1912 年，公司总部迁至勒沃库森。1925 年，公司同其他几家化学公司合并建立法本化学工业公司，第一次世界大战后被拆散。1951 年，成为独立的法本继承公司，称拜耳颜料公司，1972 年取名“拜耳公司”，拜耳化学公司因此成为世界公认的跨国公司的先驱。目前，拜耳公司是世界最为知名的世界 500 强企业之一。公司的总部位于德国的勒沃库森，在六大洲的 200 个地点建有 750 家生产厂；拥有 120 000 名员工及 350 家分支机构，几乎遍布世界各国。高分子、医药保健、化工以及农业是公司的四大支柱产业。公司的产品种类超过 10 000 种，是德国最大的产业集团之一。

资料来源：百度百科。

二、两次世界大战期间跨国公司的缓慢发展（1914—1945 年）

第一次世界大战爆发至第二次世界大战结束期间，全球对外直接投资增长缓慢，跨国公司的发展进程陷入低谷。从第一次世界大战爆发前的 1913 年到第二次世界大战爆发前的 1938 年，全世界国际投资仅增加了 70 亿美元，年均增长仅为 0.6%。跨国公司发展缓慢的原因主要有以下几点：一是由于战争耗时长、范围广，不仅正常的经济发展受到冲击，而且世界各国纷纷停止了对外投资，跨国公司的发展也处于停滞状态，跨国公司的数量和规模增长减缓。二是在两次世界大战期间，发生了 1920—1921 年、1929—1933 年、1937—1938 年三次经济危机，特别是 1929—1933 年的经济危机是资本主义有史以来最严重的经济萧条，经济萎缩、失业增加，导致直接投资不振。三是世界各国大多实行贸易保护主义，限制企业的对外投资，阻碍本国企业的对外贸易和跨国经营。四是国际货币体系混乱，货币制度受到干扰，汇率变动频繁，资本和金融交易风险增加，也阻碍了对外直接投资和跨国公司的发展。

在此期间，对外直接投资和跨国公司跨国经营体现出如下特点：一是发展不平衡。老牌经济强国英国的经济实力下降，资本输出绝对量虽然仍居世界第一位，但相对速度减缓，优势明显减弱。美国的经济增长强劲，对外直接投资急剧增加，对外投资额由第一次世界大战前的 26.52 亿美元剧增至第二次世界大战前的 73 亿美元，所占世界对外投资额的比重由 18.5%提高到 27.7%，对外直接投资上升至世界第二位，由债务国变成世界主要的债权国。原来居于世界第二、第三位的法国和德国，对外投资额急剧减少，被挤出资本输出大国行列。二是对外投资领域扩大。科技的迅速发展拓宽了新的生产领域和投资领域，对制造业等新兴工业的投资比重有较大提高，传统的初级产业投资相对减少。在这方面，美国的变化最为明显，美国 1914 年的对外直接投资以矿业居于首位，1940 年即以制造业居于首位，美国制造业大公司在海外的分支机构也由 1913 年的 116 家增至 1919 年的 180 家，1929 年增至 467 家，1939 年进一步增至 715 家。三是对外投资的地区更加广泛。

第一次世界大战前，英、法、德等老牌资本主义国家主要向其殖民地进行资本输出，两次世界大战期间，虽然对外投资有一半仍投向殖民地和经济落后国家，但随着直接投资于制造业比重的增加，英、美、法、德等国对经济发达国家、新兴工业国的直接投资比重明显提高。

三、跨国公司的迅速发展（20 世纪 50 年代至 80 年代末）

第二次世界大战结束后，各国开始经济恢复和重建，加之社会生产力的发展和第三次科技革命的推动，世界经济获得了空前的发展，资本国际化也进一步从流通领域深入到生产领域，国际直接投资急剧增长。20 世纪 50 年代至 80 年代也是跨国公司大发展的历史时期，具体表现在以下几个方面。

1. 全球对外直接投资增长迅速

第二次世界大战结束的 1945 年，全球对外直接投资额约为 200 亿美元，1960 年增加到 670 亿美元，1978 年达到3 693亿美元，1980 年增至5 357亿美元。对外投资总量在 20 世纪 60 年代的 10 年间增长了 2.4 倍，70 年代 FDI 规模扩大了 3.3 倍，1945—1980 年增加了近 27 倍。在这段时间内，全球 FDI 的增长速度远远超过同期的全球国内生产总值增长速度和全球贸易增长速度。1960—1973 年，全球 FDI 的年均增长率高达 15.1%，而同期的国内生产总值增长率和全球贸易增长率分别为 5.5%和 8%左右；在 1974—1980 年，全球 FDI 的年均增长率更是高达 18.9%，而同期的国内生产总值增长率和全球贸易增长率仅分别为 3.6%和 4.0%。1983—1990 年，全球对外直接投资增长速度是全球国内生产总值增速的 4 倍，是全球国际贸易增速的 3 倍。1990 年，对外投资流量达到创纪录的2 403亿美元。

2. 世界范围内对外直接投资流向发生了显著变化，跨国公司分布更加广泛

发达国家向发展中国家的直接投资虽然绝对量仍有所增加，但所占比重明显下降，特别是对现已独立的其前殖民地投资减少，主要集中在一些新兴工业化国家和地区。与此同时，由于发达国家的经济发展水平较高，经济一体化进程加快，它们的经济结构和消费结构相近，投资环境较好，投资空间巨大，导致发达国家之间的相互投资大增，发达国家既是国外直接投资的来源国，又是国外直接投资的东道国。根据联合国秘书处的相关资料，20 世纪 60 年代中期至末期，有 78%的对外直接投资流向了发达国家，20 世纪 70 年代初期至中期，这一比例更是高达 87%。① 跨国公司的地区分布更加广泛，到 20 世纪 70 年代末，跨国公司在全球 160 多个国家和地区设有分支机构，对世界经济发展的影响也越来越大。

第二次世界大战后相当长的一段时间里，美国的跨国公司无论在数量、规模上，还是在对世界经济影响上，都处于世界霸主地位。进入 20 世纪 80 年代以后，美国跨国公司在国际上的地位相对下降，而日本、西欧各国跨国公司的国际影响力相应增强，形成了美、日、欧三足鼎立的局面。韩国、中国香港和台湾地区、新加坡等新兴经济体的跨国公司也

---

① 崔日明、徐春祥：《跨国公司经营与管理》，35 页，北京，机械工业出版社，2010。

走上国际经济舞台。

3. 跨国公司的规模扩大，数量增加

随着资本的相对集中、垄断程度的提高和跨国经营的扩展，跨国公司的规模越来越大，跨国公司母公司及分支机构的数量越来越多。据联合国跨国公司中心的统计资料，1971 年，销售额在 10 亿美元以上的制造业（含石油业）跨国公司有 211 家，仅仅过了 5 年就翻了一番，年销售额过 10 亿美元的跨国公司已达 422 家。随着跨国公司规模的扩张，在一些资本和技术密集型行业中，产业集中度越来越高，寡头垄断程度加剧。如在农机工业中，11 家跨国公司的销售额占世界销售总额的 80%；在 10 家规模最大的计算机跨国公司的总销售额中，仅 IBM 一家就占了将近一半。1982—1992 年，排名前 200 位的大型跨国公司的销售额从 3 万亿美元增至 5.9 万亿美元，占世界 GDP 的比重也从 24.2%提升至 26.8%。

据统计，1949 年全球跨国公司母公司仅有 512 家，1956 年即增至1 724家，1963 年达到4 068家，1968 年增至7 276家，1973 年再增至9 481家，1978 年全世界跨国公司母公司总数已突破万家，达到10 727家，在国外设立的分支机构多达82 266家。在同一历史时期，跨国公司海外的子公司数量也增长迅速。1946—1950 年，美国每个跨国公司平均每年在海外新建子公司 0.4 家；1951—1960 年平均每年为 0.8 家；1961—1970 年平均每年为 1.5 家；1971—1978 年平均每年为 1.2 家。美国 180 家知名跨国公司 1961—1975 年平均每年在海外新建子公司多达 2 265 家，平均每家跨国公司每年新建海外子公司 12.6 家。而像通用汽车、福特汽车、埃克森石油、可口可乐、杜邦等超大型跨国公司，在 20 世纪 60 年代末都拥有超过百家的海外子公司。

进入 20 世纪 80 年代以后，跨国公司及其子公司的数量增长更快。1983 年，世界跨国公司总数为 1.1 万家，拥有国外子公司 11.2 万家；到了 1993 年，已有 3.7 万家跨国公司控制着全球近 20 万家子公司。

4. 跨国公司对外直接投资重点为制造业和第三产业

早期的跨国公司对外直接投资主要集中在矿产开发、石油开采等初级产业及铁路工程等基础设施领域，第二次世界大战以后，跨国公司对外投资逐渐向制造业拓展，特别是电子工业、汽车工业、石油化工、机械制造等行业成为跨国公司海外投资的热点。20 世纪 70 年代后期开始，商品贸易、金融保险、运输、餐饮、咨询等服务领域的对外直接投资迅速增加。20 世纪 80 年代以后，主要发达国家的服务业跨国经营完全超过或接近制造业的跨国经营。据统计，1980 年，美国跨国公司对外直接投资中，采掘、石油业占比为 22%，制造业占比 41.7%，金融、保险服务业占比仅为 12.7%；而到 1988 年，以上三大领域的比例变为 19.8%、40.9%、39%。1988 年，日本的跨国公司对外直接投资的 64.9%投向了金融、保险、服务和不动产行业；1990 年底，美国、加拿大、法国、德国、荷兰等国的跨国公司总资产中有 40%～55%都属于服务业。

5. 跨国公司的跨国进入方式多元化

跨国公司的跨国进入方式一般以新建投资为主，包括在国外建立独资企业、合资企业

与合作企业。20 世纪 70 年代末至 80 年代末发生了又一次跨国并购浪潮，跨国公司绿地投资比例下降，收购和兼并成为跨国公司进入海外市场的重要形式。其原因是：跨国并购可以直接取得海外市场和生产基地，迅速形成生产能力，获得规模经济效益；跨国并购既可以直接占有原有企业的市场份额和营销网络，又可以提高企业的知名度和国际竞争力；跨国并购既是获取国外企业先进技术和人才的捷径，又是学习、借鉴外国企业管理经营的有效手段。国际投资银行在跨国公司跨国并购中发挥了极其重要的作用，伴随着金融市场的发展和金融工具的创新，“杠杆收购”（Leveraged Buy-outs）策略大量运用，小企业并购大公司的现象屡见不鲜，跨国并购规模大、持续时间长、方式灵活，跨国并购遍及发达国家。据统计，1989 年全球企业并购总数为7 700起，并购价值总额为3 550亿美元，其中跨国并购达2 764起，价值总额达1 310亿美元，分别占全球的 36%和 37%。

四、20 世纪 90 年代跨国公司发展的新变化（1990—2000 年）

进入 20 世纪 90 年代以后，跨国公司又开始了新的扩张浪潮，跨国公司母公司和子公司数量大幅度增加。90 年代初期，全球范围内跨国公司母公司数为 3.7 万家，所属国外分支机构 24 万家；90 年代末，全球跨国公司母公司数量达到6.345 9万家，所属子公司数为 68.952 万家。[①] 1990 年国际直接投资总额为2 030亿美元，1999 年达到10 800亿美元，是 1990 年的 5.32 倍。截至 1999 年底，以跨国公司为载体的世界对外直接投资存量达到 5 万亿美元，全球所有跨国公司附属公司的资产为 17.68 万亿美元，是对外直接投资存量的 3.5 倍。随着跨国公司对外直接投资规模的不断扩大，跨国公司在国外的销售额亦呈现迅速增长的态势。1992 年跨国公司在国外的销售额约为 5.5 万亿美元，而到 1998 年已超过 11 万亿美元，大大超过同期的全球商品和劳务的出口总额。1999 年世界货物和非要素服务出口额为68 920亿美元，而同期跨国公司海外附属企业的货物和服务销售额高达135 640亿美元，跨国公司海外附属企业的货物和服务出口额为31 670亿美元，占世界同期货物与非要素服务出口额的 46%。

20 世纪 90 年代，美国等发达国家开始了技术创新的新阶段，也推动世界经济发展进入了由工业经济向知识经济转型的历史时期，跨国公司的发展也呈现出如下新的特点。

1. 跨国并购成为跨国公司对外投资的主要形式

资本市场国际化的过程，也是资本运营国际化的过程。跨国公司跨国收购、兼并的过程，正是一国资本实现国际化的过程。当一国企业收购、兼并另一国企业时，它们之间并不是简单的间接投资，购买其股票或债券来获得股息红利等经济收益，而是要获得被并购企业生产经营的控制权，并通过这种控制权将本企业与被并购企业的资源、生产、销售、研发等活动协调和整合起来，形成一个有机的经营整体。跨国并购以寻求战略性资产的国际直接投资形式成为跨国公司全球扩张的捷径。

在世界范围内，面对激烈的竞争压力、经济自由化浪潮，大量跨国公司把跨国并购作为自己的核心战略，通过跨国并购来扩大企业规模，分散经营风险，巩固自己的国际竞争

① 联合国贸易与发展会议：《2000 年世界投资报告：看跨国并购和投资》，北京，中国财政经济出版社，2001。

力。1988—1995 年，全球跨国并购总额增加了一倍，达到2 290亿美元，到了 1999 年更是高达7 200亿美元，是 1988 年的 7 倍左右。1980—1999 年，全球并购总数年增长率高达 42%。

在跨国并购当中，超大型跨国公司之间的大额并购日益增加。1995 年超过 10 亿美元的合并收购总交易额为 590 亿美元，1997 年超过 10 亿美元的总交易额上升至1 610亿美元。从跨国并购在世界对外直接投资中的比重看，1996 年跨国并购交易额在全球对外直接投资流量中所占比重为 45.4%，即当年对外直接投资还是以新建投资方式为主；而到 2000 年，跨国并购规模迅速达到 1.1 万亿美元；1998—2000 年，跨国并购活动已经成为跨国公司对外直接投资的最主要方式，跨国并购交易额在对外直接投资中所占比重高达 80%以上。与此同时，发展中国家的公司也积极参与跨国并购活动之中。1987 年发展中国家（地区）企业进行的跨国并购价值仅为 30 亿美元，1999 年这一数值变为 410 亿美元。

2. 国际战略联盟成为跨国公司发展的新手段

根据世界市场的竞争态势和跨国公司自身的发展战略，两个或两个以上的跨国公司为了追求共同的战略目标而签订多种合作安排协议，通过协议这种松散的非股权参与方式在研究开发、合作生产、联合经营等方面进行合作，实现优势互补、风险共担、利益共享的双赢目的。联盟的各方不受市场地位约束、不受地理位置限制的跨国战略性协作，使世界产业结构发生着深刻的变革，各国资源也在世界范围内得到重新配置。

国际战略联盟的兴起，既是多种因素交叉作用而产生的新经济现象，也是跨国公司在当今国际经济关系中实现战略调整的必然结果。首先，它是科技革命向纵深发展的结果，当今世界科学技术的迅猛发展把企业产品日益推向高技术化和复杂化，客观上要求不同国家的跨国公司在技术、资金、设备、营销、管理等方面相互渗透，形成一种国际经营联合体，以便缩短从设计新产品到正式投产的时间，利用其他企业营销渠道和服务网络，使产品便捷送达消费者手中，抢先占领国际市场。其次，由于新技术的开发和应用周期缩短，研发知识密集型、高附加值的新技术产品所需要的资金数额巨大，风险增加，单一企业往往难以独立承担，只能通过组建跨国战略联盟充分利用各个跨国公司的资源，相互分摊费用和风险，实现外部经济内部化。最后，组建国际战略联盟借用其他跨国公司的品牌、营销途径，绕过关税与非关税壁垒，打破他国政府管制限制，有利于进入新的国际市场，提升市场占有率。

进入 20 世纪 90 年代后，跨国公司在国际化的生产经营中，越来越多地采用跨国战略联盟方式。据《1997 年世界投资报告》数据显示，跨国公司之间的联盟协议，从 1990 年的1 760份增加到 1995 年的4 600份。特别是在国际竞争激烈的电子信息、半导体、汽车等行业，成为跨国公司之间缔结国际战略联盟的密集领域。

3. 研发全球化是跨国公司 20 世纪 90 年代以来的又一个发展趋势

长期以来，为了巩固技术垄断地位，防止高新技术外溢，在国际竞争中保持技术领先优势，跨国公司把研发中心设在母国，普遍将其技术创新活动集中于母公司，置于公司总部的严密监控之下。然而，20 世纪 90 年代以后，随着经济全球化的快速发展和国际竞争的日趋激烈，大型跨国公司为了适应世界市场的复杂性、产品的多样性以及不同国家消费者偏好的差异性的要求，同时也为了充分利用世界各国现有的科技资源、降低新产品研制中的投入成本和各种风险，一改以往以母公司为研发中心的传统布局，根据不同东道国在人才、科技实力及科研基础设施上的比较优势，跨国公司间在相互兼并和联合的同时，加强了技术合作与研发国际化，在全球范围内有目的、有组织地开设研发机构，以从事新技术、新产品的研发工作。跨国公司间的技术合作与研究开发越来越全球化。

以美国为例，1987 年美国在国外的研发投入仅为 52 亿美元，1993 年则猛增至 98 亿美元，增长了 88.5%。这些投资不仅投向发达国家，也投向发展中国家和地区。美国国际商用机器公司（IBM）不仅在日本、瑞士等发达国家设有研发中心，也在很多发展中国家设有研发机构。

五、21 世纪跨国公司的发展趋势

21 世纪初，一方面，由于美国“新经济”热潮的急剧降温，全球信息与通信行业发展速度相对减缓；日本经济从 20 世纪 90 年代初期“泡沫”破灭而造成经济持续低迷的状况至今一直没有得到有效改善；美国“9.11”恐怖袭击事件不仅使美国经济遭受重创，同时也把世界经济拖入衰退的泥潭；2004—2006 年世界经济出现了恢复性增长，可是好景不长，2007 年次贷危机爆发以及之后引发的金融海啸使全球对外直接投资备受打击；欧债危机和贸易保护主义重新抬头，都使跨国公司对外投资和跨国经营受到较大影响。另一方面，经济全球化趋势不可阻挡，各国之间的经济合作范围越来越广泛，技术创新方兴未艾，新兴经济体的经济强劲增长给世界经济发展注入新的活力。跨国公司的发展正在进入一个新的发展和调整时期，这一时期跨国公司的发展经营具有不同以往的特征。

1. 全球对外直接投资呈现出巨大的波动性

根据联合国贸发会议《世界投资报告》的统计数据，全球对外直接投资在 2000 年达到14 110亿美元的峰值后，开始出现大幅度波动（见表 1—2）。2001 年全球对外直接投资额仅为7 351亿美元，比 2000 年大幅减少，出现了 10 年来 FDI 的第一次逆转。2001 年、2002 年、2003 年全球对外投资流入规模逐年下滑，依次为7 351亿美元、6 510亿美元、5 600亿美元，特别是 2003 年的 FDI 是 1998 年以来投资数量最少的一年。原因之一是流入发达国家的 FDI 减少。2003 年流入发达国家的 FDI 较上一年锐减 25%，仅为3 670亿美元，其中流入美国的仅为 300 亿美元。

表 1—2　　2000—2007 年全球对外直接投资流入额　　单位：亿美元

年份	2000	2001	2002	2003	2004	2005	2006	2007
额度	14 110	7 351	6 510	5 600	6 480	9 160	13 060	18 330
增长率	——	−48%	−11.4%	−14%	15.7%	41.4%	42.6%	40.4%

数据来源：联合国贸易与发展会议：各年《世界投资报告》。

2004 年，全球对外直接投资流入量在经历了连续 3 年下滑后，出现了较大的反弹，达到了6 480亿美元，比 2003 年增长了 15.7%。其中对外直接投资在亚太地区的增长最为强劲，升幅将近 50%。2005 年，全球对外直接投资流入量继续回升，达到9 160亿美元，增长的主要动力是跨国公司并购活动的扩大，尤其是发达国家之间在金融、电信、房地产、石油工业等领域的跨国并购迅速增加。2006 年、2007 年，全球对外直接投资流入量连续增长，流入主要发达国家的对外直接投资屡创新高，美国、英国、法国一直是对外直接投资最大流入国的前三位。

2. 发展中国家积极参与国际投资和跨国经营

尽管国际直接投资的来源国和目的国主要是发达国家，但从 21 世纪初开始，发展中国家更加积极地参与国际直接投资，发展中国家的跨国公司大力开展跨国经营。1990—1995 年，发展中国家年平均吸收外国直接投资 743 亿美元，对外直接投资仅为 320 亿美元。而到了 2000 年，发展中国家年吸收外国直接投资达2 379亿美元，对外直接投资为1 042亿美元。2001 年，由于世界经济发展放缓，国际直接投资急剧减少，发达国家吸收国外直接投资缩减 59%，发展中国家缩减近 14%。2004 年，发展中国家对外直接投资增长明显，达1 170亿美元，表明发展中国家的跨国公司已成为世界经济舞台上的一支重要力量，并对国际政治、国际经济生活产生较大影响。

2007 年，发展中国家的对外直接投资流入量创下新高，达5 000亿美元，比 2006 年上涨 21%。同时，发展中国家作为对外直接投资的来源国也变得越来越重要，2007 年发展中国家外资流出量达到了2 530亿美元的峰值，特别是亚洲各国的跨国公司积极拓展海外业务，成为发展中国家对外直接投资的主力军。

在发展中国家中，中国的吸引外资与对外投资增长最为显著。2002 年，中国连续 10 年成为发展中国家的最大外资流入国，并首次超过美国成为世界第一大外国直接投资目的地。2005 年，国际直接投资领域一个值得关注的现象是，发展中国家的跨国公司正在崛起，而中国的跨国公司更是引人注目。《2006 年世界投资报告》显示，2005 年全球 100 家最大的发展中国家跨国公司排序中，来自中国的跨国公司占到 50%，其中 25 家来自中国香港，15 家来自中国台湾，10 家来自中国内地，它们分别是中信、中远、中建、中石油、中石化、TCL、中海油、五矿、中粮和京东方等知名企业。

2002—2005 年，中国对外直接投资流量年均增长 65.6%，2005 年首次突破百亿美元大关，达 122.6 亿美元。截至 2006 年 6 月底，中国对外直接投资累计净额 636.4 亿美元，累计成立境外投资企业9 900多家，分布在世界 170 多个国家和地区。2007 年，中国继续成为发展中国家吸收外资最多的国家，当年吸引外资 840 亿美元，同时，中国吸引外资的结构进一步优化，服务业吸引外资的比重大幅增加，从 2003 年的 28%增长到 2007 年的 49%，外资更多流向高新技术产业和高附加值领域，位于东南沿海的劳动密集型制造业逐步向内地和其他国家转移。2010 年，中国在吸引外资和对外投资方面不断发展，中国跨国公司的规模进一步扩大，对世界经济的影响力也越来越强。2010 年按销售收入排名居世界前 10 位的跨国公司中中国就占 3 家，分别是中石化、中国国家电网、中石油（见表 1—3）。

表 1—3　　2010 年按销售收入排名居世界前 10 位的跨国公司

排名	公司名称	国籍	所属行业	销售收入（百万美元）	销售利润（百万美元）
1	沃尔玛	美国	零售业	408 214	14 335
2	荷兰皇家壳牌	荷兰	炼油	285 129	12 518
3	埃克森美孚	美国	炼油	284 650	19 280
4	英国石油	英国	炼油	246 138	16 578
5	丰田汽车	日本	汽车	204 106	2 256
6	日本邮政控股	日本	服务	202 196	4 849
7	中石化	中国	炼油	187 518	5 756
8	中国国家电网	中国	服务	184 496	－343
9	安盛集团	法国	保险	175 257	5 012
10	中石油	中国	炼油	165 496	10 272

数据来源：联合国贸易和发展会议：《2011 年世界投资报告：国际生产和发展的非股权形式》，北京，经济管理出版社，2012。

3. 国有跨国公司的发展令人关注

近年来，国有跨国公司的发展不仅对母国而且对东道国和世界市场的竞争环境均产生了重大影响。如表 1—4 所示，2010 年全球共有 653 家国有跨国公司，拥有8 500多家国外子公司，遍布全球各地，与东道国各类经济体发生广泛的联系。国有跨国公司的规模巨大，在全球跨国公司 100 强中，国有跨国公司占据了 19 席，虽然国有跨国公司数量占全球跨国公司总数的比重不到 1%，但其对外直接投资流量却占到全球的 11%。从地区分布看，有 56%的国有跨国公司位于发展中国家和转型经济体，欧洲特别是北欧国家所占比重也较高；从产业形态考察，国有跨国公司类型多样，主要分布在第三产业和基础产业领域。

表 1—4　　2010 年按经济体划分的国有跨国公司分布情况

区域/经济体	数量（个）	份额（%）
全球	653	100
发达国家	285	43.6
欧盟国家	223	34.2
丹麦	36	5.5
芬兰	21	3.2
法国	32	4.9
德国	18	2.8
波兰	17	2.6
瑞典	18	2.8

续前表

区域/经济体	数量（个）	份额（%）
其他	81	12.4
其他欧洲国家	41	6.3
挪威	27	4.1
瑞士	11	1.7
其他	3	0.5
美国	3	0.5
其他发达国家	18	2.8
日本	4	0.6
其他	14	2.1
发展中经济体	345	52.8
非洲	82	12.6
南非	54	8.3
其他	28	4.3
拉丁美洲和加勒比	28	4.3
巴西	9	1.4
其他	19	2.9
亚洲	235	36.0
西亚	70	10.7
科威特	19	2.9
阿联酋	21	3.2
其他	30	4.6
南亚/东亚和东南亚	165	25.3
中国	50	7.7
印度	20	3.1
伊朗	10	1.5
马来西亚	45	6.9
新加坡	9	1.4
其他	31	4.7
东南欧和独联体	23	3.5
俄罗斯联邦	14	2.1
其他	9	1.4

数据来源：联合国贸易和发展会议：《2011年世界投资报告：国际生产和发展的非股权形式》，北京，经济管理出版社，2012。

第三节 跨国公司的跨国经营

一、企业跨国经营的动因

一国企业通过对外直接投资进行跨国经营，主要动因不外乎以下几个：参与国际分工，有效利用他国资源；调整企业自身的经营结构，通过内部化手段实现所有权优势与国外区位优势的有机结合；绕过他国关税与非关税壁垒，带动出口贸易的发展等。某一企业其跨国经营的动因并不是一成不变的，而是随着国际经济状况的变化与企业的经营战略而不断调整，是多元的、动态变化的。具体说，企业跨国经营的动因主要有以下几方面。

1. 全球战略的需要

在经济全球化背景下，跨国公司作为企业跨国经营的主体，从提升其国际市场竞争力出发，在世界范围内优化配置各种经济资源，合理安排对外投资，拓展世界市场，进行生产力布局，开展生产经营活动，实现价值增值，获得最大利润，必须制定跨国公司的全球战略。跨国公司的全球战略，意味着不必追求某局部市场、个别产品或某个子公司的盈亏得失，它所关心的是企业整体的、长远的利益最大化，为了实现企业的终极目标，可以牺牲局部地区某些部门的局部利益，全球战略是跨国公司跨国经营的出发点。随着科学技术的发展，尤其是全球信息网络的形成，使全球战略的实施具有更大的技术上的可行性，推动跨国公司走向一种脱离母国身份、超越国籍的经营实体，将世界市场和各国消费者作为自己的服务目标。

2. 获取最大经济利益

企业跨国经营的根本目的就是获得利润最大化，追求高额利润是企业跨国经营的基本驱动力，也是国际企业跨国经营的基本动因。

（1）通过跨国经营开拓新市场。企业通过对外直接投资进行跨国经营，可以绕过东道国的关税或非关税壁垒，打入东道国市场，就地生产、就地销售，以资本、技术等生产要素流动替代商品出口，不仅可以巩固原有的市场份额，还可以开辟新的市场。20 世纪 70—80 年代，日本的家电企业就是这样大举进入美国市场的；20 世纪 90 年代初期，国际家电市场进一步饱和，该行业资本回报率逐年下降，跨国家电企业纷纷到中国投资设厂，利用中国低劳动力成本，获得竞争优势，抢占中国及其他发展中国家的市场份额。

（2）提升企业的运行效率，降低经营成本。企业的生产经营到了一定阶段或特定时期，往往会遇到效率下降的瓶颈，跨国经营通过对外直接投资可以建立全球生产体系，提升经营效率。一方面，跨国企业可以充分利用东道国的低劳动力成本、便捷的原材料采购条件，在国外设厂生产，从而提高生产效率；另一方面，也可以学习外国的先进管理经验，改进管理方法，改善运营环境，提高管理效率。

（3）获得规模经济效益。规模经济是指在产量扩张的同时，平均成本持续下降。随着技术进步和生产力水平的提高，很多企业都会遇到国内市场空间狭小与生产能力过剩的矛盾，企业规模经济效益得不到充分发挥。此时，企业可以对外直接投资，将其闲置的生产能力转移至东道国，发挥本企业的技术优势、管理能力、营销渠道和品牌效应。通过内部一体化，在全球范围内开展生产经营，最大程度利用企业各种资源，扩大生产，提高产量，降低平均成本，获得规模经济好处，提高市场竞争力。

(4) 充分利用东道国的优惠政策。一些国家特别是发展中国家和地区为吸引外资，制定了一系列优惠政策，如税收减免、土地使用优惠、资金融通便利、简化各种手续等。东道国政府的这类优惠政策一方面可以大幅度降低跨国企业的经营成本，另一方面也减少了跨国经营风险，从而给跨国企业带来较为丰厚的利润。东道国的各项优惠政策对外国直接投资产生了强烈的吸引力，也成为企业跨国经营的主要动因之一。

3. 获取全球资源

如果母国所具有的要素和禀赋不能充分满足企业发展的需要，或者其他国家或地区存在更丰富、更廉价的经济资源时，本国企业则可以利用对外直接投资，寻求获取他国资源的机会，开展跨国经营。

(1) 获取自然资源。由于自然禀赋不同，自然资源在各国分布不均衡，如石油资源主要储藏在中东地区，铁矿石在澳洲和南美洲储量较为丰富，北美洲用来生产谷物的土地面积广袤等；俄罗斯、美国、中国等国家领土面积广大，资源相对丰富，而日本等国领土面积狭小，自然资源贫乏。不同国家或地区的企业可能为了寻求利用丰富廉价的自然资源，开展对外投资与跨国经营，即资源导向型的 FDI。

(2) 获取人力资源。人力资源是企业生产经营重要的投入要素，跨国企业可以利用外国廉价的劳动力，降低生产成本，在商品价格上形成比较优势，进而产生市场竞争力，如中国丰富的劳动力资源就是吸引跨国公司来华投资经营的一个重要原因。另外，当企业发展到一定阶段以后，对高级管理人才和专业技术人才的需求越来越迫切，通过跨国经营，在国际职业经理人市场招聘管理经验丰富的高端管理人员，在世界范围内招揽专业技术人才等，也是企业进一步发展壮大的重要途径。

(3) 获取战略性资源。所谓战略性资源，是指对企业长远发展和竞争力提高具有战略性作用的资源，主要包括研究与开发能力、核心技术、创新能力、商标、专利、品牌、商誉、营销网络等。战略性资源一般很难从外部市场通过交易获得，企业内部形成需要较高条件和较长时间。企业在跨国经营中可以利用对外直接投资与国外其他公司进行全方位合作，通过战略联盟、合作研发、兼并收购等多种手段，发挥协同效应，获得企业发展至关重要的战略性资源，进而增强企业的核心竞争力。

专栏

联想正式宣布完成收购 IBM 全球 PC 业务

北京时间 2005 年 5 月 1 日消息，联想今日下午 3 点正式宣布完成收购 IBM 全球 PC 业务，任命杨元庆接替柳传志担任联想集团董事局主席，柳传志担任非执行董事。前 IBM 高级副总裁兼 IBM 个人系统事业部总经理斯蒂芬·沃德（Stephen Ward）出任联想 CEO

及董事会董事。合并后的新联想集团将以130亿美元的销售额一跃成为全球第三大PC制造商。

根据收购交易条款，联想支付IBM的交易代价为12.5亿美元，其中包括6.5亿美元现金及按2004年12月交易宣布前最后一个交易日的股票收市价价值6亿美元的联想股份。交易完成后，IBM拥有联想18.9%股权。此外，联想将承担来自IBM约5亿美元的净负债。此次收购的最终协议于2004年12月8日公布，于2005年1月27日获联想股东批准通过。收购完成表示最终协议中的所有重要条款完成。在2005年3月31日宣布的另一项交易中，联想引入全球三大私人股权投资公司：得克萨斯太平洋集团、General Atlantic及美国新桥投资集团，同意由这三大私人投资公司提供3.5亿美元的战略投资。根据协议，联想将向这三家私人投资公司共发行价值3.5亿美元的可换股优先股，以及可用作认购联想股份的非上市认股权证。有关这项交易需要召开的股东大会将在2005年5月13日举行。在获得香港联合交易所审批及联想股东投票通过后，IBM的最终交易代价预期将为约8亿美元现金及价值4.5亿美元的联想股份，此安排将按照目前建议的方案由联想向IBM回购股份达成。

新联想管理团队由来自双方的高级管理人员组成。杨元庆被任命为联想董事会主席，接替联想创始人柳传志，柳传志被任命为董事会非执行董事，沃德被任命为联想CEO及董事会董事。另外，IBM已提名Robert W. Moffat Jr. 及周伟焜进入联想董事会作为没有投票权的观察员。在私人股权交易完成后，将有三位来自相关私人股权投资公司的代表加入董事会。联想还宣布朱立南为非执行董事，代替辞去董事会职务的曾茂朝。

联想PC的合并年收入将达约130亿美元，年销售PC约为1 400万台。IBM与联想将结成独特的营销与服务联盟，联想的PC将通过IBM遍布世界的分销网络进行销售。新联想将成为IBM首选的个人电脑供应商，而IBM也将继续为中小型企业客户提供各种端到端的集成IT解决方案。IBM亦将成为新联想的首选维修与质保服务以及融资服务供应商。

联想总部设在纽约的Purchase，同时在中国北京和美国北卡罗来纳州的罗利设立两个主要运营中心，通过联想自己的销售机构、联想业务合作伙伴以及与IBM的联盟，新联想的销售网络遍及全世界。联想在全球有19 000多名员工。研发中心分布在中国的北京、深圳、厦门、成都和上海，日本的东京以及美国北卡罗来纳州的罗利。

公司主要的PC生产基地设于中国的深圳、惠阳、北京和上海。联想的移动手持设备生产基地设于中国厦门。其他主要的制造与物流设施分别在美国、墨西哥、巴西、苏格兰、匈牙利、印度、马来西亚、日本和澳大利亚等。联想拥有庞大的分销网络，在中国有约4 400个零售网点为客户提供服务。

资料来源：《联想正式宣布完成收购IBM全球PC业务》，见新浪科技，2005-05-01。

4. 学习先进技术

先进技术是企业取得国际竞争力的专业因素。企业通过对外投资在获取新技术、新知识方面的优势表现在如下几方面：

首先，表现在技术移入成本比较方面。技术贸易、吸引外资、技术援助等传统方式的收益效果已明显满足不了跨国企业对技术进步要素的需求。靠自身创新研发的成本，因经济环境约束而变得更加昂贵。相比之下，通过对外投资方式，在技术知识较为发达的国家进行相应科研、生产、贸易等活动，其获得技术知识的能力和成本是最为节约的类型。

其次，表现在技术获取速度方面。现代科学技术的高速度发展已成为企业获取竞争力的主要手段。现代生产的高度自动化，已大大缩短了技术在生产环节中的运用。生产一体化在世界各地的分布，带动了新技术产品在世界统一市场的同时销售。这样，技术研究的效率正逐渐成为企业甚至是国家进行市场竞争的重要砝码。在技术高速度发展的今天，企业只有采取合法的直接手段从技术源头来获取这些对经济增长非常重要的技术知识。比较可知，通过对外投资活动，进行跨国经营是目前较为快速的方式之一。

再次，表现在技术获取数量上。某一个企业在国际分工中的地位，确定了其获取国外先进技术知识的狭窄性。技术贸易协调方式具有很大的局限性。外商投资项目的技术一般都是根据企业的投资价值定位来确定的，其先进性、适用性很难满足其他企业生产经营的整体需求。满足需求的其他相关技术知识数量明显大于靠引进外商投资项目等方式实现的数量。在目前技术知识一体化的国际环境里，这一数量缺口可以依靠企业对外投资方式来解决。因为对外投资活动作为生产国际化中的一个功能环节，其获取技术知识的能力要远远大于国内的吸收能力。在基础配套资源较为丰富、技术知识吸收机制成熟的发达国家环境中，其他国家企业可以发挥投资乘数的作用，从而实现技术知识的乘数效应。

最后，表现在技术知识获取的效率上。通过对外投资所产生的正向技术转移效应看，进行技术知识转移存在着很多壁垒。因为其中存在着成本较高、利益竞争冲突、消化吸收能力等因素，使得东道国企业在获取技术知识的质量和效率方面面临很大的压力。即使伴随着经济全球化，促使包括技术要素在内的各种要素的充分流动现象出现，也会由于其功能定位的影响，决定了企业获取国外先进技术效率的低下。这就是人们经常讨论的执行开放政策国家的企业靠被动的引进外资政策很难得到适用技术知识的原因。所以，只能采取主动对外投资方式，积极开展跨国经营，使国际市场上的技术知识通过转移应用和技术外溢，来提高企业获取国外先进技术的效率。

二、跨国经营阶段分析

企业的跨国经营意味着企业在资源获取、一体化生产、市场开拓、技术交流、吸收管理经验等方面，积极参与国际分工、国际协作等一系列经营活动，由国内企业发展成为跨国公司的过程。目前，国际上主要有以下三种企业跨国经营阶段理论。

1. 罗宾逊的六阶段理论

美国经济学家理查德·罗宾逊于20世纪80年代中期，提出了企业跨国经营的六阶段理论。

（1）起始阶段。罗宾逊认为，起始阶段是指企业主要服务国内市场，按照国内消费偏好安排生产，企业的经营战略重点放在国内；只是在国内市场需求不足时，才考虑国外需求，有了少量的、小规模的产品出口，企业从而开始涉足国际市场。

（2）出口阶段。出口阶段是指企业出口规模逐步扩大，并逐渐成为企业经营范围的一部分。此时企业开始设立管理出口业务的部门，主动开拓国际市场。

（3）国际经营阶段。随着企业出口规模的进一步扩大，国外市场已经成为企业经营范围不可或缺的组成部分，出口销售额占企业总销售额的比重逐渐增加，企业开始以参股等形式在国外创建子公司。

（4）多国阶段。多国阶段是指企业在多个国家和地区拓展生产经营业务，建立子公司或分公司，开始形成跨国性的企业集团。

（5）跨国经营阶段。伴随着企业生产经营规模的扩大，为了实现企业整体的长远利益最大化，企业开始从全球战略角度出发，在国际范围配置各种经济资源，加强对国外分支机构的统一管理和协同配合，通过内部一体化形式充分发挥技术、管理、品牌等垄断资产的使用效率，母公司与各子公司之间的关系更为密切。

（6）超国际阶段。超国际阶段是指企业将全球战略贯穿于整个经营过程，把世界市场作为自己的经营平台，重大决策、生产资源、销售生产等全面针对国际市场，跨国度指标进一步提高，具备超越国籍、经营日益全球化的特征。

2. 伯尔穆特的四阶段理论

美国学者伯尔穆特在罗宾逊六阶段理论基础上，从跨国公司直接投资与东道国社会、经济、文化背景的适应过程以及母子公司之间的权限划分角度，提出了所谓的跨国经营四阶段理论。

（1）国内指向阶段。伯尔穆特认为虽然企业已有了一定规模的出口业务，并在国外建立了子公司，但企业的业务活动仍以国内为中心进行决策，优先考虑母国企业的利益。这是企业国际化经营的第一阶段。

（2）当地化阶段。随着子公司的发展，由于与东道国社会、经济、文化背景的差异而导致经营发生困难，此时进入跨国经营的第二阶段，充分利用当地的各类资源，主动适应东道国的环境，子公司积极使用当地人员进行管理经营，子公司的自主权相应增加。

（3）区域指向阶段。伴随着国外分支机构的数量扩张和规模扩大，母公司对国外子公司和分公司的管控弱化，管理难度增加。因此，母公司为了强化统一管理，有必要构建区域性管理部门，相应减少子公司、分公司的有关权限。

（4）全球指向阶段。随着国际分工的不断深化，母公司与子公司、子公司与子公司之间的相互依存度增大，跨国公司从全球整体利益最大化考虑，推行一体化战略。在一体化战略指导下，公司总部与遍布全球的子公司相互配合、协作经营。

3. 安索夫的三阶段理论

同样来自美国的学者安索夫，从企业跨国经营由低到高渐进发展的不同形态出发，提出了企业国际化经营的三阶段理论。

（1）出口阶段。安索夫认为企业参与国际经济活动、进行跨国经营的第一个阶段是通过国外代理商在当地市场销售本企业的生产商品。

（2）国际阶段。随着企业生产经营规模的扩大，为了降低成本，增加国外市场占有率，特别是出口贸易受到国外关税及非关税壁垒阻碍时，企业必然进行对外直接投资，在东道国建立子公司、分公司等分支机构，就地生产，就地销售。

（3）跨国经营阶段。当企业国际化经营范围日益扩大以后，寻求母公司与子公司及子公司与子公司之间的资源优化配置，实现企业整体利润最大化，将公司的生产经营纳入全球一体化的战略之中。

4. 企业跨国经营的阶段分析

一般而言，企业跨国经营的发展阶段依循以下演进模式：首先是立足国内，最先满足本地消费者的需求，在此基础上以产品和市场为导向，走出国门，主要利用目标市场的经销商出口部分产品和劳务；然后随着出口规模的扩大，通过对外直接投资，陆续开始介入国外市场的运行和管理，这时候呈现出多国市场并存状态；最后为了获得企业整体长远利益最大化，实现资源在全球范围的优化配置，企业实施统一的全球战略，走上完全的国际化道路，成为真正意义上的跨国经营企业即跨国公司。

企业跨国经营可以分为以下四个阶段，即代理出口阶段、国外销售阶段、国外生产阶段和跨国公司阶段。各阶段的特征如表 1—5 所示。

表 1—5　　企业跨国经营四个阶段的特征

特征＼阶段	代理出口阶段	国外销售阶段	国外生产阶段	跨国公司阶段
与国际市场的关系	间接、被动	直接、主动	直接、主动	直接、主动
主要经营场所	国内	国内	国际范围	国际范围
经营重点	国内	国内	兼顾国内外	国际
企业组织结构	国内部门	国际业务部	国际产品部 国际地区部	全球性结构
跨国经营种类	商品与劳务贸易	商品与劳务贸易	商品与劳务贸易 国外投资	商品与劳务贸易 国外投资

三、跨国公司与国家经济主权

跨国公司是全球化的主要载体。20 世纪 80 年代以来，随着全球化进程的突飞猛进，跨国公司迅速崛起。一些大跨国公司的资产和年销售额已超过大多数国家的国民生产总值。根据世界银行发表的《2000—2001 年世界发展报告：与贫困作斗争》，在 1999 年所能采集到数据的 206 个国家和地区中，仅有 69 个国家的国民生产总值超过 100 亿美元。而《财富》杂志公布的 1995 年全球 500 家最大的跨国公司排行榜上，有 440 家公司的年销售额超过 100 亿美元。于是在国内外掀起了有关跨国公司与国家经济主权消长的争论。由于受全球主义和新自由主义学派的影响，国内外学界普遍倾向于接受跨国公司削弱国家经济主权的看法。

1. 关于跨国公司侵蚀国家经济主权的观点

关于跨国公司侵蚀国家权力，多数研究认为，跨国公司是一种全球行为体，它以实现全球资源配置的最优化、在全球范围内追逐利润的最大化为目的。因此它们首先考虑的必然是公司的利益和目标，而不是任何国家的利益和目标。跨国公司的“国籍现在只有一种形式上的参照意义"①。它们"拒不效忠任何民族国家，而是在全球范围内追求自己的利益和利润，它们既不代表其母国也不代表东道国，仅仅代表公司自身的利益"。由于跨国公司的全球扩张，"民族国家已经失去了它们作为今天无国界的全球经济中的有意义的参与单位的作用"②。

对于跨国公司与母国即发达国家的经济主权的关系问题，现有研究认为："全球性的工商企业和国家政府之间出现了实质性的分离，前者怀有世界眼光，后者则集中注意它们的选民的福利。"③"跨国公司的国际性对发达国家的威胁表现在：追逐利益最大化的跨国公司与致力于维护本国福利的西方发达民族国家之间产生了矛盾，即'失去祖国'的跨国公司转移了西方发达资本主义国家的生产和劳动岗位，减少了政府的税收和社会福利国家建设的资金来源，加剧了社会福利国家危机。"④ 跨国公司削弱了国家的社会再分配职能。

关于跨国公司与东道国即发展中国家的关系，相关研究强调，跨国公司一般在发达国家（中心地带）发展垂直分工体系中的高层次产业，而在东道国即发展中国家（边缘地带）发展低层次产业，由此造成了发展中国家产业结构的单一性、从属性。跨国公司的威胁还表现为对发展中国家市场的占有率越来越大。最终后果是发展中国家的财富外流，产业结构畸形，民族产业萎缩，南北差距扩大。"跨国公司追逐利润最大化的国际性决定了它对发达国家（母国）和发展中国家（东道国）的经济权力都构成了挑战。"⑤

2. 对跨国公司和主权国家的权力关系的思考

随着全球化的加速发展，总体而言，跨国公司对主权国家的权力确实有所削弱。但具体、深入地看，发现实际情况相当复杂。

（1）如何看待跨国公司财力的增长。人们对跨国公司相对于主权国家权力的增长的判断，在很大程度上是基于跨国公司财力的雄厚及其强劲增长。因此首先需要对此做一些澄清。现在的大型跨国公司确实拥有很多财产，这些财产是一种经济权利和权力。但是，这类权力和国家的经济主权有质的区别，这些权力不可能转化为类似国家所拥有的政治和社会权力。很多属于国家权力范围的事情，对仅有财产权力的公司来说是禁区。迄今为止，"国家及其代理人仍然是唯一可以合法地强制他人做什么（如兵役）或者禁止做什么（如贩毒）等的组织。"⑥ 国家权力衰落理论的坚决反对者罗伯特·吉尔平认为，主权国家在国际社会中和国内社会里都发挥着跨国公司所不可取代的作用，即提供安全和公益，保护私人财产权。

（2）跨国公司与发达资本主义国家的权力关系。

首先，全球化是发达国家政府推动的结果。全球化的动力不只来源于跨国公司，也来

---

① 阿兰·伯努瓦：《面向全球化》，7页，北京，中央编译出版社，1998。

② Kenichi Ohmae, *The End of Nation State*: *The rise of regional economies*, The Free Press, New York, 1995, p. 11.

③ 莱斯特·瑟罗：《资本主义的未来》，9页，北京，中国社会科学出版社，1998。

④ Susan Strage, *The Retreat of the State*: *The Diffusion of Power in the World Economy*, Cambridge University Press, Cambridge, 1996, pp. 3-15, 91-99.

⑤ 陈安国：《论经济全球化中的跨国公司及其对民族国家的挑战》，载《南京师范大学学报（社会科学版）》，2000 (5)，37～38页。

⑥ ［日］青木昌彦等：《市场的作用　国家的作用》，26页，北京，中国发展出版社，2002。

自发达国家的政府。罗伯特·吉尔平就曾指出，全球化最强的时期总是与霸权国家在全球体系中的最强大相联系的，而霸权的衰落则导致不稳定的增长和全球相互依赖的减弱。他发现，美国的跨国公司的活动在大多数情况下是增进母国的利益的。① 跨国公司之所以能够在全球各地追逐巨利，很大程度上是靠其母国的政府为它们创造的便利条件。根据帕金森定律，政府有一种天然扩张自己规模及权力的倾向，没有一个国家的政府会主动地做出限制自己权力的选择。

其次，跨国公司的扩张没有削弱发达国家政府的社会汲取和支出能力。收税的能力既是国家权力的体现，也是行使其他权力的重要保障。从一个国家税收收入和总支出占国民生产总值的变化情况，可以大致看出国家权力的增减。国家经济主权削弱的论据之一便是跨国公司的全球游走削弱了国家的税收收入以及社会支出能力。事实是怎样的呢？表1—6中各主要国家经济性收入（经常性税收收入占据其中的90%以上）以及经常性社会支出的变化情况，也许更能说明问题。

表1—6　　1990年和1998年七国政府经常性收入、支出所占GNP比重的变化情况（%）

国别		瑞典	英国	奥地利	法国	意大利	德国	美国
1990年	收入	44.2	36.5	33.0	40.1	38.5	28.4	19.5
	支出	40.8	38.0	38.1	42.5	47.8	30.1	23.5
1998年	收入	40.3	38.3	37.3	41.8	41.5	31.7	21.8
	支出	42.8	37.8	40.1	46.6	44.6	33.0	21.0

数据来源：世界银行：《2000—2001年世界发展报告：与贫困作斗争》，304～305页，北京，中国财政经济出版社，2001。

从表1—6可以看出，在1990年和1998年跨国公司迅速发展的近十年间，只有瑞典（原先经常性政府收入所占GNP比重较大）的经常性政府收入占GNP比重有所下降（由44.2%降至40.3%），其他国家均有所上升。其中，奥地利上升的幅度最大，上升了4.3个百分点；在经常性政府支出方面，英国、意大利和美国3国略有下降，其余4国则略有上升。发达国家的政府平均收入比1990年有所增加，而政府开支则基本维持在1990年的水平。由此可见，很难得出结论说跨国公司侵蚀发达国家的税收和支出能力。其他研究结果也证明了这一点。究其原因，可能是因为跨国公司投资的80%是在发达国家之间进行的，因资金流出而受到影响的税收被流入的资金所补偿。因此，在经济关系领域，各民族国家的权力存在着双向交换的关系，因为在其他国家的贸易中，自己失去的经济权力会得到补偿。② 但这种关系基本上只存在于发达国家之间。

最后，跨国公司在许多重要方面依赖母国。许多研究表明，如果用包括资产份额、所有权、管理、雇用、研究与开发的地点等重要标准来衡量，母国基地的重要性仍是规律，而非例外。在许多大公司的创立和维持中，国家扮演了重要的角色。任何跨国公司

① 罗伯特·吉尔平：《世界政治中的战争与变革》，273页，北京，中国人民大学出版社，1994。

② 安东尼·吉登斯：《民族—国家与暴力》，332～333页，上海，三联书店，1998。

都必须认同于特定的主权国家，以便在必要的时候获得支持和寻求安全保护。跨国公司对母国的依赖在战争或紧急状态下表现得尤为明显。假如跨国公司丧失民族性，无论它有多大的经济实力，也将沦为国家凭借政府权力任意宰割的对象，在与东道国发生冲突时尤其如此。

（3）跨国公司与发展中国家的经济主权的关系。发展中国家数目众多，各国国情差异很大，它们与跨国公司权力的消长情况比较复杂。但有一点可以肯定，发展中国家都是跨国公司的接受国，基本不存在跨国公司侵蚀国家税收权力的问题。

首先，从新兴工业化国家与跨国公司的关系来看，东亚新兴工业体以及拉美的巴西、阿根廷等国家和地区，为跨国公司的投资创造了良好的内部环境。外来投资带来了经济发展所需的资金、技术和先进的管理理念，带动了民族工业的发展，客观上帮助这些国家实现了经济快速增长和国力迅速增强。跨国公司对于这些国家经济发展的作用整体来说是积极的，但也不能否认跨国公司对国家权力的消极作用。大致说来，跨国公司对东道国的经济社会发展的独立性有些消极影响。一些国家国民经济中的一些关键行业和部门可能被跨国公司控制，甚至已被控制；一些国家的产业政策、反不公平竞争政策、劳动和环保政策等的执行，因为跨国公司因素的存在而受到削弱。

其次，从转型国家与跨国公司的关系来看，这里的社会转型国家包括苏联、个别东南欧国家以及亚洲的中国、越南和印度等。在以上转型国家中，像中国、印度和越南这些推行渐进改革的国家，取得了令人羡慕的经济发展成就。它们与跨国公司之间也基本上实现了利益的良性互动，其主要原因在于：一方面，它们在国内为跨国公司的投资创造了较好的内部环境；另一方面，对跨国公司进行了必要的限制。但苏联和个别东南欧国家则是另一番情形。伴随着严重的经济秩序混乱和萧条，这些国家政府的经常性收入和支出所占GNP的比重均有较大幅度的下降，政府收入远远不能满足国家日常开支的需要，政府的经济权力被严重削弱，基本经济职能受到侵蚀。其主要原因不是跨国公司的侵蚀，而是对新自由主义“药方”的几乎全盘照搬。跨国公司也由于这些国家的混乱望而却步，少有长远投资，更多的是利用这些国家的汇率波动以及经济管理的漏洞而进行短期投机。

最后，从“边缘化”国家与跨国公司的关系来看，跨国公司的对外直接投资是发展中国家的资本和技术的重要来源，但冷战后相当数量的发展中国家严重缺乏足以吸引跨国公司的国内环境。仅仅凭借廉价的劳动力和自然资源是无法引起跨国公司的兴趣的，还需要有良好的基础设施、廉价而素质较高的劳动力、健全的法律法规、稳定的政治和社会环境。而这些因素恰恰是多数发展中国家所缺少的，于是这些地区成了被跨国公司“遗忘”的角落。

这些在全球化进程中被边缘化的国家的权力也在削弱。既然跨国公司在这类国家的投资很少，因此国家权力衰落的主要原因并不是跨国公司权力的增长。其原因既有不公平的世界秩序，也有国家内部的问题。就后者而言，腐败、社会动乱、族群矛盾以及民众的不信任极大地侵蚀了这些国家的统治和管理权力。一个国家的管理能力和管理质量越高，就越能吸引跨国公司的投资；否则，跨国公司就会望而却步。对于这些国家来说，首要问题并不是防止国家权力受到跨国公司的侵蚀，反倒是要求这些国家提高内部管理和社会整合的能力，以创造外资进入的良好环境。只有经济发展了，制度健全了，国家主权才有可能被维护。

3. 几点启示

(1) 新自由主义的泛滥是侵蚀国家权力的主要根源而非跨国公司。在20世纪的大部分时间里，社会主义和资本主义之间激烈的制度竞争迫使资本主义向社会主义制度学习，于是产生国家权力的扩张，其内容包括福利国家和凯恩斯主义，但是到了20世纪80年代，资本主义在与社会主义的竞争中确立了“自信”后，又开始回归到自由主义的老路上。这一回归的理论基础和意识形态就是发端于英美的新自由主义。三十多年来，代表发达国家资产阶级利益的新自由主义不仅成为资本主义世界“正确”的意识形态，而且成为核心支配边缘的制度性工具。

在发达国家，新自由主义的得势使跨国公司的权力得到加强，而受到伤害的与其说是政府不如说是劳工的权利。他们丧失了国家曾经赋予的许多权利，成了纯粹的劳动力商品。这是发达国家福利水平下降的真正原因。一方面，在许多新兴工业化国家和转型国家，西方国家将贸易、贷款、投资等同推行“新自由主义”的政策挂钩，削弱了这些国家的经济权力，并最终埋下了拉美、东亚以及俄罗斯的经济和金融危机的隐患。另一方面，对于那些近乎无利可图的最边缘化、最不发达的国家，发达国家又在新自由主义的指导下，放弃了对这些国家的援助。跨国公司除了掠夺它们廉价的经济资源外，对这些国家毫无兴趣，使许多这类国家的经济接近崩溃的边缘。

(2) 主权国家的责任。跨国公司对发展中国家经济主权的影响，和发展中国家的不同国情密切相关，其实际影响不仅取决于跨国公司的实力和战略，更取决于东道国的能力和选择。在全球化的今天，发展中国家的国家权力需要维护和增强，更需要健全和重构。目前多数发展中国家的国家权力和职能的结构、性质和水平是在以往发展水平落后、市场化程度低、国民素质低、整个国家比较封闭的条件下形成的。在冷战后全球化、现代化迅猛发展的全新环境中，这种低水平的国家权力和职能自然面临极大的挑战。所有发展中国家都要正视自身存在的隐患和缺失，积极但稳妥地推进国家内部的制度建设以及经济结构的调整，增强对外部环境的适应能力，以积极、务实的态度吸引跨国公司的投资，但不应该以对跨国公司无原则的让步为条件换取投资。要完善关于跨国公司投资的法律法规，强化和改进对跨国公司的管理，使其行为符合国家的长远利益。在自身实力增强的基础上，发展中国家还应联合起来，在跨国公司问题上争取更大的国家主权。

(3) 跨国公司与主权国家的协调发展。发达国家也应该认识到，不应该放纵市场力量的任意发展，应该正视新自由主义给整个世界、给自己国家带来的负面影响。在国家间相互依存关系日益深化的条件下，如果越来越多的国家的经济权力被严重弱化并导致国家内部结构不稳定，势必影响整个世界的和平与发展，最终跨国公司和发达国家政府都会品尝苦果。跨国公司和主权国家都是历史发展的必然。跨国公司和主权国家的目标和利益有冲突的可能，也有和谐共处与共赢的可能。

主要概念

跨国公司　跨国指数　国际直接投资　母国　东道国　母国取向
东道国取向　国际化取向

复习思考题

1. 跨国公司的判断标准是什么？
2. 与完全的国内公司相比，跨国公司有哪些特征？
3. 试述跨国公司的发展阶段。
4. 跨国经营有几个发展阶段？每个阶段的表现怎样？
5. 跨国公司与主权国家的相互关系如何？

案例分析

阅读以下案例，结合本章内容，谈谈你对跨国公司选择对外直接投资地域及行业的理解。

美国通用电气公司：只投资有竞争力的行业

美国通用电气公司（GE）是美国也是世界上最大的电器和电子设备制造公司，它的产值占美国电工行业全部产值的1/4左右。早在1906年，GE就开始发展同中国的贸易，通过在中国投资具有竞争力的行业，在中国迅速发展。

通用电气公司是全世界最大的跨行业的服务公司，拥有30多个业务集团，在全球100多个国家进行业务活动，在《财富》杂志2000年全球500家最大公司排名中位居第9位。2000年营业收入达1 299亿美元，在全球共有员工34万人。

迄今为止，GE所有的业务集团都在中国开展了业务，现在中国拥有8 000多名员工，建立了20多家办事处和近30家合资或独资企业，总投资近50亿美元。

中国入世是GE变成“中国企业”的好机会，使得GE最好的服务技术可以进入中国。过去GE的航空发动机维护技术协助其他国家航空公司降低了成本，但却不能在中国做同样的工作。中国入世，可以使GE在中国“落地生根”。

针对中国国内一些行业硬件生产能力过大，甚至超过需求量的情况，GE对这些领域不再投资建企业，而是向那些在制造方面有竞争力、领导有国际观念的中国企业进行采购，把它们的产品纳入到GE的全球经营网络中。GE十分重视合作和分工，积极寻找产品能够配套的中国企业进行合作，很少投资那些中国自己能够生产的产品，而是让中国当地企业生产，GE来采购。GE的目标是5年后在华经营规模达30亿美元。

GE在中国的投资特点表现为：第一，地理位置集中。上海是GE的首选目标，其45%的项目都集中在上海；广东是GE投资的另一个重点地区，那里共有4个项目。GE目前在中国90%的投资主要集中在长江三角洲、广东和北京。第二，投资领域广泛。GE已经投资4亿美元，在华设立了20个独资和合资企业，涉及照明、医疗设备、家电、工程塑料等多个行业。第三，金融服务业投资是重点。像GE这样对金融服务领域进行大规模投资的外国公司还不多见，目前在华共投资了5个项目，涉及租赁、电力供应、建筑设备、融资等领域。GE对服务业的投资还包括医疗系统、飞机和集装箱租赁、电站和基础设施投资等。

除了业务投资，GE还致力于做好企业公民，积极参与各种公益活动，如在中国的教育机构设立奖学金。另外，GE员工的志愿者组织也在北京、上海、广州、大连和香港成立了分会，积极开展社区服务、保护环境等志愿活动。

迄今为止，GE的所有工业产品集团已在中国开展业务，拥有11 000多名员工，并已建立了40个经营实体。随着中国加入WTO以后市场的逐步开放，GE的金融业务也正积极寻求在中国发展的机会。通过对我国市场的细致分析，GE重点对我国具有竞争力的行业，在制造方面有竞争力、领导有国际观念的中国企业进行投资，获得了丰厚的收益。2005年，GE在中国的销售收入达50亿美元。

第二章

跨国公司的组织架构

本章要点

- 跨国公司的法律组织形态
- 跨国公司的管理组织架构
- 跨国公司全球性组织结构的类型
- 跨国公司组织结构形式的演进

导入案例

花旗银行组织架构的历史变迁

花旗银行——全球卓越的金融服务公司，资产14 000亿美元，全球雇员 275 万名，为100 多个国家的消费者、企业、政府和组织提供金融产品及服务，是全球资产规模最大、盈利最多、市值最大的银行集团，在 2007 年美国《财富》杂志“世界 500 强”排名中列14 位。

一、沿革

花旗银行组织架构的演变过程大体可分三个阶段。

1. 初步形成阶段

花旗银行成立于 1812 年，到 1914 年前还没有形成一个真正意义上的组织架构。在100 多年里，花旗银行始终是一个单一的组织机构，所有业务都集中在华尔街一个单一的场所进行，产品和业务也很单一，人员数量很少。1916 年，总裁范德尼普将部分权力下放给执行管理委员会，在银行各部门下面设置地区线，负责各地区的副总裁向执行管理委员会汇报工作。这增加了负责某一地区副总裁的自由度，相对弱化了总行的财务集中与管理能力，同时也弱化了总行的控制能力。这一架构安排既增强了花旗银行的市场营销能力，也增加了高层管理人员管理好各层面风险的责任，由高级管理层决定银行承受的风险。

2. 复杂化阶段

1921 年，米契尔担任花旗银行总裁，他废除了前任总裁范德尼普建立起来的执行管理委员会制度，导入从银行总裁办公室直接授权到各业务线，让各业务线直接与客户打交道、做交易的管理办法，形成了新的组织架构和经营模式，并在 1929 年建立了由花旗银行、花旗公司和花旗银行农民信托公司三大关联公司构成的业务板块，使花旗银行成为一个全球性、全能化的综合性金融服务机构。在新的组织架构中，每家关联公司都由一名能力非凡的高级执行官负责日常经营管理和处理业务发展的具体事务，而每家关联公司的主席都由米契尔本人担任，花旗银行最后的权力保留在米契尔手中，反映出米契尔典型的美国公司的管理理念——权力和职责掌握在少数人手中。

3. 建立现代化组织体系阶段

1967 年，花旗银行经营目标准备从“到所有的地方提供所有类型的金融服务”扩展到“为所有人提供服务”。从 1969 年开始，原来办理国内银行业务的各部门根据客户性质和行业性质进行了重组，改变了原来以地理范围来划分部门和机构的方式，对银行管理人员和员工根据市场需要及每个人的专长进行了重新配置。重组后，花旗银行整体上由公司银行、商业银行、个人银行、国际银行、投资管理、运行以及由原来的债券部更名而成的货币市场部共七大部门组成。公司银行业务集团承担着花旗银行的规模较大公司客户的银行业务和关系维护，小规模的公司客户划给了商业银行业务集团管理。在公司银行业务集团和商业银行业务集团内部，按行业来设置机构，不同行业成了花旗银行国内银行业务重组的基本原则和依据。

1998 年，花旗银行同旅行者集团合并，花旗银行从改善内部运作和有效推动业务的角度对其业务组织进行再次重组和精简，形成了新的业务组织模式。2002 年，花旗银行开始采用矩阵式结构进行重组，重组中心内容是细分市场，进一步围绕客户寻求产品、地域之间的平衡。集团业务被划分为四大块——环球消费金融业务、新兴市场和公司业务、投资银行业务及环球财务管理业务；另有两块独立运作的业务——花旗银行资产管理和选择性服务。所有业务被进一步划分到全球几大区域：北美、亚太、拉美、中东、欧洲和非洲。

二、特征

花旗银行的利润和市场地位有力证明了其发展战略和授权模式的成功。花旗银行组织架构的演变有以下几方面的显著特征。

1. 从专业银行到全能型银行

成立初期没有分支机构的单一公司，经过近 200 年发展成为结构复杂、层级众多的金融集团，这一演变显示了它从专业化向多元化发展的路径。在成立之初的 70 年里，花旗银行是一个专业化机构，主要开展商业银行业务，即接受活期存款和发放短期贷款，而且只在纽约设有唯一的营业机构。1891—1912 年，花旗银行从经营范围狭窄、地方性的银行转变成为服务范围广泛、服务领域宽广的银行，拓宽了产品线和客户基础。1913 年，美国《联邦储备法》颁布实施，允许资本总额在 100 万美元以上的国民银行到海外设立分支机构。花旗银行高层抓住了这一有利机会，提出更为进取的发展战略，将花旗银行从一家专业性、批发性银行转变成在国内外向不同层次、不同类型客户提供全方位服务的金融集团。按这个目标，花旗银行开始向全国性的公司银行业务、国际银行业务、投资银行业务方面发展，提供包括商业银行、投资银行、信托业务等在内的综合化的金融服务。

从总行集权到各分行、部门分权在经历了初期的发展后，中央集权式的结构和管理模式已不可能支撑花旗银行的进一步增长。于是，花旗银行开始建立一整套管理上的层级制度和授权体制，逐步形成分权式、授权式、多元化、非中央集权的组织架构。为了能成功地进入不同的市场并抓住发展机会，花旗银行创建了一种市场主导的业务单位，对前线业务经理充分授权，并为他们提供必要的资源，使他们在拓展市场过程中能在自己的权力范围内及时做出决策。非中央集权式的授权管理体制使每一个业务单元都被赋予了更大的职责范围，同时也得到了更多的授权。花旗银行的快速扩张为年轻人提供了很多发展与晋升的机会，从而吸引了更多优秀人才的加入。

花旗银行的非中央集权式授权管理不仅体现在各个业务部门，也体现在高层方面。如沃尔特·瑞斯顿在1970年担任花旗银行主席兼CEO后，把比尔·斯宾塞（花旗银行"二把手"）、埃尔·帕尔默（花旗银行"三把手"）和阿尔·科斯坦佐（海外部主管）称为自己的伙伴，在银行内一贯发扬民主，允许这几个伙伴在各自的经营活动中自由发挥。在最高领导层的推动下，非中央集权式授权管理成为花旗银行管理文化的一个重要内容。

2. 从地区主导到业务线主导

从花旗银行机构设置的演变过程看，花旗银行同银行业演变过程大致相似。过去是以地区为中心、以分行为主导。现在转变为以业务线为主线，强调银行的系统管理，分行的职能被大大弱化，总行业务部门的管理得到了极大的强化。

三、启示

以花旗银行为代表的西方商业银行，特别是大型跨国银行，目前多采取"大总行、大部门、小分行"结构。银行的分行很多，但不一定很大，职能一般单一，复杂的业务多集中在总行的有关部门完成。"大总行"通过"大部门"来体现，在总行部门内聚集大量的专业人才，分工细、专业性强。这种结构安排对于提高效率、控制风险、降低业务成本很有利，同时信息技术的飞速发展也为银行各项业务的专业化、集中化、工厂化处理提供了可能。

在风险控制方面，应在加强风险控制的同时，通过非中央集权式授权增加业务线的决策权，以提高银行的效率、灵活性和竞争力。在批发性银行业务与零售银行业务关系处理上，应保持零售银行与批发性银行的相对独立，以促进零售银行业务发展。花旗银行20世纪50年代曾仿效大通曼哈顿银行创造的"百货店式的银行业务"，把批发银行业务和零售银行业务合并在一起，为公司的官员们和员工们提供零售银行业务服务，将一部分大客户转移到分行去，由靠近客户的分行提供服务。但运行几年后发现，分行行长不能对公司客户和零售客户做出正确的服务决策，总是有意无意地忽视零售客户，缺乏必要的手段来满足大客户提出的业务需求，也缺乏必要的授权为客户提供大笔贷款。为此花旗银行1975年做出历史性重大决策，将零售业务与批发业务分设，各自独立核算，大力发展零售业务。到1995年，花旗银行零售业务利润从1975年的0增长到20亿美元，到2005年，零售银行业务利润占总利润的比重为53%。

资料来源：时旸、吕文宁：《花旗银行——组织架构的历史变迁》，载《中外企业文化》，2007（11）。

跨国公司是现代社会中企业进行跨国生产、流通、交换等资源配置活动的一种重要组织形式，是高度适应国际市场运作的典型企业组织结构。不同类型的跨国公司及其子公司，在法律地位、设立程序、经营模式、管理权限、所有者权益等方面不尽相同。选择合适的跨国公司组织结构，对跨国公司的有效运作有着极为重要的意义。

第一节 跨国公司的法律组织形态

就法律形态而言，跨国公司与一般企业的法律形式大体相同，可以采用个人企业、合伙制企业或公司制企业中的任何一种形式。为了适应社会化、国际化大生产发展的需要，跨国公司往往规模巨大，故通常采用股份有限公司的形式。从投资方式、股权比例、控制权限等不同层次上看，跨国公司的法律形式可分为设立在母国的母公司（Parent Company），设立在海外的分公司（Branch）、子公司以及避税地公司等。

为了更好地理解跨国公司的法律形式，首先要对跨国公司对外直接投资中“母国”（Home Country）与“东道国”（Host Country）这两个概念有明确的认识。母国是指跨国公司最初开展生产经营和拓展国际业务的所在国，也是跨国公司对其国际经营活动实行最终有效控制的公司总部所在地，尽管那里可能已经不再是跨国公司最大的生产经营场所，或者不再是它的大多数股东的所在地。东道国是指跨国公司从事海外经营活动的所在国。

一、跨国公司的母公司

母公司是指跨国公司在其母国依照该国有关法律注册登记的法人企业。母公司能够通过拥有其他公司一部分股权，或通过协议的方式有效控制其他公司的经营、管理决策活动，使其他公司成为自己的附属公司。跨国经营中的母公司主要在发展战略、经营方针等宏观方面参与子公司的经营管理，不直接参与子公司日常的具体业务活动。

跨国公司的母公司与控股公司既密切联系，又有一定的区别。控股公司是指通过持有另一个公司的股权或其他有价证券而对其实行某种控制的公司。控股公司分为两类：一种是纯控股公司，该公司不从事具体的生产经营业务，也不直接参与被它控制的其他公司的经营管理，只是通过资本运作掌控其他公司，目的是为了资本增值和获得经济收益；二是混合控股公司，这类公司既从事参股或控股活动，又有自己公司的生产经营业务。混合控股公司在世界上数量较多。

跨国公司母公司的主要法律特征如下：

第一，母公司以参股或非股权安排方式行使对子公司的控制。母公司对子公司实施控制的具体方式有：一是参股和控股，即通过拥有子公司一定比例的股权，足以获得股东大会多数表决权，从而得到对公司重大事务的决策权，达到控制子公司的目的；二是非股权安排，主要指通过各种协议规定，实际上控制子公司的经营管理决策。

第二，母公司实际控制子公司的经营管理权。世界各国立法的普遍观点认为，跨国公司母公司对子公司的控制主要是指对子公司的重大事务拥有实际上的影响力和控制权，其核心是决定子公司董事会如何组成、重大事项的决策程序等。跨国公司及其子公司的权力中心是董事会，所以母公司掌控了子公司的董事会，也就意味着实际控制了子公司。

第三，母公司对子公司承担有限责任。一般而言，跨国公司母公司对子公司以其出资额为限承担责任，母公司对子公司的负债不承担直接责任，这是由于在法律上母公司与子公司各自为独立的法人，母公司与子公司的关系实质上是股东与公司的关系，二者之间的财务关系适用公司法中关于股东与公司相互关系的一般规定。不过很多国家的公司法对它们之间的特殊关系做出了特殊规定，进行了特殊的法律管制。

二、跨国公司的分公司

分公司是总公司或母公司的分支机构，不具有独立的法人资格，在法律上和经济上没有独立性，只是总公司（母公司）的一个组成部分。分公司具有如下法律特征：

第一，分公司不具有法人资格，自己没有独立的公司名称和章程，不能独立承担责任。

第二，分公司由总公司授权开展各项业务，其一切行为后果和责任由总公司承担。

第三，分公司没有独立的财产权，其所有资产属于总公司，总公司对分公司的债务承担无限责任，分公司的盈亏记入总公司的资产负债表中。从税收方面看，分公司的盈亏要合并到总公司的损益表中，如果分公司产生亏损，则应从总公司的盈利中扣除。此外，分公司在汇出红利时，不必缴纳预提税（东道国政府对公司支付给外国投资者的红利或利息所征收的一种税收）。

第四，分公司与总公司同为一个法律实体，设立在东道国的分公司被视为“外国公司”，不受当地法律保护，仍受总公司（母国）的外交保护。所以，分公司在东道国开展业务时，有时不如当地公司便利。

第五，分公司从东道国停业撤出时，只能出售其资产，不能转让其股权，也不能与其他公司合并。

三、跨国公司的子公司

跨国公司母公司与子公司之间存在着“所有权”联系。子公司是指一定比例的股份被另一家公司拥有或通过协议方式受到另一家公司实际控制的公司。母公司与子公司之间存在着控制与被控制的关系，至少是母公司对其子公司能施加有效的影响，但子公司自主权较大，可以独立开展各项经营业务。子公司主要有以下法律特征：

第一，子公司是独立的企业法人，在东道国注册登记，受东道国法律管辖，不受母国政府的外交保护。子公司虽然在股权关系上受母公司的控制，但由于是独立法人，拥有自己独立的公司名称和公司章程。

第二，子公司拥有独立的财产，自负盈亏，自担风险，可公开发行股票，并可独立借贷。

第三，子公司可以自己的名义从事各种经济、民事活动，包括起诉和应诉；独立承担公司行为所带来的一切后果及责任，独立承担债务。

第四，子公司在东道国除缴纳所得税外，其利润作为红利和利息汇出国外时，还须缴纳预扣税。

第五，母公司通过拥有子公司一定比例的股权来对子公司施加控制，其控制力与股权比例成正比；母公司对子公司的实际控制也可以基于支配性协议等非股权安排。母公司对子公司的实际有效控制主要是能够影响或决定子公司的组成。

四、避税地公司

避税地公司是指跨国公司在避税地（Tax Heaven）设立的子公司。对外国公司在本地注册或经营所获得的利润实行免税或低税政策的国家和地区称为避税地或避税港。跨国公司设立这类公司的目的在于避税，即将其他子公司的利润汇入避税地公司，可以享受免税或低税之利。

避税地必须具备有利于跨国公司的财务调度和进行国际业务获得的便利条件。例如，对其境内公司所得税实行免税或低税待遇；取消外汇管制；允许自由汇出汇入资本和投资收益、经营利润；对企业积累不加限制；具备良好的交通、通信条件，可提供完善的财务服务，拥有健全的商法等。

目前，世界上 70 多个国家和地区共有 350 多个避税地，著名的避税地有百慕大群岛、巴哈马群岛、巴拿马、巴巴多斯、荷属安得列斯群岛、开曼群岛、瑞士、列支敦士登、卢森堡、直布罗陀、利比里亚、中国香港等。以开曼群岛为例，该岛为英国领土，总督由英国任命，议会通过选举产生，没有政党，不征收个人所得税、公司所得税、资本利得税和遗产税等，1980 年取消了所有的外汇管制，全球 50 家大银行中有 47 家在那里设立了分支机构。

专栏

国际避税天堂——英属维尔京群岛

在世界地图上，英属维尔京群岛只是加勒比海上的一个小点，但这个仅有 153 平方公里的弹丸之地却汇集了 35 万家公司。迫于国际压力，该岛议会通过了修改公司注册的议案，这个著名的“避税天堂”正面临着注册企业流失的威胁。

有人做过计算，这个小岛平均每个居民拥有近 20 家企业，一个篮球场的面积上就有一家公司。在中国 2002 年的外资来源地中，英属维尔京群岛仅次于我国香港，名列第二，超过了美国和日本。之所以有那么多公司愿意到一个自然资源匮乏的小岛上注册，是因为这里是世界上著名的“避税天堂”。为发展当地经济，该岛政府 1984 年通过了《国际商业公司法》，允许外国企业在当地设立“离岸公司”，并提供极为优惠的政策：在当地设立的公司除每年缴纳营业执照续牌费外，免缴所有当地税项；公司无注册资本最低限制，任何货币都可作为资本注册；注册公司只需一位股东和董事，公司人员中也不必有当地居民；无须申报管理者资料，账目和年报也不必公开。

在这里设立公司的费用也很便宜。记者联系了纽约一家专门提供避税地公司注册业务的中介公司“OFFSHOREINC”，据介绍，在英属维尔京设立注册资本在 5 万美元以下的公司，最低注册费为 300 美元，加上牌照费、手续费，当地政府总共收取 980 美元，此后每年只要缴 600 美元的营业执照续牌费。这些优惠条件吸引了世界各地的公司来这里注册，目前，该岛注册的离岸公司大约有 35 万家，而且还以每月2 000家的速度增加。

在英属维尔京注册的公司中，有 1 万多家与中国有关。有的实际上就是民营企业，通过在此注册摇身变为外资公司，得以享受国家对外资企业的税收优惠；还有一些读者耳熟能详的著名企业通过在此注册达到海外上市的目的。此外，一些中国台湾地区的企业为摆脱当局阻挠，先把资金转移到在英属维尔京注册的离岸公司，再绕道流入祖国大陆。

但是，由于这些离岸金融中心没有外汇管制，保密程度高，资金转移不受任何限制，所以也成为国际洗钱活动最猖獗的地方。据估计，每年有5 000亿到 1.5 万亿美元的资金通过洗钱改头换面。所以在"9·11"事件后，一些人士批评这些地方为恐怖分子帮了大忙。2000 年 6 月 26 日，经合组织发布题为《认定和消除有害税收行为的进程》的报告，将 35 个国家和地区列入了避税地黑名单，英属维尔京群岛榜上有名。在国际压力下，英属维尔京最近对公司法进行了修改。新规则的变化主要有两处：一是将股票无记名制度取消，无记名股票必须由托管机构集中保管，公司必须把最终受益人的资料提供给官方；二是如果政府认为某个公司或账户涉嫌洗黑钱，当地最高法院发出搜查令后，离岸公司的资料必须公开。

深谙税务安排的罗伯特律师认为，英属维尔京修改规定实际是迫于压力摆出的姿态，其修改部分"十分高明"，企业只要改为发行记名股票就可避开托管规定的限制。至于账户和公司信息公开的规定则是有条件的，即确定有洗钱的嫌疑，且必须有搜查令，所以对守法的公司也不会造成太大的干扰。但他同时也认为，英属维尔京修改投资规定确实给其竞争对手一个赶超的机会。

除英属维尔京之外，全球著名的"避税天堂"还有百慕大群岛、开曼群岛、南太平洋上的岛国萨摩亚以及中美洲的伯利兹等。这些避税天堂都是很小的国家和地区，自然资源稀缺，经济基础薄弱，因此只好以放松管制来吸引投资。它们之间的竞争也很激烈，现在萨摩亚和伯利兹的条件已更为优厚，在萨摩亚注册一家公司只要 960 美元，所以"OFF-SHOREINC"在向客户推荐时，给萨摩亚打五星级，伯利兹打四星级，而维尔京只有三星级。

权威人士告诉记者，英属维尔京是我国第二大外资来源地，在修改规定后，或许会使来自该岛的外资减少，但这并不会对我国吸引外资造成冲击。我们的主要外资来源地可能会冒出个伯利兹或萨摩亚来，只要我国的投资环境不发生变化，吸引外资的总体形势就不会受大的影响。

资料来源：周晓俊：《国际避税天堂：弹丸之地有万家公司与中国关》，载《环球时报》，2003-06-18。

第二节　跨国公司的管理组织架构

跨国公司的发展战略和经营模式决定其组织结构，同时，跨国公司的组织结构又直接影响其战略决策的实施与经营绩效。跨国公司在成长和发展的不同阶段，其公司规模、分支机构、产品与服务种类、经营地域等方面有着很大的差异，这就要求跨国公司设计与之相适应的、高效率的组织结构，来充分利用公司资源，提高管理效率，提升全球竞争力，获取公司整体利益最大化。

一般而言，企业的国际化过程通常是从产品的间接出口开始的，然后发展到直接出口，进而发展为在国外寻找合作伙伴，建立合资或合作企业，乃至在国外建立独资子公司，以及通过跨国并购、组建战略联盟等方式在国外建立自己的研发中心、生产基地或营销网络等。

根据跨国公司内部各部门的职责范围、生产的产品种类和数量、市场空间大小等要素，跨国公司的管理组织结构通常有以下类型。

一、出口业务部结构

出口业务部是企业跨国经营初始阶段出现的管理组织结构。由于企业初涉国际市场，其业务重心仍然在国内，但企业已经认识到开拓国际市场的重要性，试图把经营范围扩大到国外市场，因此，在销售部下设立一个出口业务部，全面负责企业产品的出口业务。这种组织结构如图 2—1 所示。

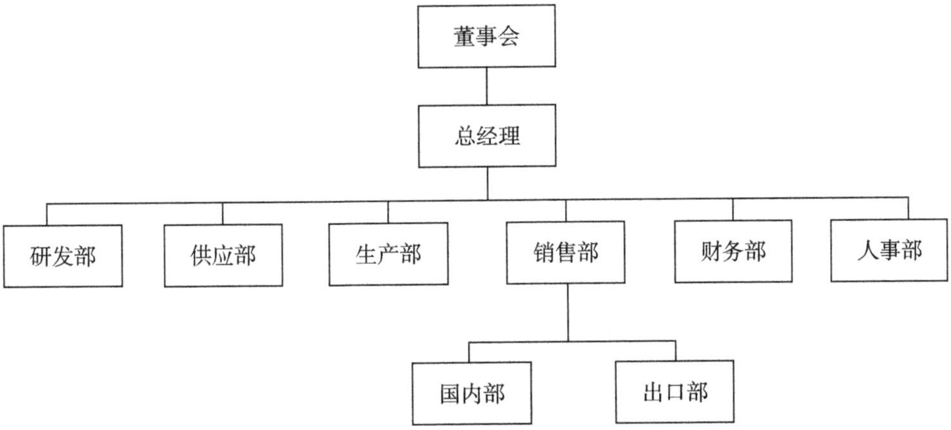

图 2—1 出口业务部结构图

出口业务部的规模要与出口业务量的大小相适应。在企业国际化的起步阶段，产品出口规模一般较小，同时，企业可能也缺乏必要的国际营销经验与人力资源，因此通常采取间接出口方式，即委托对国外市场较为熟悉、有丰富进出口经验的专业外贸公司进行出口。此时，虽然本企业的产品已经进入国际市场，但其国际业务仅仅是将企业在国内的营销模式简单地“延伸”到国外市场，企业并未真正展开国际化经营。这时的出口业务活动较为简单，业务人员较少，出口业务部规模可以小一些。

如果企业产品出口规模较大，而且出口市场相对集中，企业则可以采取直接出口方式，出口业务部规模可以适当大一些，增加营销、调研、运输、单证、广告等方面的业务人员。此时，出口业务部也可以从销售部独立出来，直接隶属于总经理。

该种组织结构的优点在于组织结构简单，节省管理费用；同时，有一个统一的队伍机构来推动和协调企业的对外经营活动，有利于了解国际市场行情、扩大企业产品和劳务的出口。但其存在明显的缺陷，即单一的产品出口易受到国外相关的关税及非关税壁垒的限制；出口业务部的经营范围有限，简单的出口业务部结构难以适应企业随后发展起来的直接投资等综合业务要求。

二、母子公司结构

当企业的出口业务不断扩大，出口市场日益增加时，企业（母公司）可以在不同地区的国外市场设立若干个国外子公司，形成所谓的母子公司结构。这种组织结构如图 2—2 所示。

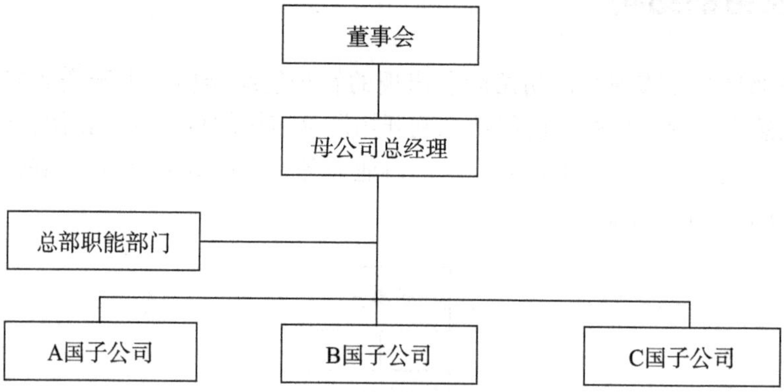

图 2—2　母子公司结构图

母子公司结构是国内企业走向跨国公司过程中在组织结构方面的一种过渡形式。在这种组织结构中，母公司的组织结构同以前的国内企业组织结构区别不大，国外子公司拥有较大的经营自主权，国内母公司与国外子公司之间只存在着松散的联系。由母公司的董事会或总经理直接管理各子公司，各个国外子公司不必通过国际事业部或地区总部这样的中间环节，而是直接向母公司汇报经营情况，定期向母公司汇缴股利。母公司并不干预子公司的具体业务活动，而是通过派员到各子公司担任职务，避免失去对子公司的控制；也可以通过对子公司进行定期或不定期的考察，或子公司经理回总公司汇报工作的形式来管理。

欧洲早期跨国公司普遍采取母子公司结构，这样可以利用东道国的资源，解决国内市场狭小的矛盾；同时，国外子公司的经营自由度较大，可以根据东道国的市场需求灵活调整经营策略，作为一个独立的经济实体在国外特定环境中开展业务活动。

母子公司结构适用于母公司规模不大、国外子公司数目较少且分布在邻近国家的情形。随着企业业务规模的扩大、目标市场的增多，以及多元化经营的需要，这种组织结构的局限性也愈加明显：仅靠人员往返于母子公司之间的管理不仅是不现实的，同时由于母公司不能深入了解子公司的业务情况，可能出现决策偏差，降低管理效率；国外子公司直接与母公司联系，容易影响母公司最高管理层的工作效率；母公司最高管理者的个人知识、能力和威信也将限制其对子公司的有效指导；子公司的经营自主权往往会导致子公司仅从自身利益出发，从而影响母子公司的整体绩效。

三、国际业务部结构

随着企业国际业务的进一步拓展，业务活动从单一的出口增加为包括出口、分销协议、技术贸易、国外生产在内的综合业务。企业国外子公司数目急剧增加和经营规模迅猛扩大，各子公司之间难免会产生利益冲突，影响跨国企业整体利润最大化的实现。这时，企业就将原来的出口业务部扩张为国际业务部，系统组织和统筹管理企业的国际业务活动。国际业务部结构是企业初步发展为跨国公司的一种组织形式。这种组织结构是在母公司基本业务部门构成中增设一个“国际业务部”，该部设有与总部各职能部门基本对应的一个重要的业务部门，通常由一名副总经理领导，代表总部管理，由国际经营和管理人员组成的团队构成，协调开展总公司的全部国际业务。其组织结构如图 2—3 所示。

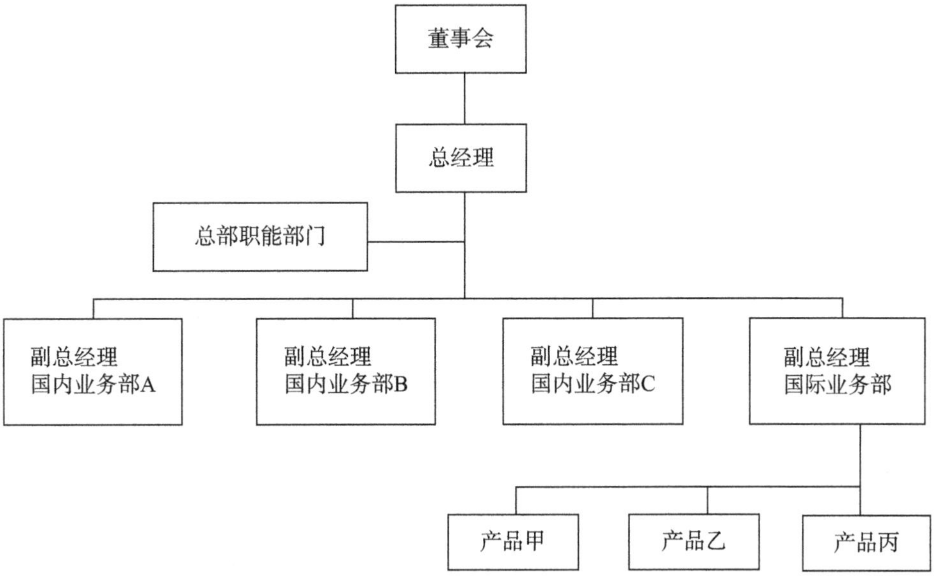

图 2—3　国际业务部结构图

国际业务部组织结构的优势在于，有助于实现企业的整体战略，提升员工的国际市场意识；有效协调国外子公司的经营活动，国内与国外管理系统权责分明；在母公司与子公司及各子公司之间内部交易时可以利用划拨价格，避免子公司之间的恶性竞争，降低公司整体的税收负担等。

当然，采用这种组织结构也有诸多弊端：人为地将国内业务与国际业务分割开来，不利于人力资源、专利技术等资源的合理配置和充分利用，导致国内与国外业务部门的矛盾、冲突；国际业务部一般不设研发机构，不得不依赖国内部门的技术支持；可能出现部分管理部门重叠，增加运行成本等。

四、全球性组织结构

当跨国公司基于国际机遇和全球威胁考虑如何获取和配置资源时，必然调整其组织结构。所谓全球性组织结构，就是把国内业务和国际业务统筹起来，从全球化视角设计公司的发展战略，一体化安排公司的资金、人员、技术、设备等资源，协调公司的研发、采购、生产、销售等活动，统一分配利润。它将企业的国内结构与国外结构融为一体，视世界市场为一个整体，跨国经营企业也称为真正意义上的跨国公司，其组织结构必然根据全球一体化经营的要求来重新安排。跨国公司的全球性组织结构大体上可分为全球性职能结构、全球性产品结构、全球性地区结构、全球性矩阵结构和全球性混合结构等形式。

1. 全球性职能结构

全球性职能结构是跨国公司从整合职能角度出发的一种组织结构。这种结构是以跨国公司的各种不同的职能——技术研发、材料采购、生产制造、市场营销、财务管理和人力资源等职能为基础，将国内业务和国外业务整合到公司总部的各个职能部门中，某一职能部门管理与本部门相关的一切国内外业务。这是一种决策权高度集中于母公司的组织结构形式，如图 2—4 所示。

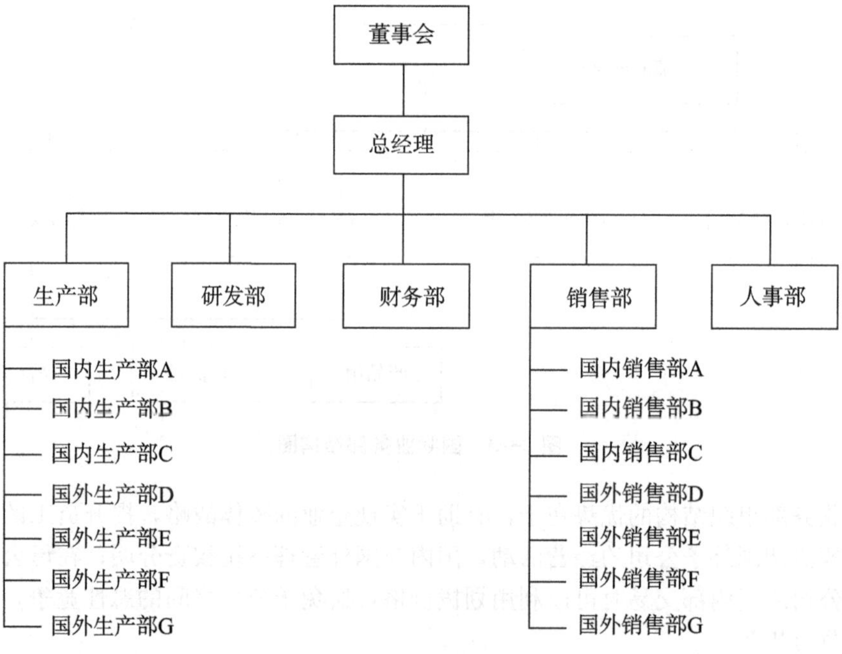

图 2—4 全球性职能结构图

全球性职能结构的优点是可以发挥跨国公司总部各职能部门的专业化水平，适合专业化管理原则，纵向分工明确，管理效率在现代化信息平台上得到提高；职能部门在设置上较少重复，节约人力资源占用，节省管理成本；有利于资源集中调配，统一成本核算、利润分配和经营业绩考核。

该组织结构的缺陷表现在：跨国公司总部的管理权限过于集中，而国外分支机构的权力较小，不利于调动子公司的积极性；各职能部门之间的工作目标可能出现分离，导致各种业务活动产生脱节现象；管理层级较多，信息传递不畅，从决策到执行存在时滞。

全球性职能结构比较适合跨国公司规模较小、产品系列简单、市场相对集中、消费者需求相对稳定、经营决策变动不频繁的情况。虽然有一些公司规模较大，但生产的技术特点是公司各职能部门的内部依赖程度较高、业务流程整体性强、要求集中管理的倾向较明确，这类跨国公司也可采用该种组织结构模式，如从事采掘、提炼业务的石油公司、矿业公司。

2. 全球性产品结构

在跨国公司多元化经营情况下，产品与服务的种类、系列增多，不同的产品、不同的服务业务领域往往要求跨国公司按照专业化的分工和运作方式来组织生产和经营，按照责、权、利匹配对应原则，在全球范围内设立若干个产品部，分管各大类产品和服务的生产与营销业务。这种以跨国公司的产品系列为基础的组织结构设计，每一个产品部门都是一个相对独立的业务单位和利润中心，负责本部门该类产品的研发、生产、销售、财务及人事等工作。全球性产品结构如图 2—5 所示。

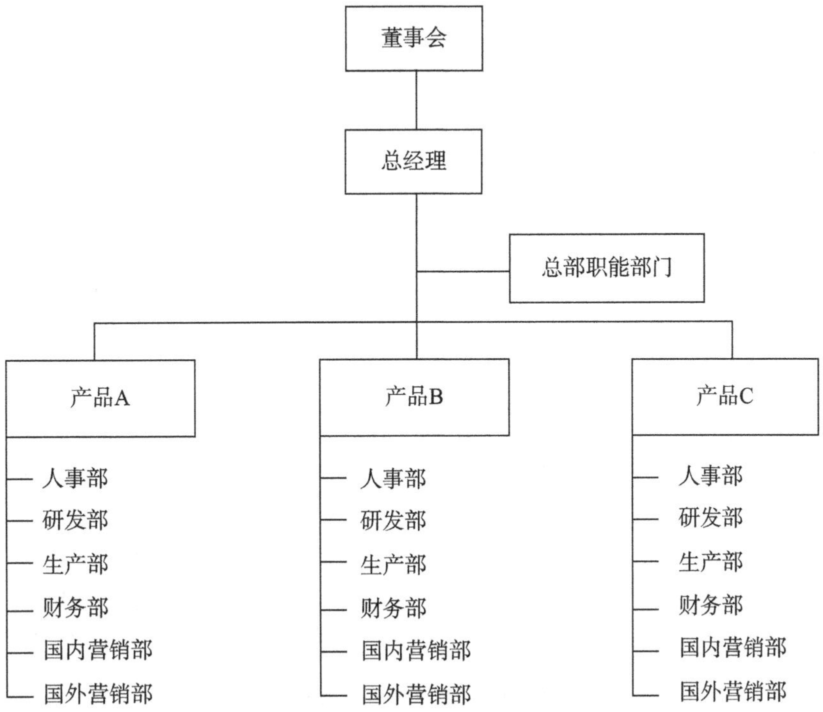

图 2—5　全球性产品结构图

全球性产品结构的优点：强调产品生产和市场销售的全球性规划，有利于国际市场细分与产品差异化；国内业务和国际业务的有机结合可以使公司的国内外业务活动相互补充，在世界范围内进行同类产品的标准化生产，实现规模经济效应；公司可以根据产品在不同国家或地区所处的不同生命周期科学安排产品的生产与销售，有利于同一产品的生产技术和管理经验在不同区域的内部转移。

其缺点在于：不利于公司在全球定位、长期投资、资源整合、利润分配等全局性问题上进行集中统一决策；各产品部都有各自独立的经济利益，相互之间的协调、配合难度较大，不利于协同效应的发挥；削弱了公司的地区性功能，各产品部均有自己的一套职能机构，较易造成机构设置重叠，资源浪费。

相对而言，全球性产品结构适用于技术研发频繁、产品多元化程度高、生产工艺好、销售市场相对分散，且具有全球性生产经营经验的跨国公司。

3. 全球性地区结构

当全世界各地区的收入水平、消费偏好、风俗习惯、市场结构与容量、东道国政策法规差异较大，跨国公司需要充分考虑各地子公司的独立性和灵活性时，全球性地区结构就是一个较为适当的选择。全球性地区结构是指跨国公司在全球战略指导下，按地理差别划分成不同的区域，同时设置不同的子公司，每一子公司负责地区内各种产品的生产经营活动以及其他职能工作。这种组织结构一般由母公司副总经理担任区域分部的经理，全面负责本区域内的生产、销售、财务等活动，而母公司负责制定全球性经营战略，并监督各地区分部执行。如图 2—6 所示。

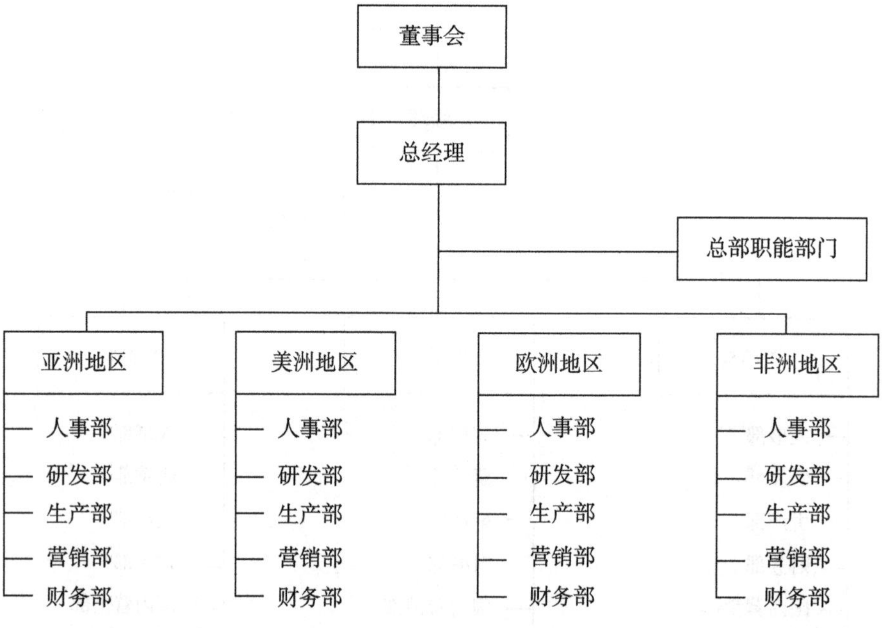

图 2—6 全球性地区结构图

全球性地区结构的优点是：强化了各地区分部作为独立经营实体和利润中心的地位，可以极大地调动各地区分部的积极性和创造性，各地区分部可以根据当地市场的需求状况，有针对性地制定适应区域内情况的产品生产与营销策略。

该组织结构的缺陷表现在：容易产生地区本位主义，过度重视地区分部业绩而忽视总公司的全球战略目标和总体利益；各地子公司专业活动的简单复制会带来经营成本的上升；不利于产品多元化与系列化，有碍于跨地区新产品的研发等。

全球性地区结构适合于那些产品系列较少、产品易于标准化、各个系列产品的生产技术相似、同类产品的市场营销环境接近、地区专门知识较为重要的跨国公司，如汽车、食品、饮料等行业的公司常常采用此种组织结构。

4. 全球性矩阵结构

全球性矩阵结构是为了适应跨国公司业务规模大、产品系列多、市场区域广、客户差别细化的情况，而采取的一种具有高度适应性、灵活性的组织结构形式。它在明确权责关系的前提下，对跨国公司的职能分工、地理区域和产品组合三维因素中的两维或三维实施交叉管理或立体有效控制，从而打破了以往传统的统一指挥管理模式。全球性矩阵结构如图 2—7 所示。处于两维或三维因素结合点位置即构成一个业务单元（子公司），每一个子公司都要接受双重或多重领导，平衡来自两个或三个方面的压力，处理多重矛盾和问题。所以，这是一种十分复杂的组织结构，具有较高的管理成本。

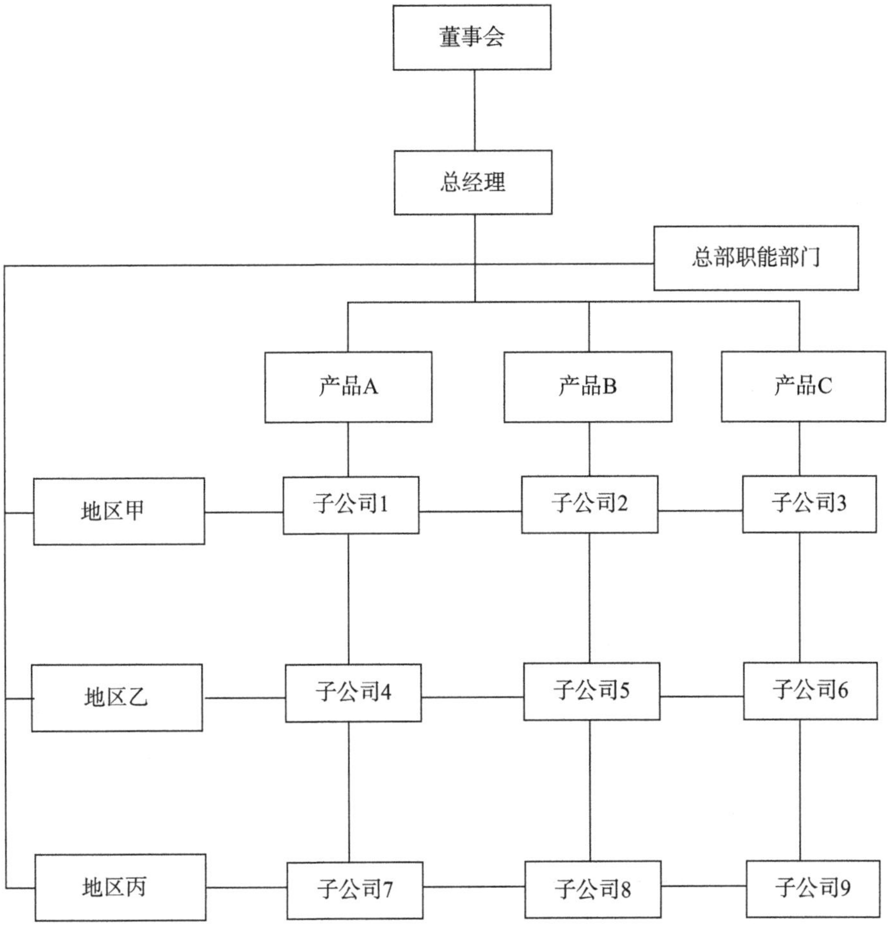

图 2—7　全球性矩阵结构图

全球性矩阵结构的优点是：有利于综合考虑跨国公司在各地区的生产经营环境与产品的生产销售状况；促进各职能部门之间的合作和协调，发挥公司在职能、产品、地区各方面的优势，增强跨国公司整体的国际竞争力；较好地适应消费需求、市场竞争、客观环境以及东道国政策等因素的变化；组织结构的弹性大，市场应变能力强。

其缺点是：组织结构过于复杂，可能导致管理成本上升、管理效率下降；每一个业务单元都受多重领导，相互牵制，决策迟缓，可能错失市场机会。

全球性矩阵结构一般适合于产品多样化、地区分散化的大型跨国公司，特别是那些既受到产品竞争压力又受到地区适应性压力的跨国经营企业。在这种双重压力下，公司业务适应了本土化要求则难以保持产品的竞争地位，而只按产品去组织安排又可能失去市场。因此，该种组织结构虽有不足，仍为一些大型跨国公司所采用。

5. 全球性混合结构

随着跨国公司规模的扩大、产品种类的增多、目标市场多元化、跨国并购的情况增多，其经营活动也日益复杂。跨国公司单独采取全球性职能结构、全球性产品结构、全球性地区结构或是全球性矩阵结构，都难以适应其繁复的内部管理与外部经营。因此，跨国公司要扬长避短，采取灵活、权变的方针，在兼顾不同职能部门、不同地理区域以及不同产品类别的基础上，根据产品营销情况、市场分布结构和资源、风险、管理的现实需要，采用全球性混合结构的跨国公司组织形式（如图 2—8 所示）。

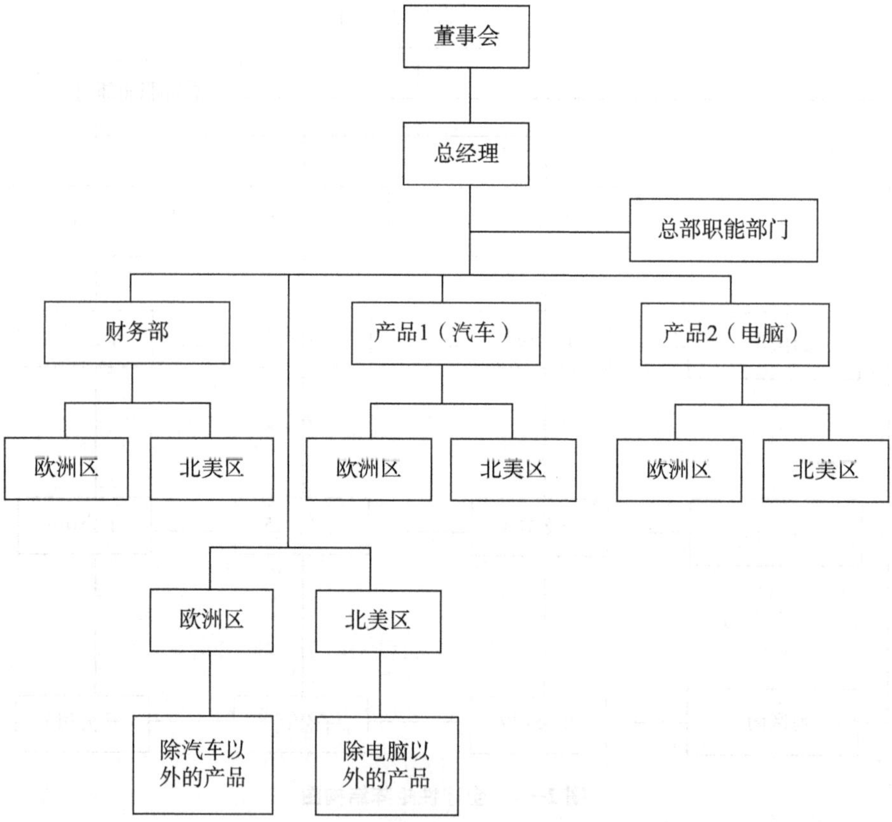

图 2—8　全球性混合结构图

目前，有越来越多的跨国公司为了实现更加灵活有效的管理，开始采用全球性混合结构。其优点在于有利于开展组织结构变革、经营管理变革和流程再造，使公司能够适应瞬息万变的内外部环境；组织架构具有更大的自由度和伸缩性，容易在公司内部多方向性地调配资源。该种结构的缺陷是组织结构非规范化，容易造成管理上的脱节甚至冲突；各部门、各环节之间的业务差异较大，合作、协调起来困难较大，公司内部的管理成本相应增加。

专栏

海尔集团的组织结构演变

海尔集团成立于1984年，是在原青岛电冰箱总厂改组基础上以定向募集方式设立的股份有限公司。经过几十年的发展，海尔目前成为中国家电第一品牌，并且在世界范围内生产和销售其家电产品。海尔成功的一个关键因素是能够根据企业的规模、发展目标及时调整组织结构，使组织结构更好地为企业的发展服务。海尔的组织结构调整大致分为四个阶段。

1. 直线职能制阶段

青岛电冰箱厂刚成立时采用的组织结构形式。

2. 事业部制（按产品划分）阶段

1993年，海尔冰箱股份有限公司在上海挂牌上市，并在海尔集团内部逐步推行了事业部制。集团主要是资本运营和战略决策中心，各事业部独立核算、自负盈亏，是利润中心，事业部下的企业是成本中心。实行事业部制给集团增强了活力，集团急剧扩张，其销售额1994年为25亿元，1995年达到43亿元，1996年达到62亿元，1997年达到108亿元，2006年，海尔集团在全球营业额1 039亿元，其中出口与海外市场销售额28亿元。

3. 本部制阶段

由于海尔事业部内仍是实行直线制管理，导致各分部缺乏相应的分权，而且整个系统快速反应能力差，甚至出现了十几个生产厂共用一套职能部门的现象。有鉴于此，迫切需要对现有组织结构进行调整。1997年初，在借鉴日本松下电器公司的经验基础上，海尔集团改进为本部制组织结构。改组后组织结构的特点是分层利润中心制。实践证明，改组是成功的。本部由集权的直线职能制转变为相对分权的扁平型，同时形成了两级利润中心，职能部门的职责更为明晰，企业也更贴近市场。

4. 跨国经营的组织结构调整阶段

在1998年以前，海尔将主要精力用在国内市场上，随着海尔国际业务的不断开展，现有组织结构不能体现对国际业务管理的重视，因此，为了快速实现国际化经营的效果，海尔在保持基本组织结构形式不变的基础上，在各产品本部根据各自的国际市场情况设立了相应的机构。这个结构只是一个过渡形式，1999年8月，海尔对组织结构进行了战略性调整，形成了扁平化、信息化的组织结构。这次调整是按照业务流程实施组织结构的改造，特别成立了物流和商品流本部，最大限度地整合市场资源，大幅度降低运营成本。海尔海外销售网络拓展到60个以上的国家（地区）市场，尤其是在收购新西兰著名家电制造商斐雪派克之后，海尔在澳洲、北美地区市场的品牌影响力和产品优势进一步凸显。在此情况下，不排除今后海尔继续收购海外市场当地品牌、工厂，扩大其海外市场竞争优势的可能。由此可见，海尔集团处于超常速发展阶段。

调整后的组织结构特点主要体现在以下两方面：一是物流与供应商方面的整合，这种整合采用全球集中采购的形式，发挥规模优势，对物资统一管理，统一运输，推行零库存资金占用理念；二是商流与销售渠道的整合。

整合后，首先，对业务流程进行标准化改造，从订单执行到安全收汇分为 26 个标准步骤进行规范。其次，将各进出口公司进行整合，搭建商务操作平台，提高了成功率。最后，推出“市场链”整合机制，即围绕集团的战略目标，把企业内部上、下流程和岗位之间的业务关系由原来的行政机制转变为平等的买卖关系、服务关系和契约关系，形成以订单为驱动力，上下工序和岗位之间互相咬合、自行调节运行的业务链，以提高员工的积极性，明确个人的指标和激励标准。

第三节　跨国公司组织结构演变趋势

组织结构可简单概括为一个组织内各构成要素及各要素间确立关系的形式，即组织内部的构成要素及要素间的关系。组织结构可被看作是组织静态和动态特点的结合，在某种组织中，静态方面（结构）是研究的对象，而在别的组织中，动态方面（过程）则是更为重要的。

一、组织结构内涵的演进

传统的管理学家强调组织的客观性、非人格化和结构形式等之类的概念，他们主要关心组织结构的设计。这种设计明显具有静态的特性，按照有效分配和协调各种活动的要求进行，注重结构中的职位、相互间的明确关系、清晰的职权和交往方式等。所以，每当提起组织结构，人们自然首先想到的是组织结构图。而在动态环境中，人们关注的是两个问题：一是结构的运行过程，即组织协调性，注重组织结构如何适应剧烈变化的环境，能动地对环境做出反应。二是运行机制的设计，即控制程序、信息系统、报酬机制及各种规范化的规章制度等，使组织的集权度符合环境及经营的需要。

传统的管理学家认为组织结构是一种框架图，即分工、任务和职权、职责的有序安排，组织成员在固定岗位上按部就班，各负其责。而在竞争日益激烈的今天，组织结构作为一种核心竞争力，受到了组织理论界的普遍关注。他们认为，组织结构体现了企业“知道”自己如何协调生产活动，具有较强的不可模仿性，从而构成了企业核心能力的重要组成部分之一，这种以结构为基础的核心能力一旦创造出来，就成为保持领先者优势的源泉。

二、跨国公司组织结构形式的演进

跨国公司的组织结构演变是企业组织结构演变的重要组成部分，随着企业的不断发展，企业规模不断壮大，企业的组织结构形式必须适应企业不同阶段的发展需要，而不断扩大的企业规模又促进了企业组织结构的不断调整，当企业逐渐成长为实施国际化经营的大型跨国公司时，其组织结构形式相应地经历了一系列的变化：首先，在原有的组织结构中增加海外市场部，其职能主要是向海外销售产品或者服务；其次，随着海外市场的不断扩张，同时考虑到人员和成本，逐步过渡到总部集权下的海外子公司，负责子公司所在国家或者区域的生产和销售工作；再次，随着市场的进一步扩大，迫切需要协调各子公司之间的资源并对其进行优化配置，以形成更合理的组织结构形式，适应越来越激烈的竞争，因此成立了国际业务分部，对跨国公司的各大业务在分权的基础上进行统一管理；最后，随着经济全球化的程度越来越高，信息技术不断发展，全球性的组织机构应运而生，成为适应新的经济环境和全球化战略的跨国公司的新的组织结构形式。

在进行组织结构调整时，跨国公司都会面临一个两难选择：强调分工，则导致管理被分割，容易引发控制不力；强调合作，则导致权责不清，难以进行绩效考核。随着跨国公司全球化战略的不断推进，全球经营规模急剧扩大，海外员工、海外资产和海外销售比例不断增加。原有的国际业务部门的横向职能性管理与各个事业部在全球的纵向管理的矛盾将会越来越突出。如何协调纵横关系、健全跨国经营网络成为跨国公司的重大问题。最新的发展趋势是跨国公司在设立纵向和横向的管理组织机构时，力图克服条块分割，实现纵横两个方向的有机结合，形成健全的全球管理体制。

跨国公司的产生至今不过几十年，它的迅猛发展是当今经济全球化的必然结果。跨国公司作为适合社会生产力和市场经济发展的企业最高组织形式，其组织结构的演进大致可分为两个阶段。

1. 集权型层级制：直线—职能制

早期的跨国公司多是采取直线—职能型组织结构，即跨国公司的控制和协调手段是以直接监督为主或者直接监督与工作程序标准化相结合。这种组织是在环境稳定、技术相对简单、产品单一的情况下形成的，它属于一种高度集权的组织结构。其特点是一定的管理部门和管理人员专门从事某一项职能的工作，职责划分明确，管理权力高度集中，最高管理层能够对整个组织实施严格控制。这种结构形态酷似金字塔，塔尖是承担企业重大经营管理职能的经营者，塔身是各职能部门、车间及班组等所组成的梯状结构，塔底为一线员工。

2. 分权型层级制：从职能型组织到分部型组织

20 世纪 20 年代初，美国企业界两位高级管理人员——杜邦和斯隆在对公司组织进行改组中不约而同地提出分部型组织形式（M 型组织，亦称事业部制或联邦分权制）或职能型组织（U 型组织），包括事业部制、超事业部制、矩阵制等形式。在这一时期，工业化进程明显加快，企业组织规模日趋扩大，产品从单一性迅速向多样化发展。市场从某一地区进一步向国外扩张，使组织面临的环境日益复杂多变，所有者越来越感到经营能力的缺乏，实现所有者与经营者的分离、分权成为必然趋势。

西方跨国公司对各分部间的协作关系与作用有了进一步的认识，开始在原分部型组织中设置各种横向联系手段（如临时性任务小组、永久性项目小组等）。分部型组织的诞生，使组织结构向灵活性方向有了很大发展。

无论是直线—职能制、事业部制还是矩阵制组织结构模式，虽仍被世界上大多数跨国公司采用，但实质上都没有突破层级制的特征，其共同特点是企业经营决策权集中于高层管理者和各职能部门管理者手中，以纵向命令控制为主来协调整个组织的行为，信息传递缓慢、灵活性差、横向协调困难。员工亦处于听命行事的被领导地位，不利于其积极性和创造性的发挥，不利于人力资源的开发。

随着现代科技的迅猛发展，经济全球化进程的加快，各国跨国公司在世界范围内展开激烈争夺，速度已经成为企业制胜的关键因素。面对新的日益多变动态竞争的环境，跨国公司组织结构的灵活性显得更为重要，跨国公司组织结构也随之出现了一些新的变化。

三、跨国公司组织结构的发展趋势

1. 组织结构扁平化

目前，西方许多跨国公司的组织结构已经开始由传统的金字塔型向扁平型发展。所谓组织结构扁平化，是指通过减少管理层次和裁减冗员而建立起来的一种紧凑的扁平型组织结构，它能使组织变得灵活、敏捷，从而提高组织效率和效能。企业组织结构扁平化是当今组织结构变革的一大趋势。现代信息技术的发展为跨国公司组织结构扁平化提供了物质技术基础和手段。信息技术的进步，通过计算机参与决策的管理，加快了信息的收集、传递和处理，缩短了组织结构高层与基层之间的信息传递距离，提高了决策的速度，传统的组织结构正在变“扁”变“平”。变“扁”是指形形色色的纵向结构正在拆除，中间管理阶层被迅速削减。目前，英国已有 90%的企业正在进行组织结构精简和扁平化，包括英国石油公司、英国电信电报公司等在内的一批大企业都在进行大刀阔斧的机构调整。这些举措都表明跨国公司正在努力减少管理层次，提高企业内部信息沟通效率。变“平”是指组织部门横向压缩，将原来企业单元中的服务辅助部门抽出来，组成单独的服务公司，使各企业能够从法律事务、文书等各种后勤服务工作中解脱出来。如美国的 GE 公司，在 20 世纪 80 年代的改革中，把管理组织的层级从 9 层减少到 4 层，公司总部从2 100人减少到 1 000人，高级经理从 700 人减少到 400 人，为其在 90 年代的变革奠定了良好的基础，保持了持久的活力和世界领先地位。在管理层次最多的汽车公司中，美国通用从 28 层减少到 19 层，日本丰田也从 20 多层减少到 11 层。

组织结构的这种变化要求人员素质的全面提高，要求职员具备技能的多样性和更强的组织、协调和沟通能力。同时，扁平化企业通过对员工充分授权，可激发员工工作动力，培养员工的自主工作与协调能力，由此管理者也不再充当发号施令的角色，而是与基层管理者及基层员工之间建立起一种新型的服务关系。

2. 组织结构网络化

所谓网络组织，是指在特定职能或工作（任务）上实行了专门化的几个组织，以一个组织为中心结合在一起而形成一定网络的组织。网络组织的构造是通过超越并扩大一个组织的范围而完成的。

网络组织有如下特征：一是不同的网络成员在完成生产和供销任务上有不同职能；二是由设置和召集成员的经纪人管理网络，这是网络组织的核心；三是网络组织通过签订契约进行控制。网络组织实际上是依靠内部市场来维系网络运作的。

网络结构逐渐代替金字塔型结构。金字塔式的组织结构使决策权高度集中在一个人身上，严重制约了组织的进一步发展。而网络型组织能够更有效地实现信息的交流和员工才能的发挥，体现了"分散经营，集中控制"的管理原则。网络型组织是以知识型专家为主的信息型组织，通过搭建高效率的信息管理系统来传达指令，以较多的横向协调关系来取代较多的纵向命令，提高了公司管理的民主化程度和组织的灵活性。这样的组织结构，在对下属公司有效管理和控制的同时，又最大限度地发挥了下属公司的主观性和创造性 。

网络组织由两个部分组成：一是核心层，主要包括战略管理、人力资源管理和财务管理，由总公司进行统一管理和控制；二是组织的立体网络，根据产品、地区、研发和经营业务的管理需要而形成，这一立体网络是柔性的组织，随着市场、客户、项目的需要不断进行调整，契约关系是机构之间的连接纽带。

随着经济全球化进程的加快，许多企业纷纷寻找跨企业、跨行业、跨国界的组织之间的兼并与联合。纵观兼并历程，20 世纪 90 年代之前的企业并购多为强企业兼并或收购弱企业；20 世纪 90 年代之后，企业之间的兼并呈现出"强强联合"态势，即集中双方的资源优势、人才优势、技术优势和市场优势，达到信息、技术、市场、管理、人才的优化配置，取长补短，以此来降低生产经营成本、扩大销售网络和市场份额，使兼并或联合后的企业更具国际竞争力。这种通过联合和兼并等途径所形成的跨国公司组织结构变革模式的大量出现，使跨国公司组织结构呈现出明显的以横向一体化为特征的网络化趋势。组织结构的网络化，使企业与企业之间打破了地区之间、国家之间的边界限制，将触角伸向世界的各个角落，在自发的市场机制的作用下，在全球范围内寻找合作伙伴，共同开发新的市场、新的产品、新的业务项目。其目的不仅仅是为了扩大企业规模或寻找较为低廉的生产要素，而主要是为了利用共享的生产要素，在联合企业内实现资源的优化配置，以取得所有单个企业所不能取得的联合经济效益。网络化组织结构将各个在技术上相同或相关的不同企业联结在一起，其基本组成单位是联结在一起的各个不同企业，即各个独立的经营单位。因此，企业之间的关系并非一般的市场关系，而是一种全方位的市场、技术、人才、研发、生产等的合作关系。在网络组织中，没有企业的内外之分，只有距企业战略中心远近之别。例如，日本丰田汽车和日本其他汽车生产商在亚洲组织其生产网络，由核心企业（丰田）负责向网络内其他企业传递先进技术和革新方法，要求非核心企业生产的零部件必须符合核心企业的标准，核心企业协调所有活动，以保证高度的一致性。日本电气公司宣布将以分散方式使公司在全球范围内一体化，而不是通过在日本的公司总部控制网络中的所有企业。美国思科公司充分应用因特网，使全球范围内每个竞争领域的成本和赢利等数据和信息变得透明，从而公司能够充分授权，员工可以快速做出决策，而这些决策在以前只有 CEO 或是财务总监才能做出。

专栏

飞利浦公司的网络化组织模式

飞利浦公司是跨国公司网络组织结构的一个典型例证。该公司在全球 60 多个国家和地区从事经营活动，其生产的产品从国防产品到民用产品等，品种多种多样。公司在根据产品相似性划分的60多个产品亚类基础上，设置了8个产品分部，每个产品分部都拥有世界范围内的子公司，子公司的经营重点可能集中在一种产品或一类产品上，也可能专业化于研究、开发与制造，或对世界市场或地区市场的营销，一些子公司高度独立于总部，而其他分支单位却受到总部的严格控制。

在地区方面，飞利浦公司将全球划分为三类：第一类是包括荷兰和美国在内的“关键国家”，在这些国家为当地市场和世界市场生产，控制当地销售；第二类是包括墨西哥和比利时在内的“大国”，在这些国家拥有一些当地和世界范围的生产基础设施，并进行当地销售；第三类是“当地商业国”，包括一些小国，在这些国家设立的主要是销售单位，这些单位从分布在其他国家的生产中心进口产品。飞利浦公司所有这些做法都是为了最大限度地提高效率、提高学习能力和当地反应能力。

资料来源：毕红毅：《跨国公司经营理论与实务》，120～121页，北京，经济科学出版社，2006。

3. 组织结构柔性化

传统层级制组织模式中，权力过度集中于中高层管理者手中，基层管理者及员工几乎没有任何自主决策权，这种刚性化的权力关系使企业越来越不能适应外部环境的变化。原因在于：一是顾客需求呈现出日益多样化的特点，使得当今一大批跨国公司由以追求规模经济为目的的一元化经营转变为向纵深和横向发展的、以追求范围经济或全球化经济为目的的多元化经营，企业生产方式也相应由依靠单一品种的大批量生产转变为以多品种、小批量和按订单组织生产为主的柔性化生产方式。作为服从战略转变的企业组织结构，其职权关系也不得不加以重新审视和调整，才能适应上述经营思想和生产方式的变化。二是当今企业基层员工直接面向顾客的机会越来越多，为使他们充分了解和把握市场动态，授予基层员工合理的决策自主权是非常必要的。因此，建立能适应内外部环境变化的柔性化组织结构是现代企业组织结构调整的又一基本方向。

组织结构的柔性化主要是指职权结构的合理化，合理化的标志是其适应内外部环境变化的应变能力，主要体现为集权化和分权化的合理统一，即在进行分权化的同时，要实行必要的权力集中；在实行集权化的同时，要给予最灵活的和最大限度的分权。通过权限结构的调整，适当下放中高层管理人员的权力，充分授予基层员工应付突发性事件的自主权力，以提高决策的实效性。如起源于日本丰田的准时生产制，为确保产品质量，授予一线员工发现质量隐患或问题自动停机的权力，这种权力的下放能够确保将质量隐患消灭在产品制造过程中。

4. 非正式化

随着互联网的广泛应用和信息技术的进一步发展，员工无须在固定的时间、固定的场所去完成固定的工作，也无须面对面地去进行工作协商和工作汇报，只要能在上司规定的期限内完成规定的任务即可。上司对执行者任务进度和完成结果的监控完全可通过企业内部的互联网络进行。这种工作方式的变化使得跨国公司组织结构呈现出非正式化趋势。

为了实现有效的分权，面向作业小组或项目团队的授权方式越来越得到众多企业管理者的赏识。在传统组织中，企业是按照研究、开发、生产制造、销售的顺序进行经营及职能部门授权的，极不利于部门间的横向协调。而面向作业小组或项目团队的授权方式则属于同步经营方式，不仅可以取代传统的职能部门，还可以在团队内部建立一种新型的协作关系。其运作方式是根据产品或项目需要，设立一个或多个作业小组或项目团队，小组或团队内的所有成员均由不同专业的或原来不同部门的专家所组成，完成产品或项目所需的全部或大多数工作任务，任务完成后作业小组或团队即告解散。因任务随市场需求而变动，因此团队成员之间没有长期的、稳定的协作关系，他们之间的结合是短期的、可变的，结合方式也由层级制组织结构模式中的紧密型转向松散型。正是这种临时的、短期的、可变的小组或团队才具有随时适应市场变化的巨大应变能力。为了完成共同的任务，小组内成员可以自主决策，最大限度地发挥自身潜能。这种全新的授权方式使得组织结构变动性较大，灵敏性较高，可以做到随时根据新的市场需求，迅速成立作业小组，进行人力资源重组。由此可见，今后跨国公司组织结构的变化趋势，并不一定要有什么“标准”形态，不一定非得要画出组织结构图，组织是可以随时变动的，甚至是没有具体形态的。

主要概念

母公司　子公司　分公司　避税地公司　出口业务部　国际业务部
全球性职能结构　全球性产品结构　全球性地区结构　全球性矩阵结构
全球性混合结构

复习思考题

1. 跨国公司管理组织结构是如何演进的?
2. 跨国公司全球性组织结构有哪些? 其特征如何?
3. 试述影响跨国公司组织结构的因素有哪些。
4. 分析全球性矩阵结构与全球性混合结构的区别和联系。
5. 跨国公司组织结构的发展趋势如何?

案例分析

阅读以下案例，分析耐克公司的组织变革对公司经营的影响。

耐克公司的营销组织变革

耐克（Nike）公司成立于1964年，由一位会计师菲尔·奈特和一位运动教练比尔·鲍尔曼共同创立，现已成为领导性的世界级品牌。当年，奈特先生仅仅花了35美元请一位学生设计了耐克的标志，如今那个著名的弯钩标志价值已超过100亿美元。经过几十年的发展，耐克已成为一个商业传奇，其成功之道人所共知，就是虚拟生产的商业模式。耐克以优良的产品设计和卓越的营销手法控制市场，保持持续的、出类拔萃的创新能力，经过其营销组织的不断变革，成为世界顶级的运动品牌。

在过去的几年里，耐克大力扩张产品线，并增加了新的品牌。耐克的主力商品原来以篮球鞋为主，最近几年则推出高尔夫运动用品系列，并以“老虎”伍兹为代言人，同时加强对足球鞋的推广，以迎合足球运动人口增加的现状。目前足球运动用品系列的营业额已高达 10 亿美元，占有全球 25%的市场，在欧洲市场的占有率更是高达 35%。耐克先后并购了高级休闲鞋名牌 COLEHAAN、曲棍球名牌 BAUER、第一运动鞋名牌 CONVERSE 和滑溜板名牌 HURLY，并放手让各名牌独自经营，取得了不俗的成绩。

根据公布的公司财务年报，耐克公司的年营业收入达到 163 亿美元，增长 9%，净收入达 15 亿美元，增长 7%，每股净收益达到 2.93 美元，增长 11%，这又是一个创纪录的结果。但是作为一个股票公开上市的公众公司，增长是永远的压力，华尔街只关注你今后的增长来自哪里。耐克的董事长和首席执行官迈克·帕克（Mark Parker）充满自信：耐克现在正面临着前所未有的发展机遇，我们具有将关于消费者的洞察力转化为优势产品的独特能力，这正是耐克成为全球行业领袖的重要原因。

帕克的自信源于耐克的营销组织变革。耐克品牌总裁查理·丹森（Charlie Denson）曾宣布耐克将进行营销组织和管理变革，以强化耐克品牌与新兴市场、核心产品以及消费者细分市场的联系。实施这一变革，使耐克从以品牌创新为支撑的产品驱动型商业模式，逐步转变为以消费者为中心的组织形式，通过对关键细分市场的全球品类管理，实现有效益的快速增长。查理·丹森认为，这是一个消费者掌握权力的时代，任何一个公司都必须转向以消费者为中心。这种以消费者为中心的模式已经开始发挥作用，如在耐克的专卖店，现已有耐克+iPod 的销售组合，以满足追求时尚的青年消费者。

耐克为此强化了四个地区运营中心，新设立了五个核心产品运营中心。四个地区运营中心是：美国、欧洲、亚太、中东及非洲，五个核心产品运营中心是：跑步运动、足球、篮球、男士训练、女士健康。这是一个矩阵式的管理，目标是把企业的资源向关键区域、核心产品集中，去抓住企业最大的市场机会。与传统的矩阵管理不同，关键是要实现跨地区、跨部门的协同。实际上，耐克公司已经有成功的经验，正是采用这种协同矩阵的管理方式，耐克公司组建了一支专门的队伍，将公司足球用品市场的经营额从 1994 年的4 000 万美元扩大到今天的 15 亿美元。查理·丹森说：通过这种方式，我们可以更好地服务于运动员，更好地加深与消费者的联系，更好地扩大我们的市场份额，实现有效益的增长，增强我们的全球竞争力。如中国的篮球运动市场，就由亚太区运营中心和全球篮球运营中心协同开拓。

资料来源：百度文库。

第三章

跨国公司对外直接投资理论

本章要点

- 跨国公司 FDI 的垄断优势理论
- 跨国公司 FDI 的内部化理论
- 跨国公司 FDI 的折中理论
- 边际产业理论
- 对外直接投资理论的最新发展

导入案例

英特尔在华投资历程

2007 年 3 月 26 日，英特尔在北京正式宣布，公司投资 25 亿美金在大连建立 300 毫米晶圆厂，制造精度高达 90 纳米的芯片组。这是英特尔在全球投资建设的第八家 12 英寸芯片工厂，也是英特尔在亚洲的第一个芯片生产基地。其实，早在 1997 年，英特尔就在中国浦东设立了第一座工厂，随后于 2001 年又修建了第二座。英特尔在华的第三家工厂位于成都，修建于 2004 年，第四家工厂于 2007 年完工。大连的芯片制造工厂成为英特尔在中国修建的第五座工厂。

英特尔公司在中国的业务重点与其全球业务重点相一致，即成为全球互联网经济的构造模块的杰出供应商。除此之外，英特尔始终致力于成为推动中国信息技术发展的基石。在中国，这一战略可从英特尔在中国的一系列活动中得到反映，英特尔在中国设有英特尔中国实验室，由 4 个不同研究领域的实验室组成。如英特尔中国实验室，隶属于英特尔微处理器研究实验室，主要研究面向微处理器和平台架构的相关工作，推动英特尔处理器架构（IA）技术在业界的领导地位。该中国实验室主要针对计算机的未来应用和产品的开发进行研究，旨在促进中国采用先进技术方面的进程，从而进一步推动国内互联网经济的发展。此外，英特尔中国实验室还负责协调该实验室与英特尔全球其他实验室的研究协作，以及资助国内高校和研究机构的研究项目的开发工作。

英特尔公司是全球最大的半导体芯片制造商，成立于 1968 年，总部在美国加州圣克拉拉，具有几十年产品创新和市场领导的历史。1971 年，英特尔推出了全球第一个微处理器。微处理器所带来的计算机和互联网革命，改变了整个世界。2011 年，其营业额高达 540 亿美元，员工人数94 000人。英特尔在中国（内地）设有 13 个代表处，分布在北京、上海、广州、深圳、成都、重庆、沈阳、济南、福州、南京、西安、哈尔滨、武汉。公司的亚太区总部在中国香港特别行政区。

1985 年，英特尔在北京建国门外赛特对面的巧克力大厦设立了一个办事处，只有一名总经理、一名秘书和一名司机。1994 年 11 月，位于上海的芯片测试和封装工厂破土动工。早在 1997 年，英特尔就在中国浦东设立了第一座工厂，随后于 2001 年又修建了第二座。作为英特尔在亚太地区的第一个研究实验室，英特尔中国研究中心（ICRC）于 1998 年 11 月创建。

2002 年 5 月，英特尔宣布在中国组装和测试英特尔奔腾 4 处理器。2002 年 10 月，英特尔亚太区应用设计中心（ADC）在深圳设立。该中心面向中国计算机和通信行业的 OEM 与 ODM 厂商，旨在满足它们对世界一流设计与校验服务的需求，并帮助它们为客户开发更出色的产品。英特尔亚太地区应用设计中心（深圳）将为亚太区包括深圳和中国其他地区的客户就近提供先进的产品开发和技术支持服务，以协助亚太地区及中国的客户强化其在全球的竞争实力，并且促进这些客户相互间的合作。英特尔还通过战略投资事业部（intel capital）在中国进行 IT 技术方面的投资，以促进中国的技术，如无线通信技术等方面的发展，从而促进全球互联网经济的发展。

2003 年 8 月，英特尔宣布在四川省成都市投资建立封装和测试英特尔半导体产品的工厂。2005 年 5 月 12 日，英特尔技术开发（上海）有限公司成立。2005 年 6 月，英特尔渠道平台事业部成立，全球总部设于上海。2005 年 6 月，英特尔宣布设立两亿美元的“英特尔投资中国技术基金”。2005 年 9 月，英特尔亚太区研发有限公司在上海紫竹科学园区成立。2006 年 4 月 18 日，中国首批英特尔多核技术实验室在五所高校启动。2006 年 10 月 25 日，成都芯片封装测试项目二期工程竣工。2007 年 1 月 1 日，中国成为一个独立的地区进行销售与市场运作。由此，中国成为与美国、欧洲、中东部非洲和亚太区并列的第五个独立报告区域。2007 年 3 月 26 日，英特尔宣布在大连投资 25 亿美元，建立一座 90 纳米技术的 300 毫米晶圆厂。27 日，英特尔与大连市政府以及大连理工大学宣布共同合作创建“半导体技术学院”，培养半导体人才。2007 年 6 月 11 日，英特尔宣布，自 6 月 20 日起，其在中国销售的盒装台式机处理器将逐步采用中文品牌包装。这是英特尔自公司创立以来首次在一个国家采用独立的品牌包装。2007 年 9 月 8 日，英特尔在亚洲的第一座 300 毫米晶圆工厂大连芯片厂破土奠基。

2008 年 4 月 8 日，英特尔公司的全球投资机构——英特尔投资宣布成立“英特尔投资中国技术基金Ⅱ”。新基金总额为 5 亿美元，致力于推动中国本土的技术创新并促进中国信息技术产业的发展。由此，英特尔投资在中国的技术基金总额已达 7 亿美元。2008 年 7

月 18 日，英特尔（中国）有限公司与英特尔全球各地的机构同时庆贺英特尔公司成立 40 周年。

2010 年 3 月 27 日，英特尔成都芯片封装测试厂第 4.8 亿颗芯片下线。2010 年 10 月 26 日，英特尔大连芯片厂建成投产，英特尔公司总裁兼首席执行官保罗·欧德宁出席英特尔大连芯片厂投产仪式。

英特尔公司中国执行董事戈峻于 2010 年 3 月 23 日表示，近来中国在投资环境、政策导向上确实有些变化，但这并不是所谓的“外企在华投资环境恶化”。戈峻表示，中国政府制定的政策只要是符合国际规则的，那么外企在华就要遵守这些政策。有的跨国公司退出中国只是表明其并不认同中国市场的这些规则和法律。英特尔中国公关经理陈峤则表示，目前中国经济复苏迹象明显，跨国公司需要了解中国正在发生的一些变化。在此背景下看待中国当前的外企投资环境，一是不能简单地一刀切，二是不同的外企在华正处于不同的发展阶段，三是外企要研究中国政策。

从英特尔在华投资建厂的布局分析，其每一步都紧扣中国政府的区域发展战略。在上海、成都、大连投资，呼应“浦东崛起”、“西部大开发”和“振兴东北”战略。英特尔于 1985 年进入中国市场，25 年来累积在华投资总额超过 47 亿美元。

资料来源：http：//www.sina.com.cn，2011-05-11。

对外直接投资（FDI）作为生产资本的国际流动，早在 19 世纪 60 年代就已出现，但真正得到迅猛发展，并确定其在国际经济生活中的主导地位，是在第二次世界大战以后，早期相关理论的研究对象也主要是发达国家跨国公司的 FDI，探讨发达国家跨国公司的投资动因、投资决策和投资方向。20 世纪 60 年代以后，跨国公司 FDI 活动蓬勃发展，日益成为国际投资的主要形式和国际经济发展的主导因素。越来越多的西方学者开始对跨国公司 FDI 的决定因素、投资动机、投资方式、与东道国的关系等方面进行系统研究。一方面，主流的跨国公司 FDI 理论研究以不完全竞争市场结构为理论基础，形成了垄断优势理论、内部化理论以及国际生产折中理论；另一方面，以国际贸易理论为基础，形成了产品周期理论和边际产业扩张理论。

20 世纪 80 年代后，由于发展中国家 FDI 的兴起，对发展中国家 FDI 的理论研究也蓬勃开展，先后出现了投资发展阶段理论、小规模技术理论、技术地方化理论、技术创新产业升级理论等。近年来，随着跨国公司的迅猛发展以及 FDI 对世界经济影响的加深，FDI 理论也进一步深化，并出现了许多不同于传统理论的新流派，标志着 FDI 理论进入了一个崭新的阶段。这些理论的提出极大地丰富了 FDI 的理论体系，也对跨国公司 FDI 的健康发展起到积极的指导意义。

第一节 垄断优势理论

1960 年，美籍加拿大学者海默（S. H. Hymer）在其博士论文《国内企业的国际化经营：关于对外直接投资的研究》中首次提出了垄断优势理论（Theory of Monopolistic Advantage），他将跨国公司的行为置于不完全竞争的市场环境中研究，正是不完全竞争的市场使跨国公司获得了某种特有优势，垄断优势是企业对外直接投资的根本原因。

一、垄断优势理论的形成

垄断优势理论是在对传统国际资本流动理论批判的基础上形成的。传统的国际资本流动理论即要素禀赋理论认为，假设世界各国的产品和要素市场是完全竞争市场，各国生产要素的边际产量由各自国家要素禀赋的相对差异决定；对外投资的主要目的是追求高利率，资本从供给丰富（利率较低）的国家流向资本稀缺（利率较高）的国家，资本在国际流动的原因在于各国利率的差异。海默实证分析了 1914—1956 年美国对外投资的相关资料，发现 1914 年前，美国几乎没有对外证券投资（间接投资），直到 20 世纪二三十年代才出现了对外证券投资。第二次世界大战后，美国对外直接投资迅速增加，但对外证券投资发展十分缓慢。海默得出对外证券投资与对外直接投资有着不同行为表现的结论，认为传统的国际投资理论难以对此做出科学合理的解释，需要用所谓的“垄断优势理论”加以阐释。

20 世纪 70 年代，海默的导师金德尔伯格（1969）对该理论又进行了补充和完善，从而形成了跨国公司对外直接投资理论的基础——垄断优势理论，该理论又被称作“海默—金德尔伯格学说”。此后，约翰逊（H. G. Johnson，1970）、凯夫斯（R. Caves，1971）、阿列伯（R. Aliber，1970）、尼克尔博克（F. T. Knickerbocker，1973）等人从多方面对该理论进行了补充和论述，开创了以国际直接投资为研究对象的研究领域。

二、垄断优势理论的基本内容

海默从市场不完全竞争造成的垄断出发，认为美国企业之所以进行对外直接投资，是因为跨国公司的子公司比东道国同类企业拥有某种垄断优势，因而可以在国外从事生产经营，获得比国内市场更高并超过东道国竞争者的收入。证券投资形式的国际资本流动是以利率高低为导向的，而国际直接投资则是对国内、国外市场可能的利润率差异做出的反应。因此，国际直接投资只有在跨国公司预期能获得高于当地同类企业收益的前提下才可能发生。一般而言，东道国本土企业与跨国公司相比，对本国的法律制度、商业惯例、市场环境、需求偏好、消费习惯、文化传统、宗教信仰等更为熟悉，交通运输成本低廉，易于得到本国政府的支持，因而处于有利的竞争地位。而跨国公司在东道国则必须承担跨国经营因为语言、文化、法律、制度、沟通、环境障碍带来的额外成本。因此，开展跨国经营的企业一定拥有本土企业所不具备的某些特有优势——垄断优势；加之市场不完全，使得跨国公司能够保持对这种特定优势的独占性，跨国公司才能在东道国取得较高的竞争优势和垄断利润。所以，垄断优势以及市场不完全竞争是跨国公司进行对外直接投资的两个决定因素。

1. 跨国公司的垄断优势

垄断优势理论认为跨国公司拥有的垄断优势是其实现对外直接投资目标、获得垄断利润的首要条件。垄断优势也称为特定优势或所有权优势，主要表现在以下几个方面：

（1）技术优势（Technological Advantage）。技术优势包括专利、专有技术、技术诀窍等知识性资产，是跨国公司最重要的垄断优势。跨国公司是全球技术创新的主导力量，它们一般具有雄厚的资金实力、高水平的科技人才、先进的科研条件，可以通过加大科技资源投入，研发新技术和新工艺，并利用法律手段保护知识产权，防止技术外泄；还可以通过对外直接投资手段，保持这种垄断优势在跨国公司子公司内部使用，从而使技术优势得到最大限度发挥，获得更多的垄断利润。

(2) 资源优势 (Resource Advantage)。大型跨国公司往往在资本、人才、管理、市场等资源方面具有明显的优势，在国际竞争中处于有利地位。在资本方面，跨国公司本身就拥有雄厚的资本实力，可以在母公司与各子公司之间灵活调度数量庞大的资金；同时，跨国公司凭借其较高的信用等级，还可以在国际资本市场上以较低的成本迅速筹措到资金。在人才方面，由于跨国公司能提供较高的薪酬和较好的工作环境，所以可以在世界范围内招聘到经验丰富的高级管理人才、专业知识突出的技术开发人才和训练有素的企业员工，从而保证跨国公司整体的高效运营。在管理方面，跨国公司在长期的国际市场竞争中，积累出一整套适应现代化研发、生产、营销、售后服务的先进管理经验和管理技术，极大地优化了公司资源的有效配置，促进了公司各项生产经营活动的顺利运行。在市场方面，跨国公司历史悠久、影响面广、营销组织健全、销售网络遍布全球，其产品更容易打入国际市场，特别是一些大型跨国公司，不仅有自己的独立营销渠道，还与国际营销商建立了长期而稳定的业务联系，商品流转快，销售成本低。以上的资源优势使跨国公司在很多方面赢得了巨大优势。

(3) 规模经济优势 (Economies Scale Advantage)。大多数跨国公司都是在资本密集、技术密集容易形成寡头垄断的行业经营，这些领域国际市场空间巨大，跨国公司利用国际专业化生产来避免本国和东道国市场对公司经营规模的限制，扩大市场份额，降低单位产品成本，提高边际收益，获得内部规模经济效益。跨国公司通过水平一体化或垂直一体化经营来控制原材料供应的需求垄断和产品销售渠道的供给垄断，随着整个行业市场规模的扩大，单个企业还可以实现高素质劳动力市场的共享、技术外溢效应和完善的基础设施等方面带来的好处，即获得外部规模经济效益。

(4) 消费者认同优势 (Consumer Recognition Advantage)。即跨国公司在长期的生产经营过程中累积起来的良好口碑、企业商誉、消费者忠诚度等，这类优势来自于跨国公司极强的新产品开发能力、产品的技术含量、产品差异化、高超的营销技术、优良的售后服务，具体表现为本企业异于他企业的品牌、商标。消费者认同优势可以超越地域限制和文化差异，使跨国公司在东道国获得当地消费者的信赖，在新的市场推销现有产品及创新产品。

2. 市场不完全性及其表现

市场不完全性是指要素市场和产品市场存在某些阻隔或垄断因素，不是完全竞争的市场，企业可以在一定程度上控制要素及产品的价格。需要说明的是，跨国公司拥有足以抵消东道国本土企业有利因素的特定优势还是远远不够的，这些特定优势必须在外部市场不完全条件下，跨国公司才能保持对上述优势的独占性，成为真正的垄断优势，也就是说，跨国公司的垄断优势是外部市场不完全的结果。

寡占和垄断的存在导致市场结构不完全，市场不完全竞争必然导致商品市场与要素市场存在不完全竞争，即少数买主或卖主能够通过控制购买量或生产量来影响市场价格。例如，在商品市场上，企业在品牌、商标、专有技术、商品差异化、特殊营销手段、市场技能或价格联盟等方面的控制权，都会产生产品市场的不完全。

在要素市场上，劳动力、资本和技术知识方面，特别是技术知识市场不完全更加明显。如在技术转让中，技术所有者和技术购买者之间存在着信息不对称现象，增加了技术交易的风险，提高了交易费用，降低了技术市场效率。

各国政府采取不同的经济政策和法律法规，对税收、利率、关税、汇率等进行干预，从而使国际市场不完全，在外部市场失灵的情况下，企业在获得中间产品（如原材料、半成品、知识产品等）的过程中，无法在国际市场上正常实现交易，产生过高的交易成本、低配置效率的现象。

以上各种市场不完全现象，导致世界各国、各地区商品和要素的市场供求关系、价格水平、市场容量出现了种种差异，从而为企业进行国际直接投资开辟了空间，诱使企业选择国际直接投资方式来规避市场不完全所带来的过高的经营风险和交易成本。

三、垄断优势理论的发展

海默和金德尔伯格提出的垄断优势理论开创了跨国公司对外直接投资理论研究的先河。此后，西方学者在这一理论基础上开展了进一步的实践检验，并在产业组织理论与市场结构理论等方面对其进行了补充和发展。

1. 核心资产论（Theory of Core Asset）

核心资产论的代表人物是约翰逊（H. G. Johnson）。约翰逊在继承了海默和金德尔伯格核心思想的基础上，进一步发展了跨国公司所拥有的垄断优势。他在 1970 年发表的论文《国际公司的效率和福利意义》① 中指出，“知识的转移是直接投资的关键”。他认为跨国直接投资的企业所具有的垄断优势，主要是对知识资产的占有和使用，知识资产包括专利、专有技术、组织技能、管理经营、销售技巧等一切无形资产。知识资产是企业的核心资产，与其他资产不同，它的生产成本很高，而通过直接投资使用这些知识资产来生产产品的成本却相当低，当产量很大时，其边际成本趋近于零。知识资产的供给又极富弹性，具有使用上的非排他性，可以在不同地点同时使用。因此，跨国公司的子公司可以充分利用母公司的知识资产即核心资产，创造更高的经济利益，而东道国的本土企业则无此优势。

2. 产品差别能力论（Theory of Product Differentiation Ability）

凯夫斯（R. E. Caves）于 1971 年 2 月在《经济学》杂志发表了一篇题为《国际公司：对外直接投资的产业经济学》的论文，从产品差别能力的角度对垄断优势理论进行了补充。凯夫斯特别强调跨国公司生产差异化产品的能力是其最重要的优势。产品差异化包括

---

① H. G. Johnson, “The efficiency and welfare implications of the international corporation,” in *The International Corporation*, ed. Charles P. Kindieberger, 1970.

两个层面：一方面，在产品的实物形态或使用功能方面，跨国公司可以充分利用它的技术优势，生产出与其他厂商有差异的同类产品，这些差异包括使用功能、产品质量、外观造型、包装设计等；另一方面，跨国公司也可以通过营销技巧使消费者在消费心理上产生差别，如打造知名商标、品牌，形成良好的口碑和商誉，来抓住消费者的消费心理。

凯夫斯认为，产品差异化能力在技术已经标准化的领域显得尤为重要，依靠对物质形态方面做少量优化改变，或通过广告形成的商标、品牌识别，以及给予产品不同的销售条件与附加利益，可以规避产品被竞争者直接模仿。因此，跨国公司利用产品的差异，可以适应不同层次和不同地区消费者的消费偏好，从而增加产品的销售，扩大市场份额，增强跨国公司的竞争力。

3. 寡占反应论（Theory of Oligopolistic Reaction）

20 世纪 70 年代初，美国学者尼克尔博克（F. T. Knickerbocker）在研究美国跨国公司对外直接投资时提出了一种新解释，即寡占反应行为是第二次世界大战后美国跨国公司对外直接投资的主要原因。所谓寡占，是指由少数几家大公司控制了某一行业的大部分产品供给的市场结构。在这种市场或行业中，每一家大公司即寡头都占有举足轻重的地位，它的任何行动都会影响到其他寡头的生产和经营。因此，在寡占市场结构中，寡头企业的行为具有相互依赖性。寡占反应行为是指每一家公司都对其他公司的行动保持高度敏感性，密切关注竞争对手的行动。如果竞争对手开展对外直接投资，就紧随其后实行跟进战略，以抵消先行者优势，维持自己相对的市场份额，保持市场竞争的相对均衡；如果某个寡头企业率先进行海外投资，而本企业不这样做，就可能从此丢掉这个市场，或者将来以更高的代价才能夺得这个市场。

尼克尔博克将对外直接投资分为两类：一类是进攻性投资，即寡头企业率先在国外建立第一家子公司的投资；另一类是防御性投资，即同一行业的其他寡头企业追随进攻性投资，在同一区域进行的跟进投资。进攻性投资动机可以用产品生命周期理论来解释，而防御性投资动机应该用寡占反应行为来说明。尼克尔博克对 1948—1967 年的美国对外直接投资资料进行了实证分析，发现美国跨国公司在国外的子公司有一半是在三年内建立的，并且这些跨国公司的集中程度也很高。实际上，20 世纪 80 年代日本的对外直接投资也有同样的情形，当时丰田汽车、日产汽车看到本田汽车公司到美国、欧洲进行投资后，也紧跟着在美国和欧洲进行直接投资。

四、对垄断优势理论的评价

垄断优势理论突破了传统国际投资理论的桎梏，将证券投资与直接投资区别开来，把国际直接投资理论作为国际经济学研究的一个独立分支发展起来，开创了国际直接投资理论研究的先河。国际投资理论研究也从流通领域转到了生产领域，从过去主要探讨国际资本流动的宏观层面，深化为重点研究在不完全竞争市场上企业投资与经营行为的微观层面，这种转变为国际直接投资理论的发展创造了更为广阔的研究空间。

垄断优势理论首次提出了不完全竞争市场是导致国际直接投资的根本原因，并分析了市场不完全的类型，论证了垄断优势是跨国公司对外直接投资的必要条件，并阐述了垄断优势的具体内容，从充分利用自身垄断优势的角度论述了跨国公司对外直接投资的根本动因。同时，研究了知识转移、产品差异化能力、寡占反应行为等对跨国公司对外直接投资的重要影响。这些理论对国际直接投资问题的研究和实践探索都具有十分重要的意义。

当然，该理论也存在一定的局限性：一是垄断优势理论以寡头垄断市场上美国大型跨国公司为研究对象，探讨美国技术先进、经济实力雄厚的跨国企业对外扩张的动因与条件。该理论突出强调垄断优势单一因素的影响和作用，缺乏理论分析应有的系统性和完整性，难以全面解释纷繁复杂的跨国公司投资活动，特别是发展中国家中小企业的跨国经营行为。二是海默所用的研究方法更多侧重于静态分析，既没有阐明跨国公司垄断优势的进一步发展，也没有论证各种市场不完全竞争状态的变动性。所以，垄断优势理论在研究跨国公司对外直接投资问题方面还缺乏普遍性和动态性。

第二节　内部化理论

内部化理论（Theory of Internalization）也称市场内部化理论，是当代解释跨国公司对外直接投资动机及决定因素的较有影响力的理论之一。该理论是由英国学者巴克莱（P. J. Buckley）和卡森（M. O. Casson）于 1976 年在《跨国公司的未来》这部专著中首次系统性提出的。① 1981 年，加拿大学者拉格曼（A. M. Rugman）在巴克莱和卡森的内部化理论基础上，比较了出口贸易、许可证转让与对外直接投资三种跨国经营方式的条件及选择模式后，进一步发展了内部化理论。

一、内部化理论的思想渊源：交易费用理论

1937 年，美国学者罗纳德·科斯（R. H. Coase）在其发表的题为《企业的性质》一文中，系统性地提出了市场交易内部化理论，西方学者称之为科斯定理。科斯认为市场与企业均是资源配置的手段，这两种资源配置方式在一定范围内存在相互替代关系，它们之间的不同之处在于：在市场上资源的配置是由非人格化的价格来调节的；而在企业内，资源的配置则是通过权威来实现的。到底是采取市场配置资源方式还是选择企业内资源配置方式，主要取决于市场交易成本与企业内层级组织管理成本的高低。

微观经济学假设存在一个灵活有效的自由市场交易机制，能够完成生产要素、产品和劳务等所有价值活动公平、顺畅的交易过程，从而实现资源的优化配置。在这一过程中，价格机制是核心，通过自由波动的价格调节，在生产要素市场、产品及服务市场，拥有平等地位和自主权的交易双方可以瞬间完成各类交易活动，并且不发生任何交易成本或交易费用。对此，科斯不以为然，他明确指出，市场的运行是有成本的，即存在交易费用。交易费用（Transction Cost）这一重要概念最先由新制度经济学引入经济分析中。交易费用就是在一定社会关系中，人们自愿交往、彼此合作、达成交易所支付的成本，即达成一笔交易所要花费的成本，包括选择交易对象的搜寻成本、交易磋商谈判的签约成本、监督与

---

① P. J. Buckley and M. O. Casson, *The Future of Multinationals*, Macmillam Press, 1976.

履约的执行成本等。如果通过组建一个组织——企业，并形成某种“权威”——企业家来支配资源，利用企业内层级关系，即上下级的“命令—服从”关系来调配资源，虽然发生了一定的企业内部管理成本，如果管理成本低于市场交易费用，企业就应将原本通过市场进行的各项交易纳入到企业内部来完成。所以，交易费用理论认为，企业的本质就是市场的替代物。

科斯的理论与传统的厂商理论不同。传统的厂商理论或产业组织理论仅分析了企业在专业化分工和规模经济方面的作用，企业的水平一体化或垂直一体化经营，无非是为了提高生产率即规模经济效益。而科斯认为，企业是一个多功能的复合体，除了组织生产外，还要开展研究开发、采购原料（包括中间产品）、招募雇员、营销服务等一系列与市场相关的活动。科斯定理主要从企业内部分工性质所引发的产品交换机制和生产组织形式来研究企业的性质。外部市场机制的不完全导致企业内部分工和组织形式的变化，企业的水平一体化或垂直一体化的目标是将各阶段的分工生产置于统一的管理体制之下，通过企业内部的资源调配，避免外部市场交易成本过高所产生的不利影响。巴克莱和卡森正是在这一理论基础上提出了内部化理论。

二、内部化理论的主要内容

1. 内部化理论的逻辑关系

内部化理论仍然以市场不完全性作为分析的前提条件，但与垄断优势理论的出发点和落脚点不同。垄断优势理论认为垄断造成的市场不完全可以导致企业获得垄断优势，垄断优势是跨国公司对外直接投资的必要条件；而内部化理论则把市场不完全性归结于市场机制本身的内在缺陷，自由市场在中间产品交易时客观存在的某些交易障碍导致市场失灵、交易成本上升，企业不能有效地通过外部市场的交易协调其生产经营，获得预期经济利益。内部化理论正是从中间产品，特别是知识产品的特性与市场机制的矛盾来论证内部化的必要性，其目的就是把高交易成本的外部市场交易活动内部化，克服市场交易障碍，降低交易成本，消除外部市场的不完全性，以便获得更高的经济效益。

内部化理论的逻辑关系是：在不完全竞争市场结构条件下，企业的经营目标是追求利润最大化；在中间产品通过外部市场交易存在障碍时，企业将产生内部化动机，以替代外部市场交易；当企业内部化行为超越国界时，就产生了跨国公司的跨国经营。

2. 市场内部化动机与中间产品特征

巴克莱和卡森认为，市场不完全性不是寡头垄断、规模经济、政府干预等原因导致的，而是由于市场失灵引起交易成本上升。内部化理论特别强调中间产品的市场不完全性，在中间产品市场不完全条件下，跨国公司为了规避交易成本过高，谋求整体利益最大化，往往把中间产品，特别是知识产品在企业内部转移，以企业内部交易代替外部市场交易。中间产品是指在企业的投入—产出转换系统里，作为中间投入的产品。

中间产品不仅包括上游部门提供的零部件、半成品等，更主要的是指专利、专有技术、技术诀窍、品牌、商标、商誉、管理技能、市场信息等所谓的知识产品。这些知识产品及其交易具有如下特点：

（1）知识产品的形成周期长、成本高、风险大。跨国公司在研究开发知识产品过程中，需要投入大量的人力、物力和财力，新产品、新工艺的研制、应用、量产到获得经济效益，往往耗时较长，可能短则几年，长则十几年，甚至更长时间。知识性产品研发不仅投入多，而且风险大，企业付出巨资并不一定能够保证获得预期的专利或技术，即使研制的新产品问世了，市场是否认可仍然是一个未知数。跨国公司在知识产品研发过程的每一个环节都存在不确定性。

（2）知识产品可以为所有者带来某种垄断优势。跨国公司利用知识产品生产出在市场上具有独占性的新产品，这类产品可能性能优越或价格低廉，具有很强的竞争优势。跨国公司如果将其拥有的知识产品在外部市场上转让给其他厂商，结果是培育了竞争对手，削弱了自身的垄断优势和竞争能力。因此，跨国公司一般是把知识产品在企业内部转让，有效控制知识产品外溢，避免新技术等被别的企业利用，这样可以长期保持对知识产品的独家垄断，从而取得更大的经济利益。

（3）知识产品定价困难。在知识产品市场上存在着“信息悖论”（Information Paradox），即只有当知识产品需求者了解某一知识的信息价值以后，需求者才会愿意且决定购买，然而，一旦知识产品供给者公开了知识产品的某些秘密后，知识产品需求者就没有必要花较高价格再买了。

跨国公司基于保密的需要，在知识产品转让时不可能把所有的技术细节，特别是关键技术都提供给买方，这就使买方很难对知识产品有一个全面深入的了解，由于信息不对称，无法对知识产品合理定价。加之知识产品的经济效益只有在全部投产到市场销售之后，其效益才能最终确定，所以在知识产品交易时，买卖双方对某项知识产品的经济效益无法达成一致意见，难以议定一个合理的价格。此外，由于知识产品具有唯一性，缺乏可比性，供给一方从稀缺性、唯一性角度讨要高价，需求一方从不确定性、风险性角度压低价格，使买卖双方给出的价格差异太大，难以成交。这些因素使知识产品无法通过外部市场按供求规律确定一个公平、合理的价格，这必然导致跨国公司采用内部化的方式交易知识产品。

3. 市场内部化的实现条件

跨国公司市场内部化的最终目的是获得更大的利益，但市场内部化在节约交易成本的同时，也会增加企业的内部化成本。公司是否内部化以及内部化动机的大小取决于对内部化成本、内部化收益及外部交易成本的比较。只有当企业的内部化收益大于内部化成本时，市场内部化才是可行的；只有当企业的内部化成本小于外部市场交易成本时，外部市场的内部化才是有利的。

（1）内部化的收益。市场内部化的收益主要来自于消除外部市场不完全所带来的经济效益，具体包括以下几个方面：

一是消除中间产品市场不确定性带来的收益。中间产品，尤其是专利、技术、信息等知识产品，存在非竞争性使用、信息不对称、零边际成本等“公共产品”的性质，难以通过外部市场按供给需求关系确定交易价格。跨国公司通过市场的内部化，使中间产品的买卖在所有权上合二为一，买卖双方统一于一个跨国公司内部，企业内部的命令—服从关系取代了外部市场的买卖合同关系，消除了外部市场上买卖双方不确定性给企业带来的风险，保证中间产品的供给长期稳定。特别是市场内部化最大限度地减轻国际市场的不完全性，缓和了出口贸易的不稳定性，从而提高了企业的经济效益。

二是协调相互依赖的跨国公司各项业务活动所带来的经济效益。外部市场交易是通过交易合约把买卖双方联系起来的，而合约的签署与履行之间存有时滞，跨国公司缺乏合适的价格信号引导并协调其短期生产经营活动和长期投资计划，时滞给交易双方带来不确定性和风险。跨国公司通过建立内部市场，可以将相互依赖的各个业务环节置于母公司统一的控制与调度之下，合理安排原材料和中间产品采购、生产进度、库存与销售，协调采购、生产、营销不同阶段的中长期供需关系，从而给企业带来经济效益。

三是差别定价机制所带来的经济效益。跨国公司通过内部一体化战略，建立内部化市场，对内部市场上流转的中间产品，特别是知识产品运用差别性定价手段，促使中间产品市场高效运转，公司整个生产经营活动有序进行，进而实现公司总体利润的大幅增加。

四是利用转移价格规避政府行政干预所带来的经济利益。转移价格是跨国公司母公司与子公司以及子公司与子公司之间买卖中间产品时所执行的价格。这种价格可以偏离中间产品的成本，不受市场供求波动的影响，为跨国企业的全球经营战略服务。转移价格成为跨国公司进行税务筹划来合理避税、转移调度资金、规避外汇管制等最重要的手段，是谋求跨国公司整体利益最大化的有效工具。

(2) 内部化的成本。内部化成本是指企业为克服外部市场交易障碍而必须额外增加的成本。主要包括以下三个方面：

一是内部管理成本的增加。跨国公司在把原来通过外部市场交易进行的业务活动纳入企业内部以后，组织规模必然扩大，生产经营等业务活动必然增多，需要投入更大的人力、物力和财力，增加管理层级，建立一整套监督管理机制，才能对遍布世界的子公司进行有效管理。这些无疑会增加跨国公司的管理成本。

另外，跨国公司内部化的重要目的是要保持对知识产品的长期独占权，为了避免技术外泄，跨国公司母公司与子公司及子公司与子公司之间要建立独立的通信系统；跨国公司的分支机构遍布全球，各个机构之间距离遥远，联络频繁，必然会增加跨国公司的通信联络成本，这也是内部管理成本的一部分。

二是资源配置效率下降的成本。跨国公司实行市场内部化以后，将原来一个完整的大市场人为地分割成若干个独立的小市场（即企业内部市场）。这些独立、封闭的小市场迫使跨国公司有可能在小于最优经济规模的水平下从事投资与生产经营活动。不管是从全社会角度看，还是从跨国公司本身角度看，都会造成资源配置效率的降低和经济效益的损失。

三是国家风险成本，也称为政治风险成本。跨国公司实行内部化后，在东道国的投资、生产、营销活动会形成对当地市场一定程度的垄断与控制，这显然对东道国的经济发展不利，可能引起东道国政府的人为干预。东道国政府会采取歧视性政策，在市场准入门槛、外资控股比例、税收与融资方面进行限制，甚至实施国有化手段等。跨国公司母国与东道国之间政治关系越不稳定，歧视性成本就越高。

(3) 外部交易成本。外部交易成本是指通过外部公开市场进行各项交易的成本。包括：搜寻成本，即商品信息与交易市场及交易对象的寻找成本；信息成本，即取得交易对象信息与交易对象进行信息交换的成本；议价成本，即针对契约、价格、数量、品质等与交易对象进行讨价还价，发现相对价格的成本；决策成本，即进行相关决策与签署契约所支付的成本；监督交易成本，即监督交易对象是否履行交易合同，规避支付风险的成本；违约成本，即交易一方或双方如果违约时解决争议所需付出的事后成本；其他交易成本，如跨国经营时，还要规避汇率波动风险的成本以及缴纳各种税款等。这些构成了通过市场交易的外部交易成本。

三、内部化理论的其他观点

内部化理论正是基于市场不完全导致交易成本提高、交易效率下降而提出来的。市场不完全包括两种类型：一是市场结构性不完全，一些企业可以依据自身对技术、资本、产品、价格等方面的控制，使自由竞争机制受到干扰，形成了不完全竞争的市场结构，包括垄断竞争、寡头垄断甚至完全垄断，内部化正是对这种市场不完全特别是寡头垄断市场的主动调整与适应。二是市场交易性不完全，即因为产品性质与市场机制不相适应，主要是技术、专利、商标等具有公共物品特质的中间产品交易中，市场交易机制失灵，可以通过内部化在一定程度上得到补偿。前者主要以海默的观点为代表，后者除了前面介绍过的巴克莱和卡森的理论外，还包括威廉姆森、汉纳特等人的观点。

1. 海默的内部化观点

海默的内部化观点侧重于从市场结构不完全角度进行阐述。他认为大型企业凭借其资金、技术、人才方面的优势获得垄断地位，形成寡占市场结构。利用这种市场结构性不完全可以把企业的垄断优势保持在企业的内部并长期存在，需要寡头企业在海外建立全资子公司或控股公司，这就是内部化过程。如果将先进技术等在外部市场转让，不仅经济效益不佳，而且还培育了竞争对手，削弱了自身的垄断优势。

海默在考查美国寡头企业对外直接投资时发现，美国的大企业拥有强大的市场力量，能借助自身的垄断优势，克服在海外经营所遭遇的市场阻碍与风险带来的额外成本，并且获得较高的经济利益。海默的分析方法和理论研究可以较好地解释跨国公司水平一体化的国际化经营。

2. 威廉姆森的内部化观点

威廉姆森着重从资产专用性（Asset Specificity）角度论证内部化的原因。所谓资产专用性，是指某项资产只适合某一专门用途，如果不牺牲该资产的一部分生产率，或者不对该资产进行再投资以适应新的交易活动，则难以通过交易挪作他用。资产专用性的类型包括资产的地点专用性、物资资产专用性和人力资本专用性。一种专用投资会产生资产套牢（Lock-in）效应，使资产的投资报酬产生“准租”，可能使事前的契约关系发生扭曲，受到垄断方（买方垄断或卖方垄断）的要挟，这种要挟会导致专用性资产的准租金被对方据为己有的“机会主义”行为发生。机会主义行为即投机行为，是交易的一方侵占交易另一方的经济利益，这在一定程度上使契约双方相关的专用性投资不能实现事先的最优化安排，该项资产的价值大为损失，形成巨大的沉淀成本。高度专用性资产在市场上转让的交易成本太高，使交易双方几乎无法承受，只能通过纵向一体化在企业内部转让。

威廉姆森认为，交易方式的选择必须考虑与特定交易相关的专用性资产及可能产生的与此有关的机会主义威胁。当交易的一方对该交易进行了巨大的专用性资产投资以后，交易的其他各方就会产生强烈的机会主义倾向，这时可以采取内部化方式，以此抵消投机行为风险；当交易的专用性程度较低时，交易各方的投机倾向很小，企业可以选择节约交易费用的市场交易方式。

如在钢铁工业，从铁矿石开采、冶炼，到钢材生产，每一阶段都需要巨大的专用性资产投资，包括物资资产专用性和地点专用性投资，这种高度专用性的资产难以在市场上转让交易，结果只能通过垂直一体化在企业集团内部转让，即通过内部化方式规避投机风险和高昂的交易费用。

3. 汉纳特的内部化观点

美国马里兰大学的汉纳特（J. F. Hennart）在其博士论文《对外直接投资理论》（1977）中提出了自己的观点，并在1982年出版的著作《跨国企业理论》中做了进一步的阐释。汉纳特认为，跨国公司的内部化是企业“治理结构”的国际化。由于经济主体的有限理性和机会主义倾向的存在，自由市场机制难以准确地测度和衡量产出的价值，从而使提供与购买该项产出的经济主体都得不到应有的报酬，这就是所谓的欺诈。欺诈必然导致市场交易失效，降低经济效率，而内部化机制可以在一定程度上减轻欺诈造成的损害。开展经济活动既可以通过市场价格体系，也可以通过企业内部层级组织体系来进行。通过自由市场对产出的衡量与评价称为“产出约束”，而利用层级体系来考核产出称为“行为约束”，通过外在的产出约束和内在的行为约束，可以减少欺诈的发生并缓和市场失效的程度，从而降低资源配置成本，提高经济效率。

四、对内部化理论的评价

内部化理论是20世纪70年代中期以后形成的至今较为流行的对外直接投资理论，该理论以科斯产权理论为基础，以中间产品（特别是知识产品）市场不完全为研究对象，认为企业进行对外直接投资的实质是基于所有权之上的企业管理与控制能力的扩张，通过对外直接投资，将本来在外部市场进行的交易转变为在公司所属企业间进行，用企业内部管理机制代替外部市场交易机制，减少较高的市场交易成本，从而形成企业跨国经营的内部化优势。

内部化理论认为跨国公司只不过是一般企业的一种特例，是企业制度高度演进和发展的新阶段，能创造出企业内部的国际分工和交易体系，从而实现更高程度的资源配置效率；该理论较好地解释了跨国公司的性质、起源，以及对外直接投资的动机与形式；该理论不仅可以解释发达国家跨国公司的对外投资行为，又可以说明发展中国家企业的跨国经营，因而具有一般性与通用性；该理论还有助于解释第二次世界大战后跨国公司的增长速度、盈利情况和发展模式等事实。内部化理论也可以用于阐释跨国公司在对外直接投资、出口贸易和许可证贸易这三种跨国经营方式选择的依据。跨国公司通过内部化方式开展对外直接投资，保持其在全球范围内的垄断优势，进而实现利润最大化，因此在三种方式中占主导地位。出口贸易易于受到进口关税和贸易保护主义的限制，许可证安排则局限于技术进入产品生命周期的最后阶段，因而均属于次要地位。

当然，内部化理论也存在一定的局限性：第一，由于内部化理论从经济学思想和方法论层面都是建立在交易费用理论基础上的，这在一定程度上限制了该理论的解释力。企业首先是社会资源配置的重要方式，是把投入的经济资源变为商品产出的一种生产性组织，节约交易费用并不是企业存在的根本原因。第二，该理论未能对跨国公司对外直接投资外部环境因素进行系统分析，因而不能有效说明对外投资的区位选择问题。第三，该理论虽然可以较好地解释水平一体化和垂直一体化的对外直接投资，但对资源开发型和出口导向型的对外直接投资缺乏解释能力。

第三节　国际生产折中理论

第二次世界大战结束后，随着欧洲重建的完成和日本经济的崛起，国际直接投资的格局发生了重大变化，美国独霸国际直接投资领域的局面被打破，欧洲及日本的跨国公司在国际直接投资中的份额增加，逐渐形成美、欧、日的跨国公司对外直接投资三足鼎立的格局。跨国公司已经成为最重要的国际生产的组织者和国际技术转让的提供者，跨国公司内部母公司与子公司之间的交易活动取代了传统国际贸易，成为影响世界贸易增长的主要因素。跨国公司的发展不仅深刻影响着全球经济格局，也带动了国际直接投资理论的繁荣，20 世纪 70 年代后期出现了众多有影响的国际直接投资理论，从而为这一理论的综合创造了条件。

一、国际生产折中理论的产生

国际生产折中理论（Eclectic Theory of International Production）是由英国经济学家邓宁于 20 世纪 70 年代提出来的。1973 年，邓宁在一篇《国际生产的决定因素》文章中指出，只有将贸易与国际生产这两种相互替代的国际化形式，从所有权优势与区位优势两个方面进行讨论，才能正确评价英国加入欧洲经济共同体的经济含义。邓宁这篇文章中的主要观点，被认为是其折中思想的最早萌芽。1977 年，邓宁利用系统综合方法对早期的各种主要跨国公司理论进行了比较研究，发表了他的代表作《贸易、经济活动的区位与跨国企业：折中理论探索》，形成了所谓的国际生产折中理论。1981 年，邓宁出版了《国际生产与跨国企业》一书，进一步完善了其国际生产折中理论，使这一理论更加系统化、理论化。

邓宁认为，海默、巴克莱和卡森、弗农、小岛清等人提出的国际直接投资理论，是建立在对不同国家的不同时期对外直接投资的实证分析基础之上的，它们对特定国家特定时期的跨国公司具体投资行为具有较强的解释力，但缺乏普遍意义。邓宁提出的国际生产折中理论不仅具有跨国公司对外直接投资的现实背景，同时具有较为丰富的理论发展基础。

就国际生产折中理论产生的现实背景而言，主要是第二次世界大战后国际直接投资格局发生了重大变化，需要更全面、更综合的理论来解释现实情况，这些现实的变化具体表现在四个方面：一是国际直接投资主体多元化，不仅形成了美、欧、日三大区域的跨国公司齐头并进的国际投资新格局，而且发展中国家无论作为国际直接投资的东道国还是母国，都出现了迅猛增长的趋势；二是国际直接投资新领域凸显，跨国公司由原来的主要向制造业投资，扩展到资源开发、农业、技术研发等领域，特别是服务业成为国际直接投资最重要的领域，且发展速度明显加快；三是国际直接投资形式也呈现多样化，除了独资企业、合资企业、合作企业外，跨国公司相互之间收购兼并以及建立在战略联盟基础上的合作投资所占份额越来越大；四是国际直接投资流向发生了变化，由以前的发达国家向发展中国家进行的纵向直接投资，发展到发达国家之间的横向投资，甚至发展中国家逆向发达国家投资的复杂局面。

从国际生产折中理论产生的理论积淀看，自 20 世纪 60 年代开始，国际直接投资理论领域基本是沿着四个研究方向发展的，这为国际生产折中理论奠定了一定的基础：一是依据产业组织理论，从不完全市场出发研究跨国公司对外直接投资的必要条件，即跨国公司比东道国企业拥有某些优势，如海默的垄断优势理论；二是把国际直接投资与国际贸易结合起来，运用动态分析方法，阐述投资与贸易之间的替代转换问题，如小岛清的边际产业扩张理论；三是基于生产区位理论，探讨跨国公司对外直接投资的区位选择问题；四是以厂商理论为基础，研究中间产品市场不完全情况下，跨国公司以内部化方式来开展对外直接投资的理论，如巴克莱和卡森的理论。

邓宁认为，上述理论都只是对跨国公司对外直接投资行为所做的单一性、局部性解释，而不是国际直接投资的一般性理论。邓宁强调，跨国公司的对外直接投资、对外贸易及许可证生产可能是一个企业面临的不同选择。能否建立一种综合性的理论，全面、系统地说明跨国公司对外直接投资的动因、条件、方式，使之具有通用性，则更具理论意义和现实指导意义。

二、国际生产折中理论的主要内容

邓宁把自海默以来的国际直接投资理论系统整合成一个统一的分析框架，认为企业从事国外直接投资是由该企业本身所拥有的所有权优势（Ownership Advantage）、内部化优势（Internalization Advantage）和区位优势（Location Advantage）共同决定的，所以称为国际生产折中理论或折中范式，也称为 OIL（Ownership-Internalization-Location）范式。

1. 所有权优势

所有权优势是指一国企业拥有的或能够获得的、国外企业所没有或无法获得的资产及其所有权。邓宁认为，跨国公司所拥有的所有权优势可分为两类：一类是只有通过对外直接投资才能形成的所有权优势，如原料及中间产品的垄断、产品多元化、市场分散化、产品生产的统一调配与资源调度、销售渠道与消费市场的控制、运输成本的降低等，这类所有权优势无法通过出口贸易或技术转让方式给本企业带来收益，只能在跨国公司体系内部加以利用，才能带来经济效益；另一类是通过出口贸易、技术转让以及对外直接投资均可以给跨国公司带来收益的所有权优势，如技术、商标、品牌、经营管理技能、规模经济等。具体来说，所有权优势包括以下四个方面的内容：

（1）技术优势。主要包括专利、专有技术、新产品开发能力、销售技巧等。

（2）组织管理优势。包括高素质的管理人才、组织协调能力、丰富的管理经验等。

（3）规模优势。一方面是指企业规模越大，研究开发投入越多，创新能力就越强，越有利于企业的技术进步与竞争能力的提高；另一方面是企业规模越大，越能在国内外市场上获得规模经济效应，从而获得竞争优势。

（4）资金优势。除了有巨额的自有资金外，因为企业有较高的知名度、良好的形象、优良的信用记录而形成的多渠道、低成本的资本融通优势。

但是，邓宁指出，企业拥有所有权优势只是其能够开展对外直接投资的必要条件，而非充分条件。也就是说，所有权优势并非只能通过对外直接投资方式加以利用，有些所有权优势也可以采取出口贸易或技术授权转让的形式来利用，企业到底以什么方式参与跨国经营，不仅取决于其是否拥有所有权优势，也受制于企业将所有权优势加以内部化的意愿和能力，还要考虑东道国的市场条件与外部环境。

2. 内部化优势

邓宁认为，跨国公司的国际竞争优势不是来自于传统的垄断优势，更不是来自于单纯的高技术占有，而是主要来自于所有权优势的内部化。专利、技术等垄断优势在同一个所有权企业内部进行交换，根据企业总体战略目标配置垄断优势资源，这样企业的垄断优势才能得到充分发挥。

所谓内部化优势，是指跨国公司将其拥有的资产和所有权在跨国公司的母公司及子公司之间内部使用所带来的特定优势。跨国公司内部化的主要动机是为了避免外部市场不完全性对其跨国经营产生的不利影响，继续保持和充分利用已有的所有权优势。巴克莱、卡森等人强调的是外部市场不完全与中间产品特殊属性之间的交易障碍，而邓宁认为外部市场对中间产品和最终产品来说都存在不完全性，都有这样或那样的交易障碍。邓宁把市场不完全分为两种情形：一是结构性市场不完全，即由于贸易壁垒、交易成本过高而导致的市场不完全；二是知识性市场不完全，指的是由于生产和销售的有关知识信息不易获得或需要支付高昂的代价才能获取而导致的市场不完全。在跨国公司跨国经营中，资产使用的内部化就是其利用所拥有的资产开展对外直接投资。一个企业具备所有权优势并且希望将其内部化使用，对外直接投资能否付诸实施且获得较好的经济效益，还要考查东道国的经济环境及市场条件。

3. 区位优势

区位优势是指跨国公司在东道国进行直接投资时所享有的当地禀赋条件、投资国政策与跨国公司自身优势相结合而产生的更大便利。区位优势是由东道国和投资国的多种因素决定的，包括直接区位优势和间接区位优势。

（1）直接区位优势。是指东道国固有的、不可转移的自然禀赋优势，如优良的地理位置、丰富的自然资源；低廉的生产要素成本，如劳动力工资水平很低；潜在的、巨大的销售市场；各级政府各种优惠的吸引外资政策等。

（2）间接区位优势。是指投资国鼓励本国企业对外直接投资的某些政策措施；投资国国内市场一些不利因素迫使国内企业到海外从事直接投资，如国内市场狭小、生产成本过高、出口运输费上升；商品出口受到进口国关税及非关税壁垒限制等。

邓宁认为，区位优势不仅是跨国公司对外直接投资的充分条件，而且还决定了其对外投资的类型和结构。

专栏

英特尔投资事业部副总裁莱格雷：中国技术投资环境向好

英特尔认为，无线局域网、通信设备、软件以及前所未见的“疯狂型”的公司都是投资者相当乐意接触的对象。

在经历了网络经济泡沫破灭的打击后，一度偃旗息鼓的国内技术投资，现在找到了新的方向。英特尔投资事业部副总裁克劳迪·莱格雷日前在接受记者采访时说：“我们注意到，从2003年二季度开始，技术投资整体开始回暖，可投资的项目开始增多，各投资基金较之过去活跃了很多。我们公司今年的投资总额会比上年有所增加，预计最少会突破2亿美元。”

技术投资通常有两种形式：一种是以英特尔为代表的战略投资，另一种是以各种基金为代表的风险投资。无论哪种形式的技术投资，在客观上均会对技术发展或是产业整体走势产生一定影响，有时甚至能够左右一个产业的发展或是催生一些著名的领袖型企业。因此，技术投资的风向历来成为政府主管、经济学家以及产业内人士共同关心的指标。

克劳迪·莱格雷在谈到中国的投资环境时表示：中国企业现在有很多好的技术和服务，本地公司的管理质量、资金方面都有所改善。这都有利于中国投资环境的转好。中国的法律法规和各项规定方面变得更明朗，对投资者更友好。

举个例子，中国证监会最近提出了不再需要那种非反对性的要求，这样的改变对投资是一个积极的回应。我们相信将来的中国投资环境会进一步改善，英特尔可能会在自己战略投资的公司中选择在上海的股市上做一支首发。

据了解，英特尔投资部是技术领域最大的企业战略投资计划之一。2001年，英特尔投资部的总投资达到17亿美元，其中5亿美元投放于亚太地区的近100家公司。

克劳迪·莱格雷说，英特尔投资的目的是通过资助相关公司，帮助创新技术、协助制定行业标准、推动互联网发展、改进计算平台，从而支持英特尔的产品计划和新业务的发展。

英特尔认为，接受投资的企业不仅直接从英特尔的财政资助中获益，还可利用来自英特尔的先进技术。同时，英特尔提供全球性的市场营销以及良好的信誉。接受英特尔投资的公司，有机会同在技术或业务模式方面与其形成互补关系的企业进行合作。而对于英特尔，除了通过实现战略性投资和财务目标来获益外，还通过和那些不断“开拓前进”的公司合作，使工程师接触到更多更新的理念。这有利于英特尔未来产品和技术的开发。

克劳迪·莱格雷指出，英特尔的战略投资集中于四大领域：第一是PC机和笔记本电脑，中国、印度、俄罗斯都是英特尔的巨大市场；第二是服务器，由于数据应用的不断增长，英特尔十分看好服务器的发展；第三是移动终端（手机、PDA），英特尔认为移动终端正在由语音设备向数据设备转移，并将造就一个新的软件产业；第四是网络设备，英特尔对以太网、无线局域网、光纤传输的发展持非常乐观的态度。

谈到英特尔在中国的投资时，克劳迪·莱格雷列出了下面的统计数字：在英特尔投资中国的4年间，投资额已超过了1亿美元，接受投资的中国公司有30多家，而电信行业是英特尔投资的主要领域之一。

资料来源：谢静：《英特尔副总裁莱格雷：中国技术投资环境向好》，载《国际金融报》，2003-08-15。

4. OIL 范式

国际生产折中理论认为，一个企业从事跨国经营活动主要有三种方式：一是通过对外直接投资在国外生产；二是通过国际贸易把产品出口到国外；三是向国外生产者发放许可证。这三种跨国经营方式是同一个企业在不同条件下面临的不同选择，邓宁的OIL范式就是要建立一种综合性的理论，以系统说明跨国公司的跨国经营模式。邓宁认为，企业拥有的所有权优势是其从事国际经济活动的基本条件。如果企业仅拥有所有权优势，而没有内部化优势和区位优势，该企业应充分利用自己的专利、技术等优势，选择许可证安排方式进行无形资产转让；如果企业具有所有权优势和内部化优势，而没有区位优势，该企业应选择扩大规模，增加产量，然后出口，即采取出口贸易方式进行跨国经营；如果企业同时拥有所有权优势、内部化优势和区位优势，该企业应充分利用内部化优势这一桥梁与纽带，把所有权优势和区位优势有机结合起来，选择对外直接投资方式。OIL范式如表3—1所示。

表3—1　跨国公司从事跨国经营的方式选择

所有权优势（O）	内部化优势（I）	区位优势（L）	跨国经营方式
有	有	有	对外直接投资
有	有	无	出口贸易
有	无	无	许可证安排

邓宁根据国际生产折中理论的基本框架，结合不同跨国公司对外直接投资的方式选择与行业特征，将跨国公司国际化生产经营活动分为六种基本形态：资源开发型、进口替代制造型、合理化专业分工型、贸易与分销型、配套服务型和其他类型。每一类型对外直接投资又是由所有权优势、内部化优势和区位优势的不同组合决定的（见表3—2）。

表3—2　跨国公司国际化生产经营类型

类型	所有权优势	内部化优势	区位优势	适合行业
1. 资源开发型	资本、技术	以合适的价格持续、稳定供应原材料并控制市场	拥有资源	石油、铁矿石、铜、锌、铝、锡、香蕉、可可、茶叶等
2. 进口替代制造型	资本、技术、商标、品牌、管理技巧、规模经济等	利用技术优势转让、高信息成本、购置成本不确定	原料与劳动力成本、市场、政府政策	计算机、医药、汽车、卷烟等

续前表

类型	所有权优势	内部化优势	区位优势	适合行业
3. 合理化专业分工型	资本、技术、商标、品牌、管理技巧、规模经济、靠近市场	a. 利用技术优势转让、高信息成本、购置成本不确定、分工协作效应； b. 垂直一体化经济	a. 产品专业化、集中化经济性； b. 劳动力成本低、东道国政府对本地生产激励	a. 汽车、电子设备、农业机械； b. 家电、纺织与服装、照相机等
4. 贸易与分销型	产品分销	保障营销渠道、保护公司牌号及声誉	当地市场、接近消费者、售后服务等	多种商品，特别是与消费者密切接触的商品
5. 配套服务型	接近市场	a. 利用技术优势转让、高信息成本、购置成本不确定； b. 保障营销渠道、保护公司牌号及声誉	市场	银行、保险及咨询服务
6. 其他类型	多元化	多元化	市场	a. 证券、投资、资产管理； b. 航空、旅馆业等

专栏

可口可乐公司的国际投资

一、公司简介

1. 公司概况

可口可乐公司（Coca-Cola Company）成立于1892年，总部设在美国佐治亚州亚特兰大，是全球最大的饮料公司。除全球最有价值品牌可口可乐外，可口可乐公司还生产全球前5大饮料中的另外3个，包括健怡可口可乐、雪碧和芬达，以及大量其他种类的饮料，包括无糖饮料、水、果汁和果味饮料、茶、咖啡和运动饮料等。通过全球最大的分销系统，200多个国家的消费者每日享用超过13亿杯可口可乐产品，拥有全球48%的市场占有率以及全球前三大饮料的两项，在美国排名第一的可口可乐为其取得超过40%的市场占有率。

2. 公司财务概况

作为一家世界型的大型跨国公司，可口可乐公司历年的财务状况都非常稳健。2005年，可口可乐在《财富》“世界500强企业”中排在第257位，年营业收入为219.62亿美元。截至2011年第二季度，该公司全年总营业收入465.42亿美元，同比增长33%，实现净利润85.72亿美元，较2010年的118.09亿美元下滑27.4%。可口可乐方面表示，业绩下滑主要与上年同期公司的装瓶业务交易有关，“很多企业发生大额的一次性收益事件，业绩均会有大幅度的波动”。2010年3月份，可口可乐对外宣布，以130亿～150亿美元的价格收购旗下最大瓶装厂 CCE 的北美业务，而交易不涉现金，所涉股份价值 34 亿美元，完成收编后，可口可乐将承担其 88.8 亿美元的债务。

可口可乐公司在 2011 年全年销量增长 5%，其中中国市场在第四季度及全年销量分别增长 10%及 13%，这意味着在过去 10 年中，已有 9 年实现了两位数的增长速度。在北美、日本和德国等主要发达国家市场实现稳定增长，并在关键的新兴市场，如印度和中国实现两位数增长。具体到可口可乐公司在全球市场的 5 大区，其中欧亚及非洲大区，全年销量增长 6%，净收入增长 11%；欧洲地区销量增长 2%，净收入增长 4%；拉美地区销量增长 6%，净收入增长 16%；北美地区销量增长 4%，净收入增长 4%；太平洋地区销量增长 5%。

二、公司国际投资管理概况

1. 在中国的投资情况

近十年来，随着我国社会经济的发展以及经济全球化的影响，越来越多的跨国公司开始在中国投资。根据有关资料显示，中国于 2001 年就吸收了外资 446 亿美元，是世界上吸引外资最多的发展中国家及世界上第六大投资吸引国。可口可乐公司是最早进入中国的跨国公司，其早在 20 年前就开始了中国的历程，到现在，可口可乐已是无处不在、人人皆知了。可口可乐公司在刚开始进入中国市场时，选择了中粮公司作为独家代理，以寄售方式销售给外宾，为可口可乐打开市场奠定了基础。随后，与中粮公司合作建立可口可乐灌装厂，同时，又同中国国际信托投资有限公司合作建立了几家雪碧和芬达灌装厂。

到 1992 年，可口可乐公司已在北京、天津、上海、广州、珠海、南宁、海南、厦门、杭州、南京、大连共 11 个省市，建成投产 12 家装瓶厂，覆盖 3.8 亿人口。截至 2009 年，可口可乐在中国市场累计投资 16 亿美元，与中粮集团、嘉里集团和太古集团紧密合作，在全国各地建立了数十个装瓶公司和工厂。最近几年，可口可乐联手在华装瓶合作伙伴太古集团和中粮可口可乐，共计投资总额已超过 30 亿美元。在 2012—2014 年的 3 年时间，可口可乐公司及其装瓶合作伙伴在中国市场再投入 40 亿美元。

可口可乐公司董事长兼首席执行官穆泰康表示，中国是可口可乐的第三大海外市场，这块业务正以两位数的速度增长。中国现在的消费品市场仍然是处于一个多元化的时代，可口可乐面对具有一定竞争力的中国饮料企业，如何继续扩大其影响力，是其投资的主要障碍和考虑。虽然可口可乐的品牌效应已经形成，但其仍然注重宣传与公益活动，进一步树立良好的社会形象。其在中国的投资提供了 41 万个就业机会，直接注入资金 80 亿元人民币，间接创造了 220 亿元人民币的增加值。可口可乐公司还向中国希望工程捐款3 000 万元人民币，捐建 52 所希望小学，使 6 万多名失学儿童重返校园。这些都为可口可乐公司的发展起了很大的作用，可以说是一种隐性的投资。

2. 在其他国家的投资情况

可口可乐饮料于 1886 年诞生于美国，1892 年，Candler 成立了可口可乐公司，被称为"可口可乐之父"。可口可乐已经成为美国民族精神的象征，到 2001 年，全美已经共有 200 万家商店、45 万家餐厅及 140 万个贩卖机和冷藏柜销售可口可乐产品。

第二次世界大战后，可口可乐跟随美军一起登陆日本市场，但当时主要是为在日本的美军供应，并不销售到日本国内。可口可乐公司瞄准日本市场后，开始在美国政府和日本政府之间活动，当时对自由化相当谨慎的日本政府允许在一定的条件下进口可口可乐原液。日本国内清凉饮料界强烈反对可口可乐的进入，纷纷向政府提出异议。但是，可口可乐公司还是顺利地进入了日本市场，在东京成立东京可口可乐公司，并在1961年日本撤销外资进入限制之后，一口气设立了16处分公司，以可口可乐独特的品质和方式在日本经营销售，而日本国民也很快接受了可口可乐。除日本外，可口可乐也顺利进入欧洲市场，占了市场份额的50%。近来，可口可乐公司计划2012—2016年在俄罗斯投资30亿美元，以保证公司在俄业务的可持续增长。穆泰康表示，俄罗斯市场潜力巨大，可口可乐饮料在俄销量已连续六季度保持两位数增长。

除了欧洲和日本，可口可乐公司还在世界各大洲的其他国家进行投资。可口可乐公司从2010年开始在非洲每年的投资额增加一倍，达到10亿美元。可口可乐（南非）公司总裁威廉·艾格比向路透社透露，每年增加的投资额将用于增加公司自身的各项能力建设，以便满足非洲大陆日益增长的市场需求。非洲的销售额目前约占可口可乐公司全球收入的7%。艾格比表示，该公司的目标是在未来十年之内将此比例增加一倍。此外，可口可乐公司也在东南亚加大了投资。以越南为例，目前，可口可乐越南公司分别在胡志明市、河内及岘港三个城市兴建了工厂，工作人员达1 600人。可口可乐越南公司2010年增长率超过26%，越南消费者已饮用9亿个可口可乐饮料产品。10年来，可口可乐公司已经对越投资2.8亿美金，并拟继续对越追加投资金额。

三、对国际生产折中理论的评价

国际生产折中理论主要以市场不完全性和要素禀赋理论为基础，从国家的宏观层面分析了不同国家间的优势及其不平衡分布，对以往各种直接投资理论进行了高度概括，吸收了各派理论的精华，系统、综合地说明了三种优势（所有权优势、内部化优势和区位优势）与三种国际生产经营方式（国际直接投资、出口贸易和许可证安排）之间的关系，从而形成了一个折中性的理论分析框架，具有通用性和一般性特点，对跨国公司对外直接投资的动因、条件和方式具有较强的解释力。

当然，国际生产折中理论也存在一些瑕疵：在折中理论中，没有坚持内部化理论的制度分析方法，用内部化优势替代内部化理论，撇去了内部化理论的精髓。

严格意义上说，内部化优势仅仅反映了企业所拥有的技术、管理等优势在企业内部利用的可能性，很难与企业所有权优势分开。因此，在理论上把内部化优势与另外两种优势并列，作为决定企业跨国直接投资的决定性变量，在理论体系和思维逻辑上需要进一步阐述。

第四节 边际产业扩张理论

边际产业扩张理论（Theory of Marginal Industry Expansion），也称为比较优势投资理论（Theory of Comparative Advantage to Investment），是由日本一桥大学教授小岛清（K. Kojima）于20世纪70年代提出来的。该理论是以当时日本的对外直接投资现实为研究对象，利用比较成本原理，对日本和美国的对外直接投资进行比较分析，在此基础上创立的具有日本特色的对外直接投资理论。

一、边际产业扩张理论的产生背景

日本作为一个资源匮乏、幅员狭小的海岛国家，在第二次世界大战中经济基础遭受重创。第二次世界大战后，日本在美国的扶持下，实施贸易立国的发展战略，积极吸引外资，引进、吸收先进的制造技术，强化日本式的“终身雇用制”、“年功序列制”的企业管理制度，利用朝鲜战争机遇，用了很短时间就在战争的废墟上实现了经济的恢复与崛起，成为实力雄厚的经济大国。

进入20世纪70年代，随着日本经济的高速发展，对外出口急剧扩大，贸易顺差越来越多，外汇储备快速增长，日本的对外直接投资也从无到有，并呈现出迅猛增长的趋势。到1975年，日本的对外直接投资总量累计为150亿美元，占日本GDP的3.1%，人均对外投资额为135美元。与美国相比，日本的对外直接投资绝对量还很少，大约是美国的1/9，但其增长速度却远超美国，如在1967—1974年，日本的海外投资增长率高达31.4%，高出美国10%左右。到1985年，日本的对外直接投资规模达到1 000亿美元，这种情况不仅极大地影响世界对外直接投资格局，也深刻地影响日本国内经济结构。那么日本的对外直接投资动机、投资模式是与美国相同，抑或是另外的一种发展路径？这一问题成为包括日本经济学家在内的世界很多学者感兴趣的研究议题。

从第二次世界大战后到20世纪70年代中期以前，全球范围内跨国公司的对外直接投资理论是以海默的垄断优势理论和弗农的产品生命周期理论为主流的，日本的理论界同样接受并流行以上的主流观点。但在20世纪70年代中期以后，部分日本学者在研究日本本国跨国企业对外直接投资时，却发现垄断优势理论和产品生命周期理论无法给出令人信服的解释，他们认为上述两种理论只适用于美国跨国公司的对外直接投资问题，而没有考虑其他国家对外直接投资的特点，对日本的对外直接投资现状更是缺乏解释力。因此，应该独辟蹊径，探讨符合日本实际情况的对外直接投资理论，用以说明和指导日本企业的对外直接投资活动。在此背景下，小岛清在1979年出版的《对外直接投资论》、1981年出版的《跨国公司的对外直接投资》和《对外贸易论》等著作中，系统分析了日本跨国企业的对外直接投资行为，提出了所谓的边际产业扩张理论。

二、小岛清对主流对外直接投资理论的反思

小岛清认为，海默的垄断优势理论和弗农的产品生命周期理论都是建立在企业的绝对优势基础之上的，强调厂商内部垄断优势对其直接投资的影响，重视对海外直接投资企业的微观经济层面分析，却完全忽略了宏观经济因素，特别是国际分工原则对FDI的作用。

在国际直接投资领域占统治地位的垄断优势理论可以比较好地阐释美国贸易替代型的对外直接投资过程。美国从事对外直接投资的企业都是美国具有绝对优势的产业部门，与东道国相比，美国企业在技术等方面处于领先地位，这样在国外投资生产，不仅可以抵补由此带来的额外成本，获得超额的经济利润，还可以规避外国政府设置的贸易壁垒，利用到国外直接投资，在东道国当地生产、当地销售来替代该类产品的出口，即开展贸易替代

型的对外直接投资。但小岛清认为美国的这种国际投资生产方式违背了国际分工体系中的比较优势原则，不利于美国的整体国际利益。因为按照国际分工原理，美国应该将这类企业保留在国内，通过不断扩大出口来获得比较利益。如果拥有垄断优势的企业竞相到国外投资设厂，把优势产业转移至国外，不仅培养了大量的竞争对手，而且本国原来的出口优势领域被直接投资所替代，结果造成国际收支逆差扩大、失业率上升、产业结构退化等。

三、边际产业扩张理论的主要内容

小岛清的边际产业扩张理论主张一个国家的对外直接投资应该从投资国产业系列中已经处于或即将处于比较劣势的产业依次进行。这些产业可以被定义为边际产业，即已经失去或即将失去比较优势的产业。虽然这些产业在投资国已处于不利的竞争地位，但在东道国却拥有一定的比较优势。小岛清主张在本国已处于比较劣势的生产活动都应该通过对外直接投资形式依次向国外转移，这对日本的经济结构调整及整体经济发展是有利的。

1. 对外直接投资的动机

小岛清从投资国的角度出发，把对外直接投资的动机划分为以下三种类型：

一是自然资源导向型，即为了开发矿山、油气、林业以及水产等资源而在东道国投资，建立相应的资源开发企业，弥补国内自然资源的匮乏，投资流向资源丰裕的国家，从而保障自然资源的有效供给，形成本国制成品与初级产品生产国之间的垂直专业化国际分工。

二是生产要素导向型，即为了利用东道国相对便宜的生产要素。一国经济发展到较高阶段以后，不可再生的土地资源变得更加稀缺，劳动力成本也越来越高。在生产要素中，同资本相比而言，土地是完全缺乏流动性的，劳动力的国际流动也受到诸多法律限制，所以东道国廉价的土地与劳动力几乎不能转移至投资国。生产要素导向型的对外直接投资正是为了追求东道国丰富、廉价的土地和劳动力，到东道国投资、建厂。不过小岛清认为这种生产要素导向型投资的目的在于建立出口生产加工基地，而不是简单的替代进口。

三是市场开发导向型，即直接投资以扩大产品销售、增加市场份额为目的。投资国为了获得规模经济效应、保持技术垄断优势、绕过东道国关税及非关税壁垒等目的到东道国投资，设立生产企业，并在当地销售，提高市场占有率，获得更大的经济利益。

2. 对外直接投资的本质特征

小岛清认为，国际贸易是按照既定的比较成本开展的，根据上述原则所进行的对外投资也可以扩大两国的比较成本差距，创造出新的比较成本格局。对外直接投资具有以下本质特征：对外直接投资不是简单的资本流动，而是包括资本、技术、管理经营在内的综合性经营活动，其中出资部分主要表现在以机器设备、技术等生产资料形式进行单方面的价值转移，同时还包括工人业务培训、管理经验、市场销售等知识技能的转移。所以，小岛清把直接投资视为“包括销售问题的先进生产函数的转移和移植”。从此种意义上说，直接投资就是以两国存在不同的生产函数为前提的，接受投资就意味着接受了投资国的高资源配置效率的生产函数，从而使本国的生产函数得以提高。

3. 日本与美国对外直接投资的区别

小岛清的对外直接投资理论是以日本 20 世纪 60—70 年代的对外直接投资实践为研究对象的，他认为日本的对外直接投资有着不同于美国对外直接投资的显著特点。

第一，日本对外直接投资的产业是根据边际产业，即比较成本的顺序依次进行的。日本对外直接投资主要集中在自然资源开发、服装纺织品生产、标准化的零部件加工等领域。这些产业在日本是已经失去或即将失去比较优势的劳动密集型夕阳产业，但在某些发展中国家（东道国），如果采用日本的中等、实用技术，类似产业则可以形成比较优势或具有潜在的比较优势。日本在向这些国家直接投资的过程中，可以促进它们的工业化进程，利用其廉价劳动力优势，生产物美价廉的产品，不仅在东道国销售，还可以畅销第三国或返销到日本市场，这对日本的投资企业极其有利。而美国的对外直接投资则不然，美国的企业利用其垄断优势，从具有比较优势的产业开始向国外转移，主要投向其他发达国家的制造业，特别是高新技术产业，从而获得垄断利润。

第二，日本的对外直接投资以中小企业为主，投资规模远比欧美国家的对外直接投资规模小，所转让的技术也多为实用技术，比较符合东道国的经济结构和生产力水平，适合当地发展具有比较优势的服装纺织品等劳动密集型产业，起到促进就业和扩大出口的作用。而美国的对外直接投资主要由大型跨国公司发起，不仅投资规模较大，而且充分利用其垄断的先进技术优势。

第三，日本企业为了顺利进入东道国市场，规避市场准入壁垒，与东道国企业进行合资与合作，往往采取合资经营方式、契约式的合作经营形式或非股权安排方式。而美国的跨国公司为了在东道国保持垄断的技术、管理优势，尽力避免先进技术和管理技巧外泄，更多地建立独资企业。

第四，日本的对外直接投资行业是在本国已经处于比较劣势而在东道国正在形成比较优势或具有潜在比较优势的行业，所以，这种对外直接投资的增加会带来机械设备、原材料、零部件的出口，进而促进出口量的扩大，因此，日本的对外直接投资是贸易创造型的，或者称为顺贸易导向型投资。与此相反的是，美国的对外直接投资则是贸易替代型的，或者称为逆贸易导向型投资，因为部分行业随着对外直接投资的扩大，减少了这些行业产品的出口。

日本与美国对外直接投资模式在理论基础、投资方式、投资主体、转让的技术水平、对外直接投资类型等方面存在着显著的差别，如表 3—3 所示。

表 3—3　　日本与美国对外直接投资模式的区别

国别	理论基础	投资方式	投资主体	转让的技术水平	对外直接投资类型
日本	边际产业理论	合资或合作企业	中小企业	中等、实用技术	顺贸易导向型
美国	垄断优势理论	独资企业	大型企业	高新技术	逆贸易导向型

四、对边际产业扩张理论的评价

边际产业扩张理论在研究视角、研究方法和基本结论方面有其独到之处：首先，该理论站在一国宏观经济利益的高度，强调国际分工原则在对外直接投资领域的应用，从比较优势的角度将贸易和投资作为一个联系的整体进行考查与分析，提出了“贸易创造型投资”的观点，在很大程度上解释了发达国家对发展中国家以垂直分工为基础的国际直接投资的动机、过程与结果。其次，小岛清深刻地认识到国际直接投资的本质特征，就是“资本、技术、管理经验和营销技巧等知识的总体转移”，把对外直接投资看成是先进生产函数的移植。最后，利用比较分析方法，系统考查了 20 世纪 60—70 年代日本与美国对外直接投资的差异，把对外直接投资分为顺贸易导向型与逆贸易导向型，并指出对外直接投资应该从投资国比较劣势的边际产业依次进行。

边际产业扩张理论也存在明显的局限性：首先，小岛清把对外直接投资分为日本式的贸易创造型（顺贸易导向型）与美国的贸易替代型（逆贸易导向型），这无论在理论上还是在现实中，都存在一定的片面性。因为他所分析的日本式的贸易创造型投资，是以 20 世纪 60 年代末到 70 年代初日本向东南亚地区进行资源开发或对劳动密集型产业投资为研究对象的，但是 20 世纪 80 年代以后，日本企业的对外直接投资呈现出与美国的贸易替代型投资“趋同”的态势。所以说，边际产业扩张理论缺乏一般性和普遍性意义。其次，该理论仅以投资国的宏观角度分析对外直接投资的动机与结果，没有充分考虑对外直接投资主体——跨国公司的主动性及其影响因素。最后，这一理论很难说明第三产业的对外直接投资问题，对于发展中国家向发达国家进行所谓的“逆向”投资问题也缺乏很好的解释力。

第五节　发展中国家直接投资理论

相对于发达国家来说，大多数发展中国家的企业并不具备发达国家跨国公司所具有的技术水平、管理经验、经营规模以及资本优势等，发展中国家企业与发达国家企业相比，在诸多方面都存在着明显的差距。按照传统的国际直接投资理论，这些发展中国家企业是没有进行对外直接投资所必需的优势和实力的，20 世纪 70 年代以前，发展中国家在国际直接投资领域的数量和规模确实是微不足道的。但 20 世纪 80 年代以后，随着发展中国家的经济发展，越来越多的发展中国家企业先后走上了国际化经营之路，不少企业甚至还将投资领域成功扩散到发达国家。发展中国家对外直接投资的绝对量虽然较小，但增长速度迅猛（见表 3—4），所占份额明显提高，从而打破了国际直接投资领域发达国家一统天下的格局，成为国际直接投资舞台上一股不容忽视的力量，并对传统的国际直接投资理论提出了新的挑战。

为了阐释发展中国家对外直接投资的动因与模式，20 世纪 80 年代以后，陆续诞生了一批有价值的新的对外直接投资理论。其中最具代表性的包括国际投资发展阶段理论、小规模技术理论、技术地方化理论、技术创新产业升级理论等。

表 3—4　　国际直接投资流量　　单位：亿美元

年份	流入额	增长率（%）	全球比重（%）	流出额	增长率（%）	全球比重（%）	全球流入	全球流出
1986—1991	290.90		18.3	113.30		6.3	1 593.10	1 805.10
1992	511.08	75.7	29.0	207.14	82.8	10.3	1 758.41	2 008.00
1993	725.28	41.9	33.4	349.29	68.6	14.5	2 175.59	2 409.00
1994	955.82	31.8	39.3	425.12	21.7	15.0	2 429.99	2 842.61
1995	1 055.11	10.4	31.9	456.42	7.4	12.9	3 311.89	3 525.14
1996	1 298.13	23.0	38.5	491.61	7.7	14.8	3 375.50	3 336.29
1997	1 498.44	14.7	37.2	61.38	24.4	14.4	4 004.86	4 236.66
1998	1 659.36	10.7	25.8	523.18	−14.4	8.1	6 438.78	6 489.20

资料来源：联合国贸易与发展会议：《1999 年世界投资报告・外国直接投资和发展的挑战》，北京，中国财政经济出版社，2000。

一、国际投资发展阶段理论

20 世纪 80 年代以后，经济全球化趋势不断加强，发展中国家跨国公司对外直接投资的实践需要在理论上进一步创新。为了弥补国际生产折中理论静态分析的缺陷，并拓展、延伸应用于发展中国家的对外直接投资领域，邓宁又提出了国际投资发展阶段理论（Theory of Investment Development Cycle），旨在从动态角度阐释一国的经济发展水平与其国际直接投资规模及地位之间的关系，从而发展了国际生产折中理论。

邓宁采用人均国民生产总值来表示一国的经济发展水平，用直接投资流出量（对外直接投资）、直接投资流入量（外商直接投资）、直接投资净值（直接投资流出量－直接投资流入量）表示对外直接投资水平。邓宁分析了 1967—1978 年 67 个国家的相关资料，结果发现一国对外直接投资或吸收国外投资与木国经济发展水平之间呈现出阶段性特点。具体来说，包括以下四个阶段：

第一阶段：人均国民生产总值在 400 美元以下的阶段。一方面，处于这一阶段的国家，经济发展水平落后，生产力水平极低，本国企业尚未形成所有权优势，或者是本国企业所具有的极少优势无法利用，因此不具备对外投资能力，几乎没有任何直接投资流出。另一方面，这类国家人均收入低，国内市场狭小，商业和法律体系不健全，交通、通信等基础设施落后，人力资本匮乏等，没有形成足够的区位优势吸引跨国公司来本国大量投资。

第二阶段：人均国民生产总值在 400～2 000美元的阶段。处于这一阶段的国家，经济发展水平有所提高，国内市场潜力扩大，消费者的收入水平和购买力有了一定程度的提高，投资环境也有所改善，形成了某些区位优势，对外国的跨国公司来本国投资产生了一定的吸引力，外资进入的规模不断扩大。但是，这类国家的经济实力和技术水平较差，本国企业的所有权优势有限，不足以克服东道国的投资障碍，对外直接投资尚处于起步阶段，规模较小，对外直接投资流出量小于流入量。

第三阶段：人均国民生产总值在2 000～4 750美元的阶段。处于这一阶段的国家，经济发展水平较高，市场较为成熟、稳定，市场经济制度完善，市场容量较大，消费者的购买力较强，对国外跨国公司投资的吸引力较大，外资流入迅猛增加。同时，国内经济发展进入快车道，企业的所有权优势和内部化优势得到加强，一些企业纷纷走出国门，到其他国家进行投资，对外直接投资的增长速度甚至可能超过引进外资的发展速度，但对外直接投资净额总体上仍为负值。

第四阶段：人均国民生产总值在4 750美元以上的阶段。处于这一阶段的国家，经济发展水平很高，国内市场经济制度健全，基础设施完善，市场空间大，消费水平高，能够吸引大量的跨国公司到本土投资。与此同时，本国企业拥有强大的所有权优势和内部化优势，并且善于利用国外的区位优势，对外直接投资的增长高于引进的国际直接投资的增长，净对外直接投资额为正值。

对于上述国际投资发展的四个阶段，如果用人均国民生产总值代表经济发展水平，用对外直接投资净额表示对外直接投资的地位，可将一国的对外直接投资发展阶段用表 3—5 表示。

表 3—5　　对外直接投资发展四个阶段

人均 GDP	经济发展水平	对外直接投资	外商直接投资	直接投资净值
400 美元以下	很低	几乎没有	少量	负值
400～2 000美元	较低	少量	大增	负值
2 000～4 750美元	较高	大增	大量	负值
4 750美元以上	很高	大量	大量	正值

国际投资发展阶段理论是对国际生产折中理论的发展与完善，它将一国国际投资地位与其经济发展水平有机地联系起来，将一国吸引外资与对外投资纳入同一个分析体系，不仅可以说明发达国家的对外直接投资行为，也可以分析发展中国家的对外直接投资实践。

二、小规模技术理论

美国经济学家威尔斯（Louis T. Wells）于 1977 年发表了《发展中国家企业的国际化》一文，文中提出了小规模技术理论（Theory of Small-scale Technology），并于 1983 年出版了其代表作《第三世界跨国企业》，分析了发展中国家对外直接投资竞争优势的来源，对发展中国家对外直接投资问题给予了很好的解释。

1. 小规模技术理论的主要内容

威尔斯认为，传统的对外直接投资理论的缺陷是把竞争优势绝对化了。对于发展中国家而言，其跨国企业的竞争优势是相对的，主要来自于低生产成本。这种低生产成本是与其母国的市场特征密切相关的。威尔斯主要从三个方面分析了发展中国家跨国公司的比较优势：

（1）拥有为小规模市场需求提供服务的小规模技术。发展中国家与发达国家的市场存在着巨大的差别，一个突出特点是其大多数制成品市场需求有限、规模很小。如果发展中国家企业从发达国家引进制造技术直接使用，相对于国内狭小的市场空间，引进的技术往往不能被充分利用，造成资源的闲置和浪费。即发达国家的大规模先进技术无法在这种小规模市场中获得规模效益。这种市场差异为许多发展中国家的企业进行对外直接投资提供了机遇，它们可以有针对性地引进、模仿、吸收进而开发满足小规模市场需求的生产技术来获得竞争优势。例如，1959 年，斯里兰卡准备求助于苏联建立一座钢铁厂，当时苏联一座钢铁厂最小的年生产能力为 6 万吨，西方国家一座钢铁厂的平均产能则高达 100 万吨。而斯里兰卡对钢材的年需求量仅为 3.5 万吨（包括各种不同型号的钢材总量）。最后，斯里兰卡只能从印度引进适合小批量的钢铁生产设备。

（2）在国外生产具有民族特点的产品方面具有明显优势。发展中国家对外直接投资的一个鲜明特征表现在民族文化上。发展中国家的跨国企业在国外直接投资主要是为了服务于国外某一种族团体，他们在餐饮、食品加工、新闻出版、旅游、文化、娱乐等方面的需求有着明显的种族烙印。由于这些民族产品的生产大多是利用投资国当地的资源，所以在原材料供给上有保障，在生产成本上有一定优势。一个突出的例子就是华人社团在餐饮、食品加工、新闻出版、旅游、文化、娱乐等方面的需求带动了一部分东南亚国家和地区的海外投资。根据威尔斯的研究，这种具有强烈民族色彩的海外投资在印度、泰国、新加坡、马来西亚、中国香港和台湾地区的对外直接投资中占有一定的比例。

（3）物美价廉的营销策略。发达国家生产的产品一般都是高科技含量的尖端产品，其营销策略往往是通过投入大量的广告等营销费用，树立产品形象，创造品牌效应。与发达国家跨国公司的产品相比，发展中国家的跨国企业提供的产品更加注重产品的实用性和低价格，高性价比是发展中国家跨国企业产品的最大特点，物美价廉是发展中国家的跨国企业提高市场份额的利器。发展中国家的跨国公司更倾向通过贴近消费市场、建立传统的营销渠道、树立民族品牌、提供优质服务、创建良好口碑等形式来占领市场。例如，美国学者 Busjeet 对毛里求斯出口加工区外国制造业公司的调查证实，发展中国家跨国公司推销产品的广告费用大大低于发达国家的同类公司。在被调查的企业中，96%的发展中国家的公司广告费用占其销售额的比例低于 1%，而发达国家的同类公司中，21%的公司广告费用占其销售额的比例超过 2%。

2. 对小规模技术理论的简单评价

威尔斯的小规模技术理论被西方理论界认为是在发展中国家对外直接投资领域具有代表性的研究成果，他把发展中国家跨国公司的竞争优势与这些国家自身的市场特征结合起来，在理论上为以后的研究提供了一个可行的分析框架，充分说明那些技术不是特别先进、规模不是特别巨大的发展中国家中小企业参与国际市场竞争的可行性。但该理论也存在明显的缺陷，威尔斯始终将发展中国家在技术上的创新活动局限于对现有技术的继承和使用上，从而约束了该理论的适用范围。

三、技术地方化理论

英国牛津大学教授拉奥（Sanjaya Lall）在对印度跨国公司的竞争优势和投资动机进行深入研究后，于1983年出版了《新跨国公司：第三世界企业的发展》一书，提出所谓的技术地方化理论（Theory of Localized Technological Change），以此解释发展中国家和地区的对外直接投资行为。

1. 技术地方化理论的主要内容

所谓技术地方化，是指发展中国家的跨国公司可以对外国技术进行消化、改进和创新，从而使其技术和产品更适合发展中国家的经济条件和消费需求，形成自己的特定优势。

实际上，大多数发展中国家在现代制造业中的生产技术是从发达国家"完全进口"的，在对进口技术的本土化改造过程中，发展中国家跨国公司的技术以小规模、劳动密集型和标准化为特点，适应国内的技术基础和市场条件，通过改进生产技术以实现产品生产的小批量和灵活性，增加产品生产的劳动力使用密度，解决原材料投入困难等问题，一旦遇到适当机会，则可以把这种成熟的小规模技术移植到其他发展中国家去。拉奥列举了发达国家与发展中国家跨国公司竞争优势来源的不同方面，如表3—6所示。

表3—6 发达国家与发展中国家跨国公司竞争优势的来源

发达国家跨国公司	发展中国家跨国公司
1. 跨国公司规模大	1. 跨国公司规模小
2. 靠近资本市场	2. 技术适合第三世界供求条件
3. 拥有专利或非专利技术	3. 产品差异
4. 产品差异	4. 营销技术
5. 营销技巧	5. 适合当地条件的管理技术
6. 管理技术和组织优势	6. 低成本投入
7. 低成本投入	7. "血缘"关系
8. 对生产要素和产品市场的纵向控制	8. 东道国政府的支持
9. 东道国政府的支持	

拉奥认为，发展中国家的跨国公司可以在以下几个方面形成自己的特定竞争优势：

第一，发展中国家跨国公司的技术和知识的本土化是在特定环境下进行的，这种独特的环境又与一国要素价格及质量相联系，这与发达国家有很大的区别。发展中国家一般都存在劳动力过剩与价格低廉的情况，因此，发展中国家跨国公司往往拥有密集使用劳动力、节约使用资本特点的技术。

第二，发展中国家生产的产品更适合本国的经济条件和消费需求，同样也适应于经济发展程度相当、人均收入水平相仿的其他发展中国家。因此，发展中国家的企业对进口技术进行适当的改造和创新，就能在较低技术层面形成某种优势，并可以凭此种优势开展对其他发展中国家的直接投资。

第三，发展中国家企业的竞争优势不仅来自于其生产过程、产成品与当地要素供给、技术基础及消费需求的相互适应，也来自于技术改造与创新产生的技术在小规模生产条件下所具有的更高的经济效益和更灵活的生产组织结构。

第四，在产品特征上，发展中国家企业能够开发、生产出与发达国家大型跨国公司名牌产品不同的消费品。对于市场空间巨大、存在产品差异化、消费者需求层次众多、购买力水平不同的市场，发展中国家企业生产的产品在某些方面具有特殊的竞争优势。

2. 对技术地方化理论的简单评价

拉奥的技术地方化理论把对发展中国家企业对外直接投资的研究重点引向了企业的微观层面，论证了发展中国家企业可以利用其特有的比较优势参与国际经营的可行性。与小规模技术理论相类似，技术地方化理论同样重视企业形成竞争优势所持有的技术引进、吸收活动，但拉奥更强调企业技术吸收过程是一种不可逆的创新活动。发展中国家企业对发达国家先进技术不是被动的模仿和复制，而是积极主动的改进、消化和吸收，从而形成了一种适应东道国环境的技术，这种技术的形成包含了企业内在的创新活动，正是这种创新活动给发展中国家的跨国企业带来了独特的竞争优势。

四、技术创新产业升级理论

20 世纪 90 年代初，英国里丁大学教授坎特威尔（John A. Cantwell）和托兰惕诺（Paz E. Tolention）对发展中国家对外直接投资问题进行了系统考查，主要从技术积累角度出发，把发展中国家的对外直接投资行为动态化和阶段化，提出了技术创新产业升级理论（Theory of Technical Innovation and Industrial Promotion）。

1. 技术创新产业升级理论的主要内容

该理论认为，技术积累对一国经济发展具有促进作用，技术创新是一国产业升级和企业发展的根本动力。与发达国家不同的是，发展中国家企业在技术创新中并没有很强的研发能力，主要是利用特有的“学习经验”和组织能力，掌握和开发现有的生产技术，具有明显的学习特征。发展中国家企业不断的技术积累可以促进本国的经济发展和产业升级，而技术能力的不断提高又促成了企业的对外直接投资。

根据坎特威尔和托兰惕诺的研究，发展中国家对外直接投资的地理范围和产业分布是随着时间的推移而演变的，由于国内产业结构和技术创新能力的影响，发展中国家跨国公司对外直接投资的发展是有规律可循并可以预测的。

从对外直接投资的地理特征上看，其地域发展次序如下：一国利用地缘便利和种族关系，扩大市场领域，首先在其周边国家或地区进行投资；随着对外投资经验的累积，种族因素的重要性逐渐弱化，市场因素愈加重要，投资从周边国家向其他发展中国家扩散；最后，在积累了充足的对外投资经验后，为获取更先进的生产技术和管理技能，开始向发达国家投资。从海外经营的地理范围上看，发展中国家企业在很大程度上受“心理距离”的影响，其投资方位遵循周边国家—其他发展中国家—发达国家的渐进发展轨迹。

在产业分布上，发展中国家企业首先从事以自然资源开发为主的纵向一体化的生产活动；然后是开展进口替代和出口导向为主的横向一体化的生产活动；最后随着发展中国家工业化程度的提高，经济结构也发生着深刻的变化，技术进步加快，科技水平提高，产业结构升级，在对外直接投资领域已经不再局限于传统产业的产品生产，开始涉足高科技领域的产品生产与技术研发活动。发展中国家对外直接投资活动逐步从低级阶段向高级阶段发展，从资源依赖型向技术依赖型演进，显示出技术引进对本国产业转换升级及对外投资的推动作用。

2. 对技术创新产业升级理论的简要评价

技术创新产业升级理论是以技术积累为内在动力，以对外直接投资的地域扩展和产业升级分析为基础的国际投资理论。该理论论证了发展中国家的企业在从事跨国经营、对外直接投资时，要在吸收外资、引进发达国家先进技术、积累管理经验的基础上，依托自身的生产要素供给和市场需求特征所形成的比较优势，循序渐进地开展对外直接投资。其对外直接投资在投资区位拓展和投资产业升级方面具有规律性和阶段性特征。

该理论比较全面合理地解释了 20 世纪 80 年代以后发展中国家，特别是亚洲新兴工业化国家和地区的对外直接投资现实，在理论上具有一定的科学性和创造性，对于发展中国家企业的对外直接投资活动具有一定的指导意义。

第六节　国际直接投资理论的创新与发展

20 世纪 90 年代以来，跨国公司对外直接投资活动的规模进一步扩大，投资领域不断拓展，投资方式推陈出新，出现了一些新的趋势和特点。各国学术界对此进行了更广范围的分析和探索，促使相关的理论研究不断深入和创新。

一、投资诱发要素组合理论

20 世纪 90 年代初，部分西方学者从投资国与东道国环境、跨国公司内部与外部因素对对外直接投资活动的影响，全方位、综合性研究探讨对外直接投资问题，克服了以往理论研究的片面性，提出了具有较大学术影响力和现实解释力的投资诱发要素组合理论(Theory of Investment Inducing Factor)。

1. 投资诱发要素组合理论的理论要点

投资诱发要素组合理论认为，任何类型的对外直接投资都是在投资直接诱发要素和间接诱发要素的共同作用下发生的。

直接诱发要素是对外直接投资直接和主要的诱因，是引发跨国公司投资的主要生产要素，具体包括技术、资本、劳动力、管理、信息等。直接诱发要素既可能存在于投资国，也可能存在于东道国。如果投资国拥有某种直接诱发要素的优势，如先进技术，可以诱发其对外直接投资，把技术要素转移至东道国；反之，如果投资国没有直接诱发要素的优势，而东道国却有这种要素优势，投资国则可以通过对外直接投资的方式到东道国投资来获取和利用这种要素。例如，一些发展中国家的企业到技术发达的国家投资，在东道国建立研发机构。可见，东道国的直接诱发要素同样也能诱发和刺激投资国企业的对外直接投资。

间接诱发要素是指除了直接诱发要素之外的其他非要素因素，包括投资国、东道国或全球性的政策、环境方面的要素，也能诱发和促使对外直接投资的发生，并在当代国际直接投资中发挥重要作用。间接诱发要素包括以下三个方面：一是投资国政府制定的鼓励对外直接投资的政策法规、与东道国签署的合作协议等。二是东道国良好的投资环境，如完善的交通、通信、电力设施，丰富的原材料供给，廉价的劳动力，广阔的市场前景等；还包括东道国稳定的政治局势、成熟的法制环境、吸引外资政策措施、较少的市场准入限制与外汇管制、资金融通便利等投资软环境。三是全球性的经济一体化、区域化、集团化发展趋势，全球范围内的产业结构调整，科技革命的发展，国际金融市场深化与改革等。

2. 对投资诱发要素组合理论的简要评价

投资诱发要素组合理论从对外直接投资的投资国和东道国双方需求、多方条件，来综合、全面阐释对外直接投资的动因、条件与决定因素，具有很强的理论解释力和通用性，在理论创新上具有重要意义。

虽然技术、资本、管理等直接诱发要素是对外直接投资的主要诱发因素，一般而言，发达国家跨国公司在这些方面具有相对优势，是国际直接投资的主体。但是，单纯运用直接诱发要素并不能全面说明对外直接投资的动机与条件，尤其是广大的发展中国家企业在技术、资本、管理等直接诱发要素方面往往处于相对劣势，其对外直接投资在很大程度上是间接诱发要素起作用的结果。在一定意义上说，投资诱发要素组合理论为发展中国家开展对外直接投资提供了新的理论依据，在指导发展中国家企业进行跨国经营方面具有现实意义。

但是，投资诱发要素组合理论没有从动态的角度对国际直接投资的发展过程与发展规划展开论述，还是停留在静态分析层面上，这也正是该理论在今后需要不断发展完善的原因。

二、战略资产寻求理论

战略资产寻求理论也称为优势获取理论（Advantage-seeking Theory）。英国经济学家邓宁（John Dunning）于1993年出版《全球经济与跨国公司》一书，首次提出了跨国公司对外直接投资的战略资产寻求动机；1998年，邓宁又进一步系统分析了一国企业开展对外直接投资的动机问题。邓宁成为战略资产寻求理论的主要代表人物。

1. 战略资产寻求理论的主要内容

邓宁从跨国企业对外直接投资的动机角度入手，分析了近年来跨国公司对外直接投资活动。邓宁认为，从对外直接投资的动机角度划分，可以把跨国公司对外直接投资概括为两种类型：一类是优势扩张型，另一类为战略资产寻求型。

优势扩张型的对外直接投资以本国企业具有的所有权优势为基础，目的主要是充分利用自己的先进技术、专利、品牌和管理经验等，提高利用效率，到国外投资设厂，发挥规模经济效益，提高产量，扩大市场销售，进一步增加经济利益。战略资产寻求型对外直接投资的目的主要是获取东道国的战略性资产，如获取他国先进的技术、知识、管理技能和高素质的人力资源等，来强化本企业在这些方面的不足，增强其核心优势，获得在国际市场上的竞争力。

对外直接投资不仅是母国企业利用其已有的所有权优势的手段，也是进一步增强这些优势的重要途径。投资国设立在东道国的子公司、分公司在其运营过程中，通过建立“卓越中心”，可以吸收东道国企业的某些优势和长处，形成所谓的子公司特定优势，并把这些战略性知识反馈给母公司及其他子公司，从而创造协同创新效应。传统的垄断优势理论认为，跨国公司应该首先具有某种垄断优势，然后才能开展对外直接投资；而战略资产寻求理论主张跨国企业在对外投资中应主动学习、借鉴、利用东道国企业的技术、知识、信息和管理技能，培育和强化自己的已有优势，把垄断优势的增强看做是一个动态演进的过程，对外投资不仅限于增加经济利益，获得战略性资产更是应有之意。

2. 对战略资产寻求理论的简要评价

战略资产寻求理论从对外直接投资的动机角度研究跨国企业的投资问题，明确指出垄断优势既可能是跨国公司对外直接投资的前提条件，也可能是跨国公司对外直接投资的追求结果。该理论阐明了技术相对落后、管理经验缺乏的发展中国家企业到发达国家投资的原因所在。

三、跨国公司全球战略理论

20 世纪 80 年代以来，伴随着全球经济一体化、贸易自由化、金融国际化，特别是信息网络化、交通便利化进程的加快，有关跨国公司全球发展战略型国际直接投资的学术观点也应运而生。

1. 跨国公司全球战略理论的主要观点

所谓跨国公司全球战略，是指跨国公司根据自身条件和国际经济环境，围绕公司全球化发展的长期目标，在世界范围内统一协调内外资源，安排研发、投资、生产、销售和售后服务等活动，使有限的资源得到更有效的利用。跨国公司全球战略理论认为，跨国公司基于全球发展战略的对外直接投资与以往的基于国别竞争战略的对外直接投资是不同的，两者的最大差别在于前者着眼于全球范围内的利益最大化，不是追求一时一地的盈亏；而后者更多的是考量某一个子公司（分公司）的经营状况。

跨国公司在制定全球发展战略时，从某种意义上否定了以前的大而全、小而全的国际生产模式。跨国公司的价值创造过程可以分解为一系列互不相同而又互相关联的经营活动，其总和构成了公司的“价值链”，每一项经营管理活动仅是这一链条上的一个环节，各环节相互依存构成了一个有机联系的系统。这就要求跨国公司通过对各项资源的跨国界配置、协调与管理，实现研发、采购、生产营销、财务的一体化，真正实现专业化分工与专业化生产，充分发挥资源的协同效应，增强抵御风险能力，提高国际竞争力，以便获取经济全球化所带来的最大利益。

2. 对跨国公司全球战略理论的简单评价

跨国公司全球战略理论从企业微观视角出发，分析跨国公司的投资和生产活动，强调跨国公司生产经营的全球化、整体性和协同性，使对跨国公司对外直接投资行为的分析不再局限于其在东道国子公司的利益最大化，对跨国公司投资行为的研究更加贴近实际，并可在一定程度上解释跨国公司的研发全球化、跨国并购行为和组建战略联盟等相关问题。

总之，近年来涌现的国际直接投资理论大多表现出鲜明的时代特征，在一定程度上诠释了各种不同的国际直接投资新现象与新趋势。这些理论大多通过对国际直接投资行为的微观结构的解析，结合对国家产业发展战略和国际宏观环境等因素的综合分析，来探讨跨国公司对外直接投资的动因、条件和模式，体现了一定的科学性和创造性。

四、跨国企业异质性理论

20 世纪 90 年代，经济学家发现，虽然经济全球化加深，对外直接投资迅猛发展，对外贸易的利润空间要比国内市场大得多，但只有少数企业选择国际贸易行为，大多数企业主要服务于国内市场，新贸易理论对此问题的说服力也显得苍白无力，迫使经济学家对国际贸易的成因进行反思。21 世纪初，Marc Melitz（2003）提出了异质性企业模型，Pol Antras（2003）提出了企业内生边界模型，共同开创了新新贸易理论（New - New Trade Theory），该理论打破了以往贸易理论关于企业同质性的假定，把国际贸易建立在异质性企业这一微观经济主体基础之上，对当今国际贸易成因、结构和模式进行了具有说服力的全新解读。

1. 企业的异质性

传统国际贸易理论（古典和新古典贸易理论）以比较优势理论为基础建立的产业间贸易模型，很好地分析了发达国家与发展中国家的产业间贸易，但并没有涉及具体的企业层面；新贸易理论所建立的产业内贸易模型虽然涉及微观企业层面，但为了简化模型，以代表性企业假设将企业同质化。然而，近年的实证数据表明，企业间差异对于理解国际贸易有关问题是至关重要的。关于企业异质性的形成，Melitz 模型仅考察了初始劳动生产率差异这一因素。而 Yeaple（2005）建立了一个一般的均衡模型，分析初始状态相同的企业，如果选择不同的竞争性技术和生产技能存在差异的工人，二者的不同组合也可能导致企业不同的生产率，再加上国际贸易成本因素，这样企业的产品（包括服务）就具有差异性贸易优势，全面分析了企业异质性的形成问题。企业的异质性是指同一产业内的企业，在生产经营中由于内外部条件的制约，企业选择不同的生产技术、雇用生产技能和劳动熟练程度不同的员工，进而导致企业的生产率存在着差异。这种生产率差异是因为企业要素投入不同而内生的，是客观存在的，对企业是否进入国际市场起着决定性作用。从更广泛的意义看，企业异质性主要表现为企业生产率、专业性技术、产品质量以及工人技能方面的差异。

早在 1995 年，Bernard 和 Jensen 曾发现出口企业与非出口企业相比，出口企业劳动生产率更高、企业规模更大、利润更多。1998 年，Cleride 等人利用墨西哥、哥伦比亚、摩洛哥等国的经验数据，验证了企业生产率与出口贸易之间存在着正相关关系；Bernard 和 Wagner 在 1998 年利用德国企业的面板数据，同样发现只有那些生产率较高的企业才能选择出口；1999 年，Aw 等人通过对中国台湾地区的企业数据验证了全要素生产率与企业出口行为之间有着较强的正向关联度；2003 年，Bernard 等人利用扩展的李嘉图模型，再度对美国与 46 个国家的贸易数据进行实证分析，结果表明较高的生产率和较大的生产规模是影响企业出口决策与出口行为的重要因素。Melitz 和 Yeaple（2004）根据大量事例对 1996 年美国进出口企业的生产率研究表明，出口企业劳动生产率比非出口企业高出 39%；Kramarz、Kortum（2004）在研究中发现，法国制造业中仅有 17.4%的企业从事出口贸易，而且其出口量仅占生产量的 21.6%；Jensen、Bernard、Redding（2007）等人研究发现，2000 年美国 550 万家企业中只有大约 4%的企业进行过出口贸易，2002 年美国制造业企业中出口与非出口企业比较，出口企业的就业率、销售额和人均增加值分别高于非出口企业 119%、148%和 26% 。可见，在某一行业内从事国际化经营的仅是少数效率高、竞争力强、规模相对较大、产品质量好的企业，大多数企业只服务于国内市场。

实证数据显示，在生产分工日益细化的背景下，全球贸易投资一体化趋势不断加强，企业的运作效率、生产规模、经营绩效和国际化经营行为有着诸多异质性。因此，需要研究企业个体特征在企业国际化经营和扩张路径选择中的作用。然而，传统贸易理论在完全竞争、规模报酬不变的假设前提下，仅仅通过分析不同国家（或地区）间的比较优势，来阐释产业间贸易，根本没有涉及国际贸易的行为主体——进出口企业。即便是新贸易理论，其采用对称性和代表性企业假设，在一体化均衡情况下，同一产业内忽略了不同企业在生产成本、产品定价、产品数量、利润及收益、外贸参与程度等方面的差异，因而它无法解释 20 世纪 90 年代以后经济学家获得的企业微观数据，也不能从根本上解决哪些企业是国际贸易行为主体这一本质问题，国际贸易领域的微观实证数据对以往理论提出挑战。这就迫切需要一种新的摒弃以往的技术性对称，能够深入到国际贸易行为的真正主体，研究企业异质性作用的全新的贸易理论，客观上要求国际贸易理论对此做出科学解释。

2. 国际贸易的成因分析

以古典贸易理论和新古典贸易理论为代表的传统贸易理论在分析国际贸易产生的原因时，假设企业是同质的，国际贸易产生的基础是各国的比较优势，古典贸易理论认为比较优势来源于各国不同的劳动生产率，新古典贸易理论认为比较优势基于不同国家的要素禀赋差异，即强调国家层面的特定优势，进而把国家优势默认为该国某一行业内所有企业的优势。新贸易理论在不完全竞争、规模经济和产品差异化假设条件下，用代表性企业竞争优势替代行业优势，从产业层面分析不同国家的贸易地位与贸易格局。可见，传统贸易理论和新贸易理论都忽略了进出口企业自身的特质，仅从企业外部条件与环境的差异来分析国际贸易产生、贸易结构和贸易利得。

事实上，国际贸易行为的最终决策还是由企业做出的，因此，研究企业差异性与国际贸易之间的因果关系是国际贸易理论发展的客观必然，在这方面，Melitz 走在了时代的最前列。2003 年，Melitz 在 Krugman（1980）竞争模型和 Hopenhayn（1992）动态均衡产业模型基础上，加入企业生产率差异这一因素，建立了所谓的异质性企业模型，该模型构成了新新贸易理论的基础。在 Melitz 模型中，假设存在两个对等国家，都投入一种生产要素，分别拥有一个生产最终消费品的部门，投入一种生产要素（劳动）。在存在沉淀成本、“冰山”运输成本和边际成本的条件下，生产率不同的企业其行为选择是不同的。开展国际贸易的沉淀成本主要包括研究国际贸易环境、了解国际市场的供给需求、在国外进行产品宣传、寻找交易伙伴、构建符合国外要求的行业规制和产品标准、建立营销渠道等，这些成本在国际贸易活动完成前就已经发生了，其成本大小与贸易量没有关系，是企业出口的沉淀成本或额外的固定成本。出口还要承担“冰山”运输费用，运输成本被视为一座“冰山”，也就是国际贸易长途运输的产品只有一部分能够到达目的地，其他部分在运输途中会损耗掉。这样，如果要求有一单位产品到达国外市场，考虑了“冰山”运输成本，就必须出口 $1/(1-r)$ 单位的产品（r 为损失率）。此外，出口贸易还要承担保险费用、通关费用等边际成本。

沉淀成本、“冰山”运输成本和边际成本的存在相当于提高了进行国际贸易的门槛，虽然国际市场潜力巨大，存在高额利润空间，但只有生产率相对较高、出口获利大于沉淀成本和边际成本的少数企业才能进行出口贸易，那些生产率较低的企业将不能产生足够的利润以弥补进入国外市场的固定成本、“冰山”运输成本和边际成本，只能服务于国内市场。因此，出口选择与企业生产率之间存在着必然的因果关系——企业自选择机制，每一个企业都面临着一个行业内生决定的生产率“门槛”，只有当企业生产率达到某一临界值以上时，这类企业才能跨越沉淀成本、“冰山”运输成本和边际成本，进入国际市场，即高生产率是企业进入国际市场的前提。当然，这种自选择也可能是企业有意识地战略规划，为了开拓国际市场主动增加投入、提高生产率的结果。

3. 出口与行业资源的重新配置

可见，在出口选择的动态过程中，出口与产品质量、企业生产率和工人技能提升之间存在着较强的关联性。潜在的出口企业通过优胜劣汰进入国际市场并且获得了更多的市场份额和利润，它们对于专业技能型工人的需求也随之增加，因此，企业规模的扩大、市场空间的拓展会导致企业经营绩效溢价的上升。

效率高的出口企业由于利润增加和良好的经营绩效，可以不断地加大投入，进一步开展技术创新，提高产品质量，降低成本，吸纳更多的优质资源，步入市场份额扩大、竞争力增强的良性循环。从行业发展角度看，通过国内市场及国际市场的优胜劣汰，迫使效率低的企业退出市场，市场份额转移至高生产率企业，市场集中度提高，促进资源重新配置，从而使行业的整体生产率提高，推动整个行业经济效率的提升。这样，依据生产率差异，可以将企业分为三种类型：生产率最高的出口型企业（同时服务于国内外两个市场）；生产率居中的仅在国内市场销售的内销型企业；生产率最低、最终被市场淘汰的企业。

一方面，国际贸易可使整个行业的企业数量减少，单个企业规模扩大，生产率高的出口企业平均变动成本更低，竞争力更强。另一方面，成本的降低则会通过选择效应对企业产生不同的影响：一是选择出口行为的高生产率企业由于成本降低而扩大规模；二是高生产率企业规模的扩大增加了要素投入的需求，从而提高了要素成本，进一步迫使低生产率企业选择退出。这一效应的最终结果是推动了行业的资源重组，提高了稀缺资源的优化配置，从而使行业的整体生产率提高。

4. 出口与国外直接投资的抉择

国际贸易行为可以发生在不同国家的企业之间，也可以发生在同一企业内部，这种现象在跨国公司方面尤为明显。当前，跨国公司内部的中间产品、技术与服务在国际流动，占国际贸易的1/3以上，这主要表现为跨国公司母公司与国外子公司之间以及国外子公司之间的交易活动。据邓宁测算，跨国公司母公司内部出口贸易在总出口中的比重，计算机工业为91.3%，汽车工业为62.4%，石油工业为51%，电子工业为36.5%，纺织业为12.8%，食品工业为9.8%。对此，Antras (2003)、Helpman and Melite (2004)、Yeaple (2005) 等人结合交易成本理论、产权理论和不完全契约理论，提出了企业内生边界模型 (Endogenous Boundary Model of the Firm)，对Melitz模型进行了拓展，分析了企业国际化路径选择问题，即企业采取什么方式进入国际市场，是产品出口还是选择国外直接投资。

企业在国际化过程中，决定其选择出口贸易还是对外直接投资，不仅取决于出口与对外直接投资的成本比较，还与企业异质性密切相关。当国外市场的规模扩大并且出口成本也相应提高时，与出口相比，在国外直接从事生产活动则更为有利可图；反之，当建立国外生产设施的成本增加时，在国外进行生产则相对不利。如果企业选择对外直接投资替代出口，它就会放弃增加固定成本投入的集中生产，却可以通过接近市场规避交易成本而节省可变的单位成本，并且有可能节省单位生产成本。在同一产业内部，不断增加的异质性使得企业在国际化经营方式选择上存在着差异，从而也就决定了哪些企业出口而降低交易费用，平均变动成本很低，但要承担更高的固定成本和投资风险（根据Helpman等人的测算，对外直接投资的固定成本是在国内建立分厂的两倍）。当国外市场规模扩大且出口成本提高时，对外直接投资更为有利；而当贸易成本相对较低，在国外建立分支机构的成本上升时，可选择在国内生产，然后出口，这在一定意义上可看成是对外直接投资对出口的替代。在引入企业异质性以后，企业内生边界模型得出以下结论：效率最高且规模较大的企业选择对外直接投资方式进入国际市场，即采取内部一体化形式，其交易仍在企业边界之内，这样的企业就会成为跨国公司（TNC）；效率次之的企业以出口的方式进入国际市场；效率较低的企业选择仅服务于国内市场。

5. 企业外包与内部一体化的选择

企业外包与内部一体化是国际企业生产组织的两个相反的发展方向。外包是指企业将自己的一部分生产或服务活动通过市场契约交由其他企业完成，可以充分利用企业外部资源，达到降低成本、提高核心竞争力的目的。而一体化则是企业利用自己的垄断竞争优势、内部化优势，采取对外直接投资形式在国外设立分支机构，进行企业内交易。市场或企业是资源配置的两种可以相互替代的手段，其不同点在于：市场上的资源配置是由非人格化的价格来调节的；而在企业内部，资源的配置是通过权威（Authority）来实现的。选择不同的资源配置方式取决于市场交易成本与企业内部管理成本的对比关系。

Antras (2003) 利用Helpman－Krugman模型分析美国企业公司内贸易时发现，美国企业的资本密集型中间投入品是以垂直对外直接投资方式在国外进行的，而劳动密集型产品是直接进口的，即通过契约方式外包给其他外国企业。Antras和Helpman (2004) 在分析企业的全球采购行为时认为，企业生产率差异与全球采购方式密切相关，高生产率的最终产品生产商选择在国外购买中间产品；中等生产率的最终产品生产商选择在本国购买中间产品；而生产率较低的企业通常自己生产中间产品。

在分析外包和对外直接投资的影响因素时，Grossman 和 Helpman（2005）假定外包是一个不完全契约下寻找中间产品供应商的过程，因而一国的契约制度、国内外市场中间产品供求关系、各种交易费用等因素都对外包产生影响。至于对外直接投资的影响因素，Grossman（2006）等人发现，在国外进行对外直接投资的投资额大小、运输成本、东道国市场需求等是影响对外直接投资的直接因素。因此，当市场交易成本很高时，企业将在国外进行直接投资，用对外直接投资替代外包；在中间产品的交易成本较低时，生产率高的企业会选择外包来降低成本，生产率低的企业是选择外包还是对外直接投资，还要考察对外直接投资的投入成本与企业的资金状况。

6. 其他理论

Markusen（1983）和 Svensson（1984）对要素流动和商品贸易之间的相互关系做了进一步的分析。分析结果表明，资本要素的国际流动或者直接投资与商品贸易之间不仅存在着替代性，而且在一定条件下还存在互补关系。Belderbos 和 Sleuwaegen（1996）利用公司层面的数据发现：在目标市场存着贸易保护的情况下，投资与贸易之间存在着替代关系。为解决横向与纵向对外直接投资理论的互不兼容与实际共存状态的相互矛盾，Markusen（2002）允许总部服务和实际生产活动具有不同的要素密集度，把纵向和横向对外直接投资纳入统一的理论框架，建立了对外直接投资的知识资本模型（KK 模型），实现了横向和纵向对外直接投资理论的统一。迈克尔·波特（M. Porter，1990）对竞争优势进行研究后指出，竞争优势是动态变化的，一国想要在全球竞争中战胜对手，国内需要激烈的竞争。Grant（1991）、Etemad（1999，2002，2003）、Mathew（2003）和 Fay（2002）等人从国际化经营的战略角度出发，认为国内有限的资源会促使中小型企业向外寻求资源，而且国外的合作伙伴也会向企业提供其他的资源。近年来，中小企业的跨国投资问题成为对外直接投资理论研究的重点之一，其中比较有代表性的是 P. W. Liesch 和 G. A. Knight 的信息国际化理论。Liesch 和 Knight 在分析中小企业对外直接投资行为时，从知识和信息角度对中小企业对外直接投资进行了分析。他们认为，中小企业在进行对外直接投资之前就已经掌握了信息内部化的优势。信息国际化理论认为，网络联系和各种战略联盟关系正在代替传统组织形式，给中小企业提供了竞争优势。

对外直接投资理论的发展与国际直接投资发展的现实紧密呼应，相关理论的提出在一定程度上解释了发达国家对外直接投资现象，分析了直接投资与国际贸易的关系、直接投资的动机与成因、直接投资对东道国的影响等问题。但是，从理论研究的内容和角度来看，当前的对外直接投资理论更多的是在产业、地区层面上论述跨国公司的投资行为，注重于解释跨国公司对外直接投资的基础、动因、优势和区位选择等。不足的是，很少涉及跨国公司对外直接投资方式创新、对外投资之后的战略行为、深入分析东道国的行为机制等问题。这些理论的共同特征是突出强调某一方面因素的影响和作用，缺乏理论分析应有的系统性和完整性，存在一定的局限性，难以全面解释纷繁复杂的跨国公司投资活动。投资发展阶段理论、小规模技术理论和技术地方化理论等发展中国家对外直接投资理论阐明了发展中国家企业在跨国经营中的比较优势、进行跨国经营的程度与经济发展阶段的关系，指出了发展中国家企业进行海外投资的可能性，对于指导发展中国家企业的对外直接投资具有重要意义。它们首次把研究的视角转向发展中国家的海外投资活动，丰富了企业国际化的内涵，在理论上提供了新的分析空间，并对一直处于弱势中的发展中国家企业的国际化起到了激励和指导作用。但小规模技术理论承认发展中国家企业国际化依赖于发达国家的先进技术，其所进行的国际化的层次和规模也有很大的局限性。跨国公司不仅要考虑自身利益的最大化目标，还要考虑东道国的行为机制和自身的约束条件，这种利益和行为机制相互依赖，说明对外直接投资行为是一个典型的博弈过程。显然，理论在这方面的发展还有很多工作要做。

国内学者对对外直接投资也进行了不少研究。孙建中（2000）提出了中国对外直接投资的综合优势理论，指出综合优势表现在三个方面：一是投资动机的多极化；二是差别优势的多元化；三是发展空间的多角化。刘海云（2000）从理论思考的角度认为，海默理论的核心在于强调垄断优势对对外直接投资的决定作用。冼国明等（2003）依据中国改革开放以来的数据，分析得出对外直接投资与中国的出口之间存在长期的均衡关系。王洪亮、徐霞（2003）研究日本对华贸易与直接投资的关系，发现日本对华直接投资和中日贸易之间存在长期的互补关系。许罗丹、谭卫红（2003）分析了聚集效应对中国吸引外商直接投资的影响。刘海云、余竑等（2005）对国际贸易与国际直接投资理论融合等方面的探索进行了大量的工作。楚建波、胡罡等（2003）提出跨国投资门槛说，认为企业进行一项对外投资的可行性由企业的投资能力与企业进行该项投资所必须具备的条件（即投资门槛）共同决定，而具体投资项目的类型和投资内容，以及企业必须跨越的投资门槛的高度，与企业进行该项投资的动机和目的有关。徐滇庆（2004）在研究我国企业对外直接投资区位问题时，提出了所谓“快半拍”理论。仲大军、陈志武（2005）等人认为，能够走出国门对外进行直接投资的中国企业必须是具有高竞争力的企业。陈清泰（2005）认为如果为获得国外自然资源，应以大企业特别是国有企业为主，投资若为了带动出口应以中小企业为主。巫强（2006）探讨了我国企业对外直接投资方式问题。卢建锋（2007）分析了我国民营企业对外直接投资问题。曾小荷（2007）认为我国企业对外直接投资的产业和区位选择一定要结合企业的竞争优势和投资目的来综合分析。

专栏

中国对外投资

路透中国香港2012年4月24日电：消息人士向路透表示，中国主权财富基金——中国投资公司（CIC）洽购阿里巴巴集团（ALIAB）最多20亿美元股权的谈判已进入后期阶段，而阿里巴巴集团正寻求获得用于从雅虎（YHOO）回购股权所需的最后一部分资金。

雅虎与阿里巴巴达成协议，后者将以71亿美元回购雅虎所持其20%的股权，这起交易对阿里巴巴的估值达350亿美元。阿里巴巴正在通过发行优先股、银行贷款及出售股权给现有股东——新加坡国有投资机构淡马锡控股（TEM）及DST Global等的方式，筹措当中的46亿美元。若获得另外的25亿美元现金，阿里巴巴将能完成这笔71亿美元的股权回购。

直接接触此事的消息人士表示，中投购买20亿美元阿里巴巴股权，将会协助该公司获得回购雅虎持股所需的所有融资。

消息人士指出，阿里巴巴亦在与多家私募股权投资公司洽商，预计将协助其筹措剩余的5亿美元资金，这些公司包括贝恩资本（Bain Capital）、黑石集团（百仕通）及弘毅投资。该消息人士不愿具名，因这些讨论是在私下进行的。阿里巴巴、黑石集团、中国投资公司及弘毅投资均不愿置评。

主要概念

垄断优势理论　内部化理论　区位优势理论　国际生产折中理论　OIL范式
边际产业　小规模技术理论　技术地方化理论　企业异质性

复习思考题

1. 跨国公司的垄断优势包括哪些内容？
2. 基于边际产业理论，说明20世纪60年代前后日本与美国对外直接投资的区别。
3. 阐述国际生产折中理论的主要内容。
4. 简单评价发展中国家直接投资理论。
5. 分析跨国公司对外直接投资理论的发展趋势。

案例分析

国内光伏企业向海外"迁徙"

随着近期德国上网电价补贴的进一步下调，欧盟各国的补贴下降趋势已非常明显，相比之下，积极发展新能源产业的美国、加拿大等新兴市场越发成为国内光伏企业的必争之地。面对庞大市场以及贸易争端的风险，中国光伏企业开始瞄准另外一个策略，在海外当地建设工厂，扩大销售。自2010年下半年开始，光伏厂商布局北美等新兴市场的动作已接连不断。

一、欧盟市场逐渐饱和，美国等新兴市场起步

目前，欧盟是中国光伏厂商最重要的海外市场，中国光伏电池组件的六成产品供应欧盟市场，但随着欧盟市场逐渐饱和，加上德国、意大利等国家纷纷开始削减上网电价补贴，中国光伏厂商已经将开拓市场的视野瞄向了美国、加拿大等新兴市场。

2009年初，西班牙对其国内的太阳能产业补贴规模缩减为500兆瓦；2010年1月，德国宣布下调光伏上网电价；与此同时，法国也宣布，其国内屋顶太阳能面板的电力强制收购补助费率由2006年制定的每千瓦小时0.55欧元下降至0.42欧元。反观美国，积极释放推动绿色能源产业发展的信号，公布了23亿美元的绿色能源税收优惠政策。

现今光伏企业迁移潮已起，美国无疑成为最受企业瞩目的宝地。GT Solar总裁兼首席执行官 Tom Gutierrez 表示，美国一些州已强制要求增加可再生能源比例，联邦和州采购机制、补贴和税收也有一定优惠，照此发展，预计美国太阳能市场将保持每年 40%的强劲增长。据了解，美国有 10 个州正在制定光伏发电补贴政策。

但美国市场的大门也不易开启，此前美国政府已经针对中国的新能源产业启动了“301 调查”。在美国看来，中国政府的补贴提高了中国新能源产商的竞争力，影响了美国本土的就业。

业内人士认为，“301 调查”可能会影响未来国内新能源企业对美国市场的出口，但如果直接将生产厂设在目标国家，就能够规避出口的麻烦。对于国内有实力的企业而言，以直接投资来取代单一的出口或许是更好的选择。

二、规避风险，光伏企业投资取代出口向海外“迁徙”

记者从 2011 年国际太阳能产业及光伏工程（上海）展览会上了解到，中国光伏企业开始在美、加等国的本土建设工厂，规避贸易争端的风险是原因之一，除此之外，由于我国生产的光伏组件 95%销往海外，而国外政府出于振兴经济的考虑，纷纷要求中国光伏企业在当地建厂，为扩大销量，不少中国光伏组件企业开始在看似成本较高的海外投建新工厂。

2010 年 10 月，尚德董事长施正荣就宣布在美国凤凰城投资1 000万美元建设太阳能电池生产工厂；阿特斯阳光电力也于 2010 年 11 月宣布，将在加拿大安大略省投资建设 200 兆瓦/年的光伏组件生产基地；2011 年 1 月，赛维 LDK 对外宣布，同意用大约3 300万美元收购美国太阳能电力 70%的股权；同时英利、天合光能等企业也纷纷加大对美国市场的开发力度，意欲在 2011 年着力提高在美国的出货量。

阿特斯阳光电力董事长瞿晓铧在2011 年国际太阳能产业及光伏工程（上海）展览会上对记者表示，阿特斯的研发基地和全部生产设施原先都在中国，现在选择海外建厂是因为加拿大当地有一个新能源政策，规定如要在当地做光伏项目，那么成本中的 60%附加值需要在加拿大获得。“这意味着作为光伏产品的销售者，你需要在当地投资建厂，为当地经济做贡献。”瞿晓铧说，公司储备了近 200 兆瓦的地面电站许可批准书，期待大干一场。

值得注意的是，韩华新能源有限公司 CEO 谢平还表示，国内人力成本的逐渐上涨也将是企业不得不考虑的一项支出，“尽管现在人力成本占公司整体成本还不高，但今后情况不好说。我们公司有上万名员工，今年江苏要求员工薪水要提高至少 18%，这对公司是一种压力”。

资料来源：韩莹、田晓航：《国内光伏企业向海外迁徙　直接投资取代单一出口》，2011-02-28。

第四章

跨国公司进入东道国市场模式

本章要点

- 跨国公司进入东道国市场的分析模型
- 跨国公司进入东道国市场的方式
- 跨国公司进入东道国市场的股权安排
- 跨国公司撤资

导入案例

迪斯尼乐园的东京模式和巴黎模式

1984 年，美国的沃特·迪斯尼集团在美国加州和佛罗里达迪斯尼乐园经营成功的基础上，跨出了跨国经营的第一步：开设东京迪斯尼乐园。由于这是第一次在美国国外开设迪斯尼乐园，经验少、风险大，沃特·迪斯尼集团决定自身不投资产、不参股，采用了向日方技术转让，收取转让费和管理服务费的进入方式，由日方的东方地产公司投资建造和经营东京迪斯尼乐园。结果取得意想不到的成功，当年游客就突破了预计的指标，达到 1 000万人次，游乐支出大约3 550万美元，比预计数高出1 550万美元；人均支出 30 美元，超过预计数 21 美元近一半。到 1990 年，东京迪斯尼乐园的游客人数已经达到每年1 400万人次，超过了美国加州迪斯尼乐园的游客人数。东京迪斯尼乐园的成功，大大增强了沃特·迪斯尼集团对于跨国经营的信心，决定继续向国外市场努力，再在欧洲开办一个迪斯尼乐园。东京迪斯尼乐园的成功同时也使沃特·迪斯尼集团发现，以技术转让的方式跨国经营虽然风险小，但所得的利润也相应有限，除去开办时的咨询费以外，沃特·迪斯尼集团的收入仅仅限于门票收入的 10%和园内商品销售额的 5%。

于是，在开办第二个国外迪斯尼乐园——法国巴黎的欧洲迪斯尼乐园时，沃特·迪斯尼集团采取了股份合资的方式，投资 18 亿美元，在巴黎郊外开办了占地48平方千米的大型游乐场。尽管有占 49%股权所带来的经营管理上的相当大的控制能力，巴黎迪斯尼乐园的经营至今为止却并不理想，不但第一年游客人数大大低于预计数，而且人均游乐支出也大大低于预计水平，巴黎迪斯尼乐园的当年经营亏损达 9 亿美元，迫使巴黎迪斯尼乐园关闭了一所附设旅馆，解雇了 950 名雇员，全面推迟第二线工程项目的开发，巴黎迪斯尼乐园的股票价格从 164 法郎跌到 68 法郎，欧洲舆论界戏称巴黎迪斯尼乐园为“欧洲倒霉地”。

通过这个实例，我们可以了解到：企业选定了目标市场之后，选什么样的“市场进入”方式打入该国市场，是影响跨国经营成败的一个关键问题。所谓跨国公司进入东道国市场模式（简称跨国进入模式），是指跨国公司的产品或资本、技术、管理等生产要素进入东道国市场的途径以及相关的制度安排。

第一节 跨国公司进入东道国的分析模型

一、影响跨国公司进入东道国市场的因素分析

随着全球经济一体化的深入，跨国公司已进入“无国界经营”的阶段。因此，跨国公司在制定进入新市场的决策过程中，必须面对一系列可能相继发生的问题，进行一系列慎重而复杂的决策，而不是简单地为进入而进入。

1. 外部环境因素

（1）东道国的市场特征。由于各国或地区生产力发展水平和社会背景不同，地域间的经济条件和市场行为差异极大，跨国公司的经营会受到东道国市场特征的影响，其中市场特征包括市场差异性、市场重要性和市场不确定性。例如，子公司可以吸收母公司转移的知识实现标准化营销管理，也可以开发当地市场的知识满足差异化需求。子公司需要根据不同的市场特征，在两者之间进行权衡比较，选择恰当的知识转移模式，一方面要发挥跨国公司内部知识转移的独特优势，降低跨国经营的风险；另一方面要吸收本土化的知识以增强市场的响应性。

（2）东道国的宏观经济环境。影响跨国公司经营活动的环境因素多种多样，但东道国的宏观经济环境，如政治经济体制及其相关的法律法规是影响跨国公司跨国经营决策首要的问题。当跨国公司在东道国经营时，经营者承担着比东道国的经营者更大的风险。而跨境资本流动涉及不同的法律制度和政府管辖范围，投资者权益保护的难度更大。法律框架的不完善将产生机会主义、租金漂移（Rent Shifting）、贿赂和腐败。经济和政治的波动更增加了经营者的风险和不确定性。因而，缺失的制度特征（如熟练工人的短缺、资本市场的狭窄、基础设施问题）和政治经济等宏观经济的不稳定、公众对外资企业的怀疑，都会影响企业的资产权力。

（3）社会文化差异。社会文化因素是环境因素之一，属于非控制因素，企业只能努力去适应它。成功的跨国经营，必须根据不同东道国的不同文化特点，在生产经营活动中充分考虑当地市场的文化传统、生活习俗、宗教禁忌等，努力满足消费者的不同需求。在不同国家的活动应当与当地社会的文化特质保持一致，做到“入境问俗，适者生存”。根据当地市场的需求对产品设计进行适应性改进或根据当地文化改变营销方式，也就是采取“当地化策略”，根据当地情况采取具体的措施，才能满足当地需求。比如可口可乐这种世界性产品，它之所以被各种民族文化的人们所接受，是因为这个公司理解各国消费者的文化差异，在不同国家采取不同的营销手段。只有适应当地文化，树立一种可亲近的企业形象，才能消除人们的抵触情绪，在当地站稳脚跟。所以适应文化成为跨国公司进军海外市场的第一步。

另外，跨国经营对文化的适应还体现为对文化变革的紧追和适应。文化的特性中有动态可变性，虽然文化有一定的稳定性，但会随着社会进步发展而变革。文化的变革体现了消费需求的变革，将迫使跨国经营企业采取相应的对策适应新的文化。所以为了随时适应新的文化需求，很多跨国公司都努力做到研究开发的当地化，即在目标市场设立开发研究中心，如日本索尼公司在欧洲、美国都设有研究中心，进行新产品开发、试制，这样最直接地掌握当地的各种文化和文化需求，收集第一手资料，及早做出反应，追求“速度的经济性”。

（4）跨国公司母国的国内市场竞争与政策导向。21世纪以来，经济发展前景被世界各国普遍看好。许多跨国大公司在母国市场上的竞争体现在以下两个层次：一是跨国公司和母国企业的竞争越来越激烈，主要体现在产品质量、价格、品牌上。跨国公司正逐渐失去其技术和质量优势，因为母国的企业已经部分地掌握了成熟的技术和管理经验，尤其是在某些领域出现了生产过剩、竞争过于激烈的现象。在技术较为成熟的市场，跨国公司的产品性价比不再占有绝对优势，边际利润的降低使企业的利润空间十分有限，同时有可能使企业丧失消费者的信任和企业的创新能力，损害企业的市场价值。这意味着跨国公司必须开发新产品，有所创新，用更先进的技术和更合理的价格，给予其产品更好的定位，更加关注产品的设计和其他的市场因素。这给跨国公司带来前所未有的压力。二是随着母国经济的快速发展，生活水平提高较快，消费概念和模式已由简单地满足温饱水平发展到多类型、高标准满足个人需要，越来越多的人希望享受高标准的精神和物质生活，这将刺激企业提供新产品。产品的多样化和个性化越来越受到消费者的欢迎，人们越来越注重实现自己的个性。

因此，面对巨大的潜在市场和来自竞争对手的压力，跨国公司必须采取相关的政策向导。一方面，技术创新能力是面对当代市场强大竞争力的重要表现之一，而跨国公司既是技术创新的重要来源，又是国际技术转移、扩散的重要渠道和载体。因此，技术创新能力可以从微观、中观、宏观三个层次去分析，即企业技术创新能力、产业技术创新能力和国家技术创新能力，尤其跨国公司是技术创新的主体也是技术发展的核心力量，其创新能力是产业和国家技术创新能力提升的基础和动力，只有跨国公司通过一系列研发和投资活动增强自身的技术创新能力，才能从根本上推动母国相关产业及整个国家的技术创新能力，从而提高母国的国内市场竞争力。另一方面，情报信息是一个企业赖以生存的生命线。由于科学技术与社会、文化的内在联系，新技术、新材料的迅速发展导致整个人类的变革，远远超过技术发展本身。信息时代要为跨国公司的经营决策提供可靠的依据，所以必须掌握准确的信息情报。因此，跨国公司要想在母国市场竞争中胜出，就必须建立健全属于自己的情报网络。换言之，跨国公司必须建立先进的管理体系，拥有懂行的专门人才，配备现代化的工具，借助特殊的有利地位，将国内市场的信息分析研究加工处理为可靠的经济情报。

专栏

关于CSE的报道以及可口可乐的《传言与事实》

2003年8月5日，印度一家民间环境监测机构——科学与环境中心（CSE）基于污染监测实验室（PML）的测试结果，公布了一份名为《Hard Truths About Soft Drinks》的调查报告。报告称可口可乐、芬达、雪碧、百事可乐、美年达、七喜等12个牌子的饮料对印度公民都是非常危险的软饮料，所有样品都含有林丹、DDT等可以用来做杀虫剂的有毒化学物质，它们的含量远远超过了欧盟所规定的允许含量的最高限度。其中可口可乐品牌含有的农药残留为平均0.015 0毫克/升，比欧洲经济委员会限制高出30倍。如果长期饮用这些饮料，消费者的神经系统、免疫力将会遭到严重破坏，并会患上包括癌症在内的多种疾病。污染监测实验室还测试了在美国出售的可口可乐和百事可乐产品，结果发现饮料中没有农药残留。

科学与环境中心宣布报告后的第二天，可口可乐和百事可乐公司的印度区总经理举行了联合新闻发布会，对CSE及其实验室检测结果的可信性提出质疑，否认产品中含有超标农药成分，并称在印度出售的可乐产品实施了与美国和欧洲相同的严格标准。随后，这两家公司发起活动以让市民放心，还在印度的几家大报纸上刊登大幅广告，向消费者做出质量保证。可口可乐还在自己的公司网页上发表了一篇《传言与事实》的文章来证明自己的清白。

可口可乐发表的《传言与事实》称，传言可口可乐在印度的产品中含有高于欧盟规范的农药残留量，事实在整个印度的所有业务中，其产品水源以及成品采取了严格的质量监测。其测试的地下水中，杀虫剂的含量是十亿分之一的水平。这些测试是采用经认可的实验室的专业设备才能得出准确的结果，即使按这些严格的微乎其微的水平，其有能力达到国际公认的安全规范要求。传言在印度销售的可口可乐产品“有毒”和不适合人类食用。事实是其品牌的饮料没有污染和毒性。其高品质的饮料始终是安全和令人耳目一新的。在全球各地有200多个国家的消费者每天购买其品牌的产品超过一亿次，因为可口可乐是一个品质的象征……

可口可乐公司试图通过《传言与事实》这篇文章来斥责科学与环境中心这一非政府组织毫无根据的指控，质疑污染监测实验室的检测结果，并对传言背后的事实做进一步解释，可口可乐饮料生产用水符合最高国际标准，产品都是世界一流和安全的。以此向印度消费者证明可口可乐产品的质量和安全性。

科学与环境中心发表的“杀虫剂可乐”报道与可口可乐公司的《传言与事实》给出了两个截然不同的观点。面对这种情况，广大消费者很难弄清楚孰是孰非，只能感性判断，而且在政府或法院等权威性组织给出最终结果之前总是会持有“宁可信其有不可信其无”

的心态。因此不管“杀虫剂可乐”报道是真是假，都会对可口可乐公司造成很大的影响，使消费者对可口可乐品牌的信心受到打击。这是作为市场领导者的可口可乐公司必须应对的。另外，市场领导者地位会给公司带来品牌信誉和市场占有率的扩大，但同时，历史表明，拥有最强的品牌、最大的市场占有率的知名公司最有可能成为非政府组织反商业活动的目标。全球交易中因为咖啡公平贸易问题对星巴克的攻击和对耐克在亚洲建立血汗工厂的攻击等例子都是非政府组织利用这些公司强大的声誉来攻击它们。成为对非政府组织有吸引力的攻击目标，有时候并不意味着那些公司一定有漏洞存在，但是这样的反商业活动攻击却足以让一个企业陷入危机，正如可口可乐公司遇到的困境。

以消费者感性判断这一特征作为突破口的可口可乐公司，仅靠发表一篇《传言与事实》来澄清事实的真相是远远不够的。公司和其领导团队必须对其有关 CSE 的声誉风险危机进行系统的、战略性的思考，采取战略应对措施，降低这些攻击带来的风险，并化解危机，重建可口可乐的品牌信誉，避免类似事件的再次发生。

2. 内部影响因素

（1）跨国公司的发展战略。在世界经济全球化过程中，各国经济发展战略、地区经济发展战略、产业发展战略，以及不同企业发展战略都有较大的变化。跨国公司的发展战略向充分利用全球化带来的机遇和尽可能规避风险的方向迈进。第一，重视跨国战略联盟。21 世纪的跨国联盟将成为跨国公司发展的新趋势。一些原本是竞争对手的跨国公司结成联盟以对付新的竞争对手；同业跨国公司之间组成跨国联盟，一些大公司通过合资、承包、协议等形式，把多个中小跨国公司联合起来，以提高在全球范围内的竞争能力；把相关跨国公司联合起来，互相利用优势，扩大业务活动，以合作求发展。第二，积极培养大批人才。组织及管理改革应以建立战略管理中枢为目的，以培养职业企业家队伍为中心，重视培养接班人，尤其应当重视国际经营与管理人才的培养工作。人才问题是制约我国跨国公司规模和水平进一步提高的一个因素，要实现国际化经营，就必须拥有一流的人才。第三，努力打造过硬产品。从一定意义上讲，国际市场是优质名牌的市场，要组织产品出口，占领市场，就一定要抓质量、创品牌，保持品质稳定，走以质量取胜的道路。任何一种产品，其质量的好坏都体现在其使用寿命上，只有按国际标准进行生产，才能在国际上站住脚。第四，提高研究与开发能力。实践表明，提高研究开发及技术创新能力，是争创世界一流企业、提升核心竞争力的中心环节，任何企业想要在竞争激烈的国际市场占领阵地，就必须以技术创新求发展，以人才优势提升综合竞争能力。贴近国际市场，在境外设立研发中心，充分利用国际智力资源，直接参与国际先进科技领域的开发与合作，已成为当今跨国公司在全球竞争中抢占制高点的战略选择。

（2）跨国公司国际经营经验。跨国公司是现代企业制度超越国界发展的载体。我国的跨国公司目前主要以国有企业为主，企业机制不灵活。这种经营企业的机制必须加以转换，以尽快建立适应社会主义市场经济发展需要的，符合国际惯例的现代企业制度。只有严格按照与国际标准接轨的制度运作，我国跨国企业才能实现如财产转移、资本集中和行业合并等跨国界经营行为。面对世界经济一体化的大趋势，也需要与国际经济接轨，在体制上借鉴和吸收世界上成功的公司制度经验，对母公司的经营机制和决策方式加以规范化，破除传统行政管理模式，明晰产权关系，建立以产权联结为纽带的母子公司体制。同时，进行组织创新和管理创新，建立具有全球经营观念和竞争战略的新型组织形态，提高远距离管理和控制技能，实行母公司、子公司一体化管理。除此之外，跨国公司的国际战略联盟以股份相互占有、技术相互转让、市场相互共享为内容，其特点是既可以从对方获得各自所需，又能保持各自的独立性，有利于提高竞争优势、加速技术创新和开拓新市场，弥补企业规模不足的限制，迅速提高企业的跨国经营实力。

（3）跨国公司自身资源状况。随着科学技术、经济的迅速发展和信息量的急剧增长，各国跨国公司随之进行了自身资源的调整和改革。对传统作业流程进行重新安排，着眼于从过程的角度来组建职能部门，从根本上改变现有组织结构，以提高企业管理效益。其核心是对传统作业流程进行重新安排，把原来按设计、工艺、供应、生产、统计、财务、销售等职能划分的管理方式，按“以作业流程为中心”的原则重新设计。在组织结构上，把原来“金字塔式”的管理层次改为扁平式，达到了节省时间、提高效率、降低成本的效果。在组织形式上，用工作小组替代原有的职能部门。在管理手段上，强调计算机信息管理系统和信息技术在管理上的普及和应用。近几年，由于全球信息高速公路的兴起和国际互联网的建立，跨国公司的组织结构又出现了一些新变化和新特征，主要表现为企业的网络化趋势逐步加强，母子公司之间以及分处不同国家和地区的子公司之间联系日益紧密，在生产、技术、销售、资产、人事等方面，形成了条块结合、纵横交错的网络化公司架构。在培育具有特色的跨国公司时，应认真学习和借鉴各跨国公司在组织管理模式方面的有益尝试和成熟经验，以适应全球化的要求，增强国际竞争力。

（4）跨国公司的产品因素。根据全球市场不同的需求，跨国公司可以通过产品差异化策略，保持和扩大它们的市场份额。因为产品的差异化包括产品质量、定位、分销、服务等方面的差异，使企业的产品有别于竞争对手的定位，便于消费者识别和接受。以产品服务的创新保持产品的市场优势。产品创新要具有前瞻性、高技术含量和市场竞争力，符合社会可持续发展的需要。面对一个潜在的巨大市场，企业自主创新的意识越强，民族品牌的竞争力越高，跨国公司仅仅靠建立完善的产品加工基地获得竞争优势的时代已经过去，加大在市场的技术和资金投入、提高创新能力、产品多样化是跨国公司立于不败之地的重要保证。总之，跨国公司的营销活动，已经由经营性问题转为战略性问题，充分的市场调研和有效的营销战略是跨国公司产品进入东道国市场的成功保障。

二、影响跨国公司进入东道国市场的变量分析

分析影响跨国公司进入东道国市场的方式，必须理解三大变量因素：条件变量、动机变量和控制变量。条件变量也就是经济学家所谓的“必要非充分条件”，主要指企业专有知识的价值和习惯性。动机变量指的是企业开发全球性的协同优势和充分实现整体的战略意图。控制变量则包括国家风险、跨国公司国籍、母国和东道国之间的文化差异、需求的不确定性以及竞争的强度。

1. 条件变量

条件变量属于跨国企业进入东道国市场的内生变量，它主要从交易成本理论出发，强调相对于东道国企业，跨国公司所享有的特定优势。交易成本理论是由诺贝尔经济学奖得

主科斯（R. H. Coase，1937）所提出，理论的根本论点在于对企业的本质加以解释。由于经济体系中企业的专业分工与市场价格机能之运作，产生了专业分工的现象；但是使用市场价格机能的成本相对偏高，从而形成企业机制，这是人类追求经济效率所形成的组织体。正如科斯所指出的，企业之所以替代市场进行资源的配置，是因为利用市场是有成本的，即存在市场交易成本（外部交易成本）。由于跨国公司的跨国性，其市场交易成本也显得更加多样与复杂，主要表现在以下几个方面：

（1）市场障碍成本。跨国公司在跨国经营活动中，面临着种种市场障碍，如关税壁垒、配额限制、有针对性的国内税收、汇率政策、政府干预、歧视性的贸易措施、五花八门的非关税贸易壁垒、复杂的法律法规等。这些市场障碍对企业的影响是巨大的，要么使得企业的相关经济活动进行不下去，要么大大提高了企业的交易成本。

（2）中间产品定价成本。跨国公司往往具有垄断性的知识优势，需要在更大的范围内使用。而中间产品的特殊性，使得其质量与数量都不容易进行衡量与判断，中间产品直接定价的成本大大增加。通过市场进行中间产品的交易，还存在着泄露知识或商业秘密的危险，这需要企业采取相应的对策与措施，交易成本更大了。

（3）契约成本。现实中的契约都是不完全的，不完全的契约会产生种种问题，而解决这些问题需要成本。在国际交易中，这种现象更加明显，由于各国在语言、文化、风俗习惯等方面的差异，对契约相关内容的理解会产生重大的不同，无休止的争论便开始了，通过内部进行协调解决会产生成本。而内部协调不能解决问题时，必须通过第三方机构，如仲裁、起诉等，这样成本就更大了。

另外，企业内部的交易也有成本，即存在组织成本（内部交易成本）。一般而言，企业内部交易成本表现为各种各样的管理成本。从管理的基本职能来看，包括计划、组织、控制与协调，因此企业的内部成本也相应地包括在这些方面的付出。从跨国公司的具体情况来说，内部交易成本包括了以下几个方面：

（1）产权成本。产权成本即度量、界定、保证产权的费用。跨国公司是由分散在不同国家或地区的母公司与子公司或分公司构成的全球生产经营体系，为了保证公司的正常运作，跨国公司首先必须对所属的各子公司或分公司做出基本的界定与度量。另外，跨国公司为了保证产权的稳定与发展，也有不少的花费。

（2）信息成本。使用市场存在信息成本，企业进行资源配置也同样存在信息成本。由于跨国公司普遍规模大、组织层次多、信息的流动复杂，相应的信息成本也高。此外，在跨国公司内部，上下级所掌握的信息是不对称的，下级往往出于利己的动机向上级隐瞒或传递错误的信息，从而增加信息的判断成本。

（3）影响成本。影响成本是为了影响企业内部利益分配而产生的活动成本。跨国公司内部的利益分配较一般国内企业的利益分配更为复杂，在人员配置、人员绩效考核、薪酬确定等问题上就要做出更加复杂的决策，再加上激励方面的问题，跨国公司在此方面的成本大大增加。

2. 动机变量

动机变量也基本属于内生变量，主要从全球协同和战略动机两方面对跨国公司选择进入东道国市场的方式进行内部性分析。

（1）全球协同。跨国公司的全球协同指的是公司的协同行为跨越国界来进行。跨国经营扩展了公司的市场范围，使跨国公司可以在全球范围内销售其产品和服务，从而为市场协同创造条件；跨国经营可以利用别国的人力资源，可以利用时差形成不间断的科研开发体系，从而为技术协同创造条件；汇率差异为跨国公司合理安排设于不同国家子公司和分公司的产量以及实行转移定价提供了手段；国际金融市场的存在可使跨国公司在财务上获得协同效应。因此，跨国公司跨越国界的经营既对跨国协同提出了挑战，也同时提供了机遇。

跨国公司进行全球协同的作用是通过跨国协同活动创造协同效益。跨国公司使其分处不同国家的企业共享公司资源，特别是隐形资产，是跨国公司形成可持续核心竞争力的实质性手段，也是协同创造价值的主要形式。因此，通过协同手段创造协同效益的方式有：第一，对资源或业务行为的共享，如相互协调的国际化生产体系的建立、研发活动的跨国界合作、全球采购系统、全球销售渠道、统一管理的销售队伍和全球性的市场营销计划。第二，技术和营销的扩散效益，即企业群中企业可以从兄弟企业在技术和营销方面取得的竞争优势中获得间接利益。第三，企业的相似性使隐形资产可以以零边际成本在更多的企业中应用。第四，对企业形象的共享。大型跨国公司一般具有良好的企业形象，作为这种跨国公司下属单位的企业可以通过共享这种良好形象增强竞争力而获利。

（2）战略动机。跨国公司进入海外市场，不仅仅需要考虑最有效的进入方式，而且还受制于一些战略动机。第一，在战略联盟动机方面，随着生产、销售国际化进程的加快，战略联盟对于一个企业的发展显得尤为重要。而企业间通过互换股权的并购方式，可以使企业间的战略伙伴关系更为紧密，这主要是由于企业间互相持有对方的股票，必然导致其他企业的发展与自身的利益密切相关，从而达到行动上和战略上的高度统一。同时，还可以在战略联盟的基础上实行一系列战略重组。这一方面可以使各联盟企业更好地适应经济环境的变化，另一方面可以使各部分的资产由更适合的人员去管理，从而带来资产的增值。第二，在核心技术动机方面，在当今技术创新飞速发展的时代背景下，任何一个企业都无法在其所处行业里拥有所有一流的先进技术，而是该行业内每个企业各自拥有一部分较为先进、成熟的技术。但是，若想使开发出的新产品不仅先进而且十分成熟，并不是一个企业可以办得到的，它需要各个企业参与进来一起研制。虽然目前各行业已建立一些行业联合性质的组织来协调企业间共同开发新产品的问题，但是由于企业间主体的不统一必然导致博弈行为的产生，从而使研发出的产品仍达不到预期的质量。因此，有效的实施战略动机是实现跨国公司有效进入市场的目标之一。

3. 控制变量

跨国公司进入决策同时也受外部环境因素影响，如东道国的相关制度及东道国与母国的文化差异等。这些外部因素多体现在跨国进入的控制变量中。

（1）东道国制度。由于投资环境日益改善，市场开放制度更加透明，跨国公司选择进入某国市场的战略应与该东道国的制度相适应，东道国国内的经济制度和政策对跨国公司的行为有绝对的约束作用。东道国的制度包括法律、法规、政府控制、管理经济和社会的行为、知识产权的保护等正式制度，以及社会风俗、文化、行为标准、对正式制度运行的态度等非正式制度。制度规定了“游戏规则”，可以降低交易费用，但也会使得投资具有较高的不确定性并增加交易成本。

（2）文化差异。很多跨国合资企业在管理中最突出的一个问题，就是在企业管理和文化差异上的冲突。管理的本质是一种文化，由于文化背景的差异决定了东西方完全不同的管理观。来自不同国家的企业管理者在工作方式、文化、思维方式上均有着很大的差异。西方文化追求自我价值的实现，人与人之间形成了平等契约，在管理方式上表现为规范管理、制度管理和条例管理，严格按规则办事，追求制度效率，从而实现管理的有序化和有效化。而东方文化则讲究“情与理”，人与人之间形成宗法伦理、等级关系。

在管理模式上，这两种经营理念融合在一块，使得在交易过程中很难达成一致，甚至产生冲突，这种日益增加的文化冲突就会表现在公司的内部管理和外部经营中。在内部管理中，人们不同的价值观、生活目标和行为规范必然导致管理费用的增加，增加组织协调的难度，甚至造成组织机构低效率运转。在外部经营中，由于文化冲突的存在，使合资企业不能以积极和高效的组织形象去迎接市场竞争，往往在竞争中处于被动地位，甚至丧失许多市场机会，这无形增加了外商的交易成本。因此，当企业外部协调成本小于企业内部管理成本的时候，跨国企业往往会选择独资的方式进入市场。

三、影响跨国公司进入东道国市场的动态分析模型

一般情况下，传统的交易成本理论、控制理论解释的是静态下跨国公司的进入方式，但在动态下的进入方式有局限性。因此，从演进理论来分析跨国公司的进入战略具有一定意义。

进入 21 世纪，在新一轮全球化浪潮和新技术革命的推动下，跨国公司作为国际竞争的重要力量，无论是在数量、规模上，还是对新技术的掌握程度上，都得到了空前的提高。从本质上看，跨国公司进入战略的转变及其影响是多种因素共同作用的结果，是随着全球化进程中不同阶段发展不断调整、适应的动态过程，同时也是推动全球化进程与当地制度、经济和社会环境不断演进发展的诱因。全球化、跨国公司和国家制度之间的这种互为因果、多层次影响的关系共同构成了一种基于“共生演进”的演化机制（见图 4—1）。

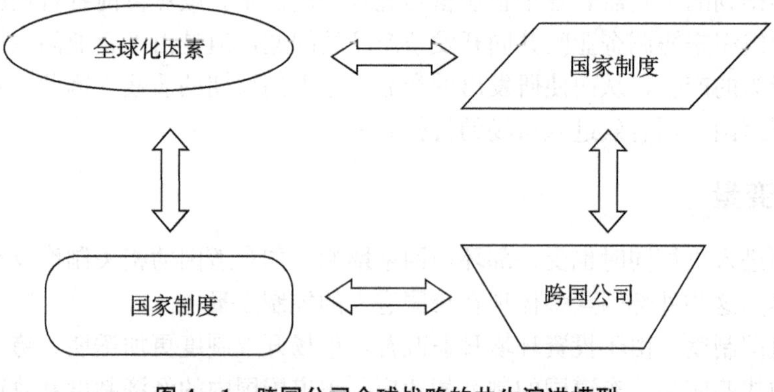

图 4—1 跨国公司全球战略的共生演进模型

首先，在国际竞争日趋激烈的大背景下，跨国公司如何在全球范围内挖掘战略机会并实现资源的整合，已成为决定其竞争优势的重要因素，这种变化不仅促进了资本、技术和

知识在全球范围内的流动，还极大地加速了全球化的进程，更为重要的是，这种变化直接造成了国家区位优势和产业形态构成要素的改变。

其次，随着经济全球化程度的不断提高，许多企业更为深入和广泛地参与到全球经济运行的总体框架下，以 WTO、IMF 等为代表的国际规则体系在国家自身的产业环境和制度体系的演进过程发挥着越来越显著的作用。同时，自 20 世纪 80 年代以来，国家所普遍进行的市场经济改革和开放政策极大促进了这些国家的经济转轨进程。

最后，在全球经营战略的总体框架下，跨国公司在国家中的相关营运活动被进一步纳入到其全球化经营网络之中，产业发展也进一步地嵌入到跨国公司的全球价值链体系中。在这一过程中，跨国公司战略目标与发展中国家政府的发展目标之间、跨国公司内部文化与发展中国家当地文化和价值观念之间的对立与统一，以及双方议价能力的对比变化，直接影响到跨国公司进入战略的选择和国家的制度演进过程。

第二节 公司进入东道国的股权安排

股权安排影响投资各方将其资源投入到子公司中的积极性，从而进一步影响投资者资本投入水平、技术转移的程度以及收益的分配。股权安排是影响跨国公司在海外子公司控制权的核心要素，合适的股权安排是跨国公司海外经营的关键环节。

一、跨国公司海外子公司的股权安排

股权安排直接与利益分配和风险分担等相联系，也是跨国公司对海外子公司实现控制权进而实现其全球战略的核心要素。其他控制手段，如关键职位的任命权、技术和资源分配权等，大多是股权的衍生物。跨国公司到另一个国家或地区进行投资，股权安排选择是其首先要进行的战略决策之一，例如选择独资经营还是合资经营，合资经营是选择多数股权、对等股权，还是少数股权等。跨国公司海外经营的股权安排大致有以下三种选择：

1. 全部拥有

这种模式是指母公司全部拥有或拥有子公司 95%以上的股份。此时，子公司即为跨国公司的独资子公司。对跨国公司来讲，独资子公司的生产经营活动可直接掌控，能完全实施跨国公司的整体战略，避免合资等方式引起的矛盾与冲突，并独享超额利润。但有些国家和地区的市场情况变幻莫测，独资子公司承受的风险较大。

2. 部分拥有

此模式是指母公司拥有子公司股权的 5% ～95%。按具体拥有股权的多少，还可分为：多数股权形式，通常为股权的 50% ～95%；对等拥有，即母公司与合伙人各拥有子公司 50%的股权；少数股权形式，通常为股权的 5% ～50%。在部分拥有股权情况下，跨国公司能充分利用当地合伙人的优势，而且更容易被当地政府和人们所接受。但部分拥有时，双方容易产生矛盾和纠纷，不利于跨国公司的统一控制和协调。

3. 非股权安排（契约经营）

这种模式通常是指母公司不拥有或只拥有子公司5%以下的股权。非股权安排方式往往被视为股权安排的特例。在该方式下，跨国公司往往通过特许授权、特许经营、合同制造等方式实现海外经营。此方式风险比较小，而且使跨国公司在股权参与受限制或不被允许的情况下，仍能参与当地的生产经营活动。但对跨国公司来说，实施的控制力和影响力最小。

跨国公司在选择不同股权的同时，也要考虑东道国方面和自身的因素。例如，如果东道国政局不是很稳定，而且当地民族主义情绪比较高涨，那么，跨国公司往往不会考虑独资的方式，而更倾向于合资或非股权安排方式。若跨国公司以增加对东道国经营环境适应能力和进入当地市场为战略目标，往往会倾向于选择合资经营或非股权安排方式，以充分利用东道国当地合伙人的优势。有些跨国公司期望能在全球实施统一的调度和控制，避免不同市场之间的冲突，此时往往会倾向于全部股权或多数股权形式。

如果跨国公司在海外一直倾向于某种方式，如独资经营，在这方面具备大量丰富管理经验的管理人员，那么其在新的东道国的股权选择上也会倾向于原来的方式。在同一个东道国，也存在着管理经验的渐进积累过程。随着对东道国制度、政策、文化、市场等进一步了解，跨国公司会逐步减少对当地合伙人的依赖，并倾向于提高股权比例。

二、跨国公司控股

对跨国公司来说，随着时间的发展，东道国环境（包括制度环境和市场环境）会发生变化，对于环境变动，跨国公司的控股将以不同方式做出反应。有的反应具有战术特征，体现为某些政策的调整、措施的增加。但是在许多情况下，环境变动将对跨国公司行为产生重大影响，诱使或迫使其做出战略反应。股权安排选择是跨国公司对外直接投资中的战略决策，而且增资扩股本身是跨国公司在进入东道国后进行再投资的过程。

1. 跨国公司控股的原因分析

跨国公司增资扩股行为可以视为跨国公司连续对外直接投资中所做出的战略决策，是跨国公司对外部环境和公司内部因素等变化做出的战略反应。其中外部环境因素包括政策以及市场因素等，而公司内部因素包括母公司资源与战略角度的因素、组织效率因素、保护技术和商标声誉的因素。跨国公司正是基于外部环境和公司内部因素的某一个或某几个因素变化而产生了增资扩股行为。

首先，从环境诱发因素来看，有些国家或地区对外方股权比例的限制是比较严格的，在外商投资方式上，对合资或合作，表现出明显的鼓励倾向，而对独资则严格限制，对合资企业外方股权比例也给予了严格的限制。在这种情况下，为降低进入东道国市场的外部风险成本，取得对当地的资源优势，跨国公司大多选择了合资的方式。然而，随着投资环境发生了质的变化，国家或地方对外方股权比例的限制逐步放宽，市场发育更趋成熟，国家风险进一步降低，跨国公司的信心不断增强，选择外商独资方式或控股型合资方式的企业越来越多。

其次，从母公司资源与战略调整因素来看，在投资环境明显改善的情况下，跨国公司母公司的经营思路和管理手段也发生了变化。为了从总体上追求母公司效益最大化，母公司需要对子公司的生产经营管理进行控制，特别是在关系到子公司的股权比例的变动、增资扩股、筹资融资以及高级管理人员的任命等一系列重大问题上需要拥有决策权。大型跨国公司支配和控制其子公司的基本手段就是股权，其持有的股权比例决定了在子公司中决策权的多少。这使得跨国公司不断增资扩股，以谋求在子公司的控制地位。另外，对子公司的控制地位，也有利于跨国公司向子公司转移其特有资源以及管理模式，增强子公司在市场上的竞争力。

再次，随着跨国公司对市场驾驭能力的增强以及经济全球化的日益深入，其必然面临业务和组织的整合与重构。其中包括理顺同级业务部门，包括地区性的和全国的组织关系；增加这些部门的协同性，以抑制重复成本；或者直接将其所属的合资企业予以合并，并购买外方投资者的股权。这些因素都促使了跨国公司的增资扩股行为。

最后，从知识保护因素来看，为了在市场上占有更大的份额，跨国公司必须依靠先进技术和大量广告投入以增强产品的竞争力。尤其在高新技术领域，技术领先和技术保密是企业盈利的首要问题。这就是说，跨国公司在技术控制上既要充分发挥技术的优势，又要防止核心技术被过早地泄露。为了加强母公司对核心技术的控制，跨国公司一般以控股或独资子公司的方式进行技术转移。同样，为保护公司商标声誉，跨国公司也倾向采用控股或独资的方式，这可能导致跨国公司增资扩股、控股，甚至采用独资的形式，以谋求对自身技术和商标声誉的保护。

2. 跨国公司控股的实现形式

跨国公司初入东道国时，如果关注的是争取良好的经营环境、获得有利的资源条件等，那么比较理性的选择应该是合资或非股权合作模式。从成本角度考虑，由于是初次进入东道国，由经营环境的不确定带来的外部风险成本明显加大，所以选择合资或非股权合作有利于跨国公司分摊这部分成本。对于东道国是新兴市场经济国家来说，由于政府对外方股权占比限制一般比较严格，而且市场发育相对不完善，所以合资或非股权合作经营更有利于进入东道国。

一般而言，跨国公司在进入阶段，通常采取“介入性投资”，即象征性地与企业共同出资，参股比例较低，且不占经营主导权。这充分显示了跨国公司“限制了最初进入的风险，以后的扩张或者终止投资取决于合资企业的经营业绩或者其他战略动机”。

当跨国公司进入东道国之后，其控股的实现形式一般分为两种：第一种形式是增加股权直至独资的策略。出于统一、协调经营战略及获取更大的投资收益考虑，对于原非股权安排项目，跨国公司倾向于将契约中约定的权利，如版权、专利、商标权、技术诀窍等折合成股本投入，从而取得少数股权或多数股权，成为合资经营甚至是独资经营模式。在影响跨国公司选择继续投资区位的因素中，政策的连续性和兑现度则成为首要因素。部分产品供应行业在特定地区的聚集对行业的规模扩张起到了积极作用，形成了吸引其他供应商、成品制造商进入该地区的良性循环。第二种形式是减少股权直至资本退出的策略。减少股权直至资本退出，是跨国公司保护既得利益以及最大限度避免继续损失的重要保护策略。从跨国公司角度来看，可能出于以下原因：（1）经营效果未能达到最初的预定目标；

(2) 跨国公司全球战略发生了变化；(3) 与当地合资方的矛盾重重；(4) 独资企业引起当地民族主义情绪问题等。而从东道国的角度来看，可能在政治、经济或文化因素等方面出现重大变化。此时，跨国公司就会减少现有股权份额，或者是撤出全部投资，出售、清算在东道国的资产。

第三节 跨国公司进入东道国市场的方式

跨国公司最常见的进入模式有四种：出口、许可证、合资企业、独资企业。从跨国公司进入中国的实践经验看，还包括合作企业、合作勘探、合作开发等几种辅助形式。每一种进入模式所涉及的资源投入、风险、控制以及灵活性的程度都不同。一般来说，独资企业方式对公司的控制程度较高，但涉及的资源投入多、风险较大而且灵活性低；而出口、许可证等非股权进入模式则恰好相反，涉及的资源投入少、风险少而且灵活性大，但是控制程度低；合资企业则在控制程度、资源投入以及风险等方面处于独资企业与非股权方式之间。

一、贸易式进入模式

贸易式进入模式是指企业在国内进行产品的生产和加工，再向海外市场出口的一种市场进入方式。

1. 出口

(1) 间接出口。间接出口是指企业通过本国的中间商向国际市场销售产品的一种市场进入方式。按照产品的所有权是否转移，间接出口又可分为两类：一类是中间商向企业直接购买产品，拥有产品的所有权，并且自筹资金、自主销售、自负盈亏。另一类是中间商只是作为生产企业的代理人代为销售产品，双方是一种委托—代理关系，中间商不具有产品的所有权，产品销售的最终决策权在生产企业手里，但中间商也可在双方签署的代理协议范围内做出一定的决策。

(2) 直接出口。直接出口是指企业不通过国内中间商，直接将国内生产的产品销售给国外的中间商和最终消费者，或者委托国外中间商在国际市场上代为销售。直接出口是企业真正进入国际市场的开端。企业可以与国外企业直接接触，直接参与其产品的国际营销活动，如市场调研、客户联系、产品定价、选择分销渠道和策略等，对营销活动的控制权也增强了。直接出口一般有以下四种主要形式：

一是在企业内设立国内出口部。该部门负责实际的对外销售工作，通常由一名出口销售经理和几名职员组成。它有可能演变成为独立的出口部门，负责企业所有有关出口的业务，甚至还可能成为企业的销售子公司，单独计算赢利。

二是通过国外经销商和代理商进行出口活动。国外经销商直接购买企业产品，拥有产品所有权；而国外代理商是代表企业在国际市场推销企业产品，不占有产品，但要抽取佣金。在企业不了解国外市场又想尽快进入国际市场时，可以把产品卖给国外经销商，或委托国外代理商代售。

三是设立驻外办事处。设立办事处实质是企业实现跨国经营的前奏。办事处可从事生产、销售、服务等一条龙服务。其优点是既可以直接接触市场，使信息回馈准确迅速，又可以避免代理商的三心二意，而集中力量攻占某个市场。其缺点是需要大量投资。

四是建立国外营销子公司。国外营销子公司的职能与驻外办事处相似，不同的是，子公司是作为一个独立的当地公司建立的，而且在法律和赋税、财务上都有其独立性，这说明企业已更深入地介入了国际营销活动。

专栏

新西帝公司从间接出口到直接出口

新西帝电子有限公司成立于1996年，主要为海尔公司贴牌生产室内天线。1999年10月以前全部在国内销售。1999年10月开始，通过外贸企业代理把产品推往国外市场，2000年底，在中东阿拉伯市场占有率达80%，但欧洲市场占有率仅达10%。2002年以前，该公司尚未取得自营进出口权，代理成本高（如销售额的3%为代理费、占用资金时间长、不了解国外市场信息、与代理商发生纠纷等），于是决定自己直接出口。

2. 对等贸易

在货币发明之前，古人通过物物交换获得自己所需要的产品，这是最初级的对等贸易。时至今日，对等贸易依然存在，主要和一国的外汇储备有关，许多发展中国家在外汇短缺的情况下，依然希望维持进口、扩大出口、吸引外资、引进先进技术，对等贸易则实质上为其提供了进口融资的手段。目前世界上几乎所有的国家都不同程度地开展了这种或那种形式的对等贸易，一般来说主要有以下两种形式：

（1）易货贸易（Barter Trade）。即进出口相结合而以货物作为清偿工具的一种贸易方式。狭义的易货贸易是指买卖双方在换货的基础上，把同等价值的进口和出口直接结合，构成一笔商品互换的交易。易货贸易主要有以下操作方式：

一是直接易货，即双方直接互换货物。使用这种方式时，双方交换货物的规格、数量必须符合双方意图，金额也要相等。

二是对开信用证易货。采用这种方式时，出口和进口需同时进行，成交金额大致相等。先开出信用证的一方在信用证内明确规定所开出的信用证要在收到对方的相应信用证后才生效。

三是连锁易货，即参与易货的当事人不止两方，而是三方甚至多方。由于一方所提供的商品并非对方所需，就需要借助第三方或第四方的参与才能成交。

四是“以进带出”易货，即利用进口的优势带动一些滞销产品出口，或者在购买对方成品时带动原料出口。这种方式是进口和出口分别成交，金额也可以不同。

（2）补偿贸易（Compensation Trade），又称为产品回购（Buyback），即进口方在信贷的基础上，进口机器设备、器材或技术，而用返销的产品或劳务的价款来分期偿还进口商品的贷款和利息，是一种进口与出口结合的信贷交易，是利用外资的一种方式。由于进口机器设备的企业偿还贷款本息并不是使用外汇，而是以商品抵偿商品，故称为补偿贸易。

补偿贸易的好处：对机器设备的供应方来说，既可以扩大产品出口，又可以使某些急需的商品来源稳定；就机器设备的进口方而言，可以利用国外的资金技术和销售渠道来提高出口商品的技术水平和质量，以扩大出口。

从补偿贸易的做法上分类，一般可分为直接补偿和间接补偿。

直接补偿又称产品返销或回购，是指进口方用进口的机器设备和技术生产的部分产品或全部产品，分期偿还进口设备和技术所需的价款和利息。

间接补偿又称反向购买或互购，是指进口方不是用该项进口设备直接生产出来的产品偿还设备价款，而是用双方事先商定的其他商品或劳务去偿还。

如果将直接补偿和间接补偿结合起来进行，则成为混合补偿。

3. 贸易式进入模式的主要优点及局限性

贸易式进入是比较保守、安全、低成本、高效率的一种海外市场进入模式。这种方式的优点主要体现在：(1) 投入的资本相对较少，风险低，相对其他进入方式更加安全可靠；(2) 产品的生产销售可以集中于某一地区，有利于实现规模经济效益；(3) 迅速便捷、高度灵活，有助于得到相关产品的反馈信息。

但是，由于信息的不对称，国内厂商不能及时了解和掌握出口对象国当地市场的需求，所以贸易式进入也有其局限性：(1) 有形产品出口会受到关税壁垒和非关税贸易壁垒的限制；(2) 由于中间商往往对多家外国产品销售负责，从而削弱了对单个企业出口产品的注意力，不利于扩大产品在目标市场的销路，不能很好地贯彻厂家在海外市场的战略意图；(3) 运输成本偏高，交易完成时间较长等。

二、契约进入模式

契约进入模式，也称合同进入模式，是指企业通过与目标国家的法人实体之间订立长期的、非投资性的无形资产转让合作合同而进入目标国家，可借以转让的无形资产包括各种工业产权（如专利、商标、秘诀、管理技能等）和版权等。契约进入模式包括授权经营、服务合同、建设合同等形式。

1. 授权经营

授权经营即企业在规定的期限内将自己的无形资产（专利、技术秘诀、商标等）通过契约转让给海外法人，以换取授权费和其他补偿。其中出让无形资产的一方称为许可方或授权方（Licensor），而接受无形资产的一方称为被许可方或受权方（Licensee）。

授权经营是一种非常经济的拓展全球业务的方法，其优点是：需求资金较少；销售产品的费用较低；授权人能够根据当地市场的特点调整产品、技术和服务，使之符合市场需求。许多企业通过这种方法扩大了全球业务规模。

授权经营的局限性在于：授权企业不能控制所销售产品的质量；在法制不健全的国家易遭受版权和专利权的侵犯；当地的受权经营人对产品或技术所做的调整可能会造成市场开发策略的改变；授权企业不能参与产品或技术的管理等。

(1) 许可协议。许可协议是在国际技术转让中使用得最广泛和最普遍的合同形式。所谓许可协议，是指拥有专利技术、商标或版权的许可人同意被许可人使用其专利技术、商标或版权，而由被许可人支付使用费的一种合同。有时，许可协议中也包含转让专有技术的内容。在许可协议中，被许可人只是获得对协议项下的专利技术和商标的使用权而不是其所有权。

许可协议的分类大致有三种：普通许可、排他许可和独占许可。

(2) 特许经营。特许经营是一种分销产品和服务的方法，它包含两个层次的内容：一是许可方向被许可方转让商标、技术或统一的商业运营模式等；二是被许可方按照合同在支付使用费和加盟金的条件下从事特定经营。从本质上，许可方许可了一种在其名义下组织和开展商业活动的方式。

特许经营允许国内企业以较低的资金投入获得在国外市场的迅速发展，并以标准化的营销方法展现与众不同的形象，对合作企业及东道国市场有比较强的控制程度，与此同时，面临的政治风险较低。

2. 服务合同

服务合同是指通过订立合同而向对方提供财务、营销、人员培训或其他方面的有偿服务。通过服务合同进入海外市场有两种形式：

(1) 技术协议。即企业同外方签订协议，向对方提供为开发技术或解决技术难题而进行的各种技术咨询服务活动。

(2) 管理合同。即企业与东道国企业签订合同，在合同规定期限内由企业负责对方全部的经营管理，借以进入目标市场国家的方式。作为回报，企业根据合同，提取相应的管理费和相应比例的经营利润。一般情况下，管理合同不授予国际经营企业进行新的资本投入、承担长期债务、决定红利政策、设定基础管理或政策变更、对所有权的安排做出改变等权利，因此所管理范围只是企业的日常运营。管理合同对东道国来说，是一种不承担风险即可获得国际经验的手段；对企业来说，是新加入者在国际市场寻找安身之处的一种途径。经验丰富的企业积极追求管理合同，认为它并不次于股份经营，其全球统一调配的作用也很大。

3. 建设合同

即通过建设合同或生产合同进入海外市场，主要有交钥匙工程、国际分包合同、合同生产等形式。

(1) 交钥匙工程。交钥匙工程在 1984 年首先起源于土耳其。它是指企业为东道国建设一个工厂体系或工程体系，承担全部设计、建造、安装等，并有义务使该项目能够顺利投产或使用，然后将整个项目移交当地管理。企业往往利用资金在设计、施工和生产等一系列环节中积累的经验和知识，加上完成项目工程的综合优势，通过交钥匙合同，进入目标市场。交钥匙工程的进一步发展就是 BOOT 项目。BOOT 即建设 (Build)、拥有 (Own)、运营 (Operate)、移交 (Transfer)，企业在建设完指定的项目之后，按照合同拥有该项目若干年的经营权，并从经营该项目中获得收益，经营期满之后再把该项目无偿地移交给发包方。

（2）国际分包合同。国际分包合同通常是指发达国家的总承包商向发展中国家的分包商订货，后者负责生产部件或组装成品的合同，最终产品由总承包商在其国内市场或第三国市场出售。这种合同大部分是短期的，且每隔一段时间续订一次。

（3）合同生产。合同生产又称合同制造或贴牌生产，是指本企业与目标国家或地区的企业订立供应合同，要求后者按合同规定的技术要求、质量标准、数量和时间生产本企业所需要的产品，交由本企业用本企业的品牌销售。

4. 契约进入模式的主要优点及局限性

契约进入模式有以下优点：（1）有利于绕过贸易壁垒。通过契约方式进入海外市场，企业只是转移不受限制的无形产品和服务，因此企业不会因目标国家实施关税或配额等壁垒而使出口受阻。（2）有利于减少费用。企业通过转让专利等无形资产方式进入海外市场，同目标国家企业分担研究成本，从而大大降低了费用。（3）有利于避免陷入劳资纠纷的困境。（4）有利于降低政治风险。一方面，许多东道国政府偏向于以契约式合同作为获得技术的途径；另一方面，在某些情况下，当东道国采取没收措施时，采用契约进入方式的企业并不会遭遇太大的风险，因为许可方在目标国家并没有实物资产。

局限性：（1）难以控制目标市场。许可方即使选中了被许可方，仍然依赖于被许可方的市场经营，许可方本身无法控制目标市场的经营。（2）商业风险大。许可方获得了被许可方的技术，经过一段时间的经营和经验的积累，可能成为技术许可方的潜在竞争对手。（3）绝对收入少。采用契约式经营的提成费受惯例、行业习惯和竞争状况等多种因素的影响，一般很少超过5%，从而导致契约经营所得到的绝对收入量少。（4）授权方的控制权，如质量问题、专有权覆盖范围等常常受到挑战，一些发展中国家甚至会鼓励此类违约行为。

三、投资进入模式

投资进入模式是指通过直接投资进入目标国家，即企业将资本连带本企业的管理技术、销售、财务以及其他技能转移到目标国家，建立受本企业控制的分公司（法律和经济上没有独立性即不具有法人资格）或子公司（虽受母公司控制但法律上是独立法人，手续比较复杂、费用高且税收严格）。直接投资方式是国际市场进入方式的高级阶段。转移的资源不仅包括专利、商标或专有技术等无形资产，还包括资金、人员、物资等有形的生产要素。投资进入模式的最大特点是股权参与，因而也得到了对目标国市场和生产经营活动更大的管理控制权。

一般来说，投资进入模式中采取的都是直接投资而非间接投资。间接投资是指投资者以其资本购买公司债券、金融债券或公司股票等，各种有价证券，以预期获取一定收益的投资。与直接投资相比，间接投资的投资者除股票投资外，一般只享有定期获得一定收益的权利，而无权干预被投资对象对这部分投资的具体运用及其经营管理决策，因此投资进入模式中一般采取直接投资的方式。

投资进入一般有两种方式，即新建和并购。新建是指在目标国家建立新企业或新工厂，形成新的经营单位或新的生产能力；并购则是对目标国家现有企业进行并购或参股来进入目标国家。无论是并购还是新建，从股权结构看，又可分为独资企业和合资企业。

1. 独资

独资经营方式是指跨国公司按照东道国的法律和政策，并经过东道国政府批准，在其境内单独投资设立拥有全部股权的子公司以独立经营、独享利益、独担风险的一种跨国经营方式。

跨国公司采取独资经营方式有以下几方面的优点：

一是跨国公司拥有海外子公司的全部股权，因而母公司可以对子公司实行高度控制，能用自己的管理人员担任子公司的董事长和总经理，掌握子公司的经营决策权。跨国公司可以将子公司完全置于其全球战略部署之中，使之为创造公司的整体经营优势和赢得利润发挥作用。

二是跨国公司采取独资经营方式便于保守专有技术和管理技能秘密。跨国公司要充分取得内部化优势，在国外子公司中充分利用其垄断优势，就要向国外子公司提供专利技术、专有技术及管理技能。然而，如果国外子公司不是独资企业，其他企业就有机会接触和了解这些技术和技能，从而使泄密难以避免。当国外子公司是独资企业时，跨国公司在转移和利用其作为垄断优势的技术与管理技能的过程中，保密安全程度最高。

三是跨国公司采取独资经营方式，由母公司对海外子公司加以完全控制，可以减少母公司与子公司之间可能出现的矛盾和分歧，从而提高跨国公司的运行效率。

2. 合资

合资经营是本企业在目标国家或地区与当地某家或少数几家企业或第三国的企业共同投资、共同经营、共担风险、共负盈亏的经营方式。

第二次世界大战后，国际政治和经济环境都发生了重大变化，少数发达国家独霸国际舞台的时代一去不复返，一大批发展中国家政治独立、经济自主的时代到来。发达国家跨国公司依靠独资经营方式在发展中国家保守技术与经营秘密，不受东道国的管理和控制，千方百计地获取最大利润并维持其垄断地位的情况越来越受到东道国政府的限制，且引起消费者的反感，迫使其考虑新的跨国经营方式，尤其是合资经营方式。另外，从投资的安全性角度来看，合资经营方式也是跨国公司对开放程度不高、法律法规不健全、政治和经济风险较高的发展中国家直接投资的首选方式。

跨国公司采用的合资经营方式具有以下基本特征：一是企业的投资者至少来自两个或更多的国家或地区；二是组建的合资企业具有东道国的法人地位，是独立的经济实体；三是各方提供的各种资产都折算成一定股份，并按股权份额分享利润、分担亏损；四是各方根据协议、合同和章程建立合资经营企业的管理组织机构，共同管理企业。

合资企业一般可以分为股权式合资和契约式合资。

（1）股权式合资。

股权式合资即通常讲的合资经营企业，合资各方按出资比例分配利润、承担亏损。这样的企业会建立由董事会和经理组成的组织机构，实行规范化的企业内部管理。

（2）契约式合资。

契约式合资即通常讲的合作经营企业，合作企业成立的基本依据、合营各方的权利义务不是取决于投资的比例与股份，而是根据合同约定。

(3) 股权式合资和契约式合资的区别。

股权式合资企业与契约式合资企业之间虽有许多相似甚至相同之处，但二者仍有着基本的差别，即股权式组织是合资企业，而契约式组织是合作企业。合资企业各方的各种投资形式包括现金、设备、厂房、技术、土地使用权等都要以同一货币单位计算股权，利润的分享和风险的承担都以股权为依据，合营期限也比较长，且不允许提前收回投资，这类企业的审批期限为 90 天。而合作企业合作各方提供的现金、设备、土地、技术、劳动力等不作为股本投入，利润的分配完全依据各方签订的协议，合营期限一般比合资企业短。一般采取让外方先行回收投资的做法，外方承担的风险相对较少，但合作期满，企业的资产均归我方所有，这类企业的审批期限为 45 天。从组织形式上看，合资企业必须是具有法人资格的企业，而合作企业则可以是不具有法人资格的组织。

3. 投资进入模式的主要优点及局限性

优点：(1) 企业可以在国外市场上获得便宜的劳动力和廉价的原料，或者是外国政府的投资奖励、节省运费等有利条件，进而获得经济效益。(2) 企业可以积累更多的国际市场营销经验。(3) 由于直接投资给东道国带来就业机会，企业可以在该国树立良好的形象。(4) 企业独立地进行生产和市场营销决策，不存在由于各方利害冲突等因素而导致企业经营效率降低的问题。(5) 企业易于同当地政府、顾客及供应商、经销商建立密切的联系。(6) 距离市场较近，易于搜集信息和改进产品，较快地适应市场环境。

局限性：在增强控制程度的同时，也必然使跨国公司动用更多的资本，从而使其在目标市场卷入的深度和广度更大，较前两种方式具有较大的风险和较少的灵活性，如所在国家的货币不能自由兑换，或可能遇到该国货币贬值、市场恶化等情况。

专栏

戴姆勒·克莱斯勒：盯住东北亚市场

戴姆勒·克莱斯勒公司（以下简称戴·克公司）的总部分别设在德国和美国，公司业务主要集中在汽车行业，年均创造收入1 510多亿美元，在世界 150 多个国家和地区设有分支机构和办事处，全球雇员总数达 46.6 万人。在《财富》杂志 2000 年全球最大 500 家公司排名中位居第五位。

东北亚是戴·克公司优先发展长期业务的地区之一。虽然如此，但该公司在这一地区的营业额远远不能反映其真正的生产潜力，为此，戴·克公司就把中期目标定位为提高这一地区及整个亚洲市场在公司总收入中的份额。自 1998 年戴姆勒·奔驰公司与克莱斯勒公司合并以来，戴·克公司就开始持续不断地建设以中国为核心的东北亚地区市场。

为了扩大在中国的业务发展，2001 年 2 月 1 日，戴姆勒·克莱斯勒（中国）投资有限公司在北京成立，随着这家公司的成立，戴·克公司计划在中国发展更多的战略联盟，扩大现有合作伙伴的关系，并在未来的国际竞争层面上进行更为灵活的经营活动。戴·克（中国）投资有限公司是戴·克公司在东北亚地区的核心，负责包括中国、韩国在内的 25 个代表处及分支机构的业务发展和协调。这家公司的首要业务活动包括加强梅赛德斯·奔驰轿车、面包车和卡车在中国市场的开拓，同时，支持现有合资企业项目，进一步在中国寻找新的机遇并开拓新的伙伴合作关系。

在中国开展业务多年中，戴·克公司的大多数业务分支机构均在中国开展了业务，如轿车、商用车、柴油发动机、飞机发动机、汽车电子和服务等业务。到目前为止，该公司在中国共有5个合资和独资项目：北京吉普、亚星—奔驰、苏州安特优发动机、上海新代车辆技术以及MTU珠海维修有限公司。

在服务领域，1990年建立了戴姆勒·克莱斯勒服务集团，主要从事金融财务和信息技术服务，其核心部分是为汽车产品提供金融和租赁服务，同时也为特许经销机构提供融资支持。戴·克公司的服务业也在向其他领域扩展，如航空、航海、建筑、工业设备、信息技术、房地产和通信等。

戴·克公司的战略基于四大支柱：全球布局、强势品牌、丰富产品、领先技术。戴·克公司拥有全球化人力资源，以及遍及世界各地的股东。2006年，在360 385名员工的共同努力下，戴·克公司的营业收入达到了1 516亿欧元。在2007年度《财富》全球最大500家公司排名中名列第八。

四、战略联盟进入模式

1. 战略联盟的含义

“战略联盟”的概念是由美国数字设备公司（DEC）前总裁霍普兰德（J. Hopland）与管理学家奈格尔（R. Nagel）首先提出的。跨国战略联盟，又称公司间协议或国际战略联盟，是指在国际上相互竞争的两个或两个以上的跨国公司为实现某一战略目标而建立的合伙关系。战略联盟既包括以兼并和收购为主的牢固联合方式，也包括以联合开发、生产、技术及市场合作、合资办厂等形式为主的松散联合方式，以及企业之间或特定事业、职能部门之间的协调与合作。

2. 战略联盟的特征

跨国战略联盟与传统的国际合资形式有着根本的区别，其主要特征为：

（1）形式上的灵活性。国际合资经营协议对合资、合作各方具有法律意义上的约束力，特别是股权式合资经营要求各方在协议的基础上成立经营实体，确立组织和管理机构。协议一旦确立，各参与方都不能随意脱离约束，否则将承担法律上的责任。而战略联盟只是某种意义上的无限制的“意向备忘录”，协议本身仅说明各方进行合作的目的。此外，参与国际战略联盟的各方不组成经营实体，也不确立任何形式的组织管理，具有很大的灵活性。

（2）合伙关系松散，自主经营性强。

1）在合资经营的合伙人关系上，存在着地位上的主次之分，贡献较大的一方占据主导地位。而在国际战略联盟中，合伙人之间的关系是平等的，战略联盟通过平等的合作，把各方的决策都纳入自身利益与共同利益相一致的轨道上来。

2）国际合资经营对合资各方在资金、劳务、技术、融资来源和市场渠道等方面的贡献都要做出严格的规定，而跨国战略联盟对资源与能力的贡献不做任何规定，完全由合伙人自主决策。

3）在战略实施上，合资经营对既定经营在实施中的每一个环节，都要有健全的管理体系，而战略联盟因不设统一的管理体系，所以对战略实施过程中的每一个环节的控制基本上是通过市场力量来进行的。

（3）风险性小。在政治风险上，合资经营的外国合伙人要单独承担来源于东道国的政治风险，而对战略联盟来说，基本上不存在政治风险。此外，在经营风险上，合资经营的战略目标产品是通过内部生产链不断增值后，再在市场上统一实现其价值，全体合伙人的利益都将维系在战略产品这一层的销售情况，即价值实现情况上，这将导致经营风险加大。国际战略联盟的战略产品是通过合伙人之间外联型的、相互衔接的附加值生产网络而逐步增值的，战略产品的销售情况只对终端企业的利益有直接的影响。

（4）利润分配的主动性。国际合资经营的合伙人是根据各自的投资比率或事先签订的协议来确定详尽的利润分配方案的。而国际战略联盟的合伙人都从自己所从事的那一环节上的经营活动获取利润。

五、市场进入模式的选择

企业不应该只考虑用一种方式进入国际化市场，而应当有所选择；同样，企业也不能对所有的国外市场都使用相同的进入模式。

如果企业是为了达到生产的规模经济或提高生产设备利用率、追求成本优势，那么最好的进入模式很可能是出口；如果企业认为整体利益最重要，那么对外直接投资和并购则更合适，因为企业必须出现在国外的当地市场上；如果企业进入国际化市场是为了获得学习机会，则合资和联盟也许是企业选择的首要模式。

不同的进入模式反映了不同的行为、风险和时间观。如果考虑风险和企业保留选择权的能力，那么出口是风险最低的进入模式，同时这种模式的投资额和退出成本都很低，其次是合资与联盟，然后是跨国并购。而最具风险的进入模式是独资，因为这种模式需要花费大量的资本和时间，这使得企业面临更高的机会成本，并且其投资几乎是不可变更的。

第四节 跨国公司撤资

一、撤资的含义

美国学者罗格·托尼登（Roger L. Torneden）早在20世纪70年代就在其著作*Foreign Investment by U. S. Multinational Corporations：With Eight Case Studies*中对跨国公司撤资有了比较详细的定义。他认为跨国公司出售全部或部分其国外机构的资产、清算公司资产，或者其国外机构被东道国政府没收和国有化，从而放弃自己对海外机构全部或部分所有权和控制权的行为即可称为跨国公司的对外撤资。其中，所谓“国外机构”，指的是那些对于跨国公司有积极意义、涉及所有权和控制权的机构，而不包括那些只是为了逃避东道国政府的税收政策和其他法规条例而设立的海外机构。换言之，“国外机构”即指雇佣东道国劳动力，实际进行本公司产品或劳务的生产，拥有一定的所有权和控制权的机构，而非那些为了特殊目的而设立的海外机构。

二、撤资的动因分析

跨国公司撤资可以分为自愿撤资和非自愿撤资。非自愿撤资主要与东道国的管制有关，自愿撤资最根本的原因就是跨国公司在东道国的经营不再能获取利润，投资失败，因此撤资的动因分析主要研究跨国公司的自愿撤资，换句话说，即哪些因素可能导致跨国公司的投资失败。

1. 有限理性、信息不对称引起的投资失败与撤资

跨国公司投资的决策过程一般有这样几个步骤：市场调查、项目可行性研究分析、投资方式的选择、决定投资。决策后的实施行为是根据母公司、子公司和投资环境的变化对成本和收益的动态调整过程。由于决策者或行为者的有限理性，常常是在缺乏完全了解的情况下，一定程度地根据主观判断来进行投资决策的，其决策要受到他们的技能、价值观、对投资目标的了解程度、应具备的有关知识和知识的深度、所需信息资料完备程度的影响。此外，在跨国公司投资的决策过程中还存在着信息不对称，这主要是指投资者和投资接受国之间的信息不对称。在投资者和投资接受国之间，接受国在掌握本国的信息上处于优势，而投资者比接受国掌握的信息要少，并且投资者掌握的信息可能是失真的信息。

目前，由于有限理性和信息不对称造成的市场期望值与现实的巨大反差已经成为跨国公司撤资不可忽视的因素。如由于对中国市场、投资环境等方面缺乏充分的信息，跨国公司对中国市场潜力过分乐观，导致跨国公司投资急剧增加，一大批跨国公司进入中国，建立独资或合资企业。随着买方市场的到来，各类企业展开了日益激烈的竞争，利润率普遍下降，跨国公司的收益急剧下滑甚至刚投产就亏本，与期望收益形成了巨大反差。投资者的有限理性和决策中信息不对称的存在就使得一些投资决策从开始就是不正确的，而不得不在一段时间后撤回。

2. 投资条件改变引起的投资失败与撤资

跨国公司投资实际上是一个动态的过程。邓宁的国际生产折中理论的基本内容是跨国公司在同时具备所有权优势、内部化优势和区位优势的条件下，投资才有利可图，才能进行对外直接投资。

如果上述三个条件发生了改变，如企业原来拥有的特殊技术已经普及或泄密等；或是企业还拥有竞争优势，但企业认为与其通过对外投资运用这些优势，还不如将这些优势出售或租赁给国外企业，即优势内部化已经无利可图；或是各国产业结构、经济和制度环境变化，这些都可能导致企业经营效果的变化，当子公司财务状况恶化、成长前景黯淡时，实际上意味着经营的失败，这也迫使跨国公司不得不做出撤资的选择。

3. 经营管理理念的差异、发展战略分歧与撤资

跨国公司投资企业成立之后，随之而来的就是如何经营管理的问题。即使决策正确，由于经营管理理念的差异、发展战略分歧也会出现撤资的情况。对于跨国公司投资企业而言，其经营管理模式、企业文化和经验习惯等都与东道国有较大差异，必定给管理带来一定的冲击。

东道国的投资环境与投资者的母国不同，投资企业应根据东道国的实际情况做出相应的调整，如果生搬硬套母国的管理模式，不注重企业文化的协调，企业就可能出现内部经营管理问题。对于合资企业，随着时间的推移，合资双方在企业发展战略上存在分歧是难以避免的。经营管理理念的差异、发展战略分歧往往会导致企业经营的失败，因此也会导致跨国公司撤资。

4. 母国经济衰退导致的财务危机与撤资

跨国公司投资企业的经营与母国的政治、经济等方面紧密相连。如果母国的经济不景气并发生严重衰退，必定会对外资企业的母公司产生影响，一旦这种影响波及对外投资的子公司并导致发生严重财务危机，跨国公司也会考虑撤资。例如，韩国 2000 年的经济增长率为 8.8%，而 2001 年下降 4%，由于国内经济不景气，韩国的一些大公司发生了严重的财务危机，母公司资本周转不济，为了减轻或摆脱财务危机，最后不得不做出缩减对外投资或撤资的选择。

5. 跨国公司基于公司重构的自愿撤资

这种类型的撤资是公司重构战略的一部分，主要是指母公司为了应付外部环境或公司竞争优势的变化所实施的撤出某一地区投资而增加在其他地区的投资，或将资金从过度多元化的业务中撤出而把资源释放到主业或其他盈利业务上来的一种撤资行为。这种撤资不是因为海外子公司投资经营的失败，而是公司更加有利可图。

三、跨国公司从东道国撤资的条件

1. 时机选择

撤资最好发生在衰退发生前或衰退初期、一些经济或社会政治条件促使撤资障碍降低时，因为一旦衰退明显，产业内外的资产购买者会处于讨价还价的优势地位。一般认为，撤资应该发生于整个经济周期的收缩阶段而非扩张阶段。这种收缩可能包括市场收缩、价格下跌或成本条件恶化导致的利润空间收缩、行业内竞争者增加、竞争加剧等。

波特认为撤资的条件包括：退出壁垒低，或随着产业的发展退出壁垒降低；创造壁垒阻止竞争对手进入的机会很少；潜在的或现有的竞争对手拥有优越的资源；竞争对手投资收益率目标低或有恶意竞争的特征。

2. 撤资障碍

跨国公司撤资会面临这样几方面的壁垒：

（1）企业资产的专用性。企业资产与特定业务的专业化程度越高，越会降低企业撤资清算的价值，从而产生退出壁垒。

（2）退出的固定资本。如企业撤出所要面临的劳动力的安置成本、产品备件成本和已签合同的违约成本等。此类成本越高，退出壁垒越高。

（3）战略性退出成本，即当退出有可能影响公司整体战略而产生的退出壁垒。

（4）信息壁垒，即在撤资决策中面临的信息障碍。

（5）管理和情感壁垒，即来自被撤资企业管理层和员工的情感纠葛与抵触而产生的障碍。

（6）东道国政府和社会壁垒。跨国公司撤资，即意味着当地员工的失业，有损地方经济。这就容易招致来自东道国政府的干预和社会的反应，从而产生撤资障碍。

四、跨国公司撤资的具体方式

跨国公司的撤资可以分为被动撤资和主动撤资，也即非自愿撤资和自愿撤资。所谓被动撤资，就是指无论跨国公司自身的意愿如何，都要被迫退出在东道国或地区的生产经营。所谓主动撤资，是指跨国公司根据其东道国子公司的具体情况或是母公司发展的需要，自行决定的撤资行为，即跨国公司根据其自身的战略需求，将拥有的资源在更大范围内进行重新配置，以达到其利润最大化的目标。

1. 被动撤资

被动撤资主要有四种情况：

（1）跨国公司子公司资产被东道国政府正式征收，即东道国政府按照当地法律法规，通过执行议会法案或下达行政命令强行征用在当地投资的外国资产。

（2）跨国公司子公司资产在东道国政府势力或非政府势力强行干预下，发生资产所有权转移。此种撤资有两个特点：一是公司资产在东道国干预下，其所有权可能转移到政府手中，也可能转移到私人手中；二是此种情况下的东道国干预往往是突然、没有事前通知的。

（3）跨国公司的资产被强迫出售，即东道国政府运用其强制权力，包括发布正式征收威胁或者骚扰其正常的生产经营活动，劝诱跨国公司将资产出售给东道国政府部门或私人部门，其出售价格通常不能反映其资产的市场价值。

（4）重新协商合同，也是东道国政府运用其强制性权力，迫使跨国公司与其重新协商当初的投资合同，以达到将跨国公司子公司资产转移到东道国政府手中的目的。

专栏

可口可乐在印度的撤资

可口可乐公司这样一个全球性的跨国公司在印度的投资过程中曾经历坎坷甚至屡次面临危机。印度是全球最古老的国家之一，从 1947 年取得独立主权以来，印度人民一直遵循自力更生的原则。他们相信一个国家要想取得真正的独立，经济独立是非常必要的。在这种思想的主导下，外资在印度市场上一直受到限制，很多跨国公司都因此被挡在了门外。1977 年印度 Janta 党政府上台后，由于可口可乐公司反对根据外汇管理法 FERA 向政府透露其配方并减少其股权的政策，公司被迫从印度市场撤离。

2. 主动撤资

主动撤资除了会采用清算、出售、破产等传统方式外，还可能采取置换、易址、分离、管理层收购、战略交易等经济全球化背景下出现的新方式进行撤资。

（1）置换。置换是指跨国公司在剥离次要业务的同时收购一些相关业务，以增强其核心业务。置换就是为收购而撤资的一种方式。Dana 公司就是这方面的例子。该公司在 1997 年为了收购中欧的 Filtron Filters 等 4 个业务单位（这些业务单位的年销售额达 14 亿美元），剥离了 Dana 欧洲配送系统和美国重型框架工程业务等 7 个业务单位（年销售额近 11 亿美元）。通过置换，Dana 公司撤出了那些销售回报率或投资回报率低、增长缓慢、经营亏损的业务领域，增强了其旋转底盘业务单位的能力。

（2）易址。易址是一种收缩战略，即跨国公司将东道国的生产活动部分或全部转移到别的国家，在其供应网络的不同节点集中并专门生产，而不一定减少总产出。如果某一跨国公司拥有庞大、灵活的国际化生产网络，那么在它所投资生产的某个国家发生经济危机或波动时，就能比较从容地将生产转移到其国际生产网络内的其他国家，而不需要付出庞大的撤资成本，即当东道国的经营相对成本和市场条件在未来存在不确定性的条件下，拥有国际化生产网络的跨国公司，会比较愿意选择易址的撤资模式。

（3）分离。标准的公司分离是指一个母公司将其在某子公司中所拥有的股份，按母公司股东在母公司中的持股比例分配给现有母公司的股东，从而在法律上和组织上将子公司的经营从母公司的经营中分离出去，这会形成一个母公司有着相同股东和持股结构的新公司。

（4）管理层收购。管理层收购也是一种重要的撤资方式。在资本市场发达的英美国家，对于管理层收购的定义有狭义和广义之分，我们这里所说的管理层收购指的是狭义的概念。狭义的管理层收购（Management Buy-out，MBO），是杠杆收购（Leveraged Buy-out，LBO）的一种形式，指企业股东将企业的一部分卖给企业内部管理者的行为，而企业内部的管理者可以通过自有资金，也可以从外部融资来实现这一购买，这样企业控制权就从大股东转移到管理者的手中。在现实中，按照收购主体的不同，管理层收购可以分成三种类型：一是典型的管理层收购，指完全由内部管理者融资独立进行的收购；二是管理层与员工联合收购，企业员工和管理层一起完成对企业的收购，管理层获得多数股份和控制权；三是外部投资者和管理层联合收购，收购完成后，原企业管理者取得企业控制权，外部投资者在适当的时候通过向管理者或其他投资者转让股权退出企业，这是最为常见的管理层收购形式。①

（5）战略交易。战略交易是指一个公司自身拥有的公司资产与其他集团的公司资产相交换。它的特点是，在这种类型的交易中，不涉及资金的转移，而仅仅是资产的转移。在战略交易的情况下，撤资公司与购买公司均想处理掉自己的部分资产，而对对方的资产比

① 王苏生、彭小毛：《管理层收购——杠杆收购及其在公司重组中的应用》，北京，中国金融出版社，2004。

较感兴趣，并且它们互为撤资公司和购买公司。由此我们可以看出，战略交易所需要的条件比较苛刻，因此，采用这种方式进行撤资的可能性相当小。

主要概念

间接出口 直接出口 易货贸易 补偿贸易 管理合同 交钥匙工程
契约进入模式 独资经营方式 贴牌生产 跨国公司撤资 合资企业 国际分包合同

复习思考题

1. 影响跨国公司进入东道国市场的主要因素有哪些？
2. 跨国公司的股权安排有哪几种模式？
3. 试述跨国公司控股的原因。
4. 跨国公司如何选择市场进入模式？
5. 跨国公司撤资的原因有哪些？

案例分析

阅读下面案例，分析韩国薇薇时尚集团有限公司是如何拓展东道国市场的。

韩国薇薇时尚集团有限公司的跨国经营模式

随着经济全球化的迅猛发展和国际竞争的日趋激烈，跨国公司正在超越国界成为推动世界经济全球化的主要载体。在跨国公司的发展过程中，跨国公司与母国基地的关系越来越趋向于疏远，人员配置、技术输出、科技研发、材料供应等，都在不断脱离母国基地，以期从投资国获得支持，减少成本，也让跨国公司在投资国逐渐独立成长起来。但即使是在互联网成熟发展的今天，跨国公司要真正成熟地发展到这一步，仍然要经过漫长的实验期。韩国薇薇时尚集团有限公司的发展给了众多在华跨国企业学习的典范，从2007年进入中国到2009年短短的两年时间内，其已经实现了人员配置、科技研发、材料供应、市场模式的本土运作，并和本土文化形成了有效的融合，顺利开拓出预期的市场。对于一个经营女性时尚主题的跨国公司，其更多的是在文化的融合方面打开局面，进而在科技研发和人员配置方面做相关的调整，最后实现打开市场的目标。韩国薇薇时尚集团以经营白领女性服装品牌和多元化妆品品牌为主，涉及女性时尚领域的众多细节，所以，如何在最短的时间内培育中国女性市场，达到认同其时尚观念，以及根据中国本土的时尚观念做最有效更新才是成功的基础。

在地域选择上，韩国薇薇时尚集团有限公司选择了中国的时尚和对外中心城市——广州，这里有丰富的人力资源以及科技研发团队，有充足的材料供应，当然，最重要的是，这里的时尚文化标签将为薇薇时尚事业打开有利的突破口。以广州为中心，把薇薇时尚的浪潮逐渐扩展到周围城市乃至整个中国，并逐步探索出适合于中国市场消费的市场模式，这些都成为韩国薇薇时尚集团有限公司长足发展的制胜点。在人员配置上，韩国薇薇时尚集团利用互联网的便利，从母国资源带动投资东道国资源，到逐步摆脱母国资源的引导，最有效地利用广州的人力资源便利，达到在华公司独立发展的目的。在科技研发上，采取与人员配置相同的模式，并不断探索韩国时尚风潮与中国时尚理念的融合，从白领女性服装品牌 MS 薇薇到天然植物化妆品品牌 FREEDAY skin，在运作中国本土市场时都做了与韩国有区别的调整。以 FREEDAY skin 为例，针对中国女性护肤习惯和要求，对产品系列和结构做了有针对性的调整，在产品包装设计上也贴合中国女性的审美需求。同时，韩国薇薇时尚集团公司以期从 FREEDAY skin 的市场反馈上调整其他化妆品品牌在中国市场的开拓，以全面打开中国市场。

第五章

跨国公司经营战略

本章要点

- 跨国公司经营战略目标
- 跨国公司经营战略的理论基础
- 跨国公司的经营战略
- 竞争性企业战略

导入案例

耐克公司跨国经营的成功

在国际分工高度发达的今天，企业既不可能也没必要把行业价值链上的所有价值活动都纳入企业内部来，关键是要抓住战略环节。美国最著名的球鞋公司“耐克”的价值链战略就是一个很好的例子。

耐克公司是在 1964 年由美国俄勒冈大学的长跑运动员费尔·那特和他的教练比尔·波曼共同创建的。自从 1958 年费尔跟波曼练长跑以来，费尔经常对波曼教练埋怨买不到高质量的运动鞋。为了帮助费尔提高比赛成绩，波曼教练根据长跑运动特点设计了一款新式球鞋，但是图纸送到美国的几家大鞋厂之后，却没有一家愿意接受试制。于是，费尔和波曼在 1964 年组建了“蓝带体育用品公司”，每人投资 300 美元，委托日本的一家鞋厂按波曼的图样试制了 300 双球鞋。球鞋以希腊神话中长跑报捷的胜利之神“耐克”为名，商标图案是花 35 美元请一个学生设计的。最初的球鞋储存在费尔父亲家的地下室里，每逢比赛，由费尔和波曼带到田径运动场上去推销。

1972 年，奥运会田径预赛在美国俄勒冈举行，费尔和波曼说服了部分马拉松赛跑运动员穿着耐克球鞋参赛。结果，其中有四名进入了预赛前七名。费尔和波曼趁机大做广告，耐克球鞋从此声名大振，不断发展壮大。耐克公司1994年的销售额已经达到38亿美元，产品销往81个国家。但是耐克公司本身并不制造耐克球鞋。从耐克的最初发迹到以后的成长发展，靠的都不是球鞋行业的制造环节。事实上，耐克公司名下只有一家规模很小的制鞋厂。97%以上的耐克球鞋的生产都采取在第三世界国家合同承包、加工返销的形式进行，其中2/3是在韩国生产的，然后由耐克公司收购，并独家在发达国家销售。

耐克公司成长、壮大的秘密在于其对产品设计和广告营销环节的控制。高档球鞋行业的战略环节是产品设计和营销控制，而制造环节相对简单，创造价值主要取决于新产品开发和营销组织管理。耐克球鞋在市场上主要靠其"最佳设计"和高档名牌为号召，以巨款聘请著名体育明星，在美国电视节目收视率最高的黄金时间做广告，成功地塑造并保持了耐克球鞋的高档名牌形象，使耐克球鞋售价长期保持在100美元左右一双的高价位。1993年，美国最著名的篮球明星迈克尔·乔丹（Michael Jordan）穿着耐克球鞋，率领美国芝加哥公牛队第三次蝉联美国NBA篮球联赛冠军，为耐克提供了其他竞争者难以企及的影响，进一步巩固了耐克公司作为美国体育鞋行业的头号企业的地位。

由于广告销售需要大量固定投资，存在巨大的经济规模效应，耐克公司1993年的广告费高达3亿美元，产品销量低的小企业无法与耐克这样的大公司竞争。在广告形象对顾客选购起主要作用的高档球鞋市场，耐克公司的高额广告费用就形成了"市场进入壁垒"。与之相对的是低档球鞋，顾客挑选的主要决定因素是价格。由于球鞋生产的经济规模效益并不显著，小企业的生产成本并不高于大企业，这就造成了低档球鞋由众多小企业供应，高档球鞋则由几大巨头控制的局面。

第一节　跨国公司全球竞争优势

跨国公司在从事跨国经营过程中，如何获取全球竞争优势，是跨国经公司必须正视的问题。进入21世纪，全球竞争意味着各国竞争者在主要国家或地区性市场的战略地位从根本上受到它们全球总体地位的影响。为了有效地获取全球竞争的优势，跨国公司必须适应国外的市场环境，实现规模经营，正确选择投资区位，充分利用各区位分支机构的资源，有必要综合地而不是割裂地考察非国家或地区性市场内的经济和竞争者，以确立跨国公司的全球竞争优势。

一、跨国公司的经营战略目标

跨国公司跨国经营是指跨国公司以国际需求为导向，以扩大出口贸易为目标，进行包括海外投资、营销在内的一切对外经营活动，即在资源获取、产品生产和销售、市场开发目标的确立等方面，将企业置身于世界市场并发挥自身比较优势，开展对外经济技术交流，参与国际分工、国际协作和竞争等一系列经营活动。所以，增强企业的核心竞争力，构建全球竞争优势，是每一个跨国经营企业的关注焦点，也是跨国经营的战略目标之一。与此同时，要提高整个国家的产业竞争能力，提高企业的总体素质和水平，就要求企业不仅要立足于国内市场，而且要勇于开拓国际市场，制定跨国经营战略，放眼世界，努力提高在国际市场上的竞争能力。

1. 提高跨国公司在全球的资源配置效率

在经济学研究领域，资源配置效率问题是研究的核心内容之一。在资源配置效率的研究问题上主要包含两个层面：其一是宏观层面、广义的资源配置效率，即社会资源的配置效率，通过整个社会的经济制度的调控来实现；其二是微观层面、狭义的资源配置效率，即资源使用效率，一般指生产单位的生产效率，通过生产单位内部生产管理和提高生产技术来实现。现代经济学认为，市场是资源配置的最重要方式，而资本市场在资本等资源的配置中起着极为关键的作用。跨国公司在全球的资源配置中，资金首先要通过资本市场流向企业和行业，然后带动人力资源等要素流向企业，进而促进企业和行业的发展。因此，资金配置是资源配置的核心。

2. 强化跨国公司的全球适应能力

由于各个国家的政治、经济、文化、法律、科学技术环境各异，跨国公司的生产经营活动必须适应这种环境。同时，企业的产品、服务和业务的运作过程也要符合东道国市场消费者或用户的要求。因此，第一，在提高市场占有率方面，企业可根据目标市场的特征对自己的产品或服务做出相应的改变再推出。这样的产品或服务往往能更好地满足国外消费者或用户的需要，使其感觉到产品或服务似乎专门为自己量身打造，可以扩大本企业产品或服务的市场。第二，在增加定价的灵活空间上，若产品或服务在目标市场适销对路、广受国外客户青睐，企业定价策略就有更大的灵活空间。第三，在打击东道国竞争对手上，东道国竞争者对当地市场比较熟悉，并容易对市场变化做出快速反应。这是大多数东道国竞争者所拥有的自然优势。如果跨国公司一开始就能使自己的产品或服务很好地满足当地客户的要求，迎合当地消费者的偏好，这就会给占有天时、地利、人和等优势的当地竞争对手带来一定的竞争压力，且容易在竞争中获胜。

为了充分利用上述机会，跨国公司的管理层必须做好两项工作：一是正确地处理产品或服务的改变和成本之间的关系。在许多情况下，产品的改变需要较大的资金投入，从而给企业带来一定的成本压力。但是，并非所有产品或服务的改变都会大幅度地增加成本。二是正确认识什么样的产品需要改变，什么样的产品或服务无需改变。有些知名度较高的特色产品一经改变，反而让国外客户难以接受，因为他们认为改变后的产品“不够纯正”。

3. 提升跨国公司的全球支配能力

在跨国公司国际化经营中，提升跨国公司的全球支配能力主要体现在以下几方面：

第一，企业在资本、劳动力、技术等经营资源的开发上，要从国内为主逐渐转向在全球范围内统筹考虑和合理配置。即依据不同国家、地区的不同利润、税收和不同金融风险配置资本；依据不同国家、地区技术发展水平和优势，设立相应的技术开发中心组织技术开发，增强企业技术竞争能力；依据经营需要，利用和开发人力资源。

第二，跨国公司应积极开展国际协调型的研究开发。一方面重视国内的研究开发，不断提高技术水平；另一方面积极建立国际协调型的研究开发机构，提高自身的综合技术竞争力。

第三，可建立基于国际分工协作的高效生产体制。企业应改变国内生产为主、海外生产为辅的传统经营方式，力求建立合理国际分工协作的全球高效生产体制。

第四，建立和完善国际营销网络。企业应通过聘用当地营销人才或加强培训等方式，大力培养不仅懂营销、懂外语，且熟悉当地文化特点和消费习惯的营销人才；完善国际网络，建立信息交流机制，提高信息共享程度，迅速准确地开展市场营销；依据市场需求信息，研制适销对路的产品。

我国目前有一些从事跨国经营的企业，由于尚处于海外发展的初级阶段，缺乏跨国经营的经验，很少或根本没有多国适应性的经营战略。这种状况长期延续下去，势必会影响跨国经营企业的竞争力。大多企业搞跨国经营都处于变幻莫测、错综复杂的环境之中，因此，应根据各自的优势和企业特点以及国际市场情况的变化和机遇，及时制定适应自身的多国经营战略。

二、跨国公司经营战略目标的实现

1. 适应东道国的市场需求

国内企业要在跨国竞争中占领一席之地，最基本的要求就是要适应东道国的市场需求。因为企业在国外市场竞争需遵循环境的驱动。在不同国家，顾客、消费者的爱好、品位是不一样的，所以必须按顾客的要求定制产品以迎合当地购买者的口味和偏好。另外，由于产品的设计和销售方式的多样化，以及存货管理和分销的复杂化，企业还应根据不同国家分别按当地要求定制特有的产品。

2. 寻求全球性的规模经济

所谓规模经济，就是通过扩大规模和生产要素的合理配置使企业获得最佳的经济效益。企业的规模经济应通过对企业规模的分析，确定最佳经济规模，并按照这个经济规模组织生产经营活动，使企业获得最高经济效益。经济规模是指在一定的生产技术组织条件下，对生产要素进行合理配置，从而使企业获得经济效益的生产能力。当经济效益达到最佳状态时所对应的经济规模，就是规模经济。

为了在跨国经营战略中获得创造价值，企业可以通过扩大产品市场来取得全球性的规模经济，尤其是在生产运营中。在某种程度上，企业可以将不同国家的产品标准化，采用相同或相似的生产设备，整合重要的资源，以取得最优化的规模效应。例如，中国加入世界贸易组织后，全球的汽车制造商都可以进入中国市场，并缴纳较低的关税。一方面，来自日本的丰田、本田和日产，来自美国的福特、通用和雪佛兰，来自德国的奔驰、大众等汽车制造商在中国生产汽车，与中国内地的自主汽车制造商进行直接的竞争。国外的汽车制造商在全球化的经济规模下，其产品的品牌、定价以及服务更具有竞争力，在中国的汽车市场上获取了一定的市场份额。另一方面，中国的上汽集团、吉利汽车等企业也在发展自主品牌汽车，并与外国汽车制造商在海外市场上展开了竞争。由此可见，通过不同国家企业间的资源与知识共享，企业也可以在国际化市场中发掘其核心竞争力。尤其是企业间资源、知识的共享产生了协同效应，这将有助于公司以较低的成本提供更高质量的产品或服务。

3. 为价值活动和资源配置选择最佳区位

为了在跨国竞争中取得先机，企业在地域区位上必须做出最佳选择。区位的选择可能受到生产和运输成本，以及拓展客户群需要的影响，可能还包括文化上的效用。因此，企业把工厂开设在海外市场，其基本目的是降低所提供产品或服务的成本。因为在有些国家和地区，可以更容易地获取廉价的劳动力、能源和其他自然资源。其他的区位优势也包括有机会获得重要供应商和客户群。企业一旦占据有利的区域，就可能通过有效的管理手段来获取最大化的利益。例如，日本的丰田汽车以进入国际市场来拓展市场规模，并通过国际投资的方式获取利润。丰田汽车的盈利主要来源于亚洲，尤其中国市场。因为在中国，丰田汽车的生产成本得以降低，使其在中国市场上的控制力和计划性得到了加强，并在经营的过程中针对中国市场制定并执行了成功的战略，从而保持了现在的竞争优势。

4. 跨地区的知识转移

虽然知识转移在组织中越来越重要，但知识转移过程却是一个需要耗费大量成本、非常复杂和困难的过程，尤其是对跨国企业而言。这是因为知识要跨越地域边界和文化差异来进行转移，更加难以进行。

影响知识有效转移的因素有很多，从被转移知识来看，被转移知识的本身特点（复杂性、专有性和内隐性）会影响知识转移的有效性；从知识转移的接受方来看，接受方组织自身特征，如参与知识转移的时间长短、组织结构和组织文化，以及组织战略等都是影响知识转移效果的重要因素；从参与知识转移的组织双方关系来看，知识转移双方之间的信任关系也是影响知识有效转移的重要因素。而对跨国企业所进行的跨国知识转移而言，还存在一些重要的由于跨文化导致的影响知识转移有效性的因素，比如与东道国之间的文化差异和东道国的制度环境等。

三、构建全球竞争优势的对策

增强企业的核心竞争力，构建全球竞争优势，是每一个跨国经营企业的关注焦点。虽然市场经验少的中国企业先天存在许多劣势，但是以信息、网络技术为代表的知识经济时代的来临为中国企业跨国经营提供了后来居上的契机。结合全球的经济、技术发展趋势及中国企业的自身特点，中国企业跨国经营应从全球化的高度思考如何构建全球范围的竞争优势，具体内容如下：

1. 转变观念

从全球视野思考企业的竞争战略。跨国经营既是中国参与全球经济一体化的必然趋势，也是中国企业参与全球竞争不可回避的必然结果。进行跨国经营就要从全球一盘棋的角度思考企业的行为，资源配置要思考全球最佳方案，市场定位要思考全球市场，与竞争对手的博弈在全球范围内进行，总之，不能再以当地或本国的角度来思考企业行为。

2. 积极开拓海外市场，寻找规模经济

海外市场的开拓，必然带来生产规模的扩大，生产规模扩大则可以利用规模经济来降低成本，成本的降低可进一步巩固竞争的成本优势和获得更多的经济利润，利润的增加反过来会强化企业的研发力量和市场的开拓能力。就现阶段的中国企业而言，利用中国的低成本优势，大力开拓海外市场，获取规模效益，是一条比较现实的渐进之路，但要注意国外的反倾销和反垄断措施。

第二节 跨国公司经营战略的理论基础

一、资源基础论

资源基础论最早源于彭罗斯（Penrose）在1959年出版的《企业成长论》一书。书中提出，企业是资源的集合体，企业的成长除了要受市场竞争状况等外在要素制约外，还要受经营资源以及组织能力的制约。近年来，资源基础论学说日益得到学术界的重视，并成为企业战略管理研究的重要方法。从理论上讲，资源基础论解释了不同企业存在差异的根本原因，提出了企业获得和保持竞争优势的条件。可以说，资源基础论认为企业间战略联盟的必要性在于不完全流动、不可模仿和不可替代的资源可以通过联盟来获得。企业是不同知识、能力和核心专长组成的集合体，没有两个公司是相似的，因为没有两个公司具有同样的经验，获取同样的资源和技能，或建立同样的组织文化，而这些资源和能力往往决定了公司运作的效率和效益，也决定了企业经营的范围和领域。资源基础论强调企业应通过整合和利用有价值的资源来实现企业价值创造的最大化。

1. 资源价值评估的标准

在跨国经营中，资源价值评估的标准可以有多个层次，包括国内专业化、国内产业多元化和国外地理多元化。因为跨国企业成长的推动因素既可来自企业内部，又可来自外部环境。一些因素可能会推动企业向多元化发展，比如，市场饱和会使企业走上国内多元化道路，而其他因素可能会导致地理多元化，包括海外多元扩张。因此，对外直接投资和国内多元化都是利用企业未被充分使用资源的选择。

另外，资源价值能够对企业的竞争优势产生正的、负的和中性的影响。这种影响主要取决于每一种资源的特征：价值和稀缺性。而且，企业的竞争优势受内部资源相互作用、组合和互补性的影响。

2. 战略性资源的条件

随着资源在竞争战略中重要性的不断提升，对战略性资源条件的要求也就越来越苛刻。

一方面，企业竞争优势之所以能持久，是因为企业拥有异质性以及不可移动性的资

源。这些条件包括资产、能力、组织程序、企业特性、信息和知识等在内的企业资源，如物质资源、人力资源、组织资源等。

另一方面，随着跨国经营的竞争越演越烈，企业的异质性、不完全流动性和对竞争的限制性，成为能够为企业带来战略性资源的基本条件。因为当一个企业采取某种战略来获取或高效利用这些资源时，执行这种战略存在使其他企业难以采取同样战略的成本，从而为企业赢得优势。

3. 对资源基础论的评价

目前，以资源基础论为核心竞争力的出现，标志着战略管理理论的重心已经从对短期的、外在的竞争优势的追求，转向对持久的、内在的竞争优势的追求；已经由产业和产品的竞争，转向为创造未来而竞争。因此，企业要获得竞争优势，就必须去寻找最有价值的核心能力，去发现运用这些能力获取最大利润的方式。

经过几十年的嬗变和演进，基于资源的竞争战略理论不仅为战略管理理论开拓了新的研究方向，而且对企业竞争战略的制定和执行产生了广泛而深远的影响。该理论将人们对竞争优势源泉的搜寻从企业外部转移到企业内部，从而使企业管理者把对企业发展的战略思考集中于企业自身的力量上，进而识别出能够产生持续竞争优势的资源，并从资源的角度做出企业的竞争战略决策。

二、价值链理论

1. 价值链的含义

价值链（Value Chain），这一概念源于西方行为型企业理论，把企业生产经营行为的总目标划分为生产、存货、销售等不同的子目标，是由 Porter（1985）首先提出的。他认为企业的价值创造过程主要由五项基本活动（内部物流、生产运作、外部物流、市场和销售、服务）和四项支持性活动（采购、技术开发、人力资源和企业基础设施）两部分完成，这些相互联系的价值创造过程构成了企业价值链。很明显，Porter 所指的价值链限于将所有经营活动囊括于一身的垂直一体化公司。也就是说，不仅公司内部存在价值链，一个公司的价值链与其他经济单位的价值链也是相连的。任何公司的价值链，都存在于一个由许多价值链组成的价值体系（Value System）中，而且该体系中各价值行为之间的联系对公司竞争优势的大小有着至关重要的影响。

2. 价值链的构成

（1）基本环节与辅助环节。

每一个企业都是材料采购、生产作业和产品销售等一系列活动的集合，这些活动被称为价值活动。它们是企业创造对买方有价值的产品的基石，可以用价值链的形式表示出来。企业的价值活动又可分为两大类：基本环节和辅助环节。基本环节指的是直接创造价值并将价值传递给顾客，它主要包括材料入库、生产作业、产品出库、市场营销和售后服务。辅助活动主要为基本活动提供条件并提高基本活动的绩效水平，它不直接创造价值。

辅助活动主要包括采购、技术开发、人力资源管理和企业基础设施。其中，采购、技术开发和人力资源管理都与各种具体的基本活动相联系并支持整个价值链，而企业基础设施并不与各特定的基本活动相联系，但支持整个价值链。因此，企业的各项价值活动不是孤立的，而是相互依存的，从而形成了一个系统、一条价值链。价值链的各环节之间相互关联、相互影响。

（2）上游环节与下游环节。

虽然价值链的每一环节都与其他环节相关，但是一个环节能在多大程度上影响其他环节的价值活动，则与其在价值链条上的位置有很大的关系。根据产品实体在价值链各环节的流转程序，企业的价值活动分为上游环节和下游环节两大类。在企业的基本价值活动中，材料供应、产品开发、生产运行被称为上游环节；成品储运、市场营销和售后服务被称为下游环节。上游环节经济活动的中心是产品，与产品的技术特性紧密相关；下游环节的中心是顾客，成败、优劣主要取决于顾客特点。

因此，不管是生产性行业还是服务性行业，企业的基本活动都可以用上述价值链来表示，但是不同的行业价值的具体构成并不完全相同，同一环节在各行业中的重要性也不同。例如，在农产品行业，由于产品本身相对简单，竞争主要表现为价格竞争，一般较少需要广告营销，对售后服务的要求也不是特别强烈，因此价值链的下游环节对企业经营的整体效应的影响相对次要；而在许多工业机械行业以及其他技术性要求较高的行业，售后服务往往是决定竞争成败的关键。

3. 价值链的战略环节和竞争优势

一般来说，跨国企业在生产活动中都拥有自身的优势环节。要保持企业的竞争优势，关键是保持企业产品价值链上战略环节的竞争优势，而不需要在所有的价值活动上都保持优势。只要把战略环节紧紧地控制在母公司内部，很多非战略性的活动则完全可以通过跨国经营的方式承包出去，尽量利用国外生产的某些成本优势降低生产成本，增加经营的灵活性。

通过对企业活动的价值链分析可以看出，在企业的价值活动中，并不是每一环节都创造价值，实际上，只有某些特定的价值活动才创造价值。这些真正创造价值的活动就是价值链上的战略环节，即形成企业竞争优势的环节。企业要保持竞争优势，就是要保持价值链上这些特定战略环节上的优势。企业对战略环节的控制可以采取多种形式，既可以是控制关键原材料、关键人才，也可以是控制关键的销售渠道、关键的市场等。在很长一段时间里，材料入库、生产作业、产品出库、市场营销和售后服务这类价值链上的基本活动是企业核心能力的主要来源，而采购、技术开发、人力资源管理、企业基础设施等辅助活动处于从属地位，因此，以往企业的战略重心主要放在基本活动上。但是，随着供求关系的转变，辅助活动的重要性越来越突出，越来越多的企业开始关注自己的辅助活动。有很多企业通过在辅助活动中的各个职能环节培育核心能力，赢得了持续发展的竞争优势。

4. 基于价值链的国际分工和地区业务布局

价值链的国际分工意味着将价值链的采购、研发、生产、销售等环节和不同生产要素的区位优势结合起来。例如，将生产中心置于劳动力成本低廉的国家和地区，将研发中心置于人才密集的国家。很多跨国公司将研发中心迁往中国，说明了我国人才的研发能力较强和研发成本较低。

我国企业在价值链的全球布局上需要更深层次的思考。以海尔为例，海尔在美国设立生产基地并坚持管理本地化，大量使用当地人员，在品牌建设上有其积极意义，并有助于激励与管理，但生产成本的高昂，会大大削弱盈利能力。针对中国企业而言，生产国际化（或寻求生产成本更低的国家和地区），市场反馈当地化，设计全球协作化（研发中心可以考虑目标市场、人才要素优势区域和中国的全球布局）是一种很好的选择。

5. 价值链与国际营销策略选择

在国际经济竞争日益激烈的今天，可通过以下方法利用价值链理论选择营销策略，提高我国企业的国际竞争力。

第一，在跨国经营中要根据自身技术和资金缺乏的特点，选择一组或几个细分市场。企业应扬长避短，充分利用自身优势，并把不占优势的部分利用外部市场转移出去。这样，既可减少资金投入，又可降低投资风险。

第二，选择投资市场虽应有所偏重，但不应过分依赖一些国家和地区。根据价值链理论，在现阶段，欧美发达国家及一些新兴工业化国家仍然是我国企业跨国投资的首选之地，因为这些国家有先进的生产、管理技术和丰富的营销经验（这些恰恰是我国企业的薄弱环节），我国企业应充分利用国外优势，将管理技术和营销环节转移到国外去。此外，还应在一些发展中国家开辟投资市场，这是因为，相对来说，我国企业在生产技术等方面领先于这些国家，而且这些国家具有可观的产品销售市场，向这些国家投资，大多可获得丰厚的利润。

第三，集中资源，通过精细化专业分工和相互紧密的协作，形成集群的产业网络。各企业应积极加入产业集群网络，提高资源的集中使用效率，形成企业内部的规模经济，形成强大竞争力的企业集群，提高企业跨国经营的抗风险能力。这一点特别适合中小企业的跨国经营。通过采取股权投资、承包、分包、许可证等方式实现中小企业间的联合或者主动联系加入以大企业为核心的跨国经营集团等，进而实现价值链的链接融合、跨国经营风险的降低和竞争能力的提高。

第三节　跨国公司的经营战略

第二次世界大战后，西方国家企业开始了大规模的国际扩张。在它们的跨国经营过程中，逐步形成了三种不同风格的跨国经营战略模式，即以美国公司为主的国际战略模式、以西欧公司为代表的多国战略模式和以日本公司为代表的全球战略模式。进入 21 世纪，国际经济竞争实际上是各国跨国公司间的竞争。一个国家的经济实力和国际竞争力，集中体现在跨国公司的实力和竞争力上。特别是近年来，跨国公司有了长足的发展。根据联合国跨国公司中心的统计，全球跨国公司的数量从 1986 年的12 000家增至 2012 年的89 000家，根据联合国贸易和发展会议（UNCTAD）公布，跨国公司正以庞大的规模和雄厚的实力左右世界经济的发展，同时也在不断调整、改变发展战略。中国经济要腾飞，也必须组建跨国公司参与到这场竞争中去。我们应当密切关注跨国公司发展战略的变化，从中吸取经验和教训，确立我国企业的跨国经营战略。

一、国际战略

第二次世界大战后，美国企业在新技术和管理过程的发展中建立起了显著的竞争优势。凭借这种技术和管理上的优势，加上当时战后恢复与重建的需要以及原殖民地纷纷独立后对新技术和新产品的需求，美国企业逐步形成了具有自身特色的跨国经营战略模式。美国经济学家雷蒙德·弗农在他的国际产品生命周期理论中，从国际经济学和技术扩散的角度对之进行了深刻描述。

国际战略模式的核心包括两点：一是母公司在技术、产品或工艺过程上的创新；二是将母公司的创新及时而有效地向海外转移。其中前者是该模式的前提条件，后者是公司战略规划的主要内容，即确定转移的时机、国家或地区，以及转移方式。因此，国际战略模式就是围绕母公司的创新，通过不失时机地向海外转移这些创新成果，达到在世界范围内充分利用母公司的创新能力来加强、提高海外分公司、子公司的竞争力，获得更多利润。跨国经营活动的开展在很大程度上依赖于母公司对新技术、新产品、新工艺过程的开发和战略转移。在转移的过程中，母公司允许海外子公司或分公司根据当地具体条件对母公司的技术或产品、工艺进行适应性调整，但母公司会通过复杂管理体系与掌管核心知识来控制海外子公司或分公司，从而实现其战略目标。

国际战略模式的成功与影响行业发展的环境因素密切相关。一般来说，在这样一些行业中，行业的发展主要由技术因素主导（称为国际性行业），企业对新技术的开发和传播是其竞争优势的主要源泉，例如计算机制造行业、通信交换设备制造行业便是如此。

二、多国战略

早在20世纪二三十年代，西欧国家的企业便开始了对外直接投资。当时由于关税和非关税贸易壁垒很高、东道国对国外产品采取歧视性政策、通信与交通费用较高，限制了母公司对海外子公司的干预能力，形成了国外子公司在当地独立经营的管理传统。这种管理传统对20世纪五六十年代跨国经营战略的形成产生了重大影响，即在此管理传统的基础上形成了多国战略模式。

多国战略模式强调国外子公司经营的灵活性和适应能力，寻求地区适调的最大化。它把国家之间在政治、社会、文化、经济体系即市场需求特性上的差异作为战略考虑的基本点。因此，多国战略就是通过分析各东道国之间的环境差异，努力提高对各东道国经营环境和市场需求的适应能力，扩大在国外市场上的占有率和销售收入。跨国经营活动的开展主要依赖于各东道国子公司自身的适应能力、创新能力和在当地市场的开拓能力。其战略过程就是各子公司识别当地需要，然后使用它们拥有的当地资源对这些需要做出反应的过程。在这个过程中，母公司通过财务联系或非正式的人际关系来影响海外子公司的经营活动。这种模式下，海外子公司拥有相当大的自主权，并且往往会在东道国建立与母公司相同、但独立于母公司的经营系统，从事与母公司相同价值链的活动。

当某一特定行业的发展主要由国家、文化、社会、经济和政治差异造成的当地因素主导时（称为多国性行业），在该行业中经营的企业采用多国战略方法就是有效的。如洗涤用品制造业，由于各国消费者的洗涤习惯、对洗涤品的形态要求、香型偏好以及政府对含磷量的规定等都存在较大差异，所以只有根据不同国家生产不同产品的做法和战略才能获得成功。

三、全球战略

全球战略模式强调全球性效率。因此，该模式把为全球市场提供产品或服务作为战略定位，把成本和质量作为战略考虑的基本点。通过把企业主要价值链的各个环节，如研究与开发、生产制造、营销等集中布局在少数具有区位经济优势的国家或地区，并加以集中控制，从而实现大规模、标准化的生产经营，以最大限度地降低成本和提高质量，建立竞争优势。

全球战略的主要特征如下：第一，企业应面向全球开发与配置资源。企业在资本、劳动力、技术等经营资源的开发上，要从国内为主逐渐转向在全球范围内统筹考虑和合理配置。即依据不同国家、地区的不同利润、税收和不同金融风险配置资本；依据不同国家、地区的技术发展水平和优势，设立相应的技术开发中心组织技术开发，增强企业技术竞争能力；依据经营需要，利用和开发人力资源。第二，企业应积极开展国际协调型研究开发。一方面重视国内的研究开发，不断提高技术水平；另一方面积极建立国际协调型研究开发机构，提高综合技术竞争力。第三，建立基于国际分工协作的高效生产体制。企业应改变国内生产为主、海外生产为辅的传统经营方式，力求建立合理国际分工协作的全球高效生产体制。第四，建立和完善国际营销网络。完善国际网络，建立信息交流机制，提高信息共享程度，迅速准确地把握市场机会；依据市场需求信息，研制适销对路的产品。

我国目前有一些从事跨国经营的企业，由于尚处于在海外发展的初级阶段，缺乏跨国经营的经验，很少或根本没有制定全球性的经营战略。这种状况长期下去，势必会影响我国跨国经营企业的竞争力。我国企业搞跨国经营，处于国内、国外和国际三种变幻莫测、错综复杂的环境之中，应根据各自的优势和企业特点，以及国际市场情况的变化和机遇，及时制定全球经营战略。

四、跨国战略

1. 跨国战略的含义

从 20 世纪 80 年代末 90 年代初开始，跨国经营环境发生了重大变化。这些变化表现在：许多产业中，原先居于主导地位的单一环境力量被另一些更为复杂的环境要求所代替，且每一种力量的影响都在增强。纯粹的全球性行业、国际性行业和多国性行业减少，越来越多的行业同时受到全球化因素、当地文化因素和技术创新因素的影响。其结果就是，在这些行业中采用传统战略模式的企业难以真正建立竞争优势，企业必须发展新的战略方法，施展各方面的能力，有效地同时应付相互冲突的环境力量，同时做到高效率、反应灵敏、持续创新。这种把传统战略模式的核心能力有机结合在一起并在世界范围内加以运用的新兴战略方法，称为跨国战略。

2. 跨国战略的特征

跨国战略的基本特征如下：第一，战略的主导思想是从全球经济角度着眼，从每个东道国的特定环境入手开展跨国经营活动。采用跨国战略需同时把全球性效率、多国适应性和世界范围的创新作为跨国经营的战略目标，而不是在这些目标中进行取舍，使竞争优势的来源多样化。第二，战略目的和重点应该同时兼顾成本管理和收入管理、效率管理和创新管理。采用跨国战略必须克服传统模式的片面性。为了建立并维持多样化的竞争优势，必须采用多种手段和方法来培育多样化的核心能力。因此，成本与收益必须同时管理，效率与创新同样重要。第三，战略性资源与能力既有集中，又有分散，从而形成全球有效体系，既能开发相对竞争优势，又能形成规模经济。

3. 跨国战略的选择

不少人认为，只有具备一定实力的大企业才有能力和有必要实施“走出去”战略，而对于为数众多的中小企业来说，只能是“望洋兴叹”。而相当一部分中小企业也觉得自己实力不济，外向经营能力不强，不具备跨国经营的本领。然而，事情并不是绝对的，大企业固然有跨国经营的优势，但中小企业只要扬长避短，找到合适的国际化道路，照样可以实现跨国经营。跨国战略具体包括以下主要内容：

（1）宏观支持战略。

对外跨国投资并不是纯粹的企业行为，政府有关职能部门要从战略的高度来对待我国的跨国投资工作，根据目前跨国投资的现状，通过法规、政策、措施等对我国的跨国投资活动从宏观上加以引导、协调、监督、管理、扶持，使跨国投资活动能够顺利、平稳、持续地发展。

当前我国宏观支持工作主要包括：成立全国统一的对外投资管理机构，统一研究制定对外跨国投资的方针、政策、规划，统一管理和协调各方面的活动；成立全国性的跨国投资信息咨询服务机构，为企业进行跨国投资提供信息和咨询服务、项目可行性研究服务；加快关于跨国投资立法工作的步伐，尽快制定和完善我国跨国投资的法律规范；提供税收优惠政策，鼓励企业开展跨国投资或用投资的利润进行再投资；建立海外投资保险制度等。

（2）金融支持战略。

中国企业跨国投资的成功有赖于为企业跨国投资服务金融体系的培育和发展。

首先，要适当放松对企业的金融控制和外汇管制，赋予条件适合的跨国企业一定的全球授信额度，使企业海内外业务的发展都能获得便捷的银行服务支持，以应对瞬息万变的国际市场，捕捉转瞬即逝的市场商机，参与激烈的国际市场竞争。

其次，要充分发挥进出口银行的作用，积极给企业的跨国投资提供融资便利。外经贸部国际贸易经济合作研究院的一项调查显示，当前企业开展境外加工贸易最希望得到的政策支持依次是：出口信贷、中央专项外贸发展基金、进出口银行的支持、出口退税、出口信贷保险、一定数量的外汇、援外优惠贷款以及设立国家投资风险基金。这些政策支持中，除出口退税以及国家投资风险基金（目前尚未设立）之外，都与进出口银行目前承办的业务有关。

最后，设立对外经济合作基金。通过设立对外经济合作基金来扶持本国企业对外直接投资，这是国际上通行的做法。如韩国在20世纪80年代就设立了对外经济合作基金，专门资助韩国投资者在发展中国家从事资源开发或股权投资；法国设立了鼓励合作基金，主要用于为企业到国外投资提供担保。

（3）产融结合战略。

产业资本与金融资本的联合与渗透是跨国投资向高级阶段发展并走向成熟的标志。我国在跨国投资发展的过程中，应当采取切实措施，推进产业资本与金融资本的融合，积极组建银企财团。银企财团是跨国经营企业发展过程中的一个高级组织形态，它是以银行等金融机构为核心，以工业为主体，以贸易为纽带，集多种功能为一体的巨型综合企业集团。因此，我国应尽快建立现代企业制度，推动企业的跨国投资和银行业的国际化发展，通过企业与金融机构的股权渗透，使金融业和企业相辅相成、协同发展，形成金融—产业财团，跻身于国际市场。

以目前中国产业资本与金融资本的结合而言，海尔做出了表率。2014年全球营业额实现2 007亿元，收购鞍山信托股份，控股长江证券、青岛商业银行，组建海尔纽约人寿保险公司，成功地建立了自己的产融帝国。

（4）企业集团投资战略。

国际竞争是规模与实力的竞争，综合性大型企业集团是当今跨国投资和国际竞争的主体。为了适应日趋激烈的国际竞争的要求，我国的跨国投资应改变以往那种小规模、分散化的“小打小闹”局面，而应积极发展以大型企业为核心，集资本、生产、技术为一体的实力雄厚的企业集团，并以此作为我国跨国投资的主体，以联合方式对外直接投资。主要是通过政策倾斜、扶持等措施积极鼓励国内企业的联合，鼓励已有的企业集团积极走出国门开展跨国投资，以便迅速在国际市场上站稳脚跟，打开局面，同其他国家的跨国公司抗衡，在激烈的国际竞争中占有一席之地。

目前，我国在这方面已经取得了一些进展，如首钢集团，通过进行海外跨国投资，已经成为一个跨机械、电子、化工、矿业等18种行业，拥有12个大公司、158个厂矿、53家联营企业、64家合资企业的国际经济巨人，成为我国实行企业集团投资战略的典范。

（5）投资行业战略。

对发展中国家和地区的投资，应偏重制造业。因为国际分工日益深化，制造业层次渐多，活动余地变大，增加的产值也高，而且同各国经济发展和现代化的关系比较密切。从比较优势的角度来看，对一些发展中国家而言，我国企业的制造业技术、生产规模等具有相对优势，在全世界140多个发展中国家和地区中，除了新兴工业化国家以外，我国制造业技术要“早半拍”。因此，我国企业向发展中国家进行直接投资、发展制造业的潜力相当大。

对发达国家的投资，应着眼于高技术行业。我国目前在发达国家的投资主要是资源开发性项目和工业生产性企业。发达国家投资环境优良，在发达国家投资国内紧缺的资源和产品项目，搞进口替代对外投资，可起到节约外汇和稳定货源的作用。但从发展战略的角度来看，我国在发达国家的投资应偏重于高技术行业，一方面可获得高额利润，另一方面可取得发达国家最先进的技术、管理销售技能等。

总之，跨国战略的核心就是如何合理配置资源及各种生产、管理和经营能力，同时在适应能力、全球经营效率和创新能力三个方面建立竞争优势。严格地讲，跨国战略方法还不能称为“模式”。因为传统战略模式比较成熟，可以从企业战略管理实践中找到佐证，而跨国战略方法则不然。

第四节　竞争性企业战略

竞争性企业战略是企业在市场中获胜的中心和灵魂，可以用来监视市场地位、管理经营、吸引消费者、成功竞争和完成企业使命。在此过程中，竞争性企业战略的中心推力是采取步骤，建立并加强企业长期的市场竞争地位。竞争性企业战略随着时间不断进化，一方面，需要积极地、有目的地进行改变；另一方面，企业的战略应根据未来无法预期的发展和新的市场环境做出必要的反应。

一、竞争战略方法论

企业在实施竞争性战略的过程中，必须遵循五个基本方法：第一，企业应根据自身的市场定位，努力提出适合自己的战略愿景，为企业提供长期的发展方向。第二，企业应设立明确的目标，其目的是将战略愿景转化为企业要完成的明确绩效成果。在此过程中，目标需要清楚地说明什么时候要达到什么样的业绩，而且这些目标需要一定程度的延续性。这些战略目标的正确设立，有利于企业在市场上增强地位，加强竞争的活力和未来的全球经营前景。第三，企业应制定战略达到目标，并使企业朝着它想去的方向前进。其旨在产生可持续的竞争优势，建立核心竞争力，并统一企业所发起的战略行动。在跨国经营中，企业的经营范围越广，其战略的制定越是一个合作团队共同努力的产物。第四，企业应有效率地执行所选择的战略。管理战略上的执行旨在以一种战略支持的方式塑造核心业务活动的业绩。它使企业战略转化为行动和结果，这一过程检验了企业战略的执行力，同时建立了企业在国际市场上的竞争力。在执行所选的战略时，企业战略运作的有效性是企业在市场上竞争的驱动器。第五，企业应根据实际的经验、变化的环境、新思想和新机会，对长期方向、目标和战略等方面进行评价，并做出适当的调整。企业在战略管理过程的这个阶段，需决定是继续还是改变企业所运行的方向、目标和战略执行方式。但是有的时候，企业不仅需要调整战略计划，还得继续努力，提高战略执行的力度。

二、竞争性战略的基本内容

1. 战略定位

战略定位理论产生于20世纪80年代初，后来经过分化演变出现了三种典型的战略定位理论与方法。三种战略定位理论与方法并非是彼此孤立的，而是相互影响、交叉融合的，只是在某一特定时期某种理论占据主流地位而已。三种战略定位理论与方法并行发展的过程，也是理论界和企业界从不同角度探索企业战略理论本质、寻求企业持续竞争优势的过程。因此，竞争战略是形成独特定位的过程，依托战略定位不仅可以留住现有顾客，而且能吸引新顾客。

第一种战略定位是基于产品的定位。即企业根据其提供市场的产品或服务类型来定位。基于产品定位的企业最初往往是以所有的顾客为服务对象，并没有对顾客进行分类。当企业针对外部市场竞争形成了独特的内部运营活动，并提供独具特色的产品或服务时，就会吸引顾客的关注和购买，并催生具有新型需求偏好的顾客群体，基于产品的定位就可能成功。例如，美国可口可乐公司就是依靠其开发的独具特色的“可乐”饮料，并在大众心目中建立了可乐的定位，从而在饮料市场上赢得竞争，一举确立了在全球饮料市场的强势地位。

第二种战略定位是基于顾客需求的定位。即以满足某类特定客户群的需求为目的的定位。在现实生活中，客户的需求常常是不同的，并形成不同类型的消费群体，企业如能针对某特定客户群的需求或偏好设计一套与竞争对手不同的最佳运营活动，基于需求的定位就可能成功。例如，瑞典的宜家家居根据年轻顾客群生活节奏快、价格较敏感、消费个性化、动手能力强等特点，在“自助式家居店”定位下开展独特运营，很快就得到市场的认可，并迅速风靡全球。

第三种战略定位是基于接触途径的定位。即根据不同的接触途径细分客户的定位。在某些市场上，尽管客户的需求是相似的，但是企业及其产品或服务实现与客户接触的运营活动常常有差异性，这种差异可能会因客户地理位置、客户的规模或其他因素而不同。企业如果能针对上述因素形成独特的市场营销、订单处理、物流和售后服务等运营活动，基于接触途径的定位就可能成功。例如，作为美国电脑业后起之秀的戴尔公司，它没有采取利用传统中间商的销售模式，而是通过网上直销、外包快送的渠道定位，在竞争激烈的美国乃至全球电脑市场获得成功。

无论定位是基于产品品类、客户需求、接触途径，还是三者综合的定位方式，其目的和结果都是使企业获得市场竞争的主导权，从而成为顾客的首选。

专栏

沃尔玛连锁公司的重新定位

据《华尔街日报》的报道，沃尔玛连锁公司正在重新调整战略，力求全面改变营销形象，向高端发展。此次沃尔玛调整的业务价值约 5.78 亿美元，是自 John Fleming 出任沃尔玛首席营销长以来决定执行的。为了吸引高端消费客户的光顾，沃尔玛开始提供高端服饰和其他商品，并与顶级时尚杂志 *Vogue* 开展广告合作，淡化沃尔玛在原来电视广告中代表低廉价位的广告商标。接着，沃尔玛正式通知了它在得州的广告公司 GSD&M 和 Bernstein-Rein，准备对广告策略等媒体业务进行重新调整。

品牌大师特劳特在他的《新定位》一书中，分析了重新定位的几点可能的原因：消费者态度发生变化、技术发展使现有产品落后、产品偏离了消费者头脑中的稳固观念、全球经济的竞争加剧等。

重新定位是现在很多公司都会面临的问题。翻开美国的商业历史，很多最大、最成功的公司都曾遭到重新定位的挑战，如通用汽车公司、IBM、柯达、施乐等都是如此。当然不是所有公司都“变身”成功。在那些成功“变身”的案例中，我们观察到以下几点共性：

1. 公司CEO或重要高管的情感支持

以电子制表软件为主要产品的美国莲花公司在20世纪90年代曾面临过市场突变的危机。当时微软推出了新的操作系统Windows，又围绕这个系统设计了Excel制表软件，波兰德公司也带着优质的产品和挑衅的价位加入了战斗。面对严峻的局势，莲花公司有12位副总裁先后离开了公司，他们对未来充满了悲观和沮丧。但首席执行官吉姆·曼兹果断地留了下来。他说服董事会将Notes软件作为重新定位的焦点，建立公司内部和外部的联系。最终，莲花公司Notes的销售量在竞争对手的夹击中不断上升，其重新定位获得了成功。

2. 对重新定位进行外部宣传之前，要进行内部宣传

很多公司将广告作为重新定位的利器，但广告只是定位宣传的一个手段。为了使公司每个人都朝同一个方向前进，重新定位的公司都应该策划一个主要的内部宣传项目，强化公司内部员工对重新定位的认识。毕马威会计师事务所曾在20世纪90年代成功进行了一次重新定位。为了让6 000个合伙公司都了解重新定位的意义，当时的毕马威CEO乔恩·马当纳进行了一系列巡回演说，实施一个公共关系项目，将乔恩定位于全球业务代言人，接受新闻单位、商业媒体和会计业出版商的采访。公司还特别举行了合伙公司年会，主题就是“全球领先者”这一公司新方向。其实，正如乔恩所说：“我面临的（重新定位）最大挑战是改变合伙公司的观念，他们二三十年来一成不变。”

3. 焦点明晰

越来越多失败公司的案例说明：今天的市场营销战争的胜利属于高度集中的专一产品。如卡弗冰激凌的特许经营曾经在市场中失去了焦点。特许经营商各走各的路，还有一家称自己为“冰激凌超市”，企图迎合所有人的口味，结果失败了。重新建立焦点是有章可循的。最主要的是公司必须经常对顾客做调查，向顾客提问并听取他们对公司产品或服务的看法。另外，在重新定位的过程中，传达的信息最好能一开始就同人们头脑中已经存在的信息相联系。新的焦点确立以后，要精心平衡内部资源，逐步减少原有产品的资源，将资源用于支援将来的产品。

重新定位并不像想象的那样容易。但无可否认的是，重新定位成功的企业，才真正有可能基业常青。

2. 战略制定

科学、合理地制定现代企业战略是关系到现代企业生存和发展的重大问题。所以，战略的制定原则应以适应环境变化的需要和企业能力为依据，具体如下：

第一，长效性原则。企业发展战略是较长远的谋划，考虑的是企业长期、稳定、健康的发展。现代企业的许多活动，如新产品开发、市场开拓、改扩建工程、技术改造、人员培训等，往往都要跨年度，有的要持续多年才能产生效果。所以，发展战略要长远谋划，不能是短期打算或权宜之计，发展战略的成效要以长远效益来衡量。

第二，全局性原则。企业发展战略是以企业的全局为对象的，涉及的是企业的总体布局和企业发展的大问题，追求的是企业的整体效果。虽然也包括企业的局部活动，但局部活动是作为总体行动的有机组成部分出现的。这就使企业发展战略同时具有综合性和系统性。综合性和系统性是指从外部环境到内部条件，从经营思想、经营方针、经营方向、经营目标、经营策略到行动计划等方面，都需要做出综合性、系统性的决策。

第三，竞争性原则。企业发展战略是为了适应市场竞争的需要而产生的，是为了增强企业的竞争能力、适应能力和赢得竞争优势而制定的。因此，提升竞争力特别是核心竞争力，就成为企业发展战略的首要目标之一。

第四，动态性原则。社会经济活动的随机因素很多，会使情况处于不断变化之中，人们也不可能预见未来的所有变化。因此，企业发展战略也需要不断地、及时地做出相应的反应与调整，要随着市场供求的变化、科学技术的发展、资源状况的变化和经济形势、国家政策、国家建设的发展变化而变化。

此外，在制定战略时，还要注意处理以下四个方面的问题：一是战略应该有一个明确的主题，不应该模糊不清或表述过于抽象；二是战略应该是可以测量的，只要有可能，战略制定应该用定量指标来描述，以便对战略制定的实现程度进行评价；三是战略的制定要有一个明确的实现期限，因为时间的拖延会导致时机的丧失；四是体系应相互协调，既是积极进取的、具有挑战的，又具有现实性和可操作性。

3. 战略实施

战略实施是整个管理队伍的一项工作，而不仅仅是几个经理的事情。因此，企业制定了发展战略，更重要的是根据战略和企业能力，扬长避短，制定行之有效的实施措施，有组织、有计划、有重点、有步骤地实施。

首先，组织领导要有保证。在这方面，企业家的作用尤为重要，其主要职责是：明确战略实施对企业管理提出的新要求，探明战略实施过程中可能产生的问题；协调企业战略与企业的内部组织行为，使之相互适应；推进和监督战略实施过程。其次，要制定实施战略的计划。计划要以战略目标为依据，并将计划任务分解到各个部门，落到实处。再次，要规定完成某一特殊行动或任务的步骤。实施步骤不仅要在时间、人力、物力、财力等方面满足战略目标的要求，而且要明确实施方法和实施进度。最后，要建立信息反馈系统。由于企业外部环境和内部条件在不断发生变化，因而要求企业重视调查收集和分析来自外部和内部的各种信息，并根据变化的情况，适时地调整战略目标，以提高战略的灵活性和适应性，确保战略实施建立在现实、有效、具体的基础上，实现动态平衡。

专栏

宝马公司的营销组合

宝马公司位于德国南部的巴伐利亚州，拥有16座制造工厂、10万余名员工，汽车年产量100万辆，并且生产飞机引擎和摩托车。宝马公司（包括宝马汽车和宝马机车加上宝马控股的路华与越野路华公司，以及从事飞机引擎制造的宝马—劳斯莱斯公司）1994年的总产值在全欧洲排名第七，营业额排名第五，成为全球十大交通运输工具生产厂商之一。

汽车工业自形成以来，一直稳定发展，现已成为全球最重要、规模最大的工业部门之一。但是，20世纪80年代中期，美国国内汽车市场趋于饱和，竞争非常激烈，汽车行业不景气。90年代之后，日本、欧洲等国家的汽车制造业都发展缓慢，全球汽车行业进入了调整阶段。汽车行业需要新的经济增长点。而此时亚洲经济正以惊人的速度发展，被喻为“四小龙”的新加坡、中国香港、中国台湾、韩国的人均收入水平已接近中等发达国家（地区）水平，此外中国、泰国、印尼等国的具有汽车购买能力的中产阶级的数量正飞速增长。世界汽车巨头都盯着亚洲，尤其是东亚这块世界汽车业最后争夺的市场。宝马公司也将目标指向了亚洲。

1. 产品策略

宝马公司试图吸引新一代寻求经济和社会地位成功的亚洲商人。宝马的产品定位是最完美的驾驶工具。宝马要传递给顾客创新、动力、美感的品牌魅力。这个诉求的三大支持是：设计、动力和科技。公司的所有促销活动都以这个定位为主题，并在上述三者中选取至少一项作为支持。每个要素的宣传都要考虑到宝马的顾客群，要使顾客感觉到宝马是“成功的新象征”。要实现这一目标，宝马公司采取了两种手段：一是区别旧与新，使宝马从其他品牌中脱颖而出；二是明确那些期望宝马成为自己成功和地位象征的车主有哪些需求，并去满足它。

宝马汽车种类繁多，分别以不同系列来设定。在亚洲地区，宝马公司根据亚洲顾客的需求，着重推销宝马三系列、宝马五系列、宝马七系列、宝马八系列。这几个车型的共同特点是节能。

（1）宝马三系列。三系列原为中高级小型车，新三系列有以下车体变化：四门房车、双座跑车、敞篷车和三门小型车，共有七种引擎，车内空间宽敞舒适。

（2）宝马五系列。备有强力引擎的中型房车五系列是宝马的新发明。五系列除了在外形上比三系列大外，它们的灵敏度是相似的。拥有两种车体设计的五系列配有1 800～4 000马力的引擎，4个、6个或8个汽缸。五系列提供多样化的车型，以满足人们对各类大小汽车的需求。

（3）宝马七系列。七系列于1994年9月进军亚洲，无论从外观或内部看都属于宝马大型车等级。七系列的特点包括优良品质、舒适与创新设计，已成为宝马汽车的象征。七系列除了有基本车体以外，还有加长车型可供选择。

（4）宝马八系列。八系列延续了宝马优质跑车的传统，造型独特、优雅。

2. 定价策略

宝马的目标是追求成功的高价政策，高于其他大众车的价格。宝马公司认为宝马制定高价策略是因为：高价就意味着宝马汽车的高品质，高价也意味着宝马品牌的地位和声望，高价表示了宝马品牌与竞争品牌相比具有的专用性和独特性，高价更显示出车主的社会成就。总之，宝马的高价策略是以公司拥有的优于其他厂商品牌的优质产品和完善的服务特性，以及宝马品牌象征的价值为基础的。宝马汽车的价格比同类汽车一般要高10%～20%。

3. 渠道策略

宝马公司早在1985年便在新加坡成立亚太地区负责新加坡、中国香港、中国台湾、韩国等分支机构的销售事务。

在销售方式上，宝马公司采取直销的方式。宝马是独特、个性化且技术领先的品牌，宝马锁定的顾客并非是大众化汽车市场，因此，必须采用细致的、个性化的手段，用直接、有效的方式把信息传递给顾客。直销是最能符合这种需要的销售方式。宝马公司在亚洲共有3 000多名直销人员，由他们直接创造宝马的销售奇迹。

宝马在亚洲直销的两个主要目标是：一是要有能力面对不确定的目标市场，二是要能把信息成功地传递给目标顾客。这些目标单靠传统的广告方式难以奏效。直销要实现的其他目标还有：加强宝马与顾客的沟通，使宝马成为和顾客距离最近的一个成功企业；利用与顾客的交谈，和顾客建立长期稳定的关系；公司的财务状况、销售状况、售后服务、零件配备情况都要与顾客及其他企业外部相通者沟通；利用已有的宝马顾客的口碑，传递宝马的信息，树立宝马的品牌形象；利用现有的顾客信息资料，建立起公司内部营销信息系统。宝马还努力把销售重点放在提供良好服务和保证零配件供应上。对新开辟的营销区域，在没开展销售活动之前，便先设立服务机构，以建立起可靠的销售支持渠道。

4. 促销策略

宝马公司的促销策略并不急功近利，目标如下：成功地把宝马的品位融入潜在顾客中；加强顾客与宝马之间的感情连接；在宝马的整体形象的基础上，完善宝马产品与服务的组合；向顾客提供详尽的产品信息。最终，通过各种促销方式使宝马能够有和顾客直接接触的机会，相互沟通信息，树立起良好的品牌形象。

宝马公司考虑到当今的消费者面对着无数的广告和商业信息，为了有效地使信息传递给目标顾客，宝马采用了多种促销方式：广告、公关活动等。

（1）广告。宝马公司认为：当今社会越来越多的媒体具备超越国际的影响力，因而要使广告所传达的信息能够一致是绝对必要的。宝马为亚洲地区制定了一套广告计划，保证在亚洲各国通过广告宣传的宝马品牌形象是统一的。同时这套广告计划要通过集团总部的审查，以保证与公司在欧美地区的广告宣传没有冲突。宝马公司借助了中国香港、新加坡等地的电视、报纸、杂志等多种广告媒体开展广告宣传活动。这些活动主要分为两个阶段：第一阶段，主要是告知消费者宝马是第一高级豪华车品牌，同时介绍宝马公司的成就和成功经验；第二阶段，宝马用第七系列作为主要的宣传产品，强调宝马的设计、安全、舒适和全方位的售后服务。

（2）公关活动。广告的一大缺陷是不能与目标顾客进行直接的接触，而公关活动能够达到这一目的。宝马公司在亚洲主要举行了宝马国际高尔夫球金杯赛和宝马汽车鉴赏巡礼两个公关活动。前者是全球业余高尔夫球赛中规模最大的。这项赛事的目的是促使宝马汽车与自己的目标市场进行沟通，这是因为高尔夫球历来被认为是绅士运动，即喜欢高尔夫球的人，尤其是业余爱好者多数是较高收入和较高社会地位的人士，而这些人正是宝马汽车的目标市场。后者目的是在特定的环境里，即在高级的展览中心陈列展示宝马汽车，把宝马的基本特性、动力、创新和美感以及它的高贵、优雅的品牌形象展示给消费者，并强化这种印象。此外，宝马公司还定期举行新闻记者招待会，在电视和电台的节目中与顾客代表和汽车专家共同探讨宝马车的功能，让潜在顾客试开宝马车，这些活动也加强了宝马与顾客的沟通。

三、跨国公司的价值创新

随着经济的进一步增长，一方面，跨国公司面对的市场竞争越来越激烈，为了获得即时的利益，争夺有限的市场，需不惜一切代价保护自己的市场份额，在这种情况下，跨国公司的利润空间日趋缩小。而另一方面，跨国公司为了获取更大的市场份额，将更多的精力用于对市场进行细分和关注竞争对手的竞争策略上，并没有真正站在消费者的角度去考虑，企业感到生存环境越来越恶劣，而消费者的需求却亟待满足。因此，针对市场的变化，跨国公司必须以价值为前提进行创新，因为进行价值的创新才更具有现实意义。

1. “红海战略”

“红海战略”就是指在现有的市场空间中竞争，通过产品或服务的差异化或成本领先技术来获取竞争优势。也就是在价格中或者在推销中做降价竞争，争取效率，以增加销售成本或是减少利润来赢得竞争。在“红海战略”中，产业边界是明晰和确定的，竞争规则是已知的。身处“红海”的企业试图表现得超过竞争对手，以攫取已知需求下的更大市场份额。因此，竞争是“红海战略”永恒的主题。因此，跨国公司需在提升市场份额的方式上努力维持和扩大现有客户群。而这通常也引发了对客户偏好的进一步细分，以便提供量身定做的产品。企业应通过对客户需求变化的追踪来提升自己的应变能力，这可以被称为“随需应变”。

“红海战略”存在一定的隐患，例如，前几年美国某医药生产公司因药品成分问题而导致病人死亡，2008 年我国多种品牌的奶粉含有三聚氰胺导致婴幼儿“肾结石”，2010 年日本丰田汽车因部分车型的零件存在问题而不得不大量召回等。所以，在国际化的竞争中，既要节约生产成本，又要生产出合格的产品，并不断增强产品的功能，提高企业利润，这的确不是一件容易的事。但如果继续这样竞争下去，任何产品都会存在质量隐患。因此，“红海战略”理论存在严重的隐患，当前这个时代已经是人类不得不深度思考竞争副作用的时代，厂商在考虑如何降低成本提高竞争力的同时，更要思考消费者的安全与健康。如果再不思考，将来人类社会将面临着更为严重的人为灾难。

2. “蓝海战略”与价值创新方式

“蓝海战略”由欧洲工商管理学院的 W·钱·金和勒妮·莫博涅在《蓝海战略：超越产业竞争、开创全新市场》一书中正式提出。这一概念的基本目标就是要进行价值创新，其理论核心是以没有竞争为基点。换言之，“蓝海战略”整合了客户价值、客户导向、项目管理、新业务开发、竞争战略、价值链、核心竞争能力、企业增长理论等多个理论内核，突破了传统战略思维框架，为企业形成了一个突破性业务增长和战略性新业务开发的战略管理系统。

在“蓝海战略”的实施过程中，必须严格遵循两大核心法则：一种是发掘传统市场边界之外的潜在需求；另一种是创造差异化兼具低成本的有效供给。例如，西南航空公司形成了一个清晰的、与众不同的战略布局。其避开其他航空公司，与汽车旅行公司比照，参考汽车运输的费用进行定价，将价位限定在汽车旅行的价位附近；删减一些不必要的要素，如不对食物、候机室和座位选择上进行额外投资，不提供中转枢纽的转运服务，只提供中等城市间的直航业务，突出强调亲切的服务速度和频繁的点对点直航班次；打破了客户必须在飞机的速度与汽车旅行的经济和便捷之间必须做出的取舍，创造了新的航空市场。显而易见，在这一过程中，西南航空强调三个互补的特征，即重点突出、与众不同和令人信服的宣传主题，使价值得到了创新。因为价值创新的重点既在于“价值”，又在于“创新”，这个“价值”是针对市场而言的，以价值为前提的创新才更有意义。

在没有创新的背景下，价值的提升是规模扩张型的“价值创造”，它提供了价值，但并不足以使企业超越市场，或跟上市场的步伐。概括起来，“蓝海战略”体现的价值创新方法包括效用创新和成本创新，即增加效用或开拓新效用而不增加成本或少增加成本，增加的成本远远小于增加的效用，开创新的无人争抢的市场空间。因此，“蓝海战略”的理论精髓是价值创新。

3. 对“红海战略”和“蓝海战略”的评价

“红海战略”的基本目标就是建立竞争优势；其理论核心是以竞争为基点的，强调企业组织资源，采取低成本、差异化等战略建立自身的竞争优势以打败竞争对手。“红海战略”指导企业进行产业分析、竞争分析，在质量上和价格上比超对手，这一切都是量化的、清晰的，使得投资运营非常容易。但是，“红海战略”也有明显的局限性：其一，在产业分析中，“红海战略”忽略了企业内部条件的差异，认为竞争战略在很大程度上依赖于对高利润产业的正确选择，容易误导企业为追求高利润而进入自己不熟悉的领域，盲目采取多元化战略。其二，价值链分析虽然提供了寻找竞争优势的有效方法，但并没有指出如何根据重要性来确定企业的核心竞争优势。

“蓝海战略”的基本目标是进行价值创新；其理论核心是以没有竞争为基点。“蓝海战略”整合了客户价值、客户导向、项目管理、新业务开发、竞争战略、价值链、核心竞争能力、企业增长理论等多个理论内核，突破了传统战略思维框架，为企业形成了一个突破性的业务增长和战略性新业务开发的战略管理系统。“蓝海战略”的缺陷同样显而易见：所面对的新市场，不论从消费群体的确定和消费需求的把握都具有很大的不确定性，风险性极大。因此进入这个美好的、没有竞争的市场领域对企业来说具有很大的冒险性。

因此，“红海战略”和“蓝海战略”虽然在应用范围、战略目标和核心内容上都不尽相同，但也并不是非此即彼的关系，而是会随着时间、空间的转换可以并存或转化的。一方面，战略应用在市场空间的互补上，虽然“红海”代表已知市场空间，“蓝海”代表亟待开发的市场空间，但是“红海”和“蓝海”空间仍然分别是市场空间的一部分，其战略应用在运用空间形成了互补。另一方面，战略应用在经营时间的互补上，“蓝海”虽然能为企业带来高额利润，能使企业摆脱竞争，但并非绝对的。最初进入“蓝海”的企业可能会淘到第一桶金，短期内能形成一定的行业壁垒，但随着潜在进入者的不断模仿与学习，“蓝海”市场迟早要变成“红海”市场，“蓝海战略”迟早要过渡到“红海战略”。

主要概念

跨国经营　资源基础论　价值链　价值链的基本环节　价值链的辅助环节
国际战略　多国战略　全球战略　跨国战略　“红海战略”　“蓝海战略”

复习思考题

1. 跨国经营的战略目标是什么？
2. 试述资源基础论。
3. 如何处理好价值链的基本环节与辅助环节的关系？
4. 比较分析国际战略、多国战略、全球战略、跨国战略的区别。
5. 跨国公司的价值创新有什么意义？如何进行价值创新？

案例分析

阅读案例，回答以下两个问题：

1. 迪斯尼在国外建立乐园的动机是什么？
2. 迪斯尼应采取怎样的经营方式？

东京迪斯尼乐园

1984 年，东京迪斯尼乐园超额完成了第一年的经营任务，1 000多万人（9%来自其他亚洲国家）游览了公园，消费 3.55 亿美元，比预计多 1.55 亿美元。这主要是因为原来预计每个游客平均消费 21 美元，而现在实际每人消费 30 美元。东京迪斯尼乐园第一年只有 130 万美元赤字，而原计划为1 400万美元赤字。迪斯尼有限公司与日本东方土地公司签约后，经过 5 年的规划和建设取得了这些成绩。

尽管东京迪斯尼乐园采用日本的规模和格调，但它却是美国两个乐园的翻版。日本东方土地公司经理希望游客能感觉到他们看到的如同美国迪斯尼那样的货真价实的东西，并且向享有经营特许的麦当劳连锁店在日本取得巨大的成功一样，因为日本的青年一代已经接受了美国式的文化。东京迪斯尼乐园开张的时候，正是日本人收入增长和闲暇时间增多的时候，这为乐园奠定了成功的基础。迪斯尼公司总部的一位总经理说，第一家迪斯尼乐园在洛杉矶附近开张时，也正遇上收入和闲暇时间增多的时机，因而取得了成功。

东京的乐园与美国的乐园形式相差无几，但并不是说它们经营策略一样。最突出的也许是促销方式。在美国，迪斯尼用自己的职员做广告；而在日本，则依靠日本的广告社，以适应文化差异。即使在日本，各地区也不尽相同。例如，日本其他地区的广告要比东京的广告做得详尽。在东京，乐园已经家喻户晓，广告更多地选用逗人的迪斯尼动物形象。

迪斯尼公司总部不向东京的迪斯尼提供资金，只是在建造时提供主要计划、设计、制造和培训，乐园建成后提供咨询服务。建造时，迪斯尼公司总部收取一定的工作报酬，并从门票、商业、食品销售中收取专利权税。

东京迪斯尼乐园的成功使公司总部考虑将迪斯尼乐园向欧洲扩展。1985 年，公司宣布在两个国家（西班牙和法国）中选址。公司估计可提供 4 万个永久工作职位，并能吸引大量的旅游者。因而两国都出台了优惠政策。西班牙提供两个地方供选择，并提供 25%的建造费用，还宣称一年可以吸引4 000万游客。法国保证一年有1 200万游客，迪斯尼认为这个数目可保本。法国还同意用 3.5 亿美元扩建巴黎通往公园的铁路（这可把公园与欧洲其他国家连接起来）。考虑巴黎所处的中心位置和每年的游客量，迪斯尼最终在 1986 年与法国政府签订了合同，公园于 1991 年开放。

如果迪斯尼在西班牙选择园址，那就更像美国的迪斯尼乐园，露天游址，妙趣横生。而巴黎的气候较冷，需要较多的室内景点，因此技术是很重要的。

与在日本投资不同，迪斯尼在法国拥有少数产权，它还以其特殊贡献收取专利权税和其他费用。公园的投资为 12 亿美元，公园周围，包括旅馆、购物中心、野营地和其他设施的投资又花了 12 亿美元。

尽管迪斯尼乐园会给法国的经济带来许多好处，但许多法国人担心，乐园会与其他美国文化一起进一步取代法国文化。有一本杂志刊登一幅漫画——一个硕大的米老鼠踏在巴黎式房屋的屋顶。但某个演员也总结了大部分法国年轻人的想法：“T 恤衫、牛仔裤、汉堡包——没有人把这些东西硬塞给我们，而是我们喜欢他们。”迪斯尼公司为了抵制各种批评，在法国报纸上解释道：迪斯尼是法国后裔，它原来的名字是 Disigny，而不是 Disney。

第六章

跨国公司的跨国并购

本章要点

- 跨国并购的含义与类型
- 跨国并购的动因
- 并购整合的含义
- 并购整合的主要内容

导入案例

双汇收购史密斯菲尔德

2013 年 9 月，双汇国际控股以 47 亿美元收购了美国肉类加工商史密斯菲尔德食品公司（Smithfield Foods），是中国企业有史以来规模最大的在美收购案。这两家公司自消息公布后即开始将其国际销售人员进行整合，以中国香港作为全球交易部门中心，利用双汇的经销网络，寻求扩大史密斯菲尔德猪肉在中国及其他市场上的销售量。

这项并购交易将中国最大的猪肉加工商与全球最大的生猪养殖和猪肉加工商联合到了一起，从而在猪肉生产领域中创造出了一个新的全球领导者，合并后公司的年度营业收入可达到近 200 亿美元。

双汇收购史密斯菲尔德以后，将利用美国市场上谷物饲料的低成本优势，在美国开展生猪养殖。在降低中国本土公司的重要开支之余，还获得了一个提高中国高质量安全猪肉产品供应量的机会，以扩大日益增长的中国中产阶层客户群。就目前而言，史密斯菲尔德的生产技术比双汇强，其员工的生产力远高于双汇员工。因此，双汇将可通过这项交易获得技术经验，改进食品安全相关业务的实践活动，并可提高业务运营效率。

总部位于美国弗吉尼亚州的史密斯菲尔德现在已经成为双汇旗下的全资子公司，该公司之所以会欣然接受来自双汇的收购要约，其原因在于中国是全球最大的猪肉市场，这意味着在经历了多年的美国销售市场萧条的困境以后，该公司将可找到一条较好的增长之路。目前美国面向中国市场的猪肉产品出口交易还不够广泛，而这项并购交易可扩大美国猪肉产品的销售量，从而令史密斯菲尔德本身乃至美国生猪养殖者从中受益。

该交易的完成还标志着：过去几个月时间里有关美国食品安全和交易公平性的争论就此戛然而止。而之所以会有关于交易公平性的争论，是因为中国当局在许多行业中都限制外资投入。这两家公司的合并将会促使其他中美公司之间达成规模庞大的食品和农产品相关交易。

合并后公司所面临的最大挑战之一是要把两种存在巨大差异的公司文化整合到一起。在此前的一些收购案中，这种整合已经被证明是非常困难的。例如，联想集团在 21 世纪初收购了 IBM 旗下个人电脑业务，但随后就遭遇了诸多阻力，最后不得不用一位中国高管取代了原来的美籍首席执行官。为了提高公司并购后的运作效率，史密斯菲尔德位于美国密苏里州堪萨斯城的出口销售办公室和双汇位于中国香港的办公室已经开始从事战略协调工作。而双汇的高层也公开表示，双汇将在并购后向对方提供更好的组织结构安排，支持史密斯菲尔德在美国的发展战略，并重申了有关双汇将保留史密斯菲尔德的美国员工、加工厂和生猪养殖场的承诺。

资料来源：《双汇 47 亿美元并购案收官 将提高美国肉企出口量》，见腾讯财经，2013-09-27。

第一节　跨国并购的含义、类型与发展阶段

20 世纪 90 年代后，世界经济发生了重大变化：经济全球化促进了跨国公司的发展，跨国公司的发展又反过来推动了经济全球化。跨国公司全球化经营的巨大变化集中表现为跨国并购的急速发展。

一、跨国并购的含义

按照 UNCTAD 的定义（2006），跨国并购（Cross-border Mergers & Acquisitions）是由来自其他国家的跨国公司为了达到某种目的，通过一定的渠道和支付手段，在另一国接管或合并某现有企业的部分或全部资本、资产及负债，从而对其经营管理实施部分或全部控制的活动。并购一般涉及现有资产和公司的买卖，而被出售或被合并的目标公司要受到公司所有者发生改变的影响。

跨国并购包括跨国兼并和跨国收购两方面：跨国兼并（Cross-border Mergers）是指当地和国外企业的资产及业务并入一家新的法人实体或并入现存企业；跨国收购（Cross-border Acquisitions）是指外国企业收购一家或一家以上的当地企业或外国子公司的资产或股票，从而获得控股权的交易行为。

跨国兼并与跨国收购的重要区别在于并购企业法人的资格是否存续：跨国兼并的结果是两个或两个以上的法人合并为一个法人，被兼并企业作为法人实体不复存在；跨国收购

的结果并不改变法人的数量，只是改变了被收购企业的产权归属或经营管理权属，被收购企业仍然以法人实体存在，只是其股权或资产发生了转让。

近年来的数据（见表 6—1）显示，在全球的跨国并购中，跨国收购占据了重要地位，特别是在发展中国家和转型经济体中所占的比重不断上升，因此跨国并购基本上就是指跨国收购。

表 6—1　2003—2011 年全球跨国并购金额及其在全球对外直接投资中的比重① 单位：10 亿美元

年份	2003	2004	2005	2006	2007	2008	2009	2010	2011
全球对外直接投资金额	560	711	916	1 411	1 979	1 174	1 198	1 309	1 524
全球跨国并购金额	297	381	462	1 118	1 031	707	250	339	526
跨国并购交易数量	4 500	5 113	5 004	5 747	7 018	6 425	4 239	5 484	5 769
跨国并购占全球对外直接投资额的比重	53.0%	53.6%	50.4%	79.2%	52.1%	60.2%	20.9%	25.9%	34.5%

数据来源：联合国贸易与发展会议：2003—2011 年度《世界投资报告》。

二、跨国并购的类型

在经济全球化进程中，跨国公司扮演着极其重要的角色，特别是跨国公司通过收购和兼并使其规模迅速扩张，导致经济资源在世界范围内进行新的组合与配置。跨国公司进行跨国并购的形式多种多样，按照不同的标准可划分为不同的类型。

1. 按并购双方产业的联系划分

（1）横向并购。也称水平并购，指同属一个产业或行业部门，生产和销售同类产品的企业之间的并购。这种并购发生在技术、生产工艺、产品及销售渠道相同或相似的行业。横向并购对企业和宏观经济的影响有两方面：1）通过并购企业可扩大生产规模，降低单位产品的生产成本，形成规模经济；2）横向并购可一定程度减少行业竞争，造成一定程度的垄断，引起商品市场价格上涨，侵害消费者利益，对整个经济产生负面影响。横向并购是早期并购活动的最主要形式。

（2）纵向并购。也称垂直并购，是指生产同一产品的不同生产阶段的企业之间的并购。若并购的是向其提供原材料的企业，称为后向并购；若并购的是最终生产和销售的企业，则称为前向并购。纵向并购是 20 世纪 20 年代第二次世界并购浪潮的主要形式。并购的原因有：1）减少交易费用，取得市场交易内部化效益。2）技术上的经济性。有些行业

① 樊增强：《跨国公司发展的新趋势和新特点》，载《中国流通经济》，2013（9）。

如果将生产环节联系起来，可以在技术上节约成本，如流水线加工行业。3）保证生产要素供应和产品市场。4）避免政府干预。

（3）混合并购。这是指两个或两个以上相互间没有直接的投入产出关系，处于不同产业部门的企业之间的并购。混合并购是 20 世纪 60 年代全球第三次并购浪潮的主要并购形式。混合并购又可分为：1）产品扩张型并购，是指企业以原有产品为基础，通过并购生产与本企业产品相关的产品的企业，进入相关产业的经营领域，达到扩大经营范围、增强企业实力的目的。2）纯混合型并购，是指对所生产的产品与本企业产品没有任何关系的目标企业的并购。由于不同产业、不同产品的近期变动和生命周期不同，企业实行跨行业的多种产品组合，进行多元化经营，可增强抗风险的能力。

2. 按并购是否取得目标公司的同意划分

（1）友好并购。友好并购是指并购公司事先与目标公司协商，征得其同意并通过谈判对收购条件达成一致意见而完成的收购活动。一般来说，两者商定的收购协议主要包括：目标公司的股份或股票、资产及债务债权的处理；公司管理人员和员工的安置；收购价格和支付方式；收购后目标公司的章程修改等。

（2）敌意并购。敌意并购是指收购目标公司股权时虽遭到目标公司的抗拒，仍强行收购，或者并购公司事先不与目标公司进行协商，而突然直接向目标公司股东开出价格或收购要约。

3. 按并购的支付方式划分

（1）现金并购。即以现金（包括票据）作为支付方式进行的并购。

（2）股票互换并购。即以股票作为并购的支付方式，并购方增发新股换取被并购企业的旧股。

（3）债券互换并购。即增加发行并购公司的债券，用以替代被并购公司的债券，使被并购公司的债务转换到并购公司。

4. 按并购策略模式划分

（1）杠杆收购（Leverage Buyout，LBO）。即收购企业在银行贷款或在金融市场融资的情况下所进行的收购，是一种高度负债的收购方式。一般做法是，收购公司先投入资金成立一家完全置于其控制之下的空壳公司，该空壳公司以其资本以及未来买下的目标公司的资产及其收益为担保，向银行举债，或发行债券向公开市场筹资，以借贷的资本完成企业收购。杠杆收购完成后，收购公司一般会把目标公司的资产拆分变卖一部分，以偿还因收购而发生的负债。

（2）管理层收购（Management Buyout，MBO）。即目标公司的管理层采取 LBO 收购形式设立一家新公司，通过大量举债筹资，然后对目标公司股东的股票进行收购的并购方式。目标公司的管理团队一般由企业各职能部门的高级职员组成，他们对公司经营情况非常了解，所以只有在其认为目标公司有发展潜力时，才会采取收购行动。收购完成后，他们拥有新企业的全部或大部分股权。MBO 在 20 世纪六七十年代即已初露端倪，在 80 年代发展尤为迅猛。

专栏

中国的联想　世界的联想

一、准备：联想更换标志

2003年4月，联想集团在北京正式对外宣布启用集团新标志“Lenovo”，代替原有的英文标志“Legend”，并在全球范围内注册。根据国外大型科技企业的成功经验，联想希望借助一个知名品牌的力量，吸引高端企业用户，并迅速在全球PC机市场上扩大市场份额。联想集团上下都有一个明确的信念：把联想办成一个上规模的高科技企业，让联想成为一个走向世界的高科技产业集团。

二、出击：联想并购IBM

美国IBM公司是世界500强企业，也是世界最大的信息工业跨国公司。其业务主要集中在5大领域：服务、硬件、软件、金融和企业投资。历史上，IBM是以硬件为主的公司，而个人电脑业务并不是其强项，由于该业务近年表现不佳并出现了亏损状况，IBM决定将其出售以优化经营。

基于这个契机，联想集团于2004年12月以12.5亿美元收购了IBM的个人电脑业务，包括IBM全球台式电脑和笔记本电脑的研发、采购、生产和销售。收购完成后，联想于2005年成为仅次于戴尔和惠普的全球第三大PC机生产商。

通过收购IBM全球PC业务及与IBM形成战略联盟，联想获得了全球化发展战略的突破性契机：借助IBM的品牌，联想在PC机市场上迅速获得全球品牌认知；通过收购使联想迅速扩大公司规模，实现规模效应；利用IBM的全球企业客户群及庞大的分销网络，联想快速建立了进入国际市场的销售和服务网络，扩大全球市场份额；收购也有利于联想获得更丰富的产品组合及领先的技术，向名副其实的跨国企业发展。

三、推动：联想奥运联姻

2004年3月，联想集团作为第一家与国际奥委会签署合作协议的中国企业，成为其全球合作伙伴，进入TOP（The Olympic Program）计划，这说明联想企业已成为国际奥委会全球最高级别的合作伙伴与顶级赞助商。

联想集团相继为2006年都灵冬奥会和2008年北京奥运会以及世界200多个国家和地区的奥委会及奥运代表团独家提供台式电脑、笔记本电脑、服务器、打印机等计算技术设备及资金和技术上的支持。这一举动极大地扩大了联想在海外的品牌知名度。

联想集团通过三步走的全球化战略，逐步实现了从“中国的联想”向“世界的联想”的跨越。

资料来源：林康：《跨国公司经营与管理》，382～385页，北京，对外经济贸易大学出版社，2009。

三、跨国并购的五个发展阶段

纵观跨国公司的发展历史，特别是美国的大型跨国公司发展史，可以发现几乎没有一家大型公司是纯粹依靠内部资源扩张的，绝大多数跨国公司都是通过某种兼并或收购其他企业而成长壮大起来的。自19世纪以来，世界范围内的跨国公司并购活动大体上经历了以下五个阶段。

1. 第一次企业并购浪潮

第一次企业并购浪潮发生在 19 世纪末至 20 世纪初，其中 1897—1903 年为高峰时期。18 世纪以蒸汽机和各种机器发明创造为代表的产业革命使世界进入了大机器工业时代。到 19 世纪下半叶，电力的发明及应用推动了机械化和社会化大生产的发展，于是企业发展要求集中化的大资本，单靠个别企业内部的资本积累，已无法满足当时社会化生产发展的要求。1897—1903 年，美国共发生并购案 2 864 起。美国钢铁公司、美国美孚石油公司、美国烟草公司、美国橡胶公司等一大批企业就是在这个时期产生和发展起来的。第一次并购浪潮以横向并购为主。

2. 第二次企业并购浪潮

第二次企业并购浪潮发生于 20 世纪 20 年代，其中以经济大危机的 1929 年为高潮。1919—1930 年，美国并购企业近12 000家。这一阶段的企业并购主要是产品处于两个相邻生产阶段上的企业的重组。参与纵向并购的企业数量占全部并购企业数量的 75%以上。纵向并购使得同行业多家企业都在同时进行向前向后的结合。企业并购使一些行业，特别是汽车制造业、石油工业、冶金工业和食品加工业完成了集中过程。

3. 第三次企业并购浪潮

第三次企业并购浪潮发生于 1948—1974 年，其中以 20 世纪 60 年代后期为高潮，并购主要发生在金融、保险、食品医药、通信、服务等行业。这次并购的特点是：（1）并购形式以混合并购为主。通过跨部门和跨行业的混合并购，美国出现了一批多元化经营的大型企业，如美国可口可乐公司等。（2）企业并购除了“大鱼吃小鱼”，更多地出现了“大鱼吃大鱼”的情况。（3）出现了跨国并购。

4. 第四次企业并购浪潮

第四次企业并购浪潮发生在 1975—1990 年，其中以 1985 年为高潮。并购的特点是：（1）并购方式多样化且不断创新，出现了杠杆收购（LBO）、管理层收购（MBO）等并购形式。（2）出现了“小鱼吃大鱼”的并购方式。如经营超市和杂货店、年销售额仅 3 亿美元的潘瑞情·普莱得公司借债 17.6 亿美元，并购了经营药品和化妆品、年销售额达 24 亿美元的雷夫降公司。借债收购成为一些企业并购的重要策略。（3）跨国间的企业并购成为跨国公司对外直接投资的主要方向。

5. 第五次企业并购浪潮

第五次企业并购浪潮从 1994 年开始持续至今，是西方国家历史上最大的一次并购浪潮。并购主要发生在网络、生物、通信、传媒等高科技产业。并购的特点是：（1）跨国并购数量和交易额出现双高，超百亿、千亿美元的并购案时有发生。1987 年超 10 亿美元的跨国并购仅 14 起，并购金额占跨国并购总额的比重为 40.3%；2000 年超 10 亿美元的跨国并购 113 起，比重上升至 75.7%。（2）强强联合。并购基本上是各行业巨型航母之间的整合。以汽车行业为例，发生了戴姆勒—奔驰并购克莱斯勒、福特并购沃尔沃、雷诺并购日产、通用并购菲亚特、戴姆勒—奔驰并购三菱、通用并购大宇等重大并购事件。这些并购带动了汽车行业的全球重组，使全球汽车行业的市场集中度大幅度提高。1999 年，世界十大汽车制造商的全球市场份额达到了 80%，比 20 世纪 80 年代提高了 20%。（3）发展中国家的跨国并购增长迅速。进入 21 世纪，虽然跨国并购仍然主要发生在发达国家，但发展中国家的跨国并购额占全球跨国并购总额的比重有所增加。

全球五次并购浪潮的情况汇总见表 6—2。

表 6—2　　全球五次并购浪潮比较

并购浪潮	年份	被并购企业数	涉及产业	特点
第 1 次	1889—1903	2 864	纺织、石油、钢铁、烟草、机械制造等传统行业	以横向并购为主
第 2 次	1919—1930	12 000	汽车、石油、冶金及食品加工等行业	以纵向并购为主
第 3 次	1948—1974	25 598	金融、保险、食品医药、通信、服务等行业	混合并购得到较大发展，出现跨国并购
第 4 次	1975—1990	超过30 000	行业范围更广更宽，石油、化工、钢铁类巨型企业出现	混合并购比例较高，规模越来越大，杠杆收购和管理层收购得到大发展，跨国并购成为主要方式
第 5 次	1994 年至今	1994—1996 年 2 万多起，1999 年 1.7 万起	网络、生物、通信、传媒等高科技产业	跨国并购蓬勃发展，巨额交易不断涌现，换股交易方式得到发展

资料来源：张素芳：《跨国公司与跨国经营》，100 页，北京，经济管理出版社，2009。

第二节　跨国并购的动因分析

20 世纪 90 年代以来，越来越多的跨国公司选择跨国并购作为增加投资与规模扩张的主要途径，究其原因，主要有以下几个方面。

一、获取协同效应

1. 协同效应理论

Ansoff（1965）最早提出协同效应理论，是指并购双方资产、能力等方面的互补或协同，从而提高公司业绩和创造价值，为社会收益带来一个潜在的增量，即合并后公司的整体业绩会大于合并前各自原有业绩的总和。20 世纪 80 年代早期，以 Jensen 和 Ruback（1983）为代表的一批学者认为，获得效率增进是推动企业并购的主要原因。

2. 协同效应的三个方面

跨国公司并购后的协同效应可分为以下几个方面：

（1）经营协同效应。它是指由于经济上的规模经济、范围经济或互补性，企业实施并购后收益增大或成本减少，提高了生产经营活动的效率而产生的效益。经营协同效应理论假定在行业中存在规模经济，而且在并购之前企业没有在规模经济的水平上运行。通过并购，企业原有的有形和无形资产可在更大的范围内共享，企业的研发与营销费用等要素投入也可分摊到较多的产出上，这样可降低单位投入成本，增大单位投入收益，提高企业整体经济效益。跨国公司纵向联合，将行业中处于不同发展阶段的企业联合在一起，可获得不同水平间的更有效的经营协同，因为通过纵向联合可以减少相关的联络费用和各种形式的交易成本。

（2）管理协同效应。该理论主要指收购方通过并购使剩余管理资源得到充分利用，同时出售方管理的非效率可经由外部经理人的介入和增加管理资源的投入而得到改善，具有较高效率的企业对效率低的企业实行并购后，通过提高目标企业的效率而获得收益。实现管理协同效应可使企业并购后因管理效率的提高而带来收益。假如 A 的管理效率比 B 高，A 并购 B 后，B 的管理效率便提高到 A 的水平，那么这种并购便达到了提高效率的目的，即产生了管理协同效应。

（3）财务协同效应。该理论是指通过并购使公司从边际利润低的生产活动向边际利润高的生产活动转移，从而构成提高公司资本分配效率的条件，节约与外部融资相联系的交易费用。财务协同效应是并购给企业财务方面带来的收益。如投资机会和内部现金流方面存在互补性的两家企业之间的并购。假如 A 所处的行业为夕阳产业，缺乏有吸引力的投资，企业内部有大量现金流量闲置；而 B 所处的行业为朝阳产业，企业有许多有利的投资机会但却缺乏足够的现金流量。此时，如果 A 与 B 合并，就可产生财务协同效应。

二、开拓国际市场

1. 寻求新的市场

寻求新的市场和市场力量是企业长期关注的目标，特别是在市场饱和的情况下，企业的发展有赖于开拓国外市场。通过并购，企业可以迅速获得新的市场机会，在不增加行业生产能力的情况下达到临界规模。通过接管一家公司可以立即利用现成的当地供应商与顾客网络，并获得相应的技能。除此之外，在具有寡占特征的市场，追求市场力量和市场支配地位也是进行并购的推动力量。特别是在横向并购的情况下，其动机很可能就是寻求获取寡占地位。此外合并后所获得的市场控制为从事反竞争行为提供了机会，并加强了进入壁垒。

2. 快速进入国外市场

跨国并购的一个重要动机是能以最快的速度进入东道国市场。当前市场竞争日趋激烈，产品生命周期越来越短，企业对市场做出迅速反应的必要性日渐增强。当企业进入市场的时机至关重要时，以并购方式达到预期目标就是较好的选择。因为并购后，企业可直接利用现有生产设施进行生产，即使是需要改造的项目，也具有比较明显的时间优势。对于进入某个市场或某个技术领域较迟的企业，并购提供了一条快速发展的途径。然而这并不意味着这种进入方式的总成本一定是低的。在一些国家或某些行业，通过并购方式实现的快速进入有可能伴随着比创建投资进入更高的资本交易成本。如在发展中国家，跨国并购进入尽管速度上加快了，但却有可能导致一些额外的成本，如资本市场不发达所导致的产权交易成本、对被并购当地企业的员工进行的再培训成本等。

三、得到财务利益

在并购背后可能存在重要的财务动机，因为股票价格并不总是反映企业的真实价值。例如，潜在收购者对一家公司预期收益流量的估算要高于现在的股东。若出现一家企业管理不善、资本市场不完全以及存在重大的汇率安排不当等情况，将可能促使企业收购另一家价值被低估的公司以获得短期资本收益。在证券投资型并购的情况下，在经济不发达的国家或在发生金融危机时，这类动机是特别重要的。此外还有些收购是出于税收的考虑，如利用未使用的税收优惠。西方学者对跨国并购的财务动因进行了广泛研究，提出了以下理论：

1. 代理成本理论

Meckling（1976）在其论文中系统地阐述了代理问题的含义。当管理者只拥有公司所有权的一小部分时，便会产生代理问题。解决代理问题，降低代理成本，一般可以考虑两个方面的途径：一是组织机制方面的制度安排；二是市场机制方面的制度安排。通常的做法是将市场与组织两种途径相结合。

Fama 和 Jensen（1983）假设，当一家公司的特征是所有权与经营管理权分离时，该公司的决策体系也将决策管理与决策控制分开，以限制代理人个人的决策效力，从而避免其损害股东的利益。另外，通过报酬安排以及经理市场也可以减缓代理问题。股票市场则为企业股东提供了外部监督机制，因为股价集中体现了经理的决策带来的影响，股价水平低会给经理带来改变其行为并更多地为股东利益着想的压力，从而降低代理成本。

代理成本理论阐明了在所有权与控制权分离的情况下，所有权通过何种途径监督和制约控制权，控制权又以哪种方式追逐自身利益的问题，为并购动机提供了强有力的理论框架。

2. 自由现金流量假说

Jensen（1986）在代理成本理论的基础上衍生了自由现金流量假说。自由现金流量是指公司在支付了所有的净现值为正的投资后所剩余的现金量。Jensen 的研究表明，股东和管理者在自由现金的配置问题上会产生冲突，从而产生代理成本。当代理成本很大时，并购活动可以适当提高负债比例，从而增加产出，提升公司价值，这有利于减少代理成本。因此股东与管理者之间在自由现金流量派发问题上的冲突而产生的代理成本，是造成并购的主要原因。因为这种办法是用增加负债来约束经理行为，缓解股东与经理的矛盾，减少不必要的兼并活动，从而降低代理成本。

3. 交易成本理论

交易成本是指市场交易的代价，即获取信息、谈判、签约等交易活动所产生的费用。交易成本理论最早由 Coase 提出，后来由 Williamsion 等学者进行深入研究。

根据 Coase（1960）的观点，市场和企业是两种可以相互替代的配置资源机制。市场交易发生在企业之间，由市场来调节控制。企业边界是指某一生产环节是否应保留在企业内部。企业并购就是确定企业边界的过程。企业通过并购使市场交易内部化，同时将较高的交易成本转化为较低的内部管理成本。纵向并购的边界条件是企业边际交易费用节约额等于边际组织费用增加额。在竞争市场条件下，实现纵向并购的这种均衡能导致企业生产和分配的有效组织和资源的有效配置。

Williamsion（1975）深入研究了企业纵向一体化问题，进一步发展了 Coase 的理论，认为人的有限理性和机会主义、市场环境的不确定性，导致企业跨国经营时交易活动的复杂性，从而引起交易成本增加。更高的交易成本成为企业将外部交易转移到企业内部的动力，即跨国企业对外国企业进行并购。

4. 目标企业价值低估理论

目标企业价值低估是指目标企业股票的市场价格由于某种原因而未能反映正式价值或潜在价值，从而导致股票价格低于资产的重置成本，其他企业就可能通过收购股份来获得对该企业的控制权，从而用相对低廉的成本完成扩张。Hannah L. 和 Kay J.（1977）最先提出价值低估理论，后来 Pedro、Geraldo 和 Richard（1998）的研究证明了目标公司的价值被低估是跨国并购的动因之一。托宾（Tobin）把这一原理概括为托宾比率（Tobin Ratio），又称 Q-Ratio，即企业股票市场价格与企业重置成本之比。当 q 大于 1 时，形成收购的可能性小；相反，当 q 小于 1 时，形成收购的可能性大。该理论提供了并购目标企业的一种选择方法，应用的核心是目标企业的价值是否被低估。

四、提升管理效率

提升管理效率理论认为跨国公司的并购活动能够给公司收益带来一个潜在的增量，而且对交易的参与者来说能够提高各自的效率。该理论包含两个要点：一是企业并购活动的发生有利于改进管理层的经营业绩；二是企业并购将导致某种形式的协同效应，即所谓 $1+1>2$ 的效应（并购后企业的总体效益要大于两个独立企业效益的算术和，同时也能增加社会福利）。

效率理论认为，企业并购的动因在于优势和劣势之间在管理效率上的差别。其认为企业并购有潜在的社会效益，通常包含了管理层业绩的提高或获得某种形式的协同效应。具体形式有：(1) 出于并购双方管理能力有差异，兼并能提高管理效率；(2) 出于并购双方经济上的互补性、规模经济或范围经济，合并成一家公司后，造成收益增大或成本减少；(3) 并购可将企业外部融资风险转化为内部融资，从而增加财务协同、减低融资风险；(4) 并购可通过实现业务多元化，降低经营风险；(5) 并购可提高被市场低估的企业市值。

五、获取战略资源

技术诀窍、专利、商标、分销网络等资源对希望进入国际市场的企业来说是十分重要的，而这些资源如果仅靠企业自己开发，则需要大量的时间、财力的投入。因此，通过跨国并购的方式，可使企业以较少的投入快速进入东道国。如 2002 年，eBay 网站以3 000万美元的价格收购了中国最大的电子商务网站——易趣美国公司 33%的股份，2003 年再以 1.5 亿美元收购了后者余下的 67%的股份。通过这次并购，eBay 迅速拥有了易趣大量的客户资源和知名商标，为 eBay 进入中国市场提供了捷径。

六、市场势力理论

市场势力理论认为企业并购的收益是企业集中度提高的结果，它还会导致共谋和垄断。所以并购的动因可用企业试图提高市场占有率，减少竞争对手，并获得某种市场力量来解释。

一般而言，并购企业可以通过跨国并购在以下几方面增强市场竞争力：(1) 跨国公司通过跨国并购绕开东道国贸易壁垒，迅速获得新的市场机会，同时通过接管一家公司来利用现成的供应商、顾客网络及相应的技能。(2) 并购能给企业带来市场权力效应。在寡头垄断特征的市场，追求市场力量和市场支配地位也是进行并购的推动力量。通过横向并购，跨国公司可提高市场占有率，减少竞争对手，增加对国际市场的控制力；通过纵向并购，跨国公司可加大对关键原料和销售渠道的控制，有力地控制竞争对手的活动，提高企业所在领域的进入壁垒和企业的差异化优势。(3) 由于法律变得更为严格，使同行企业间包括合谋等在内的多种联系成为非法，此时通过合并可使上述非法的行为“内部化”，达到继续控制市场的目的。(4) 并购可以增强企业对市场的控制，减少竞争对手，增加企业长期获利的机会。通过并购，企业不仅可以保持原有的势力范围，而且可以通过跨地区、跨国界的并购来开拓新的市场。通过横向并购提高行业集中程度，扩大市场份额，改善竞争结构，减少竞争对手。

七、规模经济效应与多元化经营

在经济全球化的形势下，较大的规模可以成为一个关键因素，特别是在需要规模经济、巨额研发开支和扩大分销网络的经营活动中更是这样。同时，要收购一家规模大的企业是比较困难的，所以规模也具有保护功能。大的规模还能进一步创造出财务、管理和经营协同效应，并减少企业经营的脆弱性。由于在融资中存在规模经济，因此大规模通常能获得低成本的投资资金。规模还可使在各个地区和领域从事多种经营的大公司拥有获得使用信息和创新机会方面的优势。追求规模的动机对于国内并购和跨国并购是同样适用的。

多元化经营理论认为市场具有不确定性，为了降低和分散风险，企业应该进行混合并购，实现多元化经营。其动机主要是：企业通过并购进入与原经营领域相关性较小的行业，得以在不同领域进行多元化经营，当某个领域经营失败时，整个企业由于已获得其他领域内的经营收益而可保证整体较平稳的利润率。多元化经营理论曾经十分流行。但 21 世纪以后，越来越多的公司为了构筑企业核心竞争力及价值链，更倾向于专业化的经营模式。Seth（1990）的研究表明企业的系统风险不能通过混合并购降低。

除了上述因素以外，企业跨国并购行为很大程度上还受到外部经济环境变化的影响，这些环境因素主要有各国政策、资本市场的变化、区域经济一体化等。

专栏

跨国并购与银行业的集中

国内并购和跨国并购正在改变银行业的结构。放松管制和自由化以应付不断上涨的信息技术成本的竞争压力都必然促进并购活动。尽管最大的银行仍然是通过国内并购创造的，但也有许多大银行是通过跨国并购产生的。例如，德意志—信孚银行、汇丰—纽约共和银行、汇丰—萨弗拉共和银行等并购案，都是价值超过 10 亿美元的巨额交易。其结果表明加强了最大银行间的集中。推动银行业并购的因素在各个地区是不同的。1999 年，美国废除了《格拉斯—斯蒂格尔法案》，从而拆除了银行业与证券业之间的藩篱。而欧盟的放松管制和采用单一货币、日本的金融自由化以及受金融危机影响国家的行业重组等，都推动了大规模的并购。

资料来源：张纪康：《跨国公司与直接投资》，240 页，北京，对外经济贸易大学出版社，2009。

第三节　跨国并购后的整合

跨国公司进行跨国并购的愿景都是美好的，但并购目标能否实现的关键不在于并购过程，而取决于跨国并购后的整合。

一、并购整合的含义及现状

1. 并购整合的含义

企业并购后的整合是指当并购企业获得目标企业的资产所有权、股权或经营控制权之后进行的资产、人员等企业要素的整体系统性安排，从而使并购后的企业按照一定的目标、方针和战略组织运营①。更简单地说，整合是指调整公司的组成使其融为一体的过程。

企业并购不是两个企业简单地合在一起，也不是简单地将一个企业的经营要素注入另一个企业就算完事。并购后需要将原来不同的运作体系，包括管理、生产、营销、服务、

① 王东，张秋生：《企业兼并与收购案例》，341 页，北京，北方交通大学出版社，2001。

企业文化和形象在内，使其有机地结合成为一个运作体系。它是整个并购过程中最艰难，也是最关键的阶段。收购方如果想达到对并购效应的期望，避免并购陷阱，进行并购整合就是必须的。

据上所述，企业并购后整合包含着以下几层含义：(1) 并购后整合是企业并购取得成功的关键，确认了整合在并购活动整个过程中的重要作用。(2) 并购后整合是并购过程中最艰难的阶段，如人员和文化之间的融合等各种问题要在此阶段得以解决，时间短的不超过一年，长的需要3～5年，甚至10年以上。(3) 并购后整合的实质就是并购企业和被并购企业之间的战略能力或核心能力转移，这种转移方向既可能是单向也可能是双向的。(4) 并购整合是两家企业之间相互作用的过程。

2. 并购整合的基本状况

跨国并购已日益成为企业拓展国际市场和获取海外资源的一种手段，而且越来越多的企业利用它作为一种重要的成长战略。然而跨国并购大多以失败告终，主要原因是并购后没有进行合理而有效的整合。波士顿咨询公司的一份调查报告指出：在并购前，只有20%的公司考虑到并购后如何将公司整合到一起；而并购后所能产生的成本效应、规模经济往往被过分夸大。Bruce Wasserstein (1998) 明确指出并购成功与否不仅依靠被并购公司所带来创造价值的能力，而且更大程度上依靠并购公司对目标公司的整合程度。由于缺乏有效的并购后整合能力，许多公司在并购若干年后再次出售"烫手山芋"。日本索尼公司以巨资收购美国哥伦比亚广播公司，最后以失败告终就是最好的例证；克莱斯勒汽车在收购Lamborstini和Maserati公司后，由于缺乏整合能力不得不亏本转手；美国电话电报公司并购NCR公司后，五年内损失20亿美元，最后只能宣布将其剥离出局。

根据麦肯锡、科尔尼等咨询公司的分析，之所以并购失败率很高，问题主要出在管理整合过程中。比如麦肯锡认为，整合过程不良是并购失败的主要原因之一。默瑟咨询公司的研究结果是，并购后的整合对于并购的最终结果有直接的影响。而科尔尼的统计分析表明，并购53%的风险存在于整合阶段。著名咨询公司对并购成功率的统计研究详见表6—3。

表6—3　著名咨询公司对并购成功率的统计研究①

研究机构	样本描述			并购效果度量标准	结论
	起止时间	选取标准	样本量		
麦肯锡	1990—1985年	5亿美元	150	收回资本成本	17%大量收回；33%少量收回；20%损害股东利益

① 吴志军：《企业并购中的管理整合研究》，北京，中国财政经济出版社，2004。

续前表

研究机构	样本描述			并购效果度量标准	结论
	起止时间	选取标准	样本量		
麦肯锡	1998年前	《财富》500强；《金融时报》500强	116	收回资本成本	61%失败；23%成功
默瑟	20世纪80年代	5亿美元	130	超出行业平均收益水平	34%成功；57%失败
	20世纪90年代		140		
科尼尔	1998—1999年	巨型并购	115	达到预期目标	42%成功

1992年，库珀斯—莱布兰会计咨询公司对英国公司的收购案例做了一份研究，该公司深入调查的英国最大的100家高级管理人员认为，大约54%的收购是失败的。

由此可见，缺乏合理而及时有效的并购后整合，跨国并购无法达到预期的目标。因此，跨国并购后整合战略是企业实现跨国并购目的、增强竞争优势和增加股东价值的必要途径和走向成功的关键。

二、并购整合中存在的问题

毕博管理咨询公司曾对500多家跨国公司的战略目标和财务目标的实现情况进行了调查，结果有近半数企业没有达到预期的并购目标。造成并购失败的原因主要是并购后的整合工作出现偏差。所以，整合对于并购的成功起着至关重要的作用，如果不注意当中的问题，则会导致整合效率降低。这些问题归结为以下几个方面：

1. 跨国并购战略失误

跨国并购战略失误，即在并购的第一阶段中，没有对目标企业进行足够的分析研究，准备工作不够充分，从而导致跨国并购战略失误。同时，并购前缺乏整合规划，也没有对并购后的整合进行全面、明确、细致的计划。因此，对于涉及长期战略目标的并购，必须对并购后的整合在前期筹划时给予足够的重视并制定完善的计划，从人力资源、财务、文化以及无形资源等方面进行研究。因为成功的并购在很大程度上取决于全面的、明确的并购决策，即决策中对后期整合的重视和详细规划。

2. 人力资源管理存在问题

人的因素是公司生存和发展的决定性因素，人力资源也是公司最重要的资源之一。企业在进行并购活动的过程中，企业的人力资源面临着诸多不确定因素，可能引起企业人力资源的各种变异，进而使企业面临遭受损失的可能性，所以人力资源的整合工作必须得到充分重视。例如，推动并购企业和目标企业高层领导之间的交流和合作，获得各公司员工对合并后新公司的承认，增强其归属感，增强高层与员工以及员工与员工之间的沟通交流等。

3. 财务工作整合不力

财务整合的目标必须和企业并购的目标保持一致，即创造出更多的价值以实现企业的总体战略目标，否则将影响整个整合进程。具体来说，并购协议一旦签订，并购企业就要派出高级财务人员进驻目标企业进行财务整合。这样的及时整合，可以避免因财务方面的缓慢磨合而对企业的盈亏产生负面影响。财务方面一般存在的问题有：

（1）企业对无形资产认识不足。长期以来，一些管理者只把固定资产和流动资金作为财产加以重视，而忽视依托于企业本身又无实体的无形资产。有些注意到的企业也仅限于对商标、专利予以折价，而对包含专有技术、商业秘密、商誉等在内的无形资产并未进行整体评估，导致企业无形资产流失。在无形资产的整合过程中，也会因管理者对此问题的重视不足而消极执行企业的一系列整合政策，致使企业不能紧抓机遇。

（2）财务整合管理制度不完善。财务管理制度的调整和统一是并购后企业财务整合的重要内容。只有实行统一的财务制度，才能规范目标企业的财务活动，确保财务信息的真实和完整，同时有利于企业整体战略目标的实现。

4. 不同企业文化未能充分融合

（1）并购企业对文化整合认识不足。一些企业在并购时仅注重资产和财务整合，追求并购的短期财务效应，而不重视企业的文化整合，忽视企业文化协同对并购绩效的影响。如果并购企业与目标企业的文化差异较大，企业的核心价值观、经营理念及文化氛围等各方面都会表现出很大的不同。在整合过程中如果缺少必要的沟通与协调，则会引起文化冲突，从而导致双方的组织文化难以有效整合。

（2）文化整合行为把握不当。主要表现在以下两个方面：1）对文化整合的关键点把握不当。企业文化整合是一个以企业价值观为核心，包括战略、结构、制度、作风和形象等在内的多层面系统的融合再造过程。但是，有的企业重视物质、制度层面的文化整合，而忽视价值观和精神层面的文化整合。2）整合节奏把握不当。并购企业文化整合需要一个过程，它起始于并购前双方企业的沟通、了解和初步信任。由于文化属于意识形态范畴，对其整合需要人的适应和接受过程。因此，不能过快而强制“一刀切”，也不能过于拖沓而影响经营绩效。

三、并购整合的主要内容

1. 财务整合

（1）财务整合的必要性。

企业并购后，财务整合是一项基础性整合，也是必要的整合。因为财务管理是公司管理的核心，财务整合是实现并购目标的保障。只有通过财务整合，才能使并购后的企业实现利润最大化，企业内部的各项资源得到合理配置，对目标企业进行合理控制，合理实施并购战略。

（2）财务整合的主要内容。

财务整合的主要内容包括以下四个方面：

第一，财务管理目标的整合。财务管理目标直接影响企业财务体系的构建，决定各种财务方案的选择和决策。通过财务目标的整合，并购后的企业在统一的财务目标指引下进行生产经营。

第二，财务制度与核算体系的整合。财务管理制度整合是保证并购企业有效、有序运行的关键，它主要包括融资制度、投资制度、固定资产管理、流动资产管理、工资管理、利润管理和财务风险管理等内容的整合。对于跨国并购企业，还应该包括国际财务管理制度的整合。会计核算体系整合是统一财务制度体系的具体保证，也是并购方及时、准确、全面地获取被并购方企业财务信息的有效手段，更是统一企业绩效评价口径的基础。因此，并购后需要对账本形式、凭证管理和会计科目等进行统一规范，以便于生产经营活动的顺利进行。

第三，绩效评价体系的整合。绩效评价体系的整合是并购后企业对财务运营指标体系的重新优化和组合。它是由一组考评指标构成的，一般包括：收益能力指标，如销售利润率、资产报酬率、所有者权益报酬率、毛利率、净利润率等；市价比率指标，如每股利润、每股股利、股利发放率、股利报酬率、市盈率等；资产管理指标，如存货周转期、应收账款周转率、流动资产周转率、固定资产周转率、总资产周转率等；经营安全性指标，如流动比率、速动比率、负债比率、权益乘数、负债与股东权益比率、利润保障倍数等；发展能力指标，如市场占有率等；成长能力指标，如销售收入增长率、税前利润增长率、固定资产增长率、人员增长率、产品成本降低率等；生产能力指标，如人均销售收入、人均净利润、人均资产总额、人均工资等。

这些指标考评体系是提高并购企业经营绩效和运营能力的重要手段。并购企业应根据实际需要、国内外同行业的先进水平重新调整和确定，以保证并购后企业具有不断增强的竞争能力和可持续发展的势头。

第四，现金流转内部控制的整合。现金流转的速度和质量直接关系到企业的资金运用及效益水平。内部现金流转的控制以预算为标准。现金流转内部控制的整合要求并购交易完成后，并购企业应明确规定被并购企业在何时汇报现金流转情况，所涉及的内容包括：现金收支日报、现金收支月报、公司预算执行情况的分析报告等。这样可以使并购企业掌握企业现金流转情况，以便决定在什么时候调整影响现金流转的营业活动和财务活动以及调整幅度的大小。

2. 人力资源整合

（1）人力资源整合的必要性。

企业并购是一方获得另一方的资产所有权、股权或经营控制权。但无论采取何种并购形式，都会使人力资源的数量发生很大变化，同时人力资源的质量也会发生巨大的变化。来自不同管理体制、经营机制和文化背景的人走到一起，需要经过较长时间的磨合才能相互适应。因此并购后管理和整合的难度相对要大得多，如果企业不能较好地及时处理这些问题，则容易造成员工的大量流失或影响工作效率，最终导致并购的失败。所以，企业并购是否成功，很大程度上也取决于能否有效地整合双方的人力资源。如果目标企业的核心人员离开了企业，那么企业通过并购所得到的只是硬资产，而没有获得真正的人力优势资源。

(2) 人力资源的整合过程。

人力资源整合较为复杂，其整合过程的环节比较多，大体上有以下几个步骤：

第一，成立过渡小组。由并购双方和第三方共同组成并购过渡小组，以保持企业的稳定并帮助企业建立新的观念。过渡小组成员除了来自并购双方的企业外，也要有独立的第三方协调者参加。由于独立的第三方协调者对决策的事务保持中立而且不具决策制定权，因而能够借助第三方丰富的并购经验，帮助并购小组及时发现问题，寻找解决方法。通过成立并购过渡小组，并购企业获得了一个全面了解目标企业人力资源状况的机会，也为日后的文化融合奠定了基础。

第二，选派整合主管。并购企业根据双方企业的实际情况，选派具有专业管理才能、诚实可靠的人担任目标企业的整合主管。整合主管的任务主要是：在并购企业和目标企业之间建立桥梁、提供咨询，使双方企业的资源和信息有效共享；监督和管理整合小组；识别目标企业人力资源和行政管理上妨碍并购战略成功实施的问题并加以解决。一个好的整合主管，将为日后的生产经营活动奠定良好的基础。

第三，合理安排员工。由于被并购企业的员工担心新环境下的适应性问题，使被并购企业常常出现人才流失现象，因此要先确定管理层的人选，然后尽快安排其他人员。被并购企业在控制权转移后，可能使其部分员工产生消极的心理预期并引起人才资源的流失。所以留住与稳定人才从而整合人才，就成为人力资源整合管理的首要问题，也是企业并购整合管理的重要组成部分。

第四，开展教育培训。由于人力资源的发展直接关系到企业经营能力的提升，所以企业在并购后必须开展相关的人力资源发展计划，而教育和培训是其中最为广泛的一个途径。通常可以经过以下几个程序和步骤来制定合理有效的培训发展计划：分析需求、制定计划、实施计划、评估计划有效性。前两个步骤是至关重要的，而后两个步骤的成功与否往往取决于前两个步骤的质量和效果。

第五，加强沟通交流。为保持目标企业员工的稳定，并购企业应考虑加强并购双方员工的沟通与交流。企业应建立一个常规的双向沟通程序（正式和非正式），并通过一个可信的管理团队与员工进行沟通。如定期向员工发布并购信息、组织规范调整、业绩进展、人力资源政策等员工关心的问题；设立专门的沟通咨询机构，接待有疑问的员工等。除了人力资源部门外，直线经理也应加强沟通，多了解员工心态，消除员工的不安和悲观情绪。通过上述措施提高企业与员工的沟通，将有利于并购整合工作的顺利开展。

第六，建立激励机制。人力资源管理的绩效理论认为，人力资源开发是一个不断通过员工的能力来提高组织绩效的过程，即人力资源开发必须为实现组织目标做贡献。根据绩效理论，影响绩效提高的因素包括：激励、奖励和结果；数据和信息、效绩的标准和反馈；资源、工具和环境；个人能力；动机和期望，雇员对组织的看法；技能和知识。

并购整合企业在激励人才、留住人才上所采取的策略可以概括为：在激励重点上，以成就和成长代替传统的金钱激励；在激励方式上，强调个人激励、团队激励和组织激励有效结合；在激励时间效应上，把短期激励和长期激励相结合；在激励报酬机制设计上，从价值创造、价值评价、价值分配的事前、事中、事后三个环节出发设计奖酬机制；就报酬本身而言，除了薪酬以外，还包括机会、职权、信息分享、股票、股权和荣誉等诸多方面。

3. 文化整合

（1）文化整合的必要性。

文化在组织内部起着巨大的作用，如果企业文化的整合处理不当，则可能会对并购后企业的经营和发展造成障碍，甚至导致并购的总体失败。并购企业之间由于在规模水平、所有制、思维方式、行为准则、语言习惯等方面存在差异，企业文化的表现会出现很大的差异性，从而带来经营理念、工作方式、管理制度等方面的冲突。据资料统计显示，在全球范围内资产重组失败的案例中，80%以上直接或间接来源于新企业文化整合的失败。因此，企业并购后的文化整合是决定并购成功与否的极其重要的部分。

（2）文化整合过程。

跨国企业的文化整合一般有以下几个步骤：

第一，分析文化差异。忽视企业潜在的文化差异是现实中导致企业并购失败的重要原因，因此并购方应该对双方的文化差异进行深入的分析，尤其是潜在的战略性文化差异，这可能是引起强烈文化冲突的隐形炸弹。文化评估可以采取以下步骤：首先，成立文化评估小组。小组成员应尽量是全程参与并购交易和并购后整合的管理者，这样才能避免整合前后的脱节。其次，进行双方文化差异的资料收集和调查。除了采用收集二手资料等途径外，企业还可以采用新的研究方法，如案例问卷、反复诊断式访谈、集体访谈等方法。信息应尽可能详尽和准确。最后，在收集信息的基础上，对比分析双方在哪些关键性文化维度上存在本质分歧，以此确定发生文化冲突的机会和成本。

第二，选择整合模式。不同的企业跨文化整合模式适用于不同的情况，企业需要结合跨文化整合的决定性因素来选择适合本企业具体情况的跨文化整合模式。主要的模式[①]有：并存式，是指双方企业保持文化独立形成文化的多元化；交叉式，是指双方文化相互渗透形成企业间的文化互补；覆盖式，是指以强势文化压倒弱势文化进行文化的同化；新设式，是指在引入其他优秀企业文化的基础上形成全新的企业文化。企业在实践中要在不同方面综合采用几种模式以取得较好的整合协同效应。

第三，建立规章制度。文化的整合不仅需要周密的计划，而且需要必要的制度保障，防止变成空洞的说教，将企业价值观、企业哲学、企业道德规范、企业行为准则等企业文化内容在制度、规章、文件、纪律中加以体现，保证企业文化的制度化。尤其是建立明确的奖惩制度与之配套，对于塑造和实践企业价值观具有重要的保障作用。

第四，开展管理培训。无论是并购方还是被并购方的员工，对于双方的情况都非常渴望了解，这时很容易出现信息真空和文化隔阂，引发各种猜测和偏见，因此就需要进行员工跨文化培训。而且由于员工往往已经形成自己的思维方式和工作习惯，所以公司对员工进行广泛的培训以改变他们原有的行为方式也是必要的。

通过培训和教育，能够使员工系统地接受企业全新的价值观，并强化员工的认同感。培训可以使员工明白为何以及如何实施文化建设，新的企业文化对员工有什么要求，认识现有文化状态与目标文化的差距，掌握不同的文化背景知识，改变以往的偏见。通过专门的培训可以增强员工的安全感，维持良好的人际关系，增强企业凝聚力。

---

① 刘缓缓：《企业并购后的跨文化整合研究》，对外经济贸易大学硕士论文，2006。

4. 无形资源整合

对被并购企业进行无形资源的整合时，要检查和评估这些无形资源的现实价值，紧密联系并购企业的生产经营活动及其适用程度，决定对其保留和转让。

（1）专利权整合。专利权是指对某一产品的造型、配方、结构、制造工艺或程序拥有的特殊权利，专利持有人在一定期限内享有该项权利的独占权，任何需要该权利的机构或个人必须征得持有人的同意并支付专利转让费或使用费。对目标企业的专利权，首先要确定它的价值、先进程度、未来前景、剩余时间，然后根据企业的经营方向和战略目标决定是保留还是转让。

（2）特许经营权整合。特许经营权也叫专营权，通常有以下两种形式：第一，由政府机构授权，准许特定机构拥有经营某种特定业务的权利；第二，企业自己创造的专营权。这里主要讨论第二种情况。专营权是企业重要的无形资产，企业可以借此获得超额利润。企业控制权变动后，必须经原授权人的同意才可继续拥有此权利，在授权人同意的基础上，企业可通过考虑其是否与企业经营方向相适应来决策。如果与经营方向不一致，在取得原授权者同意后，可再次转让或停止使用；如果特许经营的收益大于经营成本，并与企业经营方向一致，则可保留和使用。

（3）商标权整合。商标权指被并购企业所拥有的产品名称、标识、符号、字样和图案等商标，经注册后成为注册商标，获得专用权，受法律保护。并购企业购进被并购企业整体资产后，商标权即归并购企业所拥有。并购企业可根据商标在消费者心目中的形象、地位、市场评估价值以及该商标产品的市场占有率等因素决定取舍。

（4）专有技术整合。也称技术秘密，是企业没有申请专利的先进的或特有的工艺技术、设计方案和主要技术参数等。因具有巨大的价值，大多数并购企业对此予以保留或发展，并根据需要决定是否将其作为保密资料，或进行转让与淘汰。

（5）土地使用权整合。并购企业应在充分考虑企业的发展战略对土地的需要量、土地所处位置和土地增值潜力等因素的前提下，决定土地的保留、租借或转让。对土地使用权的整合与处置必须格外关注土地使用权的价值增值潜力，因土地资源具有不可再生的特征，其价值与经济增长呈正相关的关系，所以，即使是目标企业闲置的土地，也要谨慎处理。

（6）商誉整合。商誉是企业总价值与单项有形资产及可辨认无形资产价值之间的差额，是企业获取超额利润的重要能力。商誉可分为自创商誉和外购商誉。企业并购中形成的是外购商誉，它是并购企业所支付的并购成本大于被并购企业可辨认有形资产的公允价值的差额所导致的，通过资产整合形成。

综上所述，企业并购已经逐渐成为企业获得资源、降低成本、增加利润，并最终实现战略目标的手段。但不少研究表明，跨国并购的成功率极低，主要源于后期整合的不成功。整合是完整的并购过程中不可缺少的一步，但在现实中往往被忽视。所以，并购前就应制定完善的并购后整合策略，从财务、人力资源、文化和其他无形资源等方面着手实施可行的整合策略，促进并购成功，保证最终实现企业的战略目标。

专栏

阿里巴巴收购雅虎案例分析

2005 年 8 月 11 日，阿里巴巴收购雅虎中国全部资产，包括雅虎中国门户网站、搜索技术、通信与广告业务以及 3721 网络实名服务，获得雅虎品牌在中国的无限期独家使用权及雅虎 10 亿美元投资，两者组成战略联盟关系，雅虎成为阿里巴巴的股东。

1. 阿里巴巴

阿里巴巴未来发展的目标就是搭建一个包括电子商务、门户、搜索、即时通信、电子邮件、网络实名等在内的互联网矩阵，几乎囊括了目前互联网领域内所有的当红业务。收购雅虎中国后，阿里巴巴的业务范围将拓展到除了无线、游戏外的所有互联网领域。阿里巴巴网站与淘宝随着时间的推移变得越来越庞大。这么一个庞大的系统，数以亿计的网页，毫无疑问必然非常依赖搜索引擎才有可能让客户在网站上完成日常的工作，因此需要让自己的搜索引擎更快更好！当然基于当前自己的科研实力是很难满足需求的，因此雅虎的搜索引擎是其必取之物。同时，阿里巴巴通过收购雅虎中国可以以综合性的互联网集团形态出现，走一条有核心技术的另类寡头之路。这样可以得到一个有一定成长性的搜索引擎及相关的技术，以期先发制人，通过搜索大战，直捣百度的“心脏”。阿里巴巴站在集团战略发展角度，欲构建一个综合性的网络大国，使其在国内网络市场上处于领先地位。

从雅虎控股阿里巴巴 40%股份来看，在国际上享誉盛名的雅虎和阿里巴巴无疑形成了坚强的同盟军。这样使未来本土中国电子商务企业进入国际市场提供了足够高的壁垒。显然，中国的本土市场开发到一定程度以后，中国的电子商务公司走向国际化，进入国际市场是必然要发生的事情。阿里巴巴与雅虎的结盟无疑将沉重打击中国电子商务公司进入国际市场的信心。在国际市场上，阿里巴巴与未来其他的电子商务公司竞争，自然就添加了一个大大的砝码。这又是一个先发制人。

2. 雅虎中国

雅虎中国当时已经进入了一个很严重的瓶颈期，在本地化的道路上步履艰难，因此作为投资一方的软银公司本着投资回报最大化的考虑，自然希望能够将其优化整合。从雅虎的角度出发，把自己处理不了的中国业务盘出去，正好有利于集中精力在其他市场竞争。杨致远透露，当初想跟阿里巴巴合作主要有三个原因：“第一，我们坚持相信能够在中国市场上成功，但是我们需要一个好的伙伴；第二是团队，马云的阿里巴巴团队真的是很有能力，而且他们有梦想，希望能够在中国市场上做一番事业；第三看好电子商务，不管是中国还是欧洲、美国，电子商务总归是在经济上最有影响的互联网的一个业务。”

3. 并购难点

首先，是整合雅虎、阿里巴巴、淘宝、支付宝等品牌问题；其次，是合并后业务和资源范围迅速放大，企业文化和渠道存在差异，如雅虎是分销，阿里巴巴是直销，企业资源如何整合；最后，是企业内部文化、人力资源、生产经营、管理系统与组织机制等方面的整合。

阿里巴巴不仅有计划周详的业务战略目标，对企业文化整合的重视更是前所未有，阿里巴巴在整合之前对双方企业文化已经有了明晰的分析评估。在文化差异上，阿里巴巴更加注重战略，而雅虎更加注重战术。阿里巴巴的文化具有鲜明特色，更加热情、透明、简单，并且在实践中不遗余力地落实自己的价值观。由于雅虎目前很多员工来自3721的旧部，此前雅虎还没有对这些员工进行完全的整合，因此文化上的复杂性和不稳定性更大。但彼此之间也有很多相似的地方：现在雅虎的员工以3721留下来的人为主，他们在本质上具有创业精神，这点和阿里巴巴相似。因此新阿里巴巴企业文化定位于以阿里巴巴的企业文化为主导，突出双方共有的创业精神。阿里巴巴CEO马云亲自导演设计的"相亲相爱一家人"大联欢，让雅虎中国的员工亲身体会到了阿里巴巴文化的魅力。这场巨大的"秀"，无疑既消除了外界的疑虑，又让阿里巴巴与雅虎的员工迅速产生共识，从而相互了解，降低整合风险。

并购后，阿里巴巴的业务拓展到了门户网站和搜索领域，实现了相关业务多元化发展。雅虎中国的业务拓展到了前景可观的B2B领域，同时也顺应了B2B和C2C相融合这一电子商务领域发展的新趋势，雅虎的"一拍"业务将同阿里巴巴的B2B和C2C业务相融合，占领更大的市场。

但是，并购后阿里巴巴并非无后忧。一方面，阿里巴巴置换出的股份比例过大，雅虎所持有的比例让人担忧。另一方面，整合风险也不容小视。尽管马云在并购以前做了充足的并购后整合准备工作，但是阿里巴巴和雅虎中国是两个独立的品牌，有着各自的品牌形象，如何准确区分品牌的不同定位，成了并购后的主要难题。

尽管存在种种风险，但是从并购后阿里巴巴和雅虎中国的发展来看，并购应该算是成功的。2010年第三季度，淘宝注册用户超过4.7亿，日成交额达20亿元，牢牢占据第三方支付的半壁江山。

资料来源：百度文库。

第四节 我国企业的跨国并购

一、我国企业跨国并购的现状

改革开放以来，中国企业在走出国门、迈入国际市场、走国际化经营之路方面取得了显著的成绩。中国企业的跨国并购活动可以分为以下三个发展阶段。

1. 萌芽阶段（20世纪80年代—2001年）

这一阶段中国企业跨国并购的规模小、次数少；目标地区局限在美国、加拿大、印度及中国香港地区；涉及的行业主要是石化、航空等少数垄断性行业；参与企业局限于国家大型企业，代表性的如中信、中化、首钢、华润等，这些企业都已发展成为大型跨国公司。

2. 跨国并购起步阶段（2002—2005年）

2001年中国加入WTO是中国企业对外直接投资的一个根本性转折点。2002年被称为“中国并购元年”，这一年发生许多重大并购案，如 TCL 收购德国影音产品公司施奈德、网通收购亚洲环球电讯、浙江华立集团收购飞利浦的 CDMA 手机芯片软件设计及相关业务部、中海油收购印尼及澳洲油田、中石油收购印尼油田及气田、海尔收购一家意大利冰箱厂……主要表现为：并购主体多元化，除大型国企外，民企与乡镇企业也成为跨国并购的新生力量；跨国并购的规模逐步扩大；涉及的行业除资源、能源等行业外，也有生物、医疗等高科技行业。

3. 跨国并购快速发展阶段（2006 年至今）

这一阶段，伴随着国内经济的高速发展，外汇储备的不断升高和人民币的加速升值，越来越多的企业加入海外并购的行列。这一阶段的特点是：（1）跨国并购主体仍以国有大中型企业为主。如中海油以 151 亿美元并购尼克森公司、中石油成功收购 PK 石油，这些均表明国有大中型企业是中国企业跨国并购的主体。（2）跨国并购产业集中。主要集中在服务业、矿产业和制造业等，其中石油、煤炭以及铁矿石等海外能源型企业逐渐成为并购的主要对象。据统计，2012 年 1—11 月，中国企业能源及矿产业共完成海外并购 22 起，涉及金额 71.31 亿美元（中海油并购尼克森不计入内），所涉金额占海外并购总额高达 64.4%。（3）跨国并购规模不断增长。1990—2001 年，中国企业的年均跨国并购额只有 5.43 亿美元；2002—2008 年则高达 70.17 亿美元。据清科研究中心数据显示，2009—2012 年，中国企业完成的跨国并购披露金额分别为 160.99 亿美元、131.95 亿美元、280.99 亿美元及 298.25 亿美元。中国企业的跨国并购规模整体呈现上升趋势。

二、我国企业跨国并购的影响因素

1. 国际因素

（1）经济全球化趋势加强。经济全球化使得各国经济依赖性增强。以跨国公司为主要动力的世界市场体系加速融合，各国纷纷开放国内市场来换取参与全球化产业分工体系的机会。同时，经济全球化导致国际资本流动的加速，资本市场更加自由化，为跨国并购扫除了制度障碍。

（2）全球产业结构面临调整。经济全球化的过程也是发达国家在全球范围内进行产业结构调整的过程，同时也是发达国家夕阳产业向发展中国家转移的过程。通过并购，跨国公司以其交易内部化、生产过程全球化和全球生产企业化来重新整合全球的产业结构。目前，发达国家和发展中国家都在根据本国经济的实际状况进行产业结构的调整，部分国家的结构调整还打破了梯度推进的传统模式，呈现出跨越式发展的趋势。

（3）全球战略竞争愈演愈烈。引进外资极大地助推了我国经济的高速增长，全球化的过程也让我们领略了在高端领域里中外企业的巨大差距。在全球经济的价值链再造过程中，中国企业只能依附成长。产业价值链是围绕核心竞争力而建立的，是随区位优势的调整而改变的，也是伴随企业的成长而不断变化的。跨国公司在发展中国家的经济竞争已经不仅是对市场资源、核心商品、制造能力的争夺，而且涉及对一国经济命脉的控制和发展能力的掌握。因此，中国的企业应在面向市场化的过程中承担起保障国家经济安全的使命。

2. 国内因素

（1）中国企业需要开发国际市场。随着外资企业把更多的制造和研发中心放到中国，国内企业依靠廉价劳动力产生的成本优势日渐削弱，而在核心技术、管理能力、资金实力、规模效益等方面的劣势也日益明显。同时，随着大部分消费品市场的增长放缓、价格竞争的日益激烈，企业面临的生存压力也越来越大。国内单一市场已不足以支撑中国企业进一步壮大，也难以同跨国企业抗衡，因此需要通过国际扩张来维持增长。

（2）国内面临产业结构调整。传统产业仍然占据着发展高端产业所必需的要素资源，为高端产业的发展寻求空间，促进我国产业结构的升级与优化，一个重要的途径就是“夕阳产业”的转移，以降低产品的边际成本并扩大海外市场。

（3）经济对外依存度过大。中国经济的快速发展，对资源能源的需求与日俱增。由于中国现有资源难以实现自给自足，导致国际市场供求关系紧张，中国宏观经济发展的对外依存度越来越大。除了资源，中国企业对国外的技术和管理也有很高的依存度。

（4）关键性的生产经营资源缺乏。在市场经济竞争激烈的情况下，一国企业欲获得另一国企业的先进技术，主要靠购买许可证的方法，但这种办法获得的技术往往并不是最新最先进的。通过并购他国具有先进科技的同类企业，可以提高自身产品的核心竞争力，也可以直接利用被并购公司在当地市场的分销渠道以及与供应商和顾客建立起的信用关系。被并购企业的员工熟悉当地法律，可以使经营管理上的法律问题有效解决。并购公司也可以学习被并购公司比较好的管理方式。另外，通过并购可以直接获得国外企业的世界级品牌，快速在市场上确立起自己的地位。

（5）外汇储备充足、人民币升值。目前，我国国内资本供应能力强，具有一定外向投资能力。政府也希望企业通过走向海外以缓解外汇储备剧增的势头。人民币升值，以人民币计价的海外资产价格下降，提高了中国企业的购买力，使得中国企业能以更少的价格获得国外企业资产。汇率问题促使我国企业加快了跨国并购的步伐。

（6）跨国并购得到政策支持。中国企业跨国并购和扩张才刚刚起步，中国对外投资总额不足全球FDI总额的1%，并购所占的比例更低。但是中国企业跨国并购能力正在不断增强。20世纪，我国就提出了“走出去”的发展战略，这一战略的核心思想是：把“引进来”和“走出去”紧密结合起来，更好地利用国内、国外两种资源、两个市场。近年来，政府又不断推出了多项政策来鼓励企业的海外发展。

三、我国企业跨国并购的主要方式

1. 直接并购

直接并购指企业直接与被并购方谈判，使用现金作为支付手段，购买对方的股份，获得对方的资产。直接并购占中国企业跨国并购实际案例的一半以上，是中国企业实施“走出去”战略的最重要的手段。

2. 成立合资公司

成立合资公司指并购双方设立一个新的合资公司，将并购方的部分资产和被并购方的资产合并到新的公司中来完成并购。在成立合资公司的操作方式中，与普通合资公司最重要的差别在于并购中被并购方的目的是获取并购方母公司的部分股权。

3. 新设控股公司并购

新设控股公司并购指企业为了实现对目标公司的并购而专门成立一个控股公司来运作，出面进行并购。新设控股公司并购的主要特点为：能够增强企业实力，降低并购风险。并购方在成立控股公司的时候，常常和其他实力强大的战略投资者达成战略联盟，这样不仅使新设的控股公司的实力增强，而且即使并购失败，己方的损失也大幅降低。

4. 境外子公司并购

境外子公司并购指通过母公司在境外已经设立好的子公司进行并购，整个操作过程都由子公司实施，母公司只是在需要的情况下提供帮助。境外子公司并购的特点是母公司在海外已经设有子公司。这样能为收购提供良好的平台，避开了外汇管理的壁垒。

5. 换股并购

换股并购指以股票作为并购的支付手段。其特点有：换股并购使并购不受并购规模的限制。换股并购常常可以使自有资金不多的企业进行规模较大的并购活动，而且其操作流程比较简单，一般由并购方增发新股，并用其新股与目标企业换股来完成。

四、我国企业跨国并购的注意事项

1. 加强沟通以获取企业的市场身份认同

我国企业跨国并购的主体是国有大中型企业，在并购海外市场上，涉及大型企业尤其是能源等有关国家安全的企业时，应及时让目标企业所在地的政府与民众了解中国企业的身份，以及跨国并购不是政府行为而是出于商业目的。否则，会遭到被并购方政府的非常规对待，将其看成不是按市场规则正常经营的企业，使其在具体的并购交易中面临更严格的歧视性并购审查。如中国远洋运输（集团）公司在并购加州一个港口企业时，在名字上就被认为是中国政府的代理人，从而受到诸多质疑。随后，中远集团赶赴美国向当地媒体表明中远的跨国并购行为完全是出于商业目的而没有政治目的，最终才促使中远以企业合作的方式成功并购了加州的一个港口。因此，只有加强沟通使海外企业充分了解我国企业跨国并购的商业目的，获得我国企业的市场身份认同，才能使跨国并购顺利进行。

2. 提高对海外市场信息的评估质量

海外市场信息的评估不仅是指对目标企业自身的评估，如企业文化、经营情况和负债情况等，还包括对目标企业的行业地位及其在市场上的竞争对手等的评估。不能仅凭片面的认知来决定跨国并购行为，要在准备阶段做好调查工作，聘请专业权威的机构对目标企业进行深入分析，着重考虑目标企业与本企业的适配性及资源融合度。要评估本企业与目标企业的文化能否顺利融合，避免给并购整合造成困难，还要考虑两个企业的业务相关度及目标企业的管理水平，这些都对企业并购后的运营有着重要的影响。

3. 加强事前战略策划和整合中的人才参与

由于跨国并购在中国的发展时间较短，中国企业缺乏相关的管理经验，跨国并购管理水平较低，导致跨国并购整合困难。这就要求企业在跨国并购之初就要制定一个完整的并购整合计划，不能遇到困难时才考虑对策。科尔尼公司通过对跨国并购案例的分析，显示跨国并购中风险最高的就是事前的战略策划、目标筛选、尽职调查以及并购后的整合。整合阶段的措施执行对并购的成功起着重要的作用。在整合阶段，包括对企业员工的安排、目标企业优势资源和资产的处置等都对企业未来的发展至关重要。中国企业应重点培养和聘请具有跨国并购整合经验、熟悉两国文化的人才来参与企业的整合工作，为企业并购整合的顺利进行奠定坚实基础。企业应结合目标企业所在地的文化、习俗及管理风格等来整合企业，让企业的所有员工都能更好地了解其企业文化，使双方的思想达到一致，从而使员工更好地为企业服务，促进企业的跨国并购整合顺利进行。

4. 审慎对待跨国并购中的财务风险

中国企业进行海外并购时一定要坚持财务为本的原则，避免财务风险。信息对称是交易成功的关键因素，很多并购交易会出现中外财务系统不匹配、投资回报预测的假设条件存在缺陷、税收黑洞、有形与无形资产的定价风险及其他未登记的一系列的财务风险。这主要是由于中国企业缺乏海外并购经验以及交易双方信息不对称所造成的。在整个并购过程中，企业应当在谈判前尽可能地了解目标方的所有情况，使己方处于强有力的谈判位置；在谈判时要抓住运营改进、财务及税收结构、协同价值共同组成的买方价值，保证运营计划的各项假设条件的正确性，核查各项数据的一致性，并用财务数据来印证所确定的战略目标；在谈判后尽快整合，发挥协同效应，使新公司迅速走上正轨。

主要概念

跨国并购　跨国兼并　跨国收购　横向并购　纵向并购　混合并购
友好并购　敌意并购　现金并购　股票互换并购　债券互换并购
杠杆收购　管理层收购　并购整合　协同效应

复习思考题

1. 试述跨国并购的类型。
2. 跨国并购的主要动因是什么？
3. 并购整合概念包含哪几层含义？
4. 并购整合的内容主要有哪些？
5. 试述中国企业跨国并购的主要动因。

案例分析

一、阅读以下案例，结合本章内容，思考下列问题：

1. 试述中海油跨国并购的类型和特征。
2. 美国政府为什么阻止中海油对尤尼科公司的收购？
3. 中国企业跨国并购要注意哪些问题？

中海油的跨国并购案

中国海洋石油总公司（以下简称中海油）成立于1982年，是中国第三大国家石油公司。2001年年初，中海油在纽约和香港交易所成功上市，上市3个月即以较大比重进入摩根斯坦利国际资本指数，上市仅5个月就被破格纳入恒生指数成分股。通过核心业务在国际资本市场成功上市以及随后的出色表现，中海油的资本运营能力不断提高，国际并购成为中海油国际化发展新阶段的重要手段。

（一）中海油主要并购个案

1. 海外并购第一步

中海油实施海外并购战略，起步于1994年。1994年5月5日，中海油与美国阿科公司进行了一系列的收购谈判后，在美国同阿科公司正式签署协议，成功地从阿科公司购买了印尼马六甲油田32.58%的股权，成为该合作区的最大股权者。第二年，中海油又收购了马六甲区块6.93%的权益，公司由此拥有了第一个海外油田，迈出了向海外发展的第一步。

2. 拓展东南亚及南太平洋业务

（1）收购西班牙瑞普索的印尼资产。1999年，中海油得知西班牙瑞普索公司由于负债与业务重心转移的影响，有意出售在印尼的油气田权益。经过艰难的谈判，中海油于2002年1月18日在我国香港宣布，收购西班牙瑞普索公司在印尼的五大油田的部分权益。此项收购将为中海油带来每年4 000万桶的工作权益产量，中海油成为印尼海上最大的石油生产商。这次并购是在国际金融市场连续调低利率的情况下运作的，当时原油价处于低位，这使收购资金成本降到了最低，在国际资本市场引起空前反响。

（2）拓展印尼业务。2002年12月20日，中海油与BP签署了资产购买协议，以2.75亿美元的价格向BP收购了印尼东固液化天然气项目的部分股权，加快了国际化的步伐。

（3）挺进澳大利亚。2003年5月15日，中海油以3.48亿美元取得澳大利亚西北大陆架天然气项目内新组建的合资实体——中国液化天然气合资实体25%的股权，并获得了西北大陆架项目特定生产许可证、租赁所有权及勘探许可证大约5.3%的权益，同时中海油还将享有未来在已探明储量之外勘探的参与权。2003年10月24日，中海油与澳大利亚西北海上高根天然气项目合同方签订框架协议，购买高根项目部分权益。

通过国际并购，中海油的作业区域由中国近海扩大到了印度尼西亚、澳大利亚地区，奠定了中海油在东南亚和南太平洋地区的业务基础。

3. 并购美国公司受阻

2005年3月，中海油与美国同业对手尤尼科公司协商，准备开展收购工作，并向对方提交了“无约束报价”。此后，中海油宣布以每股67美元的价格、全现金的方式并购尤尼科公司，而尤尼科公司也在随后宣布愿意随时与中海油就并购事宜展开谈判。但是，美国两名众议员致信美国总统布什，声称美国在处理牵涉中国的能源事务时，应综合外交政策、国家安全和经济安全进行考虑，要求外国投资委员会对中海油的收购进行彻底调查。此时，雪佛龙公司宣布，其并购尤尼科公司的计划已得到美国证券交易委员会的批准，并将收购案与政治挂钩，游说国会否决中海油收购的政府审议。随后，美国众议院通过了一项不具约束力的决议，促请政府对中海油的收购行为展开彻查。迫于当时美国国内“威胁国家安全论”的压力，尤尼科公司最后决定接受雪佛龙公司的要约。至此，中海油在美国的收购行动宣告失败。

4. 发起规模更大的海外并购

2006年，中海油总公司下属中海油有限公司与尼日利亚大西洋石油有限公司签署最终协议，以22.68亿美元现金收购尼日利亚130号海上石油开采许可证所持有的45%的工作权益。这是中国企业最大规模的海外收购案之一。尼日利亚是世界第五大原油出口国，而130号海上石油开采许可证所在的尼日尔三角洲是世界上油气资源储量最丰富的盆地之一。此项收购，可使中海油通过勘探和开发海上油气田来实现增长，并实现公司油气资产区域分布多元化的长期战略。

（二）中海油跨国并购的启示

1. 跨国并购是中国企业对外发展的一条新路径

近年来，以跨国并购来实现对外直接投资已逐渐在中国兴起，今后的发展将会越来越快。从政府到企业都必须认识到，中国企业开展跨国并购，已成为对外直接投资的主要形式，是中国企业“走出去”的一条新路径。

跨国并购既是一种对外直接投资行为，也是公司发展的战略行为，这需要企业考虑所有可能影响并购的因素以及并购的结果。因此，一方面，中国企业要在国内练好“内功”，在逐步了解国际市场、技术、管理、文化后，再考虑开展跨国并购；另一方面，不能求大求快，而应由小及大，逐步积累经验之后，再考虑并购规模较大的国外企业。

2. 跨国并购要做好风险防范措施

一方面，跨国并购可以使中国企业参与国际分工，推进企业技术进步和产业升级，培养高级技术和管理人才；另一方面，跨国并购的操作程序更复杂，受不确定性因素的干扰更大，具有极大的风险性。因此，跨国并购需要做好必要的风险防范措施。

（1）做出科学的跨国并购决策与计划。企业必须明确跨国并购的目的，对并购目标企业进行深入细致的分析，确认对目标企业的并购能否增强企业的竞争力，能否促进企业长远发展；需要对并购活动进行系统周密的计划，对可能出现的意外情况做好充分准备并提出解决方案；选择切实可行的并购模式和并购方案，使企业避免并购风险和遭受经济损失，以实现并购目标。

（2）实施金融财务风险防范。通过多种渠道搜集目标企业相关的财务信息，以便更准确地掌握目标公司资产的潜在价值，降低资产评估风险。同时，企业要了解当地金融市场及金融政策，利用金融工具化解并购中的金融风险。

（3）通过技术整合降低跨国并购风险。跨国并购需要对目标公司进行技术组织改造，使其适应公司整体的技术组织运作，以降低并购的风险。技术整合包括硬件整合和软件整合。硬件技术整合可对目标公司的原有设备、设施进行全面检查和必要的调整；软件技术整合主要是对技术人员、工艺水平及技术组织的整合。

3. 增强与目标公司所在国政府的沟通

中海油竞购尤尼科失败的主要原因是对政治风险估计不足。在收购中，一家美国民意调查公司调查美国人对中海油收购尤尼科的反应，多数美国人不知道中海油，也有很多人不知道尤尼科。但在被问及是否同意将尤尼科出售给中国时，52%的人反对，可见社会舆论和意向显然影响到最后的结果。因此，中国企业开展跨国并购时要尽可能采取多种渠道，增强与目标公司所在国政府的沟通，争取对方政府的理解与支持，而不是与之产生正面冲突。同时，中国企业也应争取目标公司的友好合作，使当地政府从经济发展及社会发展出发，给予跨国并购方宽松的政治环境。自尤尼科并购挫败后，中海油在每一次跨国并购时都强调"合作"意愿，强调双方是互利的伙伴关系，并且不再收购目标企业的全部股权或不再谋取相对的控股权。

4. 选择最佳的跨国并购时机

跨国并购往往会引起很大的经济和社会震动，因此需要采取灵活的策略。在并购目标公司时，可采取渐进方式，先以合资或者合作的方式，树立良好的企业形象，待目标国政治风向偏松时，再考虑并购问题；也可先不全资并购，而是控股性并购或接近于控股性并购，待条件成熟后再进一步并购；还可利用目标公司所在国的一家合资企业作为跨国并购的代理者，以避免东道国政府或当地政府的干预。中国企业进入目标公司所在国之前，对所在国法律环境应该有一个详细的了解。

5. 继续深化国有企业民营化改革

中海油竞购尤尼科的行动在中方来看是一个商业行为，但由于中海油带有"中国"的冠名而且是国有企业，所以在美方看来，中海油代表的是中国，其收购行动被看成了国家的行为。由此带来的后果是，经过美国政府干预，让"中国威胁论"重新抬头并且更加具体化，给中国带来了在国际上尤其是在美国的负面影响。这种负面影响不仅加大了中海油面对的政治危机，而且也加大了今后其他中国企业再做类似的收购时，可能面对的政治压力。所以，应该进一步深化国有企业的改革，让有实力的企业更加顺利地参与全球化的运作。

资料来源：郭焱、周雷、郭彬：《跨国公司管理理论与案例分析》，360～370页，北京，中国经济出版社，2007。

二、阅读以下案例，结合本章内容，思考下列问题：

1. 试述下述并购案的类型和特征。

2. 下述并购案对我国企业有什么启示？

跨国医药企业大并购能否自救

2014年5月6日，德国制药公司拜耳战胜了来自英国的Reckitt Benckiser，终于以142亿美元将美国的制药公司默克旗下的消费保健部门收入囊中。此前路透社有消息称，对于这次竞购，Reckitt Benckiser一度占据领先位置。

默克早在今年年初便对外宣称，欲出售其消费部门，并将业务集中于资料领域的药品研发——这笔交易将给默克带来80亿～90亿美元的税后收入。而默克消费保健部门也可助拜耳将业务触角进一步延伸至美国市场——该部门去年19亿美元的销售收入中，约

70%来自美国市场。

尽管这个收购案件的情节跌宕起伏，但对于全球医药行业来讲，它仅仅只是 2014 年一系列大规模并购案中最新的一起。

在此之前的跨国医药企业大并购中，金额超过 10 亿美元的交易就已经不下十起。仅 4 月 22 日一天，就出现了诺华、葛兰史克与礼来三家公司互相并购业务的案例。紧接着，更有近 10 笔正在进行的交易。根据市场调研公司 Dealogic 的数据显示，今年以来，医药行业提出的并购案总和已经超过了1 600亿美元，这一数字比去年同期增长了 50%，是 2012 年同期水平的 3 倍。

其中，最引人注目的就是辉瑞向阿斯利康发出的收购要约，这两家企业在 2013 年全球医药行业的综合排名分列第四位和第九位，而前一年，它们则在全球医药企业中占据前两位。今年以来，辉瑞已经第三次提价，但是仍然遭到阿斯利康的拒绝，而这并没有熄灭辉瑞的热情，5 月 13 日，该公司高管已经飞至阿斯利康总部所在地英国，向该国议会阐述新的收购方案。根据一些投资人透露，新方案的收购价再次增加，达到1 130亿美元——这近乎北京、上海两市 2013 年财政收入的总和。

对此，我们首先得了解一下这几年影响医药行业发展的主要因素，从 2011 年开始，全球的专利药陆续到期。仅仅 2012 年，到期的专利药就达到 600 多种，其中包括全球最畅销 TOP20 中的 18 种，价值高达 670 亿美元。在专利药到期后的六个月内，前几年就准备好的全球仿制药厂会迅速开始侵吞药企通过专利药品抢得的市场份额。

更糟糕的是，现在完全空白的药品领域已经几乎为零，而各国药监局审批标准也在不断提高，这无疑大大增加了新药的研发成本和风险。除了金钱，时间也是药企的劲敌之一。一种新药的研发周期长达十几年，还没有算上后期推广，研发周期越长失败所要承担的损失越大。

所以，曼哈顿资本管理集团总裁王进说："手里有大量资金，但股票的表现不太好，新药研究受阻，又要保持市场地位，药企还能怎么办？只能并购。"他曾在跨国药企有过从业经历。

过去几年推动辉瑞公司股价上涨的一个主要预期是这家公司将通过自身业务的拆分来释放价值：一个"创新核心"，包括两个专注于新药开发的业务部门，以及一个专注于仿制药和立普妥（Lipitor）等药品的"成熟产品"部门，虽然这类药品的专利保护已经到期，但凭借品牌实力依然在美国以外斩获销售额。目前，辉瑞公司已经将动物保健部门 Zoetis 拆分出来，并且将旗下的婴儿配方奶业务出售给了雀巢公司（Nestle）。

也许在他们看来，收购拥有研发成功的药物公司，将主要精力放在具有优势的领域，通过业务置换和资产重组降低风险，不失为安抚投资人的一种快捷方式。

然而，我们中国人有句古话：治标不治本。意思是快捷方式未必一定就是有效方式。大并购本身就有一定的副作用，如裁员会造成人心浮动、资产重组、关闭工厂、降低管理效率等问题。在发明新药方面，辉瑞公司刚刚有所转机。尤其是该公司治疗乳腺癌的药品 palbociclib 的问世，激起了市场的兴奋情绪。阿斯利康公司旗下的医学免疫公司（MedImmune）也令人感到振奋，推出了几种新药。并购将影响新药的研制。业内人士的一致看法是，大型并购无异于谋杀研究科学家。辉瑞公司前研发总裁约翰·拉马蒂纳（John LaMattina）也是《福布斯》的撰稿人，他曾经撰文指出，并购会令研究领域"元气大伤”。

就辉瑞来说，其主要受到药品专利期到期的威胁，因为其他大型制药公司明显在新药的销售方面做得更好。今年第一季度，强生新药销售量占季度总销量的 26.7%，诺华为 22.4%，拜耳为 21.2%，而辉瑞只有 3.8%，远低于业内的平均水平。

实际上，辉瑞的新药研发数量不少，但商业化产出却如此之低，很明显是其管理存在一定的漏洞，而这也是合并后的大公司经常会面临的问题之一。阿斯利康前任执行总裁曾经明确表示，没有迹象表明公司越大业务发展就会越好，而且规模达到一定程度，研发的效率就会有降低的风险。

这就是并购带来的一个明显缺点，忽视新产品的研发与推广——至少是减少了公司自主研发新药的动力，使研发效率大大降低。

另外，跨国医药企业大并购也会导致行业提高集中度，给药品消费市场带来很大冲击，从而使药品价格受到扭曲，因为研发投入的减少会导致新药的供应不足。

由于医学研究突破速度放缓，以及越来越高的监管门槛，跨国医药企业很难再延续以前那种美好的时光——投入 10 多亿美元研发一种重磅药品，然后依靠专利获得巨额回报。这对制药行业来讲，无疑是一种巨大的挑战，以至于到现在一些跨国医药企业还没能找到应对之策。

现在连续不断、规模庞大的并购，对这些制药巨头来说，意味着未来的研发能力和潜在的投资机会，也可以让收入保持稳定的节奏。这其中有一部分原因是对华尔街和投资者的威胁，而这个与公司创造实际价值实际上是毫无意义的。动辄几百亿上千亿美元让制药集团更多受制于投资业，而创造价值却没有增加。

相对而言，中小型制药公司就没有这些烦恼。因此，数量庞大的大学研究所和中小型药公司因为敢于尝试，现在已经成为新药的主力提供者。“可能至少有 50%卖得好的创新药最开始是来自于这些地方，然后大公司会买下它们，进行后期的研发和推广，或是进行股权投资，联合销售。”王进说。

根据麦肯锡的调查，1989—2010 年，年收入超过 50 亿美元的医药公司行业增长率为−1.9%，而普药公司则有 11.6%的增长，生命科技和生命科学服务类小公司的增长也在 4%以上。这也许就是小型制药公司相比跨国药企的优点，它们灵活，对市场的反应迅速，也不用考虑华尔街的想法，因为它们也不打算去上市。

虽然相比医药业巨头，小公司更敢于冒险，但是它们背后往往也有医药巨头的创投部或者一些投资基金的身影。这几年，有很多中小型医药公司被行业巨头收购。2012 年，葛兰素史克甚至以 30 亿美元——溢价近 100%——收购了人类基因组科学公司。

也许这就是乱世求稳的一个捷径吧，虽然未必能自救。

资料来源：陈思：《非完美“处方”》，见新浪财经，2014-05-16。

第七章

跨国公司的战略联盟

本章要点

- 战略联盟的内涵
- 战略联盟的类型
- 建立战略联盟的动因
- 战略联盟的风险

导入案例

世纪联盟：知识经济浪潮中的微软与英特尔

从1978年开始，英特尔（Intel）与微软建立了美国有史以来最赚钱的商业联盟（Wintel联盟：Windows + Intel）。从Wintel联盟形成之日开始，它们之间互相合作，默契配合，开始进行争夺这场世纪浪潮领导权的角逐：英特尔的386、486、奔腾、奔腾Pro、奔腾MMX、奔腾二代系列微处理器所向披靡，而微软基于英特尔芯片的DOS操作系统、视窗3.0、视窗3.1、视窗3.2及视窗95、视窗98则确定了软件产业的工业秩序。在近20年内，二者之间通过竞争与互补的崭新商业合作方式，从曾经称霸世界的苹果、IBM手中夺得了个人电脑产业的霸主地位。

英特尔公司的总裁安迪·格罗夫说："我们把微软公司视作我们最重要的合作伙伴。我们彼此之间不完全买断对方，而且除了它们的软件需要我们的微处理器，我们的微处理器需要他们的软件这一点之外，我们两公司之间不存在任何契约性伙伴关系，它们是最大的软件供应商，我们则是最大的微处理器供应商，仅此而已。我们之间相互关联的市场本质上具有互补性，使我们彼此注定要相互协作。或许在一段时间内，我们可以不依赖对方而生存，但这是不太容易的事情。从长远看来，微软和我们的命运都紧密联系在PC机的增长上，这就是我们能够保持合作的一个原因，但是如果我们不合作的话，我们又有什么现实的机会而必须去插手对方主要的经营领域呢？围绕着边界，我们可以周旋，并且可以为对方做一些事情。”

微软与英特尔内在的相互依赖程度很深，它们相互依存、共同发展，因此能够推动其合作关系长期、稳定地发展，从而创造出令世界瞩目的价值。然而，微软与英特尔之间仍然存在竞争，有时候这种竞争甚至更加激烈。

可以说，微软与英特尔之间既存在深刻的相互依存关系，又存在激烈的竞争。这一态势使得微软与英特尔的合作是动态的，它们在合作中将不断地博弈，从而推动企业的技术进步和资源的最佳配置，创造更多的财富。

第一节 战略联盟概述

战略联盟（Strategic Alliances）最早起源于日本企业界的合资浪潮。自从美国AEC公司总裁简·霍普兰德（J. Hopland）和管理学家罗杰·奈杰尔（R. Nigle）提出“战略联盟”的概念以来，战略联盟就成为管理学界和企业界关注的焦点。自1985年以来，美国战略联盟的数量每年以25%的速度增长。美国公司在战略联盟实践中取得的巨大成功，带动了其他许多国家的跨国公司不断进行战略联盟尝试。如今，跨国企业战略联盟的数量越来越多，已逐步成为企业快速成长的方式。全球500强企业中，平均每家拥有60个主要的联盟关系。

20世纪80年代以来，面对不断变化、日趋激烈的外部竞争环境，西方企业开始对企业之间的竞争关系有了新的认识，对竞争战略进行了创造性的调整，即从对立竞争转向大规模的合作竞争。通过合作，企业可以解决许多单个企业不能解决的问题。

一、战略联盟的内涵

简·霍普兰德和罗杰·奈杰尔认为企业联盟是指两个或两个以上对等经济实体，为了共同的战略目标，通过各种协议而结成的利益共享、风险共担、要素水平式双向或多向流动的松散网络型组织体。然而，直到今天，理论界尚未形成统一的战略联盟概念。通常认为，战略联盟是两个或两个以上企业，为了获取自身的可持续市场竞争优势，达到共同拥有市场、合作研究、开发和共享资源等目的，通过各种协议而结成的松散型合作竞争组织。目前，学者们也常使用其他一些称谓，如“战略伙伴”、“虚拟企业”、“强强联合”等。

战略联盟与合营企业的不同之处就在于它偏重战略，即它并不以追求短期利润最大化为首要目的，也不是一种为摆脱企业目前困境的权宜之计，而是与企业长期发展相一致的战略活动。

跨国企业通过有目的地与国外竞争对手或产品供应商、经销商等结成的战略联盟，通过互换控制权和进入市场的机会，以灵活的形式开展企业合作，在世界范围内与对自己发展有利的企业结成合作伙伴。这些企业联盟的实质是以合作代替对抗，是更高形式、更加激烈的竞争的开始。

构成跨国经营的战略联盟，至少必须具备三个基本要素：(1) 行为的国际性。即联盟关系所确立的经营活动超越特定国家的范围，以世界市场为指南。(2) 行为的战略性。即意味着联盟行为的方式与结果，不是联合者对本公司某一现时经营环境的变化所做出的特定反应，而是为了改善公司未来竞争状态，并使公司始终向着理想目标迈进的一种长远的总体谋划。(3) 行为的共生性。这里有两层含义：1) 联合关系的行为过程是在事先达成某种共同条款或协议的前提下，建立起一种平等互利、共同发展、相互制约的长期合作关系；2) 联合各方具有一种共享经营资源、相互交换经营资源，以及在持续的联合过程中共创联合体经营资源的关系。

二、战略联盟的特征

1. 组织的松散性

参与战略联盟的企业之间一般不存在隶属关系，虽然企业受到协议或合同的约束，在一定的时间内联盟关系相对稳定，但并不意味着联盟关系是永久不变的。在环境变化的时候，战略联盟的成员有权通过解除协议或合同的方式解散联盟。各个企业可以再寻找新的战略伙伴，再次形成新的战略联盟。因此，战略联盟本身是一个动态的、开放的体系，是一种松散的企业间一体化组织形式。

2. 目标的多样性

战略联盟的动机是多种多样的，不同战略联盟的目标是有所不同的。即使是在同一个战略联盟中，其成员的目标也有所差异。战略联盟的目标呈现出多样性，联盟能为企业提供各种各样的价值。

3. 合作的互利性

伙伴之间的互惠互利是战略联盟形成的基础，战略联盟旨在提升合作各方的竞争能力，通过合作获取大于各自“独立”或“对立”行动所获取的利益，达到结盟伙伴间的共赢。

4. 竞争的根本性

战略联盟是合作竞争组织，合作是为了更好地竞争。联盟企业之间的合作并不一定是全方位的，可能在某些领域合作，而在另一些领域竞争，也可能左手握手，右手挥拳，合作常常是在特定时期一个约定的领域内进行的。

5. 战略的长期性

同短期的企业交易行为不同，战略联盟旨在为企业创造长期竞争优势，为各方带来长远利益，属于公司层面长期战略性的安排。

6. 管理的复杂性

企业为增强对全球市场的领导力量而选择与竞争对手建立战略联盟，为竞争而合作，靠合作来竞争。这样的联盟存在管理关系模糊、各方收益不平衡、企业文化冲突及合作伙伴背叛的危险等不稳定因素，给联盟带来了诸多不利的影响。

战略联盟最根本的特征在于它是竞争性的合作组织，是介于市场和企业之间的一种特殊的组织结构。联盟的企业之间虽然签署了超出正常市场交易的长期协定，但只是以市场机遇和契约为纽带，而不是以资本为纽带，并未达到合并的程度。所以这是一种扩大范围而不扩大企业的方法。

战略联盟不同于市场交易，它更注重长期性承诺，以及对合作伙伴企业的战略收益的贡献。战略联盟不同于少数寡头为操纵市场价格而缔结的卡特尔组织，而是把目标聚集于新产品、新市场、新行业，通过对各成员企业技术、管理、资金、信息和市场等资源的重新组合，形成新的、更强大的协同优势，共同做大市场，为客户和股东创造最高的价值。

战略联盟也不同于企业间的并购，并不强调伙伴之间的全面相容性，它所重视的是相互之间某些经营资源的共同运用，对相容性的要求是部分的、有选择的。战略联盟是市场力量的自然扩张，它促使企业提高管理效率，引导资源向利用率最高的领域转移，其结果是资源配置效率的改善和企业竞争实力的增强。

三、战略联盟的性质

1. 柔性竞争

在经济发展的初级阶段，同类或相同产品生产服务企业间的合作往往被认为是不利于竞争的，于是合作被冠以串谋的名声。随着现代市场经济的发展，企业对内部化能力与外部化交易这两种操作的可行性与经济性产生了怀疑，行业市场内的竞争从原来的单个企业之间的竞争开始部分地转化为联合、合作企业之间的竞争，即所谓企业联盟之间的竞争，学术界将其称为合作式竞争（Collective Competition），因为参与合作竞争的企业从中获得了合作分工和风险分散的利益。

（1）分工合作性。对于跨国公司战略联盟的分工合作性，古典的政治经济学原理也能够对其加以解释。亚当·斯密的劳动分工论认为，一个企业中的劳动者如果分工从事一项工作中的一种或少数几种任务比每一个劳动者从头到尾完成这项工作的所有任务要更有效率。就企业战略联盟来说，无论其规模大小、合作深浅，其核心就是联盟中的每一个企业分工从事自己最擅长的领域，因为合作基础上的竞争参与要比单个企业参与竞争更有效率。

（2）共存竞争性。战略联盟的重要性质就是不排斥竞争。战略联盟形成和促进了新的企业边界间的竞争模式。例如，联盟把多个企业集合成一个“企业群”，市场的部分竞争表现为若干企业群势力范围间的竞争，也表现为合作、互补、共存为特点的交叉依赖性竞争。

(3) 选择组合性。企业的跨国战略正逐步走向合作型竞争。跨国公司可以有选择地与竞争对手、供应商分享（或分摊）并交换控制权、成本、资本、高层机会、信息和技术，为客户和股东创造最高价值。当然，生产体系扩张过程中的竞争并未消失，甚至更激烈，但竞争的方式却大为改观。跨国并购已经取代跨国新建投资，成为企业构建全球生产体系的主要方式，跨国战略联盟已成为国际扩张的新选择。

2. 组织创新性

由于企业规模的扩大、管理层次的增加、协调成本的上升，使得一些跨国公司变得越来越官僚化、低效率，表现为典型的X低效率①。跨国战略联盟的组织经济性在于不涉及组织规模扩大和机构膨胀，避免带来企业组织的僵化，使企业保持灵活的经营机制和资源使用的高效率。战略联盟能够绕开关税和贸易保护主义，避开反垄断法对企业规模过大的制裁。

企业作为一个信息交换网络，要不断地进行要素的重组。信息传递方式也由单向的"一对多"转为"多对多"。组织的形态从金字塔形向水平化发展，大型跨国公司在这种意义上变成了相关企业的集合体，成为市场经济中的一种新的经济势力。在这个企业群中，每一个"成员"运行的绩效不仅取决于自身能力的发展，还取决于企业群所形成的能力以及它与整个联盟企业群之间的关系。

第二节　战略联盟的类型

一、根据战略联盟的不同合作阶段划分

1. 研究开发战略联盟

研究开发战略联盟是世界各国企业为了开发新技术、新产品而采用较多的形式，包括许可证协议、交换许可证合同、技术交换、技术人员交流计划、共同研究开发和以获得技术为目的的投资。为了某种新产品或新技术，合作各方签订一个研发协议，汇集各方的核心资源优势，既能加快开发速度、提高成功可能性，又能有效降低合作各方的开发费用与风险。例如，1997年上海汽车工业（集团）总公司与通用汽车中国公司各出资50%组建了中国第一家中外合资汽车设计开发中心——泛亚汽车技术中心有限公司，负责上海通用所有车型的工程开发，同时承担上汽集团的部分版主开发工作、通用中国的相关工程任务以及上汽通用五菱的重大产品工程项目。研究开发型联盟有利于集结各种资源和各方优势，节省研究成本，缩短研究周期。

---

① X效率理论创始人雷本斯坦认为，X低效率是生产组织内部因错过了利用现有资源的机会而造成的某种类型的低效率，其根本原因是由于完全或部分缺乏有效利用各种经济机会的动力。

2. 生产制造战略联盟

生产制造战略联盟包括 OEM（委托定制）供给辅助制造合同、零部件标准协议、产品的组装及检验协定。如果一方有知名品牌但生产力不足，另一方有剩余生产能力，可以为对方定牌生产。若两者结成生产制造联盟，既可以充分利用闲置生产能力，还可以降低投资或并购所产生的风险。

企业可以通过自主创牌、借用他牌、联合创牌来扩大产品的影响。其中，自主创牌投入多、周期长，消费者对产品质量、性能和服务的认知，需要一个很长的过程。借用他牌是一种战略联盟，如一些企业生产或销售的产品，借用另一个企业的品牌，这样尽管可以求得发展，但毕竟是为他人服务。相对而言，联合创牌是一种比较好的战略联盟，它取决于国内外企业有优势互补的需要。在我国家电行业中，从青岛—利勃海尔到海尔名牌系列，从三洋荣事达到荣事达名牌系列，这些行为都大大提高了这些企业在国内外的知名度，并使这些企业逐渐发展成为世界的名牌企业。

3. 销售服务战略联盟

销售服务战略联盟主要指销售代理协定。合作各方共同拟订适合于合作者所在国家或某特定国家市场的市场营销计划，从而使加盟各方在取得当地政府协助的有利条件下，比其他潜在竞争对手更积极、更迅速地占领市场，加盟各方也可由这种联盟形成新市场。

该类联盟多流行于汽车、食品和服务业等领域，重在相互利用各自价值链中的下游环节，其目的在于提高市场营销效率和市场控制能力。通过联盟使一方的产品优势与另一方的营销技能和营销网络优势结合起来，这种联盟较易于适应多样化的市场需求。如 2002 年海尔与三洋结成品牌联盟关系：一方面，三洋充分利用海尔在中国的销售网络，在中国销售三洋品牌产品；另一方面，海尔通过与三洋结成战略同盟，借用三洋的销售渠道，使海尔产品顺利进入日本市场。

4. 全面性的战略联盟

全面性的战略联盟包括产品规格的调整和联合分担风险。

美国全国研究委员会（National Research Council ，NRC）在 1992 年的一份报告中，按研究开发、生产制造、销售服务等几个业务流程进行分类，将战略联盟划分为 16 种具体形式，如表 7—1 所示。

表 7—1　　战略联盟按业务流程的分类

战略联盟分类	联盟形式
研究开发战略联盟 R&D Alliances	1. 许可证协议（Licensing Agreement）
	2. 交换许可证合同（Cross-Licensing Agreement）
	3. 技术交换（Technology Exchange）
	4. 参观参与（Visitation and Research Participation）
	5. 技术人员交流（Personnel Exchange）

续前表

战略联盟分类	联盟形式
研究开发战略联盟 R&D Alliances	1. 共同研究开发（Joint Development）
	2. 技术获得型投资（Technology Acquisition Investments）
生产制造战略联盟 Manufacturing Alliances	1. 贴牌生产（Original Equipment Manufacturing，OEM）
	2. 来样加工（Second Sourcing）
	3. 辅助制造合同（Fabrication Agreement）
	4. 产品的组装及检验协议（Assembly and Testing Agreement）
销售服务战略联盟 Marketing and Service Alliances	1. 采购协议（Procurement Agreement）
	2. 销售代理协议（Sales Agency Agreement）
	3. 售后服务合同（Servicing Contracts）
全面性的战略联盟 Comprehensive Strategic Alliances	1. 产品标准的协调（Standards Coordination）
	2. 合资企业（Joint Venture）

资料来源：朱晋伟：《跨国经营与管理》，76页，北京，北京大学出版社，2009。

二、根据战略联盟的合作竞争关系划分

1. 先合作后竞争型

这是指合作双方先在一定的领域内合作，然后又相互竞争的一种战略联盟。这种联盟多发生在同业者之间。如索尼公司、松下公司和日立公司曾为制定盒式录像制式标准而合作，在联盟目标达到后，它们很快转为继续争夺录像机市场份额的竞争者。

2. 边合作边竞争型

边合作边竞争型，即合作双方在合作的同时又相互竞争，形成“左手相握，右手挥拳”的合作竞争关系。在价值链上处于相同位置的企业组成的横向战略联盟，一方面企业之间相互学习、密切合作；另一方面，又相互提防、互相竞争。这是同业联盟类型的典型特征。通用汽车公司与沃尔沃汽车公司在美国建立了一个合资企业，共同制造重型卡车，但在合作的同时，双方的竞争从未停止过。

3. 对内合作—对外竞争型

对内合作—对外竞争型，即对内组成联盟加强合作、对外一致竞争的合作类型。价值链位置相同或不同的跨国公司都可能结成这种联盟，包括为联合研发、信息共享或在竞争者个体实力势均力敌的情况下联合起来共同对抗另一同业竞争者的伙伴之间结成的战略联盟等。如青岛啤酒与美国安海斯—布希公司在2002年10月达成的不竞争承诺基础上的排他性战略联盟。

三、根据战略联盟的载体划分

1. 产品联盟

产品联盟是指围绕产品的研发、生产、营销等环节进行合作的联盟。产品联盟的目的在于分担研发费用和风险、合作生产、合作营销等。

2. 知识联盟

知识联盟是指为知识学习和知识转移而建立的联盟。具有下列特点：第一，知识联盟的中心目标是学习和创造知识，以提高核心能力，知识成为最稀缺的企业要素；第二，知识联盟追求相互学习，派生交叉知识，而且协作关系更加紧密，联盟成员更为广泛，而且有更大的战略潜能；第三，知识联盟参与者更为广泛，一切禀赋性、异质性知识的拥有者都可能成为潜在的联盟伙伴；第四，知识联盟比战略联盟具有更大的战略潜能，知识联盟能帮助企业扩展和改善基本能力，在战略层面上提升企业核心竞争力。

实践中，知识联盟广泛运用于微电子、生物工程、新材料等高科技行业。例如，法国汤姆森电子公司、意大利复兴公司与三洋电器公司为了开发用于高清晰度电视的数据压缩芯片而结成的联盟，以及摩托罗拉、IBM、苹果公司为挑战英特尔霸主地位而成立的联合研制电脑芯片的 Power Cpu 联盟。知识联盟的兴起、知识经济的到来与知识资源的稀缺性有关。面对信息的不对称、机会主义行为和不确定性，通过知识联盟，使知识的交流在一种半内部化状态下完成，可以克服知识产品市场失灵问题，使联盟成员高效获得自身所稀缺的知识资源。

3. 技术联盟

技术联盟是指为了共同研发新的技术，共同分担巨额的研发费用和风险而建立的联盟。

四、根据战略联盟各方合作的紧密程度划分

1. 非正式联盟

非正式联盟是指合作伙伴之间没有签订一个具有约束力的合作协议，如信息交流、人员互访，这种方式往往是正式联盟的前奏。

2. 契约式联盟

契约式联盟是指合作伙伴之间通过签订契约性协议而不是股权参与形式，联合进行研发、生产、营销等活动的战略联盟。这是与股权参与型战略联盟相对的类型。契约式联盟的基础，要么是具有法律约束力的契约，要么是彼此间的默契，联盟双方以商业信誉互为担保。契约式联盟成员的资产规模、组织结构和管理方式都不发生变化，而只是通过订立

协议约定合作事项和合作时间，成员之间仍然保持着各自的独立性，在协议约定的方面合作，在协议约定的领域之外可能会相互竞争。相对于股权式联盟，契约式联盟是一种更高层次的联盟。

契约式联盟又分为显性契约联盟和隐性联盟。显性契约联盟，是指联盟成员基于合约和契约法所进行的联盟，联盟成员以协议的方式，在研发、联合制造、联合营销、相互特许、许可证生产等方面联合行动；隐性联盟要求联盟成员在诚信规则和声誉机制的约束下，进行合作博弈。与显性契约联盟相比，隐性联盟不要求联盟成员签订具有约束力的协议，成员方以技术研讨、信息交流等形式进行松散的合作。

显性与隐性的契约式联盟都可以表现为联合研发（Joint R&D）、联合产品研制（Joint Product Development）、长期供货安排（Long-term Sourcing Agreement）、联合制造（Joint Manufacturing）、联合营销（Joint Marketing）、共享分销渠道（Shared Distribution）、共同标准制定（Standards Setting）等形式。实践中，企业采取何种联盟形式，取决于本企业的实际状况与发展目标。例如，联盟的初级阶段可以采取对等股权式的合资形式，拥有自主知识产权的企业则可以采取许可证生产形式。

专栏

中国企业与西方企业的契约式联盟

四川长虹与八大跨国集团缔结技术研发联盟是中国企业与西方企业进行契约式合作的典范。1999 年，四川长虹与飞利浦、东芝、松下、三肯、MI、斯高柏、汤姆逊、陶氏化工八大跨国集团，在绵阳长虹家电城技术中心成立了企业联合研究基地，基地下设高分子材料、军工、通信、彩电、空调、PC、医疗电子、环保电源等多个科研实体，同时还设立了 EMC、机械强度、安全、消声等具有国际先进水平的联合实验室。以“根据地”、“航空母舰”和“蚕食”并用的策略抢占国际市场，全面冲击世界 500 强是长虹国际化战略的重要内容。长虹与跨国公司缔结技术联盟的用意明显，即在中国“入世”后，用强有力的技术开发、生产制造、商务信息等集中优势开发国际市场，并成为产品遍布世界各地的跨国知名品牌。

无独有偶，中国船舶工业集团公司与全球著名的数字化设计工具供应服务商 Autodesk 公司的合作也采取了协议形式。2002 年 4 月，中国船舶工业集团公司与 Autodesk 公司达成规模化战略技术与商务合作协议，Autodesk 公司及其在中国制造精制战略合作伙伴联手中国船舶工业集团公司正式设立 Autodesk 先进技术合作中心，以便共同促进该技术合作中心迅速发展，并成为中国船舶工业普及与提高 Autodesk 新一代数字化设计应用技术及其本地专业化解决方案的“中枢和管道”。

资料来源：张素芳：《跨国公司与跨国经营》，105～106 页，北京，经济管理出版社，2009。

3. 股权式联盟

股权式联盟是指合作方相互持有对方的一定股份，这是一种比较深入的合作方式。这种合作方式由于涉及各方利益，因而对联盟各方的责、权、利都有明确规定，违约要承担相应的法律责任。这种联盟比较牢固、长久，常见的如合资企业与相互持股。

就合资企业来说，一种是各投资公司持有的股份大部分对等或者相差不多，如丰田汽车公司与通用汽车公司的合资企业，通用电气公司与法国国营飞机发动机研制公司的合资企业等，都属于对等占有股权的战略联盟，双方母公司各持50%的股份。另一种则是少量持股型战略联盟，如IBM公司在1990—1991年，大约购买了西欧国家200家软件和电脑服务公司的少量股份，借此与当地的经销商建立起良好的联盟关系，从而利用经销商的现有渠道打入西欧市场。

相互持股是指合作伙伴之间相互持有一定股权的联盟。战略联盟各方保留独立的法人地位不变，股权参与使各方利益紧密结合在一起，更能调动各方合作的积极性和长期性。

与非股权参与型战略联盟相比，股权式战略联盟的组织紧密性更强。

五、根据联盟的战略目标划分

根据联盟的战略目标可以把战略联盟划分为五种类型①：(1) 市场确保型，即主要以确保海外产品市场份额为目的而进行的战略联盟。(2) 资金获得型。(3) 贸易摩擦回避型，即主要以回避发达国家之间在高新技术产品等领域日益激化的贸易摩擦为目的而进行的战略联盟。(4) 先进技术和管理经验获得型，即主要以获得保密性较强的技术和管理经验为目的而进行的战略联盟。(5) 系列生产组织形式转移型，这是日本特有的一种产业组织与垄断形式，往往由一个或若干个企业与众多中小企业根据产品的技术性能进行专业化分工，彼此保持长期密切合作的关系。

专栏

沃尔玛公司的供销联盟

20世纪90年代以来，美国零售业巨头沃尔玛公司充分利用最新的信息技术成果，与供应商携手合作。其建立的电子数据交换系统（EDI）联结3 600个供应商，用来进行订货、销售预测、计划、库存、送货管理，还用它开具收据和结算，建立了快速补货的企业采购和销售合作联盟。常规的零售商和供应商的业务流程一般是：零售商进行销售—发现商品库存快到最低点—向供应商要货—供应商发货—零售商入库—进行销售。沃尔玛则每天把特定供应商的商品销售数据通过互联网发送到供应商的计算机系统内。这样，供应商对其商品销售的数据不再是一两个月后才能知道，而是“实时监控”，可以马上掌握该商场的商品销售组合、流行、顾客类型、销售时段，并据此按照自己的生产提前组织货源，进行生产和分销。沃尔玛可以做到不用准备商品库存（货架除外），因为供应商对其货架情况了如指掌，一旦发现某类商品的数量接近最低点，供货商会立即组织主动送货，零售商与供应商形成了真正的合作伙伴。由于库存费用、运输费用都非常低，沃尔玛的市场竞争力自然远大于竞争对手。

资料来源：张小兰：《论企业战略联盟》，成都，西南财经大学出版社，2003。

---

① 冯枚：《跨国公司战略联盟的类型、特点和成因》，载《河北经贸大学学报》，1997（5）。

第三节 建立战略联盟的动因分析

一、经济全球化与竞争激化需要强强联合

当今，世界经济正在走向全球化和区域经济集团化，两者相辅相成，互相制约，互相促进，共同发展。跨国公司之间演绎的寡头间的竞争越来越激烈，企业的传统核心业务领域越来越多地面临着来自业内，特别是业外的强烈竞争，技术变革的加速使原来的单个企业越来越感到力不从心。为了分散风险，寻求利益共同体来实施联合化的竞争，已经成为企业取代传统的一体化扩展方式的有效竞争形式，通过资源和优势的互补来实现强强联合无疑是适应全球化竞争的重要战略。这当中通过企业的并购实现资产的优化重组，进而建立大规模全方位的战略联盟合作，已经成为20世纪90年代以来跨国公司战略联盟进一步发展的直接表现。

为了应对全球汽车主流市场日益集中的趋势，同时为了在激烈的全球化产品竞争中进一步扩展和完善车辆产品的系列，拥有奔驰等著名品牌车的德国戴姆勒—克莱斯勒公司宣布与日本三菱自动车工业公司结成联盟，组建一个年产量可达650万辆汽车的全球第三大汽车制造集团。两大公司在一份联合声明中说，双方决定在客车和敞篷小型载货卡车的设计、生产及销售等领域建立广泛的联盟。根据联盟协议，戴姆勒—克莱斯勒将出资20亿美元收购三菱34%的股份。戴姆勒—克莱斯勒选择与三菱结盟，目的是在亚洲立足，赶超已在亚洲国家捷足先登的两大汽车工业巨头——美国的通用和福特公司。

戴姆勒—克莱斯勒通过控股三菱的行动不仅可以利用三菱的开发和生产能力，还可以进入三菱的传统销售市场，从而使戴姆勒—克莱斯勒公司在亚洲的汽车销售比例大大提高，进而增强其在世界汽车市场上的竞争能力。

二、汇集产业内资源实现资源互补

国际竞争环境的变化已对公司的绩效目标造成巨大压力，单靠企业自身的资源和能力来发展，往往达不到企业制定的绩效目标，这在客观上要求跨国企业走战略联盟与合作的道路。

借用“木桶理论”可以解释，企业发展受众多因素影响，而产生“瓶颈”约束的关键来自于“最短的木板”，只有将最短板做长才可增加木桶的盛水量，否则其他各部分的环节都会功亏一篑。要想快速做长短板，除了整合企业内部资源外，更应从外部挖掘新的资源，因为企业内部可待挖掘的资源有限，且会逐渐枯竭。资源的稀缺性导致其获取成本越来越高，与其为独占而血腥厮杀，不如通过战略联盟对资源进行更加合理的配置。

资源优势主要体现在其价值性、稀有性、不可模仿性与可利用性上，主要可分为金融资本、实物资本、人力资本。从资源获取到资源利用再到联盟双方各自专用性资产的整合，都可以为战略联盟创造价值。从国家利益层面来看，战略联盟有利于发展中国家学习

先进的技术、获取投资，而发达国家也可以从发展中国家获得廉价劳动力、原材料储备等。

例如，美国福特汽车公司与日本马自达汽车公司通过建立战略联盟，让福特借助马自达的营销网络更便捷地进入日本乃至亚洲市场，并依靠马自达的生产能力在日本建立起小型车的供应基地。而马自达也在与福特的联盟合作中，进一步提高了汽车发动机制造的技术。

三、寻求更大规模效应并降低风险

根据产权经济理论可知，占有信息对经营者来说是报酬递增的。随着自由贸易环境的形成，原有规模经济效应的边际条件发生了变化，大量的实证研究表明，在一定区域或行业内规模报酬呈现出递增的趋势。因此，在经济全球化改善了国际投资和贸易条件的前提下，一些跨国公司应从追求更大规模的经济效应出发，积极开展跨国战略联盟，在获取经济利益的同时扩大自己的实力。首先，联盟企业可以集中各自所拥有的资源，在联盟内扩大活动规模并提高学习速度，而不再只是关注每个企业各自的经营；其次，联盟还允许每个合作者利用和分离其他成员企业的优势和能力；最后，联盟企业之间的互补性资源使成员企业都能从中获益，并使每个成员企业减少重复建设。此外，在当前产品生命周期变得越来越短、技术变得越来越复杂的形势下，建立联盟也是规避与分担风险的一种选择。

例如，雷诺和尼桑的合作，就是因为上述动机驱动，于 1996 年结合起来的。尽管当时尼桑的财务状况比较危险，但为了实现更强大的规模经济，以便与通用、福特以及丰田进行抗衡，雷诺还是选择与尼桑进行联盟，并占有尼桑 36%的股份。这场联盟使尼桑的命运发生了急剧的转变，这在很大程度上归功于双方在一系列项目中发挥了产品开发、制造与分销方面的协同作用。

四、绕过贸易壁垒减少贸易摩擦

全球经济一体化过程中，区域经济一体化趋势加剧。为了保护本国市场，削弱外来竞争，各国在降低关税的同时，采用了大量的非关税壁垒。正是由于森严的贸易壁垒，尤其是覆盖面宽的非关税条款，限制密度加大，加上人为因素越来越多，驱使跨国公司不得不寻求新的对策。借助跨国合作，进行战略联盟，以使跨国公司左右逢源，贸易条件得到极大改善。

例如，自从欧盟建立统一大市场以来，欧盟成员国对汽车和纺织品等采取了统一的贸易保护政策，非成员国与欧盟的贸易摩擦不断出现。为了有效地应对欧盟的贸易壁垒措施，美国和日本的跨国企业积极地与西欧同行的大企业结成战略联盟。著名的有美国斯密特—凯恩公司与英国比彻姆集团结成的国际战略联盟，使其成功地绕过欧盟所设立的种种贸易壁垒，进入欧盟市场。日本三菱公司和实力雄厚的德国戴姆勒—克莱斯勒公司的合作联盟是其避开贸易壁垒、通向欧洲市场的有效途径。

五、开拓市场

根据弗农的产品生命阶段理论，当企业趋于标准化，并且已发展到生命周期的成熟阶段时，企业就会寻求国际市场。当前，企业更新换代的速度越来越快，商品的生命周期越来越短，许多跨国公司在开拓国内市场的同时也不断向海外市场渗透，以求在新产品出来前获得更多的利润。碍于政治、文化等方面的差异，企业拓展一个完全陌生的市场会面临更多的障碍与壁垒，为了降低交易成本、缩短融入时间，选择一个当地的合作伙伴作为敲门砖不失为一个明智的选择。

通常，企业会在目标市场选择一个市场认知充分、顾客群较广、分销渠道完善的联盟对象，在营销等方面进行合作；当前景较为明朗，预期收益较为理想时，联盟关系可进一步延伸到产业链的中上游，从原材料的生产与供应、产品加工包装等方面加以合作。一方面，国外联盟企业为当地注资，带动了当地的市场发展，而当地人也没有丢失所有权地位；另一方面，国外投资者也顺利获得了当地政府与人们的好感，减少了磨合成本与拓展成本。对于本国市场过小的国家而言，开拓市场的意义更显得尤为重要，如比利时、瑞士、荷兰等国，有限的资源、国土与劳动力迫使它们要不断地寻求国外市场。

六、作为直接投资的过渡方案

在有些国家，关系到国计民生重要领域的国外直接投资会受到经济制度或法律法规的约束，从而限制了跨国界投资、兼并和收购。在这些情况下，跨国公司通常采取建立战略联盟的形式，这不是因为战略联盟从本质上来讲是最有吸引力的组织形式，而是因为这种形式是兼并的最佳替代方案。这种现象的最典型例子发生在航空业。虽然大多数国家依旧排斥外国企业掌握本国航空公司的所有权，但是用潜在的规模经济、供应商的集中度、服务标准化的机会以及竞争动力学等经济学理论来分析，将会得出这样一个结论：从全球一体化中可以得到大量利益。为此，航空业组成了营销和代码共享的联盟，如星空联盟和寰宇一家。如果取消所有权限制，这种类型的联盟通常会导致大规模的全球一体化。

总体而言，不同的战略联盟动因，会导致企业在联盟过程中的不同行为，甚至会影响到联盟的整体工作绩效。无论是哪种动因驱动的战略联盟，都反映了企业在不同环境中领先于其他企业、进行扩张、增强核心能力或应对未来不确定性的需要。企业的联盟行为会同时受到不同联盟动因的共同作用，在联盟的过程中，联盟的动因有时也会因企业所处环境的变化而变化，企业需要根据这些变化不断地调整自身的行为，以实现联盟的最终目标。

专栏

星空联盟

星空联盟（Star Alliance）成立于1997年，总部位于德国法兰克福，是世界上第一家全球性航空公司联盟。星空联盟的英语名称和标志代表了最初成立时的五个成员：北欧航空（Scandinavian Airlines）、泰国国际航空（Thai Airways International）、加拿大航空（Air Canada）、汉莎航空（Lufthansa）以及联合航空（United Airlines）。这个前所未有的航空联盟，将航线网络、贵宾候机室、值机服务、票务及其他服务熔为一炉。无论客户位于世界何处，都可以提高其旅游体验。星空联盟自成立以来发展迅速，已经拥有28家正式成员，航线涵盖了194个国家以及1 329个机场。星空联盟的标语是“地球联结的方式”

(The Way the Earth Connects)。

通过星空联盟成员的共同协调与安排，将提供给旅客更多的班机选择、更理想的接转机时间、更简单化的订票手续及更妥善的地勤服务，符合资格的旅客可享用全球超过990个机场贵宾室及相互通用的特权和礼遇。会员搭乘任一星空联盟成员的航班，皆可将累计里程数转换至任一成员航空的里程酬宾计划的账户内，进而成为该计划的尊贵级会员，金钻级会员可享受订位及机场后补机位优先确认权，优先办理机场报到、登机、通关及行李托运等手续。不仅如此，任一星空联盟的乘客只要是持全额、无限制条件的机票，如果在机场临时更改航班，不需要至原开票航空公司要求背书，就可直接改搭联盟其他成员的航班。另外，星空联盟设计了以飞行里程数为计算基础的“星空联盟环球票”，票价经济实惠，再加上联盟的密集航线网，可为旅客提供轻松的环游旅程。

星空联盟主要的合作方式包括扩大代码共享（Code-sharing）规模、常旅客计划（Frequent Flyer Program，FFP）的点数分享、航线分布网的串联与飞行时间表的协调、在各地机场的服务柜台与贵宾室共享。相对于航空公司之间的复杂合作方式，对于一般的搭机旅客来说，使用星空联盟的服务则比较简单，只需申办成员航空公司提供的独立常旅客计划中的任何一个（重复申办不同公司的FFP并没有累加作用），就可以将搭乘不同航空公司班机的里程累积在同一个FFP里。除此之外，原本是跨公司的转机延远航段也被视为同一家公司内部航线的衔接，因此在票价上有机会享有更多优惠。

星空联盟优惠包括：常旅客计划、星空联盟金卡/银卡等级、贵宾休息室、获得里程数/积分、星空联盟奖励、星空联盟升级奖励、转机、同一屋檐计划（成员航空公司在同一航站楼运营）。星空联盟的产品和服务还包括特惠套票和航空通票。

星空联盟已在德国法兰克福机场设置共同票务柜台、在伦敦成立星空联盟市区票务中心、在我国香港国际机场开设星空联盟专用贵宾室及要求各成员尽可能将机场柜台安排在同一栋航站大楼，这些皆显示星空联盟尽心尽力提供给旅客在购票、机场报到及登机时更多的便利，同时可减少成本，提高效率，以合作代替竞争。

资料来源：百度百科。

第四节　战略联盟的风险及其防范

联盟成员的多元性、功能的集成完整性、地域的分散性和组织的非永久性等特点，使跨国公司战略联盟这种组织形式潜藏着许多风险因素。

一、战略联盟的风险

1. 战略和组织的复杂性[①]

跨国公司战略联盟内部存在市场与行政的双重机制，这一根本性问题会使其在战略上

① 张辉：《跨国公司战略联盟的相关问题研究》，中国海洋大学硕士论文，2006。

和组织上更为复杂，因此相对于单一企业来说，管理工作难度更大。各个公司在特定的文化背景下，经过长期的经营实践，形成了各自独特的企业文化或管理模式。文化背景的差异可能引起联盟各方的冲突，从而引起各方在具体的经营管理活动中的不一致，使战略缺乏兼容性。如果合作各方忽视这种文化差异或错误地评价这种文化差异都会引起无休止的纠纷，甚至导致联盟的解体。另外，企业加入联盟后，需提高管理伙伴关系所花费的协调成本。

在跨国公司战略联盟中，做好文化的管理与整合，增强员工之间的心理磨合，因地制宜地调整经营战略，适应不同的社会经济文化的特点，都显得尤为重要。联盟成员组织文化的差异，给联盟带来了不同的战略思想和管理实践，合作关系也因为不断增加的环境因素越来越难以确定而变得更加复杂。高度环境敏感性与不断增加的不确定性相结合，就要求必须不断地监控联盟的目标、任务和管理进程，使之适应不断变化的环境。这种对监控和重新谈判进行的额外投资，也增加了联盟的总风险和总成本。由于联盟各方的利益与冲突不能以行政命令来解决，客观上就要求合作各方既要保持相对的独立性，又必须建立并运行一个科学的管理系统来维持组织的正常运行，并发挥联盟的功效。

2. 联盟内部缺乏相互信任

企业之间的合作关系实际上是基于一种对未来行为的承诺，而这种承诺既可以是公开的，也可以是隐含的。只有彼此间充满信任，各方信守承诺，才能使这种承诺成为可靠的计划并最终得以实施。单一企业的各层组织有可能在本企业实现完全的控制，而在联盟中只能实行部分的控制。如果联盟各方缺乏信任，就无法填补这样的控制代沟。尽管信息技术飞速发展使信息共享成为一种潮流，但是信息不对称仍是联盟合作现实中存在的一个关键问题。

在联盟各方参与合作的过程中，很多企业会担心由于联盟而将企业机密暴露给对方，导致自身在未来市场竞争中失去优势，同时却希望对方能毫无保留地进行合作，以使自己在联盟中获得最大的效益。这就造成企业最终从自身利益出发，有保留地进行合作，导致盟友间的信任与亲密程度降低，使联盟的效果受到极大影响。

3. 联盟成员之间的责任难以协调

跨国公司战略联盟是一个动态的、松散的企业间组织形式。由此，在很多问题上就可能难以达成共识，有时即使达成共识，也会因缺乏促进各个成员企业履行自己职责的约束机制而导致联盟失败。当企业自身利益与联盟组织利益发生冲突时，企业不可避免地要选择前者。同时，联盟中的成员企业会展开对联盟主导权的争夺，其中实力强大的企业总是试图主导联盟向有利于自己利益的方向发展，而损害其他实力较弱的联盟成员企业的利益，结果加速了联盟的解体。

4. 利益分配的不平衡

联盟合作的前提条件是公平的分配机制。分配机制是否公平对合作者之间的关系会产生重大的影响。如果一个合作者感觉其他的合作者从联盟中获取了比自己更多的利益，其可能会减少对自己的约束，甚至损害到对方的利益。联盟中的合作者在评估彼此的关系时，会更多地看重公平而不是效率。另外，双方投入资源比例的不平衡，也造成了利益分配的难度。一般，联盟成员较少时，彼此之间利益的协调相对容易。但随着联盟成员的增多，成员之间的利益协调问题会越来越难以解决，联盟失败的可能性也就越大。

利益分配方案的制定往往是分歧最多的地方。成员企业从联盟中获取的利益往往与自身预期的利益有出入，许多成员企业会认为自身为联盟做的贡献大于自己从联盟获取的利益，因此会怀疑战略联盟的有效性，甚至会选择退出联盟。虽然事实上联盟成员企业实际收益和预期收益之间的差异并不表示联盟利益分配不公平，而只是成员企业的错误判断，但是这种错误判断也会导致联盟解体。因为个体总是想追求自身效用的最大化，但制度安排只能在满足个体理性的基础上实现集体效用最大化，实现互惠互利。

5. 竞争性合作的风险

由于许多战略联盟的合作伙伴是在合作范围之外的竞争者，这样的合作关系可能会使合作伙伴的一方或双方只关注发展自己的竞争优势，进而改变他们的相对竞争地位，产生竞争性的合作风险。竞争性合作风险产生的原因有很多。

企业为了获取互补性的技术和资源与其他企业进行战略联盟，这种基于集中能力的合作会因各种原因而造成合作方的损失。例如，在合作过程中，一方合作者在学习另一方技术优势后，有可能抛弃合作者，独自享受合作所带来的收益。

当年的美国通用食品公司与日本的食品巨头味之素建立战略联盟时，通用食品公司允诺让味之素取得一些产品的先进加工技术，作为回报，味之素则愿意提供营销专家，以打开通用食品公司在日本市场的销路。但是在几年之后，双方的合作关系逐渐恶化并最终破裂。原因是味之素公司已经吸收了通用食品公司转移的技术，其管理层认为不能再从美方那里学习到新的技术，但通用食品公司却没能从日方合作者那里学会如何打开日本市场的技巧，最后带着遗憾退出联盟。

二、战略联盟风险的防范

1. 建立并完善监控协调机制

联盟在成立时要制定明确的阶段性目标，使联盟各方能监测联盟的发展进度，确保联盟沿着既定的方向发展。第一，联盟企业要针对联盟的运行设立监督机制，掌握联盟系统内部生产要素的生产运转和转移的情况。第二，联盟企业要根据联盟的不同形式，在企业科研、开发、生产、设计、供销等方面建立配套评估机制，并进一步制定包括检查、反馈、协调和鼓励等方面的制度。第三，联盟企业要考察阶段性目标完成情况，只有在预先设定的阶段性目标完成时，双方才进一步提供资源。第四，联盟企业要建立完整有效的信息网络，通过积极有效的沟通，尽可能保持企业发展目标与合作目标的高度一致，使联盟能够对市场环境反应迅速，把握市场机会，完成联盟的任务。

2. 建立专门的联盟管理部门处理联盟事务

跨国公司战略联盟是一种网状组织体系，为了克服管理的散乱，加强管理的集中度，联盟企业需要投入专门的人力、物力建立专门管理机构，使联盟成为统一指挥的有机整体。此外，还要将联盟管理部门置于合适的组织层面，使它在调动各部门方面拥有组织上的合法性，便于联盟管理人员在公司内外展开联系，获得必要的资源，使其成为连接企业与市场、企业与合作伙伴的有效沟通渠道。

3. 加强联盟内的相互信任

相互信任既是联盟成员企业间互惠互利的需要，更是战略联盟发展壮大必不可少的前提。首先，要通过培育广泛的合作基础建立起伙伴间的信任。除了在企业高层主管之间建立互利互信关系外，还要培养中层和基层管理人员的合作意识，这就要求联盟成员注重彼此的意愿，避免冲突的扩大，培育广泛的合作基础。其次，伙伴间应建立通畅的联络渠道并进行有效的沟通，以利于信息传递和信息共享，增进伙伴间的信任。最后，通过建立专门协调机构来进行伙伴间的协调，利用面对面的交流、电子邮件、电子会议等定期或不定期的沟通渠道，交换信息，建立相互信任。

4. 进行有效的文化整合

不同企业之间，特别是国别不同的企业之间，存在巨大的文化差异，因此，在联盟管理中要充分重视这种文化差异，并采取有效措施进行沟通，相互信任，做到求同存异。通过跨文化的管理培训，鼓励非正式接触，提高行为和策略的透明度等来努力消除彼此的隔阂，使文化在合作中相互渗透、相互交融，最终通过相互学习、取长补短，形成成员企业都能接受的、既融合各种特色又有鲜明联盟特征的处事原则和方法，从而确保战略联盟形成统一的相互信任的文化基础。

5. 强化联盟的责任约束机制

各个成员企业必须共同制定一个责任约束机制，通过这个共同认可的责任约束机制来判断其他成员企业是否“违规”，决定是否采取“以牙还牙”的措施。另外，还可以通过保护性合同或合法的契约来阻止机会主义行为，对不合作行为和违约行为进行一定的惩治，使成员企业对行为预期有一个清楚的认识，从而根除投机心理。

6. 协调联盟的利益分配

在实行联盟利益分配时，应遵循以下几个原则：(1) 互惠互利原则。每个成员企业的根本利益必须得到保障，这样才不会影响成员企业投入联盟合作的积极性。(2) 结构利益最大化原则。综合考虑各种因素，合理确定利益分配的结构，促使联盟成员企业能够实现最佳合作和协同发展。(3) 风险利益匹配原则。对联盟中承担风险较多的企业分配较多的利益。(4) 个体合理原则。使每个成员企业的利益不低于不参与联盟情况下的利润。

第五节　构建有效的跨国战略联盟

一项对 49 个跨国联盟的研究表明，有 2/3 的联盟在最初建立的两年之内都会遇到严重的管理和财务问题，有 1/3 的联盟会失败。所以为了获得合作联盟的收益，参与联盟的成员企业必须认识到建立联盟与有效运转联盟的差异，需组织企业各单元有效地协调各项活动。

一、构建联盟的前期准备

1. 制定战略①

制定战略工作通常包括分析环境以明确来自竞争对手的威胁和本企业所具有的市场机会，核查本企业的资源和生产能力，评估本企业在现有环境下的优势与劣势，然后在考虑本企业的长期与短期目标的基础上确定本企业的战略。在战略制定过程中，关键之一是要明确本企业所具有的使命，这样，企业的长期目标才能随之而定；关键之二是要从长计议，特别注重对相对竞争优势的取得，而不拘泥于一时一地的得失。

2. 寻找盟友

倘若所制定的战略要求建立一个联盟，那么就得寻找一个或多个合适的合作伙伴，需要了解潜在合作者在技术、营销或顾客服务方面与自己是否具有互补性。如果合作方能在技术、市场、资源或操作技能等方面互补，那么合作的机会就会增大。同时，应寻找与自己具有共同经营思想的伙伴，其财务状况与组织机构也要求稳定。

为了选择一个好的联盟伙伴，企业应该做好以下 3 项工作：第一，尽可能从公共渠道多收集潜在联盟伙伴的信息；第二，从消息来源可靠的第三方获取信息，如曾与潜在伙伴建立过联盟关系的企业、与其业务往来的投资银行以及潜在伙伴以前的雇员等；第三，要谨慎行事，多听取企业内部专业人士和管理者的意见，以确保选择的正确性。

3. 组织结构

组织结构是企业保持战略联盟整体性和内在联系的方式，它是将联合体的诸要素及其相互关系作为一个具有统一性的系统整体加以有机组织的体系，它决定了整个联盟的运行效率。从国际成功的战略联盟看，有效的组织结构有两种：一是股份型合作。这种联盟的组织形式有利于扩大企业的资金实力，通过部分“拥有”对方的形式，增强双方的信任感和责任感。二是通过一系列的连锁合同建立战略联盟。它属于一种非股权联盟，在一定程度上，由于连锁合同把双方的权利、义务以及由此所带来的利益较好地结合在一起，因此该形式更富有实效、灵活和战略的意义。

二、构建联盟后的管理

联盟建立之前的分析和协商过程很重要，联盟后的管理也是决定联盟成败与否的关键因素之一。因此，要使联盟各方从联盟中获得的利益最大化，就要在以下关于联盟管理与

---

① 辛思：《关于跨国战略联盟研究的进展》，载《宁波经济丛刊》，2001（1）。

协调的问题上加大力度。

1. 协调管理

就联盟内部管理而言，新的组织机构必须对市场总需求和竞争条件的变化做出迅速而灵活的反应。这就需要在最低限度内不断地协调研究与开发、生产加工和市场营销之间的关系，以便根据市场的需求动向迅速研制新产品。另外，保护联盟各方的技术资产也是国际战略联盟管理的一个重要内容。

2. 思维方式

在通常的竞争中，总是一方赢、另一方输，反之亦然，而跨国公司之间实行战略联盟时，只要合作成功，各方都是赢家。因此，必须转变惯常的思维方式，合作方能有效而持续地进行。

3. 沟通文化

经营方式是文化环境的组成部分，商业惯例也是社会的文化成分，对国外商业惯例的无知是世界贸易的大忌，会对成功的国际营销活动造成严重威胁。因此，充分重视和认识双方的企业文化、管理势态和经营方式，将有助于越过双方的文化鸿沟。

4. 训练员工

跨国公司的战略联盟往往是不同知识背景的人在一起合作，因此，对员工的培训非常重要。这是适应合作与相应的合作组织模式运行的需要。培训的内容包括文化、宗教、管理风格与习惯、技术知识等方面。

5. 多边联盟

多边联盟能最大限度地减少任意两方联盟解体带来的危机，而且比单一联盟能更广泛地、更好地运用多国企业的综合优势，以优化技术水平，开拓国际市场。

6. 战略转变

战略转变即努力创造竞争优势，从单向的技术、资金的吸纳逐步转向双向、多向的知识、技术交流，从经营能力、经营资源的不均衡转向均衡的战略联盟形式，是企业提高自身竞争力、参与国际商业竞技场的谋略之举。实现这一转变的关键取决于企业能否在联合中建立明确的组织学习意图，并借以扩大自身的核心能力，提高企业的竞争力，否则，企业在与外资合作中，很容易形成对外资的过分依赖性，从而失去长远的竞争优势。

主要概念

战略联盟　知识联盟　技术联盟　非正式联盟　契约式联盟
股权式联盟　合资型企业联盟

复习思考题

1. 跨国战略联盟的特征是什么？
2. 若按不同合作阶段来划分，战略联盟可分为哪些类别？
3. 试述企业建立战略联盟的动因。
4. 试述跨国战略联盟的风险。
5. 可从哪些方面加强对战略联盟风险的防范？

案例分析

一、阅读案例，回答下列问题：

1. 通用汽车公司为什么采用跨国战略联盟方式来开展跨国经营？
2. 通用汽车公司开展跨国战略联盟的效果如何？

通用汽车公司的跨国战略联盟

（一）案例基本情况

通用汽车公司（GM）是全球最大的汽车公司，其核心汽车业务及子公司遍及全球。该公司成立于1908年，自1931年起成为全球汽车业的领导者。通用汽车公司迄今在全球33个国家创立了汽车制造业务，其汽车产品销往192个国家。通用汽车公司的全球战略合作伙伴包括意大利菲亚特汽车有限公司、日本富士重工株式会社、五十铃汽车株式会社及铃木汽车株式会社，合作的内容涉及产品、动力总成及联合采购。同时，通用汽车公司也是韩国通用大宇汽车科技公司最大的股东。此外，通用汽车公司还与德国的宝马汽车公司和日本的本田汽车公司开展了技术合作，与丰田汽车公司、五十铃汽车株式会社和中国上海汽车工业（集团）总公司、俄罗斯AVTOVAZ汽车公司、法国雷诺汽车共同研发、生产汽车。

（二）跨国联盟战略

发展战略联盟一直是通用汽车公司进行跨国活动的主要方式。

1. 跨国联盟，化解困局

20世纪80年代，美国的汽车业一直受到廉价、节能、优质的日本汽车的挑战。为了掌握对手在经济型轿车上的优势，通用汽车公司采取了与国外企业合资结成战略同盟的方式来化解困局。1984年，通用与日本丰田合作成立新的联合汽车公司，在美国本土生产“花冠”轿车，并以雪佛兰品牌销售。此举使得通用汽车公司对日本汽车公司的了解进一步加深。随后，通用汽车公司兼并了英国莲花集团，收购了瑞典萨伯集团50%的股份，同沃尔沃集团在美国本土组建合资公司。总体上来看，通用汽车公司在整个20世纪80年代的国际战略联盟目标是以扭转自身劣势为主，联盟的规模相对较小而且形式单一。直到20世纪90年代初，这些国际战略联盟并没有从根本上解决通用汽车公司的问题，通用汽车公司依然亏损严重。

2. 扩大联盟，走出低谷

1992年后，通用汽车公司进行了更大规模的国际战略联盟，逐渐走出低谷。如通用汽车公司在中国成立上海通用，在日本与铃木、五十铃、斯巴鲁结成战略联盟，在韩国对大宇公司展开争夺等，而其中最受瞩目的是通用与菲亚特的战略联盟。

意大利菲亚特汽车公司与美国通用汽车公司于2000年3月突然宣布实行联合，组建双方代表人数相等的两个合资企业，主要从事发动机和汽车配件的生产。双方将互相参股，通用汽车公司将购买菲亚特20%的股份，作为交换，菲亚特将拥有通用汽车公司5.15%的永久股份。2000年7月，菲亚特与通用汽车公司还就其在欧洲和拉美的战略性工业结盟达成协议。根据协议，双方在采购及发动机、变速箱等领域分别成立了两家占股相等的合资企业。同时，菲亚特汽车公司和通用汽车公司各自的财务公司也签订了合作协议。

另外，1998年下半年，通用汽车公司还与SAIC合资生产出第一批针对中国市场的别克汽车。通过进入中国、巴西、俄罗斯的汽车市场，通用汽车大幅度地拓宽了海外消费者市场，建立了客户基地并确立其品牌效应，比竞争者领先一大步。

相对于20世纪80年代的战略联盟，通用汽车公司在这一阶段的国际战略不再局限于本土，并带有明显的主动进攻态势。同时，通用汽车公司所选择的联盟者多是一些当时实力非常雄厚的汽车厂商，联盟的区域主要集中在汽车消费欠发达但具有消费潜力的区域。

3. 调整联盟，应对危机

20世纪末至今，通用汽车公司面临着前所未有的严峻考验，其中包括石油涨价、“9·11事件”、工人罢工、最大零部件供应商德尔福的倒闭、丰田等竞争对手的巨大挑战等，致使通用汽车公司在汽车生产中的地位受到威胁，并且连年亏损。这一时期，通用汽车公司的重要跨国活动是对战略联盟进行调整。

（1）通用汽车公司通过裁员、关闭工厂等措施进行局部地区的战略性撤退，减少甚至撤销原有的跨国联盟。2005年12月，由于菲亚特汽车在国际市场竞争中没有起色，加上公司财政严重亏损，通用汽车公司最终只能解除了双方的“合作协议”，这也是其在内忧外患双重压力下所做的无奈选择。

（2）通用汽车公司加强与中国、巴西、俄罗斯、印度等新兴市场国家的联盟活动。以中国市场为例，通用汽车公司在中国的发展愿景是：携手战略合作伙伴，致力于成为中国汽车工业的最佳参与者和支持者。鉴于中国广阔的市场和低廉的劳动力成本，通用汽车公司不断加强对华投资和战略合作，而中国也成为其扭亏为盈、实现再次振兴的重要力量来源。2006年通用汽车公司在华销量创造了876 747辆的新纪录，较之前一年增幅达31.8%，并且连续三年以30%左右的速度增长，强化了中国作为通用汽车第二大市场的地位。

虽然这个时期通用汽车公司的跨国联盟活动有一定的被动性，但跨国联盟仍然是通用汽车公司开展跨国活动的主要方式，而且跨国联盟的成败得失关系到整个公司的生死大计。

（三）案例点评分析

通用汽车公司的成败得失与其国际化战略不无关系。在经济全球化的进程中，如果自己不能成为强大的“猎手”，则可能成为别人的“猎物”。因此，必须建立全球型企业，以充分发挥各地企业各自的优势和竞争力。近年来，全球汽车市场的竞争已经到了白热化的程度，在21世纪初期，只有少数企业有能力承担汽车的生产和技术更新所需的巨额费用。

因此，企业重组、兼并、收购以及强强联合等方式成为跨国公司的必然趋势。无论是通用汽车公司还是它的合作伙伴的网站上都称对方是“战略合作伙伴”，但联盟的关系却并不是非常牢固的，因为形成联盟的动因不是联盟各方所标榜的“共同利益”、“整体利益”，而是谁能在联盟中取得优势。

1.20世纪80年代——事倍功半

通用与丰田于1984年合资成立了美国新联合汽车制造公司，对急于进入美国市场的丰田而言，可借此熟悉美国市场，而对通用而言则可学习丰田先进的生产方式。可以说，这家合资公司是双方资源互补的结果。此后，虽然通用汽车对丰田的管理思想有了更深刻的了解，但通用汽车公司的高管却未能学习到丰田汽车精益生产方式的内涵。而丰田则借此逐渐在北美站稳了脚跟。

另外，在跨国业务的区位选择上，通用汽车公司高层做出了错误的选择。20世纪80年代正是亚洲和南美洲迅速崛起的时代，这些区域对汽车的需求正与日俱增。而通用汽车公司原来依赖的欧洲和北美市场，汽车的需求量正接近阶段性的饱和。可是，通用汽车公司在选择联盟伙伴时，考虑更多的还是欧洲与美国本土的市场，即使与丰田的合作也并非要“走出去”，而是“请进来”。据有关资料显示，通用汽车公司1980—1985年共投资450亿美元，但在世界市场的份额仅增长2.6%；1986年中期到1989年再投资350亿美元，但在美国本土市场的占有份额不但没有增长，反而较1980年还出现了6%的萎缩。如果通用汽车公司将这些资金全部投资到亚洲市场，不但可以买下当年的丰田和日产两家公司，并且还可以把世界市场份额提高到40%。

由此可见，通用汽车公司在这段时期选择了错误的联盟战略，进行了很多无效的投资。虽然进军海外市场小有成就，但不足以弥补本土市场的巨大损失，另外，还将联盟公司培育长大，成为了自己日后的竞争对手。

2.20世纪90年代——亡羊补牢

经过之前的联盟经验教训后，通用汽车公司明确了国际市场对公司的重要性，并且在结盟过程中变得精明。例如，在随后与菲亚特集团公司的合作中，菲亚特希望利用通用汽车在北美的销售网络，向北美市场推销新款汽车，而通用汽车借此分摊自己开发和生产小型汽车零件的成本，而那些小型汽车的市场主要是面向欧洲和拉美。另外，通用与菲亚特在亚洲的合作过程中，借助了菲亚特在泰国的销售网络，帮助公司开拓了泰国的销售市场。

3.21世纪以来——果断调整

通用汽车公司与原有欧洲汽车公司的国际联盟并未如初期的设想那样顺利。随着世界市场与竞争关系的变化，通用汽车公司在2005年解除了与菲亚特集团公司5年的合作协议，又在2006年放弃了与法国雷诺公司和日本日产公司结成全球性联盟的计划。虽然失去与传统汽车巨头的合作机会，使通用汽车公司在获取资源、整合生产研发方面少了强有力的支持，但其并没有纠缠于此，而是果断地将发展的眼光投向开拓北美以外的新兴市场上。在中国、巴西、俄罗斯、印度等新兴市场上，通过并购和股权购买等方式结成了多家联盟，成绩斐然。2002年，通用汽车公司联合中国上汽收购柳州五菱和韩国大宇，提高了通用汽车公司在远东和中国的市场份额与占有率，目前双方已建立第8家合资企业，开展生产、研发、销售等方面的深度合作。同时，通用汽车公司正寻求收购俄罗斯汽车制造巨头的股份，为进一步打入俄罗斯迅速成长的汽车市场做准备，以化解其在美国本土的销售压力。

由此我们可以看到，通用汽车公司的联盟战略发生了重大的变化：(1) 充分利用盟友。此阶段的合作，其已不再是单纯地向盟友学习技术经验，而是更充分地利用盟友的资源，为自己打开国际市场，将产品顺利地销售出去。(2) 注意战略性市场的选择。通用汽车公司正确判断出亚洲与南美洲等发展中国家市场的重要性，继而大举参股当地的知名企业，积极地在亚洲和南美洲市场寻求销路。(3) 及时调整战略联盟。当原有的战略联盟不能达到预期的合作目的时，通用汽车公司则以较低的成本、较灵活的方式舍弃了原有的合作联盟。利用战略联盟合作方式的这一大优势，使其能够及时地根据市场及自身情况做出适当的战略调整。

通用汽车公司在国际战略联盟方面的实践为我们提供了很好的案例素材，其中的经验和得失值得我们研究与借鉴。

资料来源：卢进勇，刘恩专：《跨国公司经营与管理》，23～26 页，北京，机械工业出版社，2013。

二、阅读下面的案例，回答以下两个问题：

1. 三星电子的经营战略对我国企业跨国经营有何借鉴意义？

2. LG 电子的本土化经营战略效果如何？为什么？

韩国企业新兴市场战略

新兴市场有别于跨国公司比较熟悉的传统发达国家市场。发达国家市场由于人均收入水平高，消费观念、消费习惯的差异不大，即使产品价格较高，只要其性能好、品质精良、值得信赖，基本可以被市场接受。然而新兴市场国家不仅收入水平低，而且国家之间和国家内部存在较大差异。在跨国公司的竞争战略上，本土适应能力和成本竞争力通常是相互矛盾的。针对和发达国家市场迥异的新兴市场，如何解决本土适应与低价格的矛盾，如何实现市场占有率和利润的同步增长，是大多数跨国公司都苦恼的难题。也正因为这一问题，在跨国公司的跨国经营版图中，长期以来，新兴市场作为原料地和生产基地的魅力远大于作为市场的吸引力。

为解决上述矛盾与难题，韩国的先进企业进行了经营理念的革新，颠覆了对价格、产品品质、成本与品质关系的传统观念，以创新的经营模式开拓了新兴市场。以下以三星电子、LG 电子为例，具体分析和总结经验。

(一) 三星电子的经营战略与创新

在新兴市场，三星电子一直秉承“到有市场的地方进行当地生产”、“开发符合当地市场需求的产品”的原则。针对世界金融危机后发达国家跨国公司大举进攻 **BRICs** 主流市场，市场竞争趋于白热化的形势，三星电子提出开辟中东、非洲、独联体等“新新兴市场”—“后 **BRICs** 市场”的构想。2009 年，其进一步公布要进入世界 229 个国家的目标。三星电子认为不攻克中东、非洲市场，不能称为“真正意义上的全球公司”。

截至 2009 年年末，三星电子在全球拥有 29 家生产性子公司和 60 家销售性子公司，几乎覆盖全球各个角落，企业的海外销售比率超过了八成（详见表 7—2 三星电子销售额和营业利益的地区分布）。包括中国在内的新兴市场的蓬勃发展，为三星电子较早地摆脱世界金融危机做出了重大贡献。

表 7—2　三星电子销售额和营业利益的地区分布

地区	美国	欧洲	亚洲	中国
销售额（亿韩元）	337 068	361 831	207 068	237 604
较上年增长率	32.5%	5.7%	7.9%	25.9%
营业利益（亿韩元）	6 933	15 192	9 003	13 727
利益率	2.1%	4.2%	4.3%	5.8%

数据来源：三星电子《2009 Samsung Electronics Annual Report》。

1. 产品定价：提倡“减法法则”

在低收入阶层占主流的新兴市场，产品再好，如果价格昂贵，也很难被消费者接受。国际经验表明，如果家电产品价格超过该国平均月收入（汽车为平均年收入），基木很难售出。因此，三星电子非常重视产品价格的设定，在对市场消费者的经济能力进行周密的调查后，慎重地决定产品价格。定价过程基本上是：先由总部决定产品价格，然后减去可节略的成本，最后进行产品开发，即实行“价格一利益一成本”的“减法法则”。相反，大多数日本企业则采取“加法法则”，即“成本十利益一价格”。两者的根本区别在于前者为消费者指向，后者为厂商指向。由于厂商，特别是研发队伍和生产现场经常拘泥于特定材料、特定零部件，使得加法法则往往难以控制成本，容易变成高价格产品。

2. 产品品质：由消费者决定

三星电子认为“产品品质的好坏，由消费者评价”。换句话说，喜欢高品质产品的消费者，愿意付出高价格，而重视价格的消费者，会接纳适当的品质，总之，品质要同价格联系起来考虑。在这里所谓的品质，是指除了价格之外还包括涉及产品属性的性能、功能、设计、服务等内容。

一直以来，在以生产高品质产品而誉满全球的日本企业看来，产品品质主要是指性能、功能等“产品本身的品质”，认为只要生产出品质出色的产品，就获得了通往世界任何市场的“通行证”。相反，三星电子则认为品质和价格要同时考虑，不存在纯粹绝对的品质，关键是消费者如何评价。因此，三星电子提出了“体感不良率”的新概念，意思是顾客的不满才是不良产品，三星电子的目标是努力降低顾客投诉的发生比率。

总之，三星电子的全球经营理念是一切以消费者需求为出发点。为提高顾客满意度，三星电子向市场投放丰富的产品线，仅以设计为例，三星电子往往在一种产品上推出多达20多种设计，以此满足不同消费者的多样化需求。

3. 品牌推广：树立品牌，强化影响力

在模块化成为主流的数码时代，若想在消费品市场上取得成功，有两条道路可供选择：要么以绝对优势的价格取胜，要么树立品牌提升价格。三星电子选择了后者，在树立品牌和强化品牌影响力过程中，其着重致力于以下方面：

第一，重视设计，提出“设计经营”理念。三星电子的前会长李健熙认为，在技术差距不断缩小的数码时代，给顾客以强烈印象、树立品牌价值的关键在于设计。1990年以来，三星电子在首尔、旧金山、洛杉矶、伦敦、米兰、上海、东京设立了全球设计中心，拥有约600多位设计师。因精巧而独特的设计成为畅销产品的“Bordeaux”（波尔多），截至2007年8月在全球就销售了500万部。

第二，打出统一的品牌形象。在1997年前，三星电子旗下有多种品牌，1997年以后，全部统一为“Samsung”品牌。

第三，品牌战从最具竞争力和影响力的主力产品入手，逐渐向其他产品扩展。对于三星电子来说，最具代表性的产品是面向消费者个人的手机。三星电子首先投入巨额广告费用，提高三星手机的认知度，当品牌影响力渗透到一定程度时，再继续引入电视、家电、数码相机、电脑等其他电子通信产品。在这方面，人们日常生活中广泛使用的手机，为三星电子其他产品的品牌渗透做出了重要贡献。

第四，三星电子投入巨额的广告费，利用多种途径宣传产品。三星电子的广告投入费每年约达33亿美元，约占销售总额的3%。三星电子的广告巧妙地安排在机场、主干道上林立的广告塔等人们的生活活动视线里。而且，除了平常的宣传活动，三星电子还积极利用体育赛事、大型文化活动、赞助、社会贡献等途径，致力于提升当地的品牌形象。

4. 人才本土化：区域专家制度

在所有的经营创新中，三星电子最重视人的创新。为培养全球经营所需的国际化人才，三星电子于1990年创建了“区域专家制度”。所谓区域专家，是指在世界各国各地区从事信息收集和战略营销活动的人，他们精通自己所负责国家的文化，其程度至少不比当地人差，甚至要比当地人更为彻底。他们好比三星电子的“CIA”。

区域专家的培养做法具体为：从加入公司3年以上、升到科长代理一级的社员中，每年选择数百人派往亚洲、欧美、中东、非洲、俄罗斯等国家和地区工作一年时间，公司不安排具体工作任务，只是学习该国的语言和文化，学习计划由本人自主制定和实施。学习期间工资照常发放，并提供学习费用和生活费用，但从购买机票开始到当地找住处、日常生活、语言学习、建立人脉等一切事情不能依赖公司，在陌生的国家从一开始全部要自行解决。在此过程中，该员工自然会融入当地，学习当地的文化和商业习惯，逐渐成长为名副其实的“专家”。这些受到严格教育的区域专家在研修结束后会被派遣到各国，充分运用所积累的知识、经验和人脉，从事本土适应性的新产品开发和战略营销活动。截至2009年年末，三星电子共培养了近4 000名区域专家。

（二）LG电子的经营战略与创新

LG电子虽然全球销售额和营业利益只有三星电子的一半，但也已经是世界性的知名电机厂商。2000年以来，LG空调一直居世界第1位，洗衣机、冰箱也仅次于海尔，居世界第2位。LG电子的电子产品从低端产品到高端产品全线覆盖。

同三星电子一样，LG电子也是在亚洲金融危机以后，致力于开拓中国、印度、俄罗斯、中南美洲和中东、非洲等新兴市场，不断地针对不同地区市场特性投放高度本土化的产品，市场成就斐然。LG电子已进入世界80多个国家和地区，在世界13个国家拥有生产性子公司，从业人员国内达2.9万人，海外达5.6万人。2009年，LG电子的海外市场销售比率高达88%，并已实现较均衡的市场结构（见表7—3）。

表 7—3　　LG 电子的分区域销售额　　单位：亿韩元

销售区域	美国	欧洲	亚洲	中南美洲	中东+非洲
2008 年	14 800	8 800	7 893	7 400	3 947
2009 年	15 547	11 105	10 550	9 994	3 887
增长率	5%	26.2%	33.7%	35.1%	−1.5%

数据来源：LG 电子，*Annual Report*，2009。

在 LG 电子的全球化经营中，最具特色的是在新兴市场上高度的本土化经营战略和人才的国际化战略。

1. 高度本土化经营战略

在新兴市场开拓方面，LG 电子果敢地进入印度（1997 年）、中东、非洲等基础设施落后、投资环境不够完善、不被发达国家企业重视的市场。

在印度，LG 电子已设立两个工厂和研发中心。对印度的累积投资额达到 130 亿卢比，2009 年后计划继续投入 150 亿卢比，拟将印度建设成为世界性的出口基地。2009 年，在印度的销售额达到1 309亿卢比，虽然在 LG 电子全球销售额中只占 6%，但计划到 2015 年将该比率提高到 12%（超过韩国国内市场销售额）。

1997 年，LG 电子在西非设立了当地法人。2002 年，在非洲设立了家电生产工厂，这是世界电子电机业界的第一个非洲工厂。

LG 电子在新兴市场上取得的成就，得益于本土化的产品策略。例如，在印度，LG 电子推出了印度民族服装沙丽在洗衣过程中不会受损的无螺旋桨的洗衣机，并开发了有防盗功能的电冰箱；在伊朗，根据大多数伊朗家庭铺设地毯的习惯，开发了易于清理地毯的吸尘器；在中东，推出了方便穆斯林做礼拜时（每日五次）自动播放《古兰经》的电视机；在印尼，投放了防止传播登革热蚊子靠近的空调等。

2. 人才国际化战略

支撑全球战略的最根本基础是人才。在国际化人才的启用等人事战略方面，LG 电子的特色非常鲜明。首先，积极推进人才本土化，尽量减少向海外派遣的母公司管理人员，海外法人的最高层多启用当地人（非韩国籍人员），并赋予管理权限。其次，总部也聘请有能力的外国人才进入管理层，在最高层 13 名执行人员中，负责战略、人事、采购等公司重要业务的有 7 人为非韩国籍人员。最后，为了成为真正意义上的全球化公司，LG 电子将英语指定为公司的共同语言。LG 电子员工的 TOEIC 平均成绩超过 900 分。

从上述案例资料可见，亚洲金融危机后，三星电子、LG 电子等韩国代表性企业凭借危机下的经营革新，在新兴市场上实施本土化经营战略，以及推行积极的品牌策略等，成功地克服了两次金融危机的打击，在全球化经营中取得了卓越的成就。

资料来源：郑京淑，张秀梅：《韩国新兴市场战略：企业经营创新与政府全球化平台支持》，载《战略决策研究》，2012（3）。

第八章

跨国公司的跨文化管理

本章要点

- 文化及跨文化管理的含义
- 跨文化管理的基本理论
- 跨文化沟通

导入案例

戴姆勒—奔驰公司和克莱斯勒公司合并后的文化冲突

1998年11月27日，德国的戴姆勒—奔驰公司与美国的克莱斯勒公司合并，戴姆勒和克莱斯勒各占新公司50%的股份，成立了戴姆勒—克莱斯勒公司。两家著名的公司宣布合并时曾经被认为是“郎才女貌”的结合，前者是老牌的欧洲豪华汽车代表，后者是美国第三大汽车制造商，生产走俏的越野车和小面包车。两家公司对资本、技术、管理、营销和运营方法考虑得相当成熟。施伦普和伊顿曾经非常强调戴姆勒和克莱斯勒合并后可能带来的潜在节约和规模经济，基于这些期望，股票涨到了108美元，市场前景被普遍看好。

在合并宣布时，克莱斯勒公司首席执行官罗伯特·伊顿和戴姆勒—奔驰公司首席执行官于尔根·施伦普都将之称为“公平的合并”。他们将会担任三年的联席首席执行官。三年后伊顿会辞职，施伦普将会成为公司唯一的首席执行官。公司在奥本山、密歇根和德国斯图加特都会设立总部。公司通用的语言定为英语。规模经济效应、技术和其他信息的共享能够带来巨大的节约——仅一年就节约4亿美元和更高的利润。戴姆勒贡献工程技术诀窍，克莱斯勒贡献创造力和营销技术。

面对德意志文化、戴姆勒的公司文化与美国文化、克莱斯勒公司文化间的冲突，不仅没有整合战略，似乎根本不在准备之列，以至于后来内部的文化冲突占据了主导地位，出现一个公司两个总部的局面。合并后，德美企业文化之间的冲突使克莱斯勒出现市场预测失误、制造成本暴涨和人员难以管理等问题，加之克莱斯勒的大批骨干人员离开，致使合并后的公司陷入危机。目前，克莱斯勒已更换了首席执行官，并采取措施压缩成本，力图摆脱困境。

1998年，当戴姆勒—奔驰公司和克莱斯勒公司宣布斥资360亿实现“平等者之间的合并”时，被称赞为天作之合。人们认为，设计了梅塞德斯—奔驰轿车的技艺精湛的德国工程师对指导了像“漫步者”新型轿车外观设计的市场营销头脑来说，是绝好的补充。克莱斯勒是世界上盈利能力最强和成本效率最高的汽车制造商，而戴姆勒公司则以本星球上头号高级轿车生产者著称。这场大众车和高级车制造者之间的合作成为全球汽车强手的新典型。随着该公司股票价格暴涨到3位数字，汽车制造业中的竞争对手们争先恐后地进行它们自己之间的联合。但是，在惊人的短时间后，戴姆勒—克莱斯勒公司就变成了一场灾难，它充满了大西洋两岸之间的文化冲突和种种问题。这些问题不仅涉及戴姆勒公司与克莱斯勒公司之间的联盟，而且涉及它与日本和韩国大众消费汽车制造厂家之间的联合。目前，该公司最著名的美国输出是人才。20世纪90年代设计了热门轿车和实现了巨额利润的整个“梦之队”几乎都离开了克莱斯勒，留下的是混乱的业务和失控的成本费用。

克莱斯勒公司从20世纪80年代在艾柯卡领导下东山再起以来，就以底特律的回马枪汽车公司而闻名于世。但是此番，它却不会作为一个美国偶像重整旗鼓。第三季度，戴姆勒—克莱斯勒公司的克莱斯勒部门亏损5.12亿美元——这是它9年来第一次亏损，明年可能还会亏损20亿美元。戴姆勒—克莱斯勒公司的股票价格下降了一半，结果使两家公司加在一起的价值还不到戴姆勒—奔驰公司单独一家时的市值。上周，拉斯韦加斯亿万富翁、戴姆勒—克莱斯勒公司的第三大股东柯克·克尔科里恩提出了索赔80亿美元的诉讼，指控施伦普1998年许诺实行一场“平等者之间的合并”是“撒下弥天大谎”。欧洲的投资者们也要施伦普的脑袋。处于守势的戴姆勒公司高级管理层正在全面接管，11月20日，公司派出一位德国人到底特律管理克莱斯勒。

文化上的冲突现已公开。克莱斯勒公司新的老板迪特尔·泽施所受到的欢迎是，他被底特律的漫画家们描绘成舒尔茨军士——20世纪60年代美国一台电视情景喜剧中小丑般的纳粹集中营看守。但是，按照大多数人的说法，特别是欧洲所流传的看法，美国人应当对克莱斯勒公司的灾难承担罪责。霍尔登及其一班人马未能预料到人们对公司老化的面包车产品欢迎态度的动摇和对“漫步者”新车型的巨大需求。其结果是一系列造成赤字的、时机选择错误的或者没有必要的折扣。

人们普遍认为，20世纪90年代初使克莱斯勒免于破产的是时髦设计样式和大刀阔斧地削减成本费用，其功劳应当归于公司总裁鲍勃·鲁茨。但是，克莱斯勒公司董事长鲍勃·伊顿对鲁茨的名气不满，因此在公司合并后没有让他担任任何角色。因此，鲁茨离开了，随后离开的还有十多位高级经理，包括制造专家丹尼斯·波利和即将于年底退休的设计部门主任汤姆·盖尔。汽车工业分析员凯勒说：“曾经是克莱斯勒灵魂的人们退出了。”离开前海军陆战队战斗机飞行员鲁茨的驾驭，克莱斯勒公司丧失了纪律性。它的新型车制造成本暴涨。具有昂贵新特征的面包车与以前车型相比，成本增加了1 300美元。

施伦普于10月份公开吹嘘说，他一直试图使克莱斯勒仅仅成为戴姆勒公司的一个部门，而不是实现“平等者之间的合并”。对此，克莱斯勒公司职工义愤填膺。施伦普上周做出退让，发表一份文告说，这笔交易的确是“平等者之间的合并”，但是它不能长期保持“停滞状态”。尽管如此，美国人对有关平等的诺言一直抱怀疑态度。

施伦普现在决心向前推进，对有关从亚洲撤退的议论不屑一顾，还决心使同克莱斯勒的结合产生效力，当然是以德国方式。戴姆勒公司在密歇根州斯特灵山庄的克莱斯勒工厂中设置了一套梅塞德斯“灵活传输系统”。该系统能够同时推出3种车型，而不是仅仅一种，从而节省大量成本。11月，戴姆勒—克莱斯勒公司董事会批准了关于让梅塞德斯和克莱斯勒车型开始共用主要零部件的计划。克莱斯勒公司将弄清，德国的外形能否使它的运气得到恢复。

资料来源：百度知道。

跨文化管理（Management of Cross Culture）是20世纪70年代后期在美国形成和发展起来的一门交叉、边缘学科。随着对外直接投资的发展，不同文化背景的跨国公司在世界各地建立了众多的子公司和分公司，从宏观层面的各民族文化到微观层面的各企业文化相互交叉融合，给跨国企业管理者在跨文化条件下的企业管理提出了更高的要求。跨国企业管理者应该摒弃传统的一元文化的管理观念，在对多元文化的认知、把握基础之上，化解多元文化之间的差异与冲突，利用多元文化的包容性与协同效应，进而提高跨国企业的管理效能，使企业充满新的生机与活力。

第一节　文化差异与跨国公司管理

跨国公司在东道国生产经营时，面对的是与其母国完全不同的文化，以及由这种文化决定的价值理念、道德标准和行为准则。文化的差异派生出逻辑思维的不同，进而影响企业的管理实践，一种在特定文化环境中行之有效的管理方法在另一种文化环境中应用可能产生出截然相反的结果。因此，在现代跨国经营中，要对文化、文化差异及其对企业经营管理的影响有较为充分的认识。

一、文化的含义与特征

1. 文化的含义

“文化”一词源自拉丁文“cultura”，其含义并没有统一、清晰的界定，最初与祭祀和崇拜有关，意味着经过人类的生产生活、创造培养、教育学习而形成的各种事务或方式。科学管理学的奠基人泰勒（E. B. Taylor）认为：文化是一个复合性整体，包括知识、信仰、艺术、道德、法律、风俗，以及任何人作为社会成员而获得的所有能力和习惯。该定义认为文化是社会发展过程中人类创造的各种事务的总和，文化涵盖了全社会的物质层面、精神层面和制度层面。

美国文化语言学奠基人萨皮尔（E. Sapir）从文化传承的特征出发，认为文化是在人类全部生产生活中任何通过社会遗传下来的事务，主要包括物质和精神两个方面。

英国学者威廉姆斯（R. Williams）从更广泛的意义上概括了文化的内涵，认为文化一般有三重定义：一是“理想的”文化定义，认为就某些绝对或普遍价值而言，文化是人类完善的一种状态或过程；二是“文献式”的文化定义，认为文化是知性和想象作品的整体，这些作品以不同的方式记录了人类的经验和思想；三是文化的“社会”定义，认为文化是对一种特殊生活方式的描述，这种描述不仅表现艺术和学问中的某些价值，而且也表现制度和日常行为中的某些意义和价值。

关于文化的定义或内涵问题，体现了文化的进化、发展过程，反映出文化的丰富内容和开放性，也衬托着文化与个人、民族和社会之间的密切联系与地域差别。从不同视角对“文化”进行审视，文化表现为不同的层次和种类。从文化的历史演进过程看，文化可分为传统文化、现代文化和未来文化；从文化的社会关系方面看，可分为政治文化、经济文化和观念文化；从文化的社会结构层面看，可分为精神文化、物质文化和制度文化；从文化的存在范围上考察，可分为民族文化、国家文化和世界文化；从宏观、微观角度看，文化可以分为社会文化、企业文化和个体文化。

从广义来说，《辞海》对“文化”（Culture）内涵的界定——“文化是指人类在社会历史实践过程中所获得的物质、精神的生产能力和所创造的物质、精神财富的总和”，具有更一般的意义。

2. 文化的特征

文化是全人类在社会发展进程中创造并传承的，它作为社会体系的重要组成部分，构成了人们的价值观念，影响人们的主观意识，导致人们的特定行为、活动。文化以最深刻、最微妙的方式影响着人们的行为，人们的行为又反过来发展、强化文化的本质特征。文化作为内涵丰富的复合整体，具有以下特征：

（1）累积性。文化不是与生俱来或以生物学为基础的，它是由人们的学习和实践活动创造的，并由人类世世代代不断沉淀、累积而形成的。人们把生产、生活中的经验提炼出来，变成语言、文字，变成音乐、绘画，变成服装、建筑，并通过社会化过程（家庭、学校、组织、社会的各种教育）而获得文化。

（2）传承性。文化的核心信息来自历史传统，具有传承性。人类的繁衍和生存伴随着文化的延续和发展，每一代人都把自己的生产技能、生活经验和知识文化累加到已有的文化之中，并传承给下一代人。文化的传承并不是简单地、原封不动地承袭下去，特别是在开放性的当代社会，外来文化的“因子”不断冲击本土文化，本土文化也通过各种途径传播到其他地方；同时，某一种文化自身也不断整合，既有所淘汰，更有所发扬，这是一个继承传统文化精髓，同时创造崭新文化、发展先进文化的历史过程。

（3）共享性。文化的差异性并不否定文化的共享性。任何文化都是为某一团体的所有成员或大多数成员所共同拥有的基本价值观和信仰理念，群体中的一员可以分享、学习、利用这一文化内容，同时也并不影响其他成员享用。

二、文化差异性

特定范围内人群的行为方式产生特定的文化，这就是文化的差异性。由于不同区域的人群在历史传统、语言文字、民族宗教、精神信仰、生产力水平、日常生活方式与生活习惯等方面存在着一定的差异，而这些差异必然反映到文化层面，使一个群体的文化有别于另一群体的文化。文化的差异性充分表现在不同民族、不同地域或不同国家之间。如美国文化相比中华文化，更崇尚个人主义、冒险与创新精神。文化差异性还体现在同一群体内的不同个体之间。由于个体的家庭环境、教育程度、生活经历、人生阅历各不相同，群体文化反映在每一个体上也有所差异，因而在同一文化单元内，会呈现出丰富多彩的个性和特点。

如果从跨国公司经营管理的视角来看文化差异，往往是基于全球层面的国家文化差异。所谓国家文化差异，是一个国家边界内占主导地位的文化。不同国家之间存在着或多或少的国家文化差异；在国家文化差异影响下，企业文化、职业文化也存在着差异，这对跨国企业管理而言更为直观和具体。所以，不同国家之间的文化差异会导致跨国企业经营管理方式的不同。日裔美国管理学家威廉·大内（1984）认为，每种文化都赋予人们互不相同的特殊环境，因此，虽然同样的行业原理对于不同的文化是适用的，但由于当地情况的差别而形成的社会结构和行为模式可以使其具有很大的差距。① 影响跨国公司管理的文化差异很多，主要表现在以下几个方面。

1. 社会制度与意识形态的差异

社会制度与意识形态在一定意义上可以看成是影响广泛的文化范畴，社会制度是意识形态的社会基础，意识形态是社会制度的现实反映，二者相互制约、相互影响。同时，意识形态又是社会制度在文化领域的世界观、价值观和思维方式的具体表现。当今世界各国的社会制度不尽相同，在此基础上的意识形态也存在明显的区别，这些必然反映到各国的文化差异中。

2. 思维方式的差异

思维方式是社会实践活动方式在人脑中的内化，思维方式差异是导致文化差异的一个重要方面。思维方式的差异源于各民族具体的生产、生活实践的不同，思维方式与一个民族文化的世界观和价值观密切相关，一定的思维方式总是承载着一定的世界观和价值观，思维方式差异是引发价值观冲突、文化冲突的重要因素。如有的地区或人群推崇抽象思维和理性思维，另一些地区或人群则喜欢形象思维和死记硬背；在社会稳定与保护人权的关系上，一些国家强调社会的稳定是保护人权的基本前提，没有社会的稳定，人权根本无从谈起，社会不稳定有时是人们争取人权的结果。而另一些国家则认为，有保障的人权是社会稳定的条件。

专栏

联想并购 IBM 的文化差异分析

2004 年 12 月，联想集团在北京正式宣布收购 IBM 的全球 PC 业务。一个是国内 IT 新秀，一个是世界 IT 巨头，二者在并购之后难免会面临来自国家和企业文化的巨大差异，

---

① ［美］威廉·大内：《Z 理论——美国企业界怎样迎接日本的挑战》，北京，中国社会科学出版社，1984。

文化融合成了决定并购能否成功的关键因素。运用 Charles Gancel 等的企业文化模型，总结出如下几个方面的差异：

其一，合法性方面。联想对于领导人的鉴定是基于其工作业绩，只有实实在在干出了业绩，才能被员工信任和追随。IBM 的管理者都是从内部晋升的，对于领导者来说，IBM 认为最重要的素质是经验。IBM 是倾向于尊重和追随“圈内人”的。

其二，有效性方面。对于在公司内部如何解决问题，也就是做事风格方面，二者也是有差别的。在联想，我们将其归纳为概念型的做事风格——按体制程序办。然而在 IBM，“力争取胜、快速执行、团队精神”是其员工做事的最高准则。因此，IBM 在做事风格方面以目标为导向，倡导立刻行动，属于实用型的做事风格。

其三，前瞻性方面。在联想，“战略”是经常被提及的一个词。在前瞻性维度上属于概念型和关系型的企业文化类型。而 IBM 则是通过蓝色文化将企业的目标以一种细致入微的方式传播给员工。因此，在前瞻性维度上 IBM 选择传统的方式，也就是企业的价值观。在这方面企业文化的类型是关系型。

分析显示，联想和 IBM 的企业文化类型在不同的维度不完全一致。联想基本倾向于概念型的企业文化类型，IBM 则倾向于关系型。

并购后的文化整合。并购前，联想集团专门成立了一个工作团队，对双方的企业文化进行了系统调查分析和评估，并对并购后的文化整合情况进行判断，最后再做出是否进行并购的决策，这大大降低了并购的风险。

并购后联想建立文化整合小组，对现有的公司文化、员工渴望的公司文化以及两者之间的差距进行评估分析，并在此基础上对新联想的文化进行新的诠释。提出沟通融合的六字方针：“坦诚、尊重、妥协”，同时认识到整合的关键在于彼此交流沟通。在这个过程中，文化整合小组发现联想和 IBM 的价值观有相同的地方，如客户至上、诚信、创新、更有竞争力、生活与工作的平衡。在高管的任命方面，为了尊重 IBM“圈内人”的领导人选择观，联想尽量任用原 IBM 的高管。在具体的做事风格方面，联想虚心学习 IBM 企业文化中优秀的部分，如注重效率、尊重员工的创造精神等。与此同时，加强双方员工之间的沟通和交流。当双方文化磨合到一定程度之后，新联想水到渠成地形成“成就客户、创业创新、精准求实、诚信正直”的价值观，并通过一系列后续的措施让员工了解新的企业文化。因此，在并购之后才能够做到有的放矢、各个击破，成功地整合双方文化。

3. 语言的差异

语言既是文化的载体，又是文化固有的一部分；语言一方面是人们思维的反应与意思的表达，同时又是人们进行交流和沟通的工具。世界上不同种族、不同民族、不同地域有着不同的语言，即使是在同一种族、同一民族、同一国家内部也可能同时并用不同的语言；同一语言又有书面用语、口语、方言、俚语之分。因此，跨国公司的母公司与子公司及子公司与子公司之间在世界各地如何跨越语言障碍，达到准确无误的交流与沟通，对于跨国公司经营与管理是十分重要的。

4. 宗教信仰的差异

不同的国家或民族往往有着不同的宗教信仰，而每一种宗教都有自己相对独立的思想体系、宗教理念、宗教制度、宗教仪式等，包含着各自的世界观和价值观。宗教信仰的差异会渗透到人们的生产生活之中，如典礼仪式、节假日、作息时间、饮食习惯等；宗教信仰深刻影响着企业特别是跨国企业的内部管理、商机把握、生产安排以及产品销售。

5. 教育水平的差异

教育是一国国民上学读书、接受知识、培养技能的过程。当今世界各国的国民收入水平差距很大，各国教育资源不均衡，因而导致世界各国的教育水平参差不齐，国民受教育程度各异，人力资本和综合素质存在明显的差异，这些必然反映到文化层面上。

三、文化差异对跨国公司经营管理的影响

文化差异对跨国公司经营管理的影响，体现在跨国公司外部经营环境、内部经营环境两个方面。

1. 文化差异对跨国公司外部经营环境的影响

各国的政治生态、经济发展、法律法规、社会制度、道德观念等无一不受到文化潜移默化的渗透与影响，不同国家文化的差异必然反映到经济发展的宏观环境上来。例如，欧美等西方发达市场经济国家与广大的发展中国家的经济体制、政治架构及法律体系从建立之初就打着各自文化的烙印。因此，跨国公司到不同的国家投资经营，必须深刻了解和主动适应东道国的宏观经营环境。

2. 文化差异对跨国公司内部经营环境的影响

一方面，文化差异对跨国企业制度建设产生不同的影响。西方文化强调理性思维、公平意识、竞争理念、承担风险、勇于创新等，表现在跨国企业的运作机制上就是现代企业制度的建立与完善，追求资源的优化配置，在市场需求导向下经营的高效率，最终实现利润最大化。而东方文化感性思维多一些，讲究人情世故和论资排辈，避免正面冲突等，反映在企业的经营管理理念、企业制度设计等方面，与西方国家不尽相同。

另一方面，文化差异对跨国企业组织结构建设产生不同的影响。一个社会的组织结构、一个企业的组织结构，实际上体现了不同文化的差异，反映了社会占支配地位的思维方式、价值观念和市场偏好。西方文化崇尚公平、公正、公开的理念，社会和企业在决策权、执行权、监督权方面，相互制衡；组织结构相对扁平化，组织层级较少，按需设岗，效率也较高。这些与东方文化有着明显的差别。

3. 文化差异对跨国公司员工的思维观念的影响

不同国家的文化差异，不仅对跨国公司内外部的经营环境产生影响，而且也深刻地影响企业员工的思维方式和行为准则。表 8—1 比较了美国、日本与阿拉伯国家在主要价值观方面的差异。

表 8—1 美国、日本与阿拉伯国家的文化价值观方面的优先性

美国	日本	阿拉伯国家
1. 自由	1. 归属	1. 家庭安全
2. 独立	2. 团队和谐	2. 家庭和谐
3. 自力更生	3. 集体主义	3. 父母指导
4. 平等	4. 年龄/资历	4. 年龄
5. 个人主义	5. 团结一致	5. 权威
6. 竞争	6. 合作	6. 妥协
7. 效率	7. 质量	7. 奉献
8. 时间	8. 耐心	8. 耐心
9. 直接	9. 间接	9. 间接
10. 坦诚	10. 两者之间	10. 热情

注："1"代表最重要的价值观；"10"代表最不重要的价值观。

资料来源：Adapted from information found in F. Elashmawi and Philip R. Harris，*Multicultural Management*，Houston，Gulf Publishing，1993.

第二节 跨文化管理理论

跨文化管理是伴随着跨国公司在全球化环境下开展跨国经营而来的一个崭新问题。来自不同文化背景的跨国公司员工可能因为价值观念与行为方式的差异而产生文化误解、伦理摩擦和行为冲突，这也是部分跨国公司跨国经营失败并使其全球战略落空的一个重要原因。为此，许多专家学者提出了一些跨文化管理理论，并建立了相关的分析模型，用以说明不同国家的文化特征，预测特定群体的动机和行为，为跨国公司的跨文化管理提供指导。最具代表性和影响力的跨文化管理理论是霍夫施泰德和特朗皮纳斯的文化维度理论，以及霍尔的文化划分模型。

一、跨文化管理的理论渊源

早在 20 世纪 60 年代，两位美国的著名跨文化管理学者克拉克洪（F. R. Kluckhohn，1961）和斯乔贝克（F. L. Strodibeck，1961）就提出了跨文化管理问题。他们在《价值取向的变异》一书中，指出不同的文明具有不同的价值取向。他们根据全人类面临的问题基本假设，提出了解释文化同质性和差异性的研究分析框架。这一框架确定了 6 项基本的文化维度：人性的本质（Basic Human Nature）、与环境的关系（Relation to Nature）、活动导向（Activity Orientation）、人际关系（Relationshipsamong People）、时间取向（Time Orientation）、空间概念（Space Orientation）。不同文化系统的人群对这六大问题在认知、理念、价值取向和解决方法等方面都不尽相同，正是这种差异体现出不同群体的文化特

征，这种不同的文化特征进而显著地影响了他们在生活和工作中的态度与行为。

第一，对人性的看法。美国认为人性可善可恶，是善恶混合体，也可能改变；强调制度，尽可能考虑人性恶带来的坏行为。中国认为人的性格不易改变，“三岁看老”，“江山易改、本性难移”，“人之初性本善”，在传统观念中较为重视社会道德规范，而不是特别强调制度规范。

第二，人们对自身与外部自然环境的看法。中国人讲求风水，强调与自然的和谐统一。美国人更强调通过改变自然环境去实现自己的创作意图，达到自己的目标，人主导环境。如东南亚海啸事件：美国人认为是人类预测不准确；中国及亚洲国家认为是人破坏自然带来的灾难。

第三，人们对自身与他人关系的看法。中国侧重强调集体主义；西方国家更倾向于个体主义。

第四，人们的活动导向。美国强调行动的社会，人必须不断地做事，不断地处于活动之中才有意义，才能创造价值。不仅要行动，还要快速。如快餐文化。而亚洲社会是静态取向，安然、耐心被视为美德，强调“以静制动”，“以不变应万变”，无为而治。美国人发现问题总是倾向于立即找出解决问题的办法，然后实施；而东方人有时会选择静观，什么也不做，让时间与外界环境自然成熟，再抓住时机去把问题解决掉。

第五，人们的空间观念。中国人倾向于把空间看作公共的东西，没有太多隐私而言；美国人、德国人倾向于把空间看作个人的私密之处，他人不能轻易走进。

第六，人们的时间观念。一是关于时间的导向，即一个民族和国家注重过去、现在，还是未来。二是针对时间的利用，即时间是线性的（应在一个时间里做一件事）还是非线性的（在同一时间里可以做很多事）。美国、德国文化，一个时间做一件事；意大利、中东人，同一时间段可以做多件事。中国文化关注过去和现在，而较少注重未来；美国文化很少关注过去，基本着眼于现在和未来，这种导向在中美两国创造的文学、电影和艺术作品中稍见端倪。

二、霍夫施泰德的文化维度理论

荷兰著名的管理学家霍夫施泰德（Geert Hofstede）提出的文化维度理论是跨文化管理研究领域最具影响力的理论之一。[①] 霍夫施泰德从 20 世纪 60 年代后期开始研究文化差异对企业管理的影响，认为文化不是一种个体特征，而是具有相同的教育背景和生活经验的许多人所共有的心理程序。

20 世纪 70 年代，霍夫施泰德对 IBM 公司在全球 40 个国家的子公司的 11.6 万名员工进行了有关公司管理方式、工作环境和行为偏好的问卷调查，通过对大样本资料的分析研究，概括归纳出四个可以解释来自不同文化背景的企业员工的思维方式和行为原因，即文化的四个维度：权力距离、不确定性规避、个人主义与集体主义、男性主义与女性主义。80 年代，霍夫施泰德又扩展了自己的研究范围，对全球超过 70 个国家和地区进行了有关文化维度识别的进一步分析，他发现除了上述的文化四维度以外，“时间导向”对于人们理解文化也

---

① See hofstede G.，*Cultures and Organizations*，London：McGraw-Hill，1991.

非常重要，提出了他的文化维度第五个指标，即长期取向与短期取向。

1. 权力距离

权力距离（Power Distance）是测度某一组织或机构中对权力分配的期望以及对权力分配不平等的接受程度，它所涉及的基本问题是社会如何处理人与人之间不平等的现象，即权力观。在权力距离小的文化里，强调平等、参与的重要性，组织拥有更扁平化的结构，组织中成员期望权力分散化，权力集中度较低，高层人员能够听取各种意见和建议，通常与一般成员协商制定重要决策，个体成员有较多机会参与组织活动，更能发挥个体的主观能动性和工作积极性，高层人员与底层人员之间的薪酬差距较小。而在权力距离大的文化氛围里与以上情况正好相反。

霍夫施泰德的研究发现，奥地利（11）、以色列（13）、丹麦（18）、新西兰（22）、爱尔兰（28）、挪威（31）、瑞典（31）、德国（35）、英国（35）等国家或地区为权力距离指数较小的国家；而马来西亚（104）、斯洛伐克（104）、巴拿马（95）、危地马拉（95）、菲律宾（94）、俄罗斯（93）等国家或地区为权力距离指数较大的国家；中国内地的权力距离指数为 80，属于权力距离相对较大、权力集中度较高的国家。[①] 具体见表 8—2。

表 8—2　　部分国家（地区）霍夫斯泰德的文化五维度指数

国家（地区）	权力距离（PDI）	不确定性规避（UAI）	个人主义与集体主义（IDV）	男性主义与女性主义（MAS）	长期取向与短期取向（LTO）
阿拉伯世界	80	68	38	52	
阿根廷	49	86	46	56	
澳大利亚	36	51	90	61	31
奥地利	11	70	55	79	
孟加拉国	80	60	20	55	40
比利时	65	94	75	54	
巴西	69	76	38	49	65
保加利亚	70	85	30	40	
加拿大	39	48	80	52	23
智利	63	86	23	28	
中国内地	80	30	20	66	118
哥伦比亚	67	80	13	64	
哥斯达黎加	35	86	15	21	
捷克	57	74	58	57	13
丹麦	18	23	74	16	
东非	64	52	27	41	25
厄瓜多尔	78	67	8	63	

① 括号中的数值为权力距离指数。

续前表

国家（地区）	权力距离（PDI）	不确定性规避（UAI）	个人主义与集体主义（IDV）	男性主义与女性主义（MAS）	长期取向与短期取向（LTO）
萨尔瓦多	66	94	19	40	
爱沙尼亚	40	60	60	30	
芬兰	33	59	63	26	
法国	68	86	71	43	
德国	35	65	67	66	31
希腊	60	112	35	57	
危地马拉	95	101	6	37	
中国香港	68	29	25	57	96
匈牙利	46	82	80	88	50
印度	77	40	48	56	61
印度尼西亚	78	48	14	46	
伊朗	58	59	41	43	
爱尔兰	28	35	70	68	
以色列	13	81	54	47	
意大利	50	75	76	70	
牙买加	45	13	39	68	
日本	54	92	46	95	80
卢森堡	40	70	60	50	
马来西亚	104	36	26	50	
马耳他	56	96	59	47	
墨西哥	81	82	30	69	
摩洛哥	70	68	46	53	
荷兰	38	53	80	14	44
新西兰	22	49	79	58	30
挪威	31	50	69	8	20
巴基斯坦	55	70	14	50	0
巴拿马	95	86	11	44	
秘鲁	64	87	16	42	
菲律宾	94	44	32	64	19
波兰	68	93	60	64	32
葡萄牙	63	104	27	31	

续前表

国家（地区）	权力距离（PDI）	不确定性规避（UAI）	个人主义与集体主义（IDV）	男性主义与女性主义（MAS）	长期取向与短期取向（LTO）
罗马尼亚	90	90	30	42	
俄罗斯	93	95	39	36	
新加坡	74	8	20	48	48
斯洛伐克	104	51	52	110	38
南非	49	49	65	63	
韩国	60	85	18	39	75
西班牙	57	86	51	42	
苏里南	85	92	47	37	
瑞典	31	29	71	5	33
瑞士	34	58	68	70	
中国台湾	58	69	17	45	87
泰国	64	64	20	34	56
特立尼达和多巴哥	47	55	16	58	
土耳其	66	85	37	45	
英国	35	35	89	66	25
美国	40	46	91	62	29
乌拉圭	61	100	36	38	
委内瑞拉	81	76	12	73	
越南	70	30	20	40	80
西非	77	54	20	46	16

数据来源：Hofstede 网站，2010。

2. 不确定性规避

所谓不确定性规避（Uncertainty Avoidance），是指人们在不确定性环境里所感受到的威胁程度，以及人们为了规避这些威胁而制定或形成的理念和机制。不确定性规避是衡量人们承受风险及接受非传统行为程度的指标，它涉及人们在未来世界里如何面对客观存在的不确定性，即风险观问题。不确定性规避指数较高的国家（地区），如日本（92）、西班牙（86）、葡萄牙（104）、希腊（112）等拥有大量的组织活动网络①，制定较多的行为准则和规范，相信专家和权威，劳动力流动性较低，较缺乏冒险精神和创造活力，人们有

① 括号中的数值为不确定性规避指数。

较高程度的安全需求，尽量避免正面冲突，不能容忍非常规的思想和行为。新加坡属于不确定性规避程度最低的国家，该指数仅为 8，美国为 46，英国为 35，中国内地为 30。具体情况见表 8—2。

3. 个人主义与集体主义

个人主义与集体主义（Individualism and Collectivism）侧重考察人们彼此之间是独立性强还是依赖性强，是强调个人利益还是集体利益，它涉及一个人与他人之间关系的紧密程度，即群体观。个人主义是指一个相对松散的社会结构，人们优先考虑自己和家庭的相关事项；而集体主义则是一个相对紧密的社会结构，人们归属于一个组织或集体，并根据对集体的忠诚度来相互照顾。

与其他文化维度一样，个人主义倾向还是集体主义倾向也可以通过多种方式来测度。霍夫斯泰德发现，富裕的国家都比较倾向于个人主义，贫穷的国家一般倾向于集体主义。在表 8—2 中，美国（91）、澳大利亚（90）、英国（89）、荷兰（80）、加拿大（80）等富裕国家（地区）都趋向于个人主义，其人均国民生产总值都相当高；而危地马拉（6）、厄瓜多尔（8）、委内瑞拉（12）、巴基斯坦（14）、印度尼西亚（14）等国家（地区）的集体主义倾向较高，个人主义倾向较低①，其人均国民生产总值也都比较低。中国内地在该项中的指数是 20，低于平均分数，说明中国集体主义倾向比较浓厚。高个人主义倾向的国家崇尚个人奋斗与创新，人们对自己的行为负责，个人成就自己的人生理想，按照市场价值衡量利害得失。

4. 男性主义与女性主义

根据霍夫斯泰德的解释，男性主义（Masculinity）的文化特征是指成功、金钱、自信、武断、英雄主义等成为社会主导价值观；女性主义（Feminism）的文化特征为关心他人、谦逊恭敬、关注生活质量，表现出更多的服从、善良、友好一类的天性。该指数反映社会中男性与女性所处的地位及所起的作用，即性别观。

在男性主义盛行的国度里，个人愿意迎接挑战，追求职务晋升，注重个人事业成功、收入丰厚、社会认可；在职场中工作压力较大，通常是男性控制最重要的工作岗位，营造出竞争性较强的工作环境，女性很少占据高层职位，社会依据每个人的物质财富多少和职务大小认定其成就的大小。如斯洛伐克、日本、德国、英国和美国的男性主义指数分别为 110、95、66、66 和 62。

在男性主义较低、女性主义较强的国家中，人们更看重广泛的参与性，注重相互配合，追求生活质量。在职场中关注友好的环境与氛围，考虑雇佣安全，关注压力较小，管理者较为信任员工，并给予较大的自由，工作环境较为平和，很多女性身居要职。这类国家（地区）如瑞典、挪威、荷兰的男性主义指数较低，分别为 5、8、14，中国内地该指数为 66，属于中等偏上的水平。

---

① 括号中的数值为个人主义倾向指数。

5. 长期取向与短期取向

长期取向与短期取向（Long-term Orientation and Short-term Orientation）是指一种文化或社会是面向未来，着眼长远利益，还是仅面对现实，关注短期行为，看重眼前利益。它涉及一个民族对长期利益和短期利益的考量，即时间观。

霍夫斯泰德在调查研究时发现中国内地的“儒家传统文化”是长期取向的代表，中国内地该项指标高达118，因为中华民族长期受儒家思想熏陶，勤俭节约、埋头苦干、坚韧不拔、深谋远虑，以动态观点考查事物，重视事物的长远规划和发展，不在乎一时一地的得失。相对于东方文化，西方文化更倾向于短期取向，更重视眼前利益。在典型国家（地区）中，捷克、加拿大、英国、美国属于短期取向（低长期取向）的国家，其长期取向指数分别为13、23、25、29。

三、特朗皮纳斯的文化维度理论

荷兰学者弗恩斯·特朗皮纳斯（Fons Trompenaars）是跨文化管理领域最富有创造力的研究专家。在跨文化管理方面，他是世界上最早的权威，全球畅销书*Riding the Waves of Culture*是他经过10余年对28个国家和地区超过15 000名管理人员进行问卷调查，于1994年发表的，得出人们处理与他人关系方式的七个文化维度。①

1. 普遍性和特殊性

所谓普遍性（Universalism）是指思维方式和实际行动较少受到环境变化的影响，在任何时间和地点都无须更改的情形。特殊性（Particularism）是指环境制约、思维方式或实际行动倾向于根据具体情况的差异而采取相应的方式与方法。在普遍性文化里，关注焦点在于行为规则或合同关系，社会各阶层严格按规则办事，法律法规得到有效的执行；而在特殊性文化里，焦点集中在人际关系而非正式的规则，存在诸多例外，人们一旦熟悉后，约定常常被修改，会轻易变更合约内容。

特朗皮纳斯的研究表明，是侧重于普遍性还是倾向于特殊性体现了东西方文化的差异。加拿大、美国、德国、英国等更趋向普遍性，人们认为判断对错有一定的客观标准，适用于任何人、任何时间、任何场合，人们相信客观存在比人际关系更重要。而韩国、委内瑞拉、印度尼西亚、中国等更趋于特殊性，在判断一事物是对还是错的时候，人际关系可能起到关键作用，而不是简单地由抽象的规章、条例来决定，故存在大量的例外情况。

专栏

普遍性还是特殊性

特朗皮纳斯和他的同事通过向被访者提出两难问题并要求他们做出决定，来研究不同国家的普遍性或特殊性的取向问题。

---

① Fons Trompenaars, *Riding the Waves of Culture: Understanding Diversity in Global Business*, New York: Irwin, 1994, p. 10.

你正坐在一个好朋友驾驶的小汽车里，他撞了一个行人。你知道你的朋友以每小时55千米的速度行驶，而在城区的这个地方，最大限速是每小时30千米。你朋友在撞人的时候没有任何的目击者，你朋友的律师说，如果你发誓证实当时你朋友正以每小时30千米的速度行驶，则你可以将朋友从严重的后果中解救出来。试问，你的朋友有何权利要求你支持他？

a. 作为一个朋友，他没有权利要求我证实他以更低的速度行驶；

b. 作为一个朋友，他有一些权利要求我证实他以更低的速度行驶；

c. 作为一个朋友，他有明确的权利要求我证实他以更低的速度行驶。

高分显示很强的普遍性（选择a），低分显示很强的特殊性（选择c），表8—3是不同国家（地区）的得分情况。

表8—3　部分国家或地区普遍性（高分）与特殊性（低分）的赋分

国家或地区	赋分
加拿大	96
美国	95
德国	90
英国	90
荷兰	88
法国	68
日本	67
新加坡	67
泰国	63
中国香港	56
中国内地	48
韩国	26

资料来源：Hampden-Tumerand Fons Trompenaars, "A World Turned Upside Down: Doing Business in Asia," in *Mangaging Across Cultures*, 1996, p. 279.

正如前面所述，来自普遍性文化国家（地区）的人，认为不管什么情况下都应该使用规则，照章办事；而来自特殊性国家（地区）的人更容易舍弃规则而帮助他的朋友或家人。表8—4概括了在商务管理领域普遍性与特殊性的不同特点。

表8—4　普遍性与特殊性的不同特点

普遍性	特殊性
注重规则而非关系	注重关系而非规则
商务合同签订后不得随意改变	商务合同签订后可以修改
可以信任的人是遵守诺言或合同的人	可以信任的人是能随情境改变的人
只有一个事实或真相	相对于每一个人，事实有不同的角度
交易就是交易	能在交易中发展关系

资料来源：王朝辉：《跨文化管理》，北京，北京大学出版社，2009。

2. 个人主义和团体主义

个人主义和集体主义（Individualism and Cnismommunitaria）是霍夫斯泰德研究的关键维度之一，虽然特朗皮纳斯对二者的定义与霍夫斯泰德基本相同，但特朗皮纳斯在其最近的著作中更多使用“团体主义”而不是“集体主义”。所谓个人主义，意味着人们把自己看作是独立的个体，每个人都把自己的利益看得较重。而团体主义是指人们把自己看作是群体里的一员。该维度反映的是应该更加重视个体利益还是团体利益。

在高度个人主义的社会里，强调的是个人与私人的问题，对成就的认可及薪酬的发放必须根据个人对工作的贡献大小，并且每个人对共同承担任务的绩效是可以区分开来及量化考核的，贡献大的人应该得到表扬、奖励和晋升。在美国、加拿大、英国等欧美国家中，将工资与工作表现联系起来是再合理不过的。而在高度团体主义的文化中，格外注重的是与团体利益相关的问题，在韩国、印度尼西亚、马来西亚等亚洲国家中，集体逻辑非常盛行，人们愿意归属的群体可能各不相同，可以是工会、公司、家族、政党组织等，但每个人都与群体联系起来。在团体观念较强的社会里，相互依赖的裙带关系是自然逻辑的产物，家族关系、朋友关系、同学关系等形成一种社会纽带，进而结成一定的利益集团。

从跨国公司商务活动方面考察，在典型的高度个人主义文化中，一位代表出现在商务谈判现场，谈判应该由个人单独完成，谈判代表担负着很大的个人责任。而在团体主义文化中，决策由成员共同做出，团体一起完成这项任务，当然所有成员共同承担责任。个人主义和团体主义在商务活动中的特征如表 8—5 所示。

表 8—5　　个人主义与团体主义在商务活动中的不同特点

个人主义	团体主义
人们更多地说“我”	人们更多地说“我们”
在谈判中，决策通常由代表当场做出	在谈判中，代表做出决策通常要请示组织
个人独立完成任务，个人承担责任	群体一起完成任务，共同承担责任
通常两三个人甚至单独一人度假	有组织的群体或大家庭一起度假

资料来源：王朝辉：《跨文化管理》，北京，北京大学出版社，2009。

3. 情感内敛和情感外露

情感内敛和情感外露（Emotional Restraining and Emotional Exposure）是区分文化差异的又一个重要方面，此维度关注不同文化选择表达情绪的不同方式与内容，反映了在人际交往中人们情绪外露的程度。在情感内敛型文化中，个体普遍不愿意主动表达自己的思想和感情，人们有着压抑或控制自身情感的倾向。这种社会文化倡导韬光养晦，谨言慎行，深藏不露，在工作或公共场合隐藏自己的真实想法，一般避免暴露是否高兴、不满、愤怒、紧张等情绪，较少发表自己的意见和建议，保持所谓“冷静的职业情绪”。而在情感外露型文化中，个体普遍有着直率的性情，人们很自然地公开表达自己的情感，爱憎分明，相互之间沟通交流开诚布公，群体当中气氛活跃，大家畅所欲言。

日本、中国等亚洲国家流行情感内敛型文化，美国、意大利、西班牙以及部分南美洲国家是情感外露型文化的典型代表。情感内敛型文化和情感外露型文化在商务活动中的特征如表 8—6 所示。

表 8—6　情感内敛型文化和情感外露型文化在商务活动中的不同特点

情感内敛型文化	情感外露型文化
通常不显露情绪	通过语音或非语音形式立即做出反应
不会把他们所想或感受表现出来	通过面部或身体姿态表达情绪
当众表现情绪会感到尴尬	独立完成任务，个人承担责任
对“私人”圈子外的身体接触感到不舒服	对身体接触感到自在
言语和非言语表达很微妙	经常说话发出声音

资料来源：王朝辉：《跨文化管理》，北京，北京大学出版社，2009。

4. 特定性文化和扩散性文化

特定性文化和扩散性文化（Specific Culture and Diffuse Culture）描述了在不同文化范畴中，人们交际方式方面存在的差异。在特定性文化中，公共空间是相对开放的，个体拥有较大的公共空间并愿意与他人分享，同时自己的私人空间相对窄小且封闭，除了家人或亲密的朋友之外，严格限制他人进入。在这种文化氛围里，公共场合与私人生活空间严格区分开来，职务只限于工作场所，组织机构中上下级关系明确。而在扩散性文化中，公共空间外人较难融入，而一旦进入了公共空间，个体的私人空间就容易进入，公共的工作场所与私人生活空间可以相互延伸或交叉重叠，职场工作与私人生活并没有严格的界限，职场职务和上下级关系除了工作之外，还渗透到个人生活之中。

这种特定性和扩散性文化差异明显反映在商务活动中。在特定性文化中，商务活动独立于个人生活之外，工作与个人生活截然分开，分别为工作与私人生活留有部分时间和精力。在扩散性文化中，一切都是融合在一起的，你的生意伙伴往往也是你的朋友，为建立良好关系而花费的时间和精力是交易成本的一部分。美国与德国分别是这两类文化的典型代表。特定性文化和扩散性文化在商务活动中的特征如表 8—7 所示。

表 8—7　特定性文化和扩散性文化在商务活动中的不同特点

特定性文化	扩散性文化
更开放的公共空间，更封闭的私人空间	较封闭的公共空间，一旦进入就更开放的私人空间
表现出直接、开放和外向倾向	表现出非直接、封闭和内向倾向
直接进入正题	经常避开正题，旁敲侧击
高度流动性	低流动性
将工作和私人生活分开	工作和私人生活紧紧连在一起
在不同场合用不同称呼	在不同场合用同样的称呼或头衔

资料来源：王朝辉：《跨文化管理》，北京，北京大学出版社，2009。

5. 成就地位与归因地位

成就地位与归因地位（Achieved Status and Ascribed Status）这一维度是关于个体的社会绩效评价的衡量标准。在成就地位文化中，人们的社会地位在很大程度上受其工作业绩的影响，个人因为他的工作能力与履行职责水平而获得相应的社会地位。一个人不论其出身如何，只要在本职岗位上取得了成就，就会得到社会的认可和他人的尊重，依靠自身努力取得成功是社会普遍认同的成败观。一个营销人员就看你的销售额，一个生产线上的工人就看你的生产产量，一个研发人员就看你的技术创新和发明专利。在企业管理中，管理能力强、技术水平高、工作勤勉、绩效突出的人员会被提拔和重用，物质利益和经济待遇方面也是按业绩付酬，崇尚公平竞争，在全社会得到充分认同。美国、英国、瑞士、澳大利亚等国都是以个人成就获得社会地位这种价值取向的社会。

而在归因地位文化中，一个人的社会地位高低更多取决于出身、学历、年龄、工作年限、性别以及社会关系等因素。如果一个人出身名门、毕业名牌院校、从业时间长、资历深，又是男性，则容易得到他人的承认与尊重，职位晋升的机会就多。多数人往往迷信权威，看重头衔与职务。日本、中国、印度尼西亚等国更趋向于归因地位文化。

6. 时间导向

时间导向（Time Orientation）主要考察人们对待时间的态度与方式。特朗皮纳斯将时间维度分为两类：一是人们对时间的感觉是按照自然的时间顺序，即持续性时间观，二是同时性时间观。

持续性时间观认为时间是由不同的时间“点”连接起来的，事件在时间上是按照顺序一个接一个独立存在的，人们倾向于在一段时间里按步骤完成一件事情，严格遵守约定时间，按既定计划推进事务的进展。在商务活动中，强调时间顺序和准时。美国、德国等属于持续性时间观的国家，人们受到连续性时间导向的引导，总是按照事件完成步骤制定一个时间表并严格执行，对于迟到、爽约等行为不能容忍。

但在同步性时间观中，人们通常在一段时间内同时做几件事情，赴约时间或工作计划更有弹性，时间点不十分精确，可以根据影响因素做出随机调整。例如，墨西哥人受同步性时间导向的影响，制定富有灵活性的计划，在时间控制方面实行“软约束”。法国与墨西哥较为相似，对于这些国家的人们而言，达到目标才是重要的，而不是实现目标的特定的途径或顺序。

与时间维度相关的另一个导向是对过去、现在和未来的认知与理解，不同文化对过去、现在和未来的强调是有差别的。像美国、德国等国家，“未来”比“过去”和“现在”更为重要；西班牙、委内瑞拉等国家，“现在”才是最重要的；而对于法国、比利时等国家来说，“过去”、“现在”和“未来”差不多同等重要。

7. 主观能动性与主观被动性

特朗皮纳斯还考察了人们对待环境的态度和方式。在主观能动性文化中，个体在自身与环境的关系上认为人是处于主导性地位的，相信个人能够控制、改造外部环境，进而实现管理目标。而在主观被动性文化中，人们应该顺其自然，被动适应外部环境的发展变化，相信命运的安排。

这些对待环境的不同态度会直接影响到组织的经营管理活动。在一个主动影响和控制环境的社会中，强调自己是命运的主人，广泛设置管理目标，并为实现这些目标而不懈努力，同时对达成目标的个体给予肯定，对未能完成目标的惩罚也较为严厉，如美国非常重视所谓的“目标管理”。而在一个主观被动性文化中，人们普遍相信事务是波浪形变化或自然演化的，应跟随这种变化而不是试图改变它。在这种屈从型社会中，管理目标的设置并不普遍，即使有了管理目标，随着时间的推移和条件的变化，预期的目标也是“软约束”。所以，对环境应抱有灵活的态度，表现出主动适应、维持自然默契非常重要，人们愿意为和谐而妥协，强调应尽自身义务，关心利益相关者，追求不同个体在组织中的目标一致性。

四、爱德华·霍尔的文化划分模型

20 世纪 80 年代末，美国著名人类文化学家爱德华·霍尔（Edward Hall），分析了不同文化与空间、时间以及信息环境的关系这三个范畴。

从文化与空间的关系上分析，在不同文化条件下，人们与他人沟通交流的积极性受到空间条件的影响。如日本国土狭小，个体的私人空间有限，空间布局体现一种和谐、人与人之间距离紧密的现象，及个体性格谦和、冷静的价值取向；而美国幅员辽阔，美国文化要求给予较大的私人空间，美国人喜欢与他人打交道的性格是由空间太大造成的孤独感导致的。

从文化与信息环境的关系上看，霍尔根据信息由语境或编码表达的程度，即人们在沟通交流中的信息传递与接收的准确性和清晰性，将文化区分为高语境文化（High-context Culture）和低语境文化（Low-context Culture）分析架构，并试图用此架构说明不同文化国家的人们在商业活动中的特点。

不同文化对交流环境有着不同的依赖程度，在高语境文化中，绝大部分信息或存在于有形的语境中，或内化在个人身上，极少存在于传递给他人的被编码的、清晰的信息中。如亚洲的中国、日本、韩国以及阿拉伯国家等。

而在低语境文化中则恰恰相反，交流过程中产生的信息量大部分由显性的语码负载，相对而言，只有少量信息蕴涵在隐性的环境中，这也就意味着，在低语境文化中，人们侧重用言语本身的力量进行交流。比如欧美的一些国家，像美国、英国、法国、德国等。

当然，这种比较也是相对的，因为在任何社会中，这两种类型的交流环境都可能同时存在，只不过是看哪种文化更倾向于哪种类型。

以东西方文化对比来看，东方文化属于高语境文化，西方文化属于低语境文化。这就是为什么在中国社会中人们交流时重“意会”，而美国人交流时重“言传”的缘故。M. W. Lustig和 J. Koester 曾概括过高低环境文化的交流特点，具体见表 8—8。

表 8—8 高语境文化与低语境文化的交流特点

高语境文化	低语境文化
内隐、含蓄	外显、明了
暗码信息	明码信息
较多非语言编码	较多语言编码
反应很少外露	反应外露
（圈）内（圈）外有别	（圈）内（圈）灵活
人际关系紧密	人际关系不密切
高承诺	低承诺
时间处理高度灵活	时间高度组织化

从文化与时间的关系上看，霍尔还将世界各国的计时制概括为单向计时制（Monochronic，M-time）和多向计时制（Polychronic，P-time）。

单向计时制，在美国专指欧美裔白人的时间习惯，是一种强调日程、阶段性和准时性的时间观念。人们把时间看作是一条直线，可以切割成一段一段，他们强调时间表和事先安排，在特定时间内做特定的事；为了利用好时间，人们精心安排好一天、一周、一个月的工作日程。多数欧美国家的人，如美国人、德国人、奥地利人和瑞士人就是单向计时制的。多向计时制，在美国专指亚、非、拉裔人们的时间习惯，是一种随机安排时间的观念，把时间看成是可伸缩的。人们习惯于同时处理几件事情，强调人们的参与和任务的完成，而不强调一切都按照时间表进行，时间安排更为随意。喜欢用事件界定时间和距离。多向计时制的国家包括阿拉伯、拉美和非洲的大多数国家，欧洲的西班牙、意大利也是这一类型的典型代表，一些亚洲国家也可算作这一类型。

单向计时制和多向计时制的人在约会和守时方面的表现差异较大：

在约会方面，事先通知是单向计时制的一个重要特点，多数欧美国家的人认为要请人吃饭、约会或参加任何一种社会活动都应事先通知，这表明邀请者诚心诚意，而不是由于某些原因，临时决定让被邀请人补个缺。事先不邀请，临时通知会被视作是一种怠慢。不过，在阿拉伯和一些亚洲国家，如果提前通知，被邀请人可能会忘记约会和安排，因而最后一分钟通知也被认为是真诚的邀请。

就守时而言，单向计时制的人会把多次迟到的人视作难以信赖的，是对人、对事的不尊重。在许多（西）欧美国家，迟到 5 分钟就必须道歉，迟到半个小时，就会被认为失礼。而在一些多向计时制的拉美和非洲国家中，并不看重计划和准时，人们认为实际情况比事先安排的约会更重要。迟到 5 分钟只是小事儿，甚至认为高地位者和重要人物应该迟到，准时就是降低身份。9 点钟的约会，9：30 出现已是准时的表现。

第三节 跨文化管理

跨文化管理是指跨国公司在其经营管理过程中，通过有效沟通与理解，使具有不同文化背景的企业员工之间达成共识，规避冲突，提高管理效率，实现企业的价值增值。跨文化沟通与管理，首先在于了解异质性文化障碍的本质特征与表现形态；其次要制定科学的文化管理战略；最后要采取有效的手段和方法。其目的是化解文化冲突，实现资源的优化配置，最大限度地挖掘和利用企业的潜力和价值，从而提高企业的综合效益，实现利润最大化。

一、不同文化间的潜在冲突

企业的跨国经营必然涉及跨国公司母国与东道国等多种文化的交流与碰撞，在这一过程中，某一文化信息需要经过传递、接收、破译，才能被对方所感知和理解。不同文化在交流中发生信息失真与扭曲，产生各种误解，导致矛盾、冲突的发生，影响企业经营绩效。虽然文化冲突是多种因素共同作用的结果，但文化本位主义的存在，则是文化冲突的本质所在。

1. 文化本位主义是文化冲突的根本原因

文化是人类生产、生活过程中经验和知识的结晶。不同种族、民族、国家的人们在长期的生产、生活中逐渐形成了各具特色的不同文化，这种文化差异性具有客观必然性，是人类文化的普遍现象。恰恰由于有了多种文化的繁荣发展，人类文明才更加丰富多彩、绚丽辉煌。在相对封闭的外部环境条件下，各民族文化可以保持各自的独立性，沿着自己固有的路径平行发展，有差异的文化完全可以和平共处，共生共荣。

不同文化冲突的发生与文化交流相关，两种或多种文化相遇时，由于不同文化在价值理念、思维方式、生活方式、宗教信仰、风俗习惯、意识形态等方面存在差异，使文化冲突的爆发变得可能。但这只是文化冲突的必要条件之一，文化差异性并不必然导致文化冲突，如果各种文化能够自然同化与融合，是完全可以规避文化冲突的。

一方面，任何文化都是为某一种群或团体的绝大多数成员所共同拥有的基本价值观和信仰理念，文化的形成具有民族性；另一方面，文化的核心信息来自于历史传统，传承性是文化精髓。因此，文化本位主义是一种普遍的客观存在，把本民族文化视为最优秀的文化，轻视其他民族的文化，把本民族的文化当成全人类文化的最高典范、最优价值和行为标准，并以之作为衡量、评判其他民族文化价值的尺度，即民族文化的自我中心主义情结。

文化本位主义凸显于不同文化的交流和碰撞过程。在跨国公司经营管理中，文化本位主义一般有两种表现形式：一种是当某种文化处于强势文化地位时，文化本位主义表现为对外扩张，即不管优劣与可能，想把本民族文化强加给其他族群，用本民族文化覆盖其他民族文化，使其他种族文化被边缘化甚至趋于消失。这必然引起弱势地位文化的反击与抗争，从而产生文化冲突。另一种是当某种文化处于弱势文化地位时，文化本位主义表现为对外保守和封闭，拒绝外来文化的浸透和侵袭，甚至拒绝一切文化往来，包括对优秀文化的吸收与引入，尽量把其他民族文化的影响降到最小，这同样会引起文化冲突。文化冲突来源于文化差异和文化本位主义，而文化本位主义往往是比文化差异性更重要的文化冲突原因。文化本位主义与文化冲突有着正相关关系，文化本位主义引起文化冲突，同时，文化冲突又反过来强化文化本位主义。如果民族文化没有本位主义特征，那么各民族文化之间无论差异有多大，也能够相互尊重，共同发展。

2. 文化冲突的具体表现

文化冲突是指不同文化在交流、互动过程中产生的矛盾、对立及排斥等现象，文化冲突体现在跨国公司运作的各个层面，通常表现在以下几个方面：

首先，价值观念的冲突。价值观念冲突是文化冲突的最主要方面，因为价值观是一种文化的核心内容，价值观体现在文化的各个要素之中，每一种文化都有自己的独特价值观念，每种文化之所以构成一个独特文化模式，就是因为价值观念贯穿其中。从某种意义上说，文化冲突本质上就是价值观念的冲突。跨国企业不同文化背景的员工拥有不同的价值观念和理想信念，由此决定了他们具有不同的心理需求和利益期望，以及与此相一致的满足其需要和实现其愿望的迥然不同的价值规范和行为方式。由于文化差异而导致的价值观念、处事态度和行为规范的冲突给跨国公司人力资源管理工作带来巨大压力，尤其是在跨国并购中，价值观冲突导致的并购失败案例屡见不鲜。例如，日本电子业的两大巨头索尼公司和松下公司，曾分别收购了美国的哥伦比亚公司和 MCA 公司，从企业经营战略角度分析，这两起并购都是比较完美的交易，但其后续的运作并不尽如人意。因为日本企业文化中讲究正式权威、绝对服从、等级职位、群体导向、折中一致等组织价值观，与美国企业的强调自我意识、崇尚冒险、个人主义取向、平等参与等组织价值观格格不入，最终致使索尼公司的投资损失高达 30 亿美元，而松下公司更是将 MCA 公司转手卖给了西格拉姆。

其次，交流与沟通方式的冲突。全球有各种各样的语言、文字，世界各国、各民族之间的文化冲突也常常表现在使用不同的语言、文字方面。虽然在交流与沟通中可以把一种语言、文字翻译成另一种语言、文字，但语境的差异经常出现信息传递的歧义和曲解。例如，中国人“面子”、“关系”等很难用英语“face”、“relationship”来表达其完整的含义，这类词汇很难在其他国家的语言、文字中找到恰当的对应词语，这样必然出现交流上的障碍，难免产生误解和矛盾。在沟通方式上，各国也不尽相同，中国、日本等东方国家的沟通方式相对含蓄，许多信息的传递要通过肢体语言、上下文的联系、特定的语言环境，甚至需要意会才能恰如其分地理解；而西方国家的人们更愿意相对直接、明了地表达自己的意思。另外，由于语言或非语言障碍的存在，人们对时空观念、风俗习惯的认识与理解也有所不同，这给充分沟通与准确理解相互之间的想法带来各种困难。交流与沟通方式的冲突在合资企业中表现得最为明显，严重降低企业的管理效率。

再次，工作方式上的冲突。工作过程中，不论是不同文化背景员工的目标期望、管理协调、同事关系上，还是管理层的决策程序、经营理念、管理风格上，都可能大相径庭，由于沟通不畅而引发工作上的冲突。技术性文化冲突在跨国企业中也很常见，由于员工接受某一专业方面的教育内容不同所引发的冲突，如不同文化背景的会计人员往往具有不同的工作方式；企业在进行某些技术开发、商业谈判等方面也可能发生冲突。

最后，生活习惯上的冲突。不同国家或地区在生活习惯方面有着非常大的差别，这些差别体现在饮食、起居、穿着等各个方面，如果不能充分尊重他人的生活习惯，必然引发员工之间的矛盾和冲突，进而影响到企业的生产经营活动。虽然跨国公司可以通过各种方式来吸引全世界各地的人才，包括东道国当地的人才，但是公司没有能力也不可能完全改变一个国家流传已久的独特传统文化。对于东道国当地的文化，入乡随俗比试图改变要明智，这也是减少冲突、降低损失的有效方法。

二、跨文化管理战略

跨文化管理是企业在跨国经营过程中，对不同种族、不同文化类型、不同文化发展阶段的子公司所在国的文化采取融合、借鉴的管理方法，并据此创造出符合企业发展需要的独特文化的管理过程。跨文化管理要在不同文化背景下构造切实可行的组织结构和管理机制，包容各种文化特点，妥善处理文化冲突，最大限度地挖掘企业员工的潜力，调动其主观能动性，从而实现企业经营目标。为此，必须制定科学合理的跨文化管理战略。目前，国际企业的跨文化管理战略主要有以下几种。

1. 文化相容战略

世界各国、各民族的传统文化是在各自的历史长河中逐渐形成的，各种文化之间并没有高低贵贱之分，也不存在好坏正误之别。各种文化在产生、成长、演变过程中，由于所处环境的不同，有着这样或那样的差异是很正常的。因此，各种文化在一个跨国企业并存时，应该相互尊重，相互包容，相互理解，共存、共生、共长，实现组织内的和谐与稳定，将文化差异带来的劣势转化成某种优势。

根据不同文化相容的程度，可分为以下两个层次：一是文化的平行相容，即实现文化互补，就是在跨国公司的子公司中并不以母国的文化或东道国的文化作为子公司的主体文化。母国文化与东道国文化之间虽然存在着一定的差异，却并不相互排斥，而是相互补充，同时并行于公司的运作中，充分发挥着各自文化的优势。一种文化的存在可以补充另一种文化的许多不足，弥补企业文化的单一性。二是文化的和平相容。虽然跨国公司的母国文化与东道国文化之间存在着巨大的差异，两种文化也很容易在子公司的生产经营中产生某种"文化摩擦"，但公司管理者在日常经营活动中刻意模糊这种文化差别，隐去两种文化中最容易导致冲突的主体部分，保存两种文化中能够彼此接受的内容。由于消除了主体文化对不同国籍员工的强烈影响力，使得不同文化背景的人可以在同一组织中和睦相处，即使偶尔发生一些分歧，也容易通过双方的沟通而达成妥协。

2. 文化"本土化"战略

跨国公司在东道国投资，必须充分了解东道国的文化环境，熟悉当地的市场动态，把握政府的各项法律法规。在制定战略和决策时，考虑目标市场的文化特质，在开展管理活动时，尊重和适应当地的风俗习惯、文化传统和宗教信仰等，避免与其文化产生冲突，顺应目标市场上的顾客需求，将产品、服务、管理、人员等最大限度地做到“入乡随俗”，即本着“思维全球化，行动本土化”的原则来进行跨文化管理。该战略适宜于目标市场所在国文化开放性较小，跨国公司母国文化与东道国文化差别较大，以及子公司本身较弱小的情况。实施文化“本土化”战略，一方面有利于与当地文化相融合，增强东道国各阶层对外来资本的信任，减少摩擦因素，消除敌对情绪；另一方面也有利于子公司在新的国际市场上迅速站稳脚跟，开拓市场，巩固地位。

3. 文化创新战略

文化创新战略是指母公司的企业文化与国外子公司的当地文化进行有效整合，通过各种途径和方法，促使不同的多种文化相互了解、适应和融合，摒弃各文化中的消极因素，吸收异质性文化中的精华成分，从而在母公司文化和东道国文化基础之上构建一种新型的国外子公司企业文化，并以这种新型文化作为国外子公司的管理基础。这种新型文化既保留了强烈的母公司文化特质，又与东道国当地的文化相适应，既不同于母公司企业文化，又不同于当地企业文化，通过创新获取杂交优势，是两种或多种文化的有机整合——复合型文化。

4. 文化渗透战略

当跨国公司母国文化与东道国文化之间存在着本质区别，母国文化凭借母国强大的经济实力形成一定的文化优势，在整个子公司的运作中处于主导地位，但在短时间内并不能迫使当地员工迅速接受母国的文化理念，进而绝对服从母国的人力资源管理模式时，需要对公司当地员工进行渐进的文化渗透，了解母公司企业文化的精髓所在，使母国文化在不知不觉中深入人心，诱使东道国员工逐渐适应母国的企业文化，并慢慢地成为该文化的维护者和执行者。当一种文化处于明显的优势地位时，可以采取这种战略，其优点是可以在一定时期内形成统一的文化并纳入正常的经营轨道。文化渗透是一个需要长期引导和培育的过程。

三、跨文化管理方法

跨国企业在跨国经营过程中，从跨文化管理的视角看具有两面性：一方面，由于跨国经营企业中文化的多样性，容易造成沟通障碍和管理困难；另一方面，对文化多样性的合理利用反而能为跨国经营企业创造新的竞争优势。在确定了正确的跨文化管理战略基础上，关键是采用合适的跨文化管理方法。来自不同文化背景的人们无论是内心世界还是外部行为都不一样，这些差异只有逐步被他人认识和理解，进而产生认同心理，彼此才能取得共识，并建立起共同认可的全新的企业文化，这是一个循序渐进的过程。因此跨文化管理方法一般经过识别文化差异、增进跨文化理解、强化跨文化沟通能力、开展跨文化培训、利用多元文化差异、优化配置跨文化人力资源、构建共同价值观等几个步骤。

1. 识别文化差异

文化冲突是由文化差异引发的，因而开展跨文化管理首先要从识别和分析不同文化的差异开始。只有正确识别各种文化差异，才能从中寻求发展的共同点。所以，识别文化差异是提高管理人员跨文化管理能力的一个必要条件。

文化差异可以分为三种：一是基本价值观差异，即人们对客观事物的基本看法、判断是非的标准、为人处世的基本原则等正式规范产生的差异，往往难以改变；二是生活、风俗习惯等非正式规范方面的差异，可以通过文化沟通和交流加以解决，但需要较长的时间；三是管理风格、工作方法和操作技能等技术规范方面的差异，可以通过相互学习、相互传授知识等方式加以克服，相对而言，较容易改变。

专栏

明基并购西门子的文化差异分析

2005年10月，西门子正式将其严重亏损的手机业务以无负债的净资产方式转交给中国台湾明基，并提供2.5亿欧元的现金与服务进行市场营销和专利开发。此后，明基将可以在五年内使用西门子的品牌。然而，不足一年，这场轰动的并购案便以失败告终。

一、并购失败的原因分析

我们运用Charles Gancel等的企业文化模型对此并购失败的原因进行分析：

其一，合法性方面。明基属于一个创业型的企业，它对人才素质的首要要求是业绩。显然，明基更青睐于能够实实在在为公司做事的员工。西门子最看重的人员素质是技术。在合法性维度，西门子属于概念型的企业类型。

其二，有效性方面。有效性维度是二者文化差异体现的最明显的地方。明基在做事中强调行动的重要性，属于实用型的做事风格。相比之下，西门子以工程为导向，强调体制和程序，属于概念型的做事风格。

其三，前瞻性方面。对于公司目标在企业中如何传达才能被员工认可，明基认为是战略和传统（即企业价值观）。认为给出员工一个企业的大框架（企业的战略），让他们在框架的范围内最大限度地开发创新能力，同时注重企业价值观在公司内部的传播。在前瞻性维度，明基是属于实用型和关系型的企业文化类型。同样，西门子与明基在前瞻性这个维度上几乎是一致的。

以上分析显示，明基基本上是属于实用型的企业文化类型，而西门子基本属于概念型的企业文化类型，二者存在很大的差异，整合起来自然有很大难度。

二、并购后的文化整合及建议

对于文化差异的整合，事实证明，明基在并购后采取的措施没能切中要害。究其原因，明基的高管团队对双方文化差异的估计不足以及对并购之后的前景过分乐观是最主要的。明基没有意识到双方最大的文化差异在于做事风格上。之后，明基希望通过向西门子手机业务部门灌输明基文化，形成文化输入，改变西门子手机业务部门传统的管理风格和文化观念。在并购之初，明基派出了15人精英团队进驻德国，除CEO之外，各个部门均安插了来自明基的主管，但这对文化整合却毫无作用。在西门子的相对强势文化下，明基没有将其理念灌输到西门子员工中，也没有采取措施，最终西门子继续其“慢工出细活”的作风，终酿成亏损6亿欧元的苦酒。我们从Charles Gancel等的企业文化模型分析的文化差异角度出发，对明基分别从并购前的文化审查、整合模式的选择、整合的内容和方式，提出建议和意见。

首先，应该在并购前对两大企业的文化进行细致审查。成立一个文化小组，充分审查明基和西门子的文化差异、并购所带来的机会和风险。选择合适的模型，找出最主要的文化差异，即有效性维度——做事风格的差异。

其次，选择整合的模式。明基的最优选择应该是先分离、再融合的整合模式。分离期也是一个适应期，期间应该使西门子员工意识到对于手机这种快速消费的电子行业速度和创新的重要性；待西门子员工的观念改变之时，再将明基紧随市场、快速创新的企业文化融合到西门子之中。

最后，确定整合的内容和方式。明基、西门子最重要的文化差异在于有效性维度，因此应重点整合。从西门子的高管入手，在关键人员中安排一定比例的西门子高管；建立一个典型示范点，可以采用明基的做事风格和思路，有助于让西门子员工明白转变思路和工作风格的重要性；完善公司的沟通机制，让公司上下信息沟通畅通无阻。

三、结论与启示

事实证明，对文化差异的重视程度与并购成败直接相关。同时在企业的并购中，文化整合是一个相当重要的因素，只有将文化整合贯穿于企业并购的全过程，并购才是可行的。凭借从更为实在的行为方式出发，可以归纳出一些原则性的东西：积极大胆，努力寻求并购企业的认同；灵活善变，对不同的并购做不同的文化整合；睿智果断，正确决定人和物的去与留。

资料来源：胡中华：《跨文化管理的创新策略》，载《企业改革与管理》，2003（8）。

2. 增进跨文化理解

尊重并理解其他文化是培养跨文化沟通能力的前提条件。跨文化理解包含三方面的意义：一是正确理解本民族文化。要理解其他文化，首先应对自己的文化渊源、文化内涵、文化模式有清醒的认识，包括对自我文化的优缺点、演化路径、发展趋势等掌握得较为透彻。这样才能促使文化关联态度、文化比较观念的形成。这种文化自我意识的提升，使管理者在跨文化交往中能够识别自我文化和其他相关文化之间存在的相同特征与异质性区别。二是要勇于理解其他文化。世界各民族文化是人类在发展的历史长河中积累起来的共同精神财富。人们应在充分了解其他文化的基础上，探寻外来文化的内涵，吸收各种文化的精髓，使之融会贯通，为我所用。同时，要克服心理上狭隘的同类文化认知感，在一定程度上摆脱自身文化的束缚，从另一个参照系反观本土文化，客观看待包括外来文化在内的各种文化的优势与缺陷。三是不要盲目崇拜所谓的外来先进文化。在多种文化交融过程中，特别是来自经济发达国家的文化，可以借助于经济实力和技术手段，如影视作品、广告宣传、饮食服装等，对其他民族文化带来巨大影响，如果不能采取一种较为超然的态度与立场，也可能走进另一个极端，那就是全部吸收发达国家的文化价值观，从而迷失自我，陷入本民族历史与文化的虚无主义泥潭。

要增进跨文化理解，对于团队成员来说需要做好以下工作：一是团队成员之间增加交流机会，充分理解彼此之间的文化差异，同时提供学习跨文化交际的平台。二是参加当地的社团组织，积极主动地与其他成员沟通。三是创造与不同文化背景成员共事和合作的机会，保证团队资源的公平配置，以确保每个员工都能获得必需的资源、信息、机会和技能等。

对于管理者来说，要做到以下几个方面的工作：一是明确团队的目标。二是以身作则，主动沟通。三是理解团队成员，消除沟通误解，关心团队成员的需求和成长，给予成员更多的支持。四是接受理解文化差异，提供人际交往的机会和跨文化交际方面的培训。五是在文化融合的基础上，追求更高层次的创新。

3. 强化跨文化沟通能力

文化理解是文化沟通的基础，而有效的文化沟通又可以促进对其他文化的理解。跨文化沟通能力，简单地说，就是能很好地与来自于不同文化背景的人进行有效交往与合作的能力。在国际企业经营管理过程中，应该制定一套跨文化沟通的行动方案，必须有意识地建立各种正式和非正式的跨文化沟通组织与管理系统，开展与搭建有形和无形的跨文化沟通活动与渠道，创造各部门主管与员工坦诚沟通的文化氛围，最终实现自上而下、自下而上、横向交叉的全方位的动态沟通网络。跨文化沟通是解决跨文化冲突的重要手段，正如德国大众董事长 Bernd 在上海大众时所言："尽管我们双方存在着文化上的巨大差异，但这并不可怕，最重要的是大家一定要注意多沟通，这使我们相互之间很容易地建立起了相互信赖的合作关系"。

NEC 通信（中国）有限公司在解决跨文化管理时采取的主要措施就是沟通和增加沟通机会，促进彼此的理解和关系的融洽。其优势主要在于有效沟通：沟通有助于改进团队做出的决策；沟通促使团队成员协调有效地工作；沟通有利于领导者激励下属，建立良好的人际关系和组织氛围，提高员工的士气；团队内部良好的人际关系更离不开沟通，思想上和感情上的沟通可以增进彼此的了解，消除误解、隔阂和猜忌，即使不能达到完全理解，至少也可取得谅解，使企业有和谐的组织氛围。

4. 开展跨文化培训

要实现跨文化沟通的有效性，必须注重培养各层级人员的跨文化沟通能力，加强员工对不同文化传统的反应和适应能力。开展跨文化培训工作的主要内容除了对不同文化的了解与认识、语言学习外，最重要的还有文化敏感性训练、跨文化冲突以及危机处理等。

文化敏感性训练的目的是加强员工对不同文化环境的反应和适应能力。文化敏感性训练主要有两方面：一是培训有关跨国公司母国与东道国在文化背景、文化理念、文化本质等方面的异同；二是培训外派管理人员对东道国文化特质的感性和理性分析能力。具体做法包括：把具有不同文化背景的员工集中在一起进行专门的文化培训、实地考察、情景对话、角色扮演等，以便打破每一个人心中的文化障碍和身份束缚。实践证明，完善的文化敏感性训练可以在很大程度上替代实际的国外工作体验，使员工在心理上和实际工作中做好应对不同文化冲击的准备。

应对跨文化冲突及危机的恰当处理，外派管理人员必须学会以平等、尊重的态度对待异国文化，切忌用本国文化标准随意评价甚至批评外邦文化。在遇到文化冲突时，要善于忍耐和克制自己，把自己作为东道国文化的学习者和认同者，灵活处理因为文化差异而产生的各种摩擦和冲突，在建立良好工作关系中不断增强对不同文化的适应能力。

世界上很多著名的跨国公司，都建有跨文化培训机构。例如，日本富士通公司为了开拓国际市场，早在 1975 年就在美国檀香山设立培训机构，开设相关的跨文化沟通课程，培训跨国经营人才；高露洁公司从 1987 年开始也设立了全球性强化培训项目，该项目成员除了学习有关商务和产品知识外，还要接受多种语言学习和跨文化知识的训练。英特尔公司、摩托罗拉公司、宝洁公司等也都建立了跨文化培训机构，通过多种渠道，开展多种形式的跨文化培训，从而强化员工对不同文化的适应能力。

5. 建立和培育一种拥有共同价值观的新的企业文化

企业文化建设是一个文化整合、文化变迁的过程，更是一个文化再造和文化创新的过程。经过文化差异识别和跨文化培训，公司员工提高了对不同文化的鉴别和适应能力，在对文化共性理解的基础上，建立跨越文化差异的新的企业文化，是解决文化冲突和促进企业发展的必然选择。这种新的企业文化是在整合了跨国公司母公司与东道国文化基因后培植出的一种全新的企业文化，这种文化把每个员工的行动和企业的经营管理及宗旨结合起来，加强了子公司与母公司之间的有机联系，增强了企业在不同国家文化环境的适应能力。

在建立了新的企业文化后，最重要也是最困难的任务就是如何培育它。首先，应通过广泛深入的宣传营造企业文化变革后的舆论氛围，向员工传递企业文化变迁的信息和决心，使员工感受到变革的压力，鼓励员工接受新文化；其次，结合人力资源整合和组织机构变更，通过系统的企业文化培训，使员工能够知晓、理解、接受、执行新的文化，在较短的时间内全面推行新的规章制度；最后，对新的组织文化进行持续的强化工作，文化变革是一个长期的过程，需要通过一定的激励约束机制来维护和巩固新文化，引领企业的价值观念，提高员工的凝聚力和向心力，从而使企业的竞争力得到不断加强。

主要概念

文化　　权力距离　　不确定性规避　　时间导向　　单向计时制
多向计时制　　跨文化管理　　特定性文化　　扩散性文化

复习思考题

1. 什么是文化？文化的基本特征有哪些？
2. 文化差异的主要表现有哪些？
3. 试述霍夫施泰德的文化维度理论。
4. 简述特朗皮纳斯的文化维度理论。
5. 不同文化之间产生冲突的原因是什么？
6. 跨国企业如何进行跨文化管理？

案例分析

阅读案例，回答下列问题：

1. NEC 如何进行跨文化团队的管理？
2. NEC 的跨文化管理有哪些优势与不足？
3. 跨国公司在跨文化管理过程中如何实现有效沟通？

NEC 的跨文化管理团队

2014 年 5 月，NEC 通讯（中国）有限公司一改多数日本企业保守的作风，大胆启用了此前一直供职于欧美企业的职业经理人卢雷担任公司总裁，并且随之组建了一支跨文化的管理团队。截至今天，这支来自美国、加拿大、日本、中国等地的 16 人管理团队已经正式到位就职。

虽然这种多国部队式的管理团队架构在跨国公司中并不算是十分稀奇，但是这类团队构建的过程和其中每个人的感受依然非常令人好奇。

一、NEC 跨文化管理团队的构成

企业应该构建单一文化管理团队还是跨文化管理团队，这取决于公司如何定义自己的顾客。如果以顾客为中心，公司就必须采取一种“等距离”的观点，防止“总部主义”，这就需要对世界各地的顾客需求有详细的了解，而做到这点，最容易的办法就是建立跨文化管理团队。

NEC 通讯（中国）有限公司的管理团队就是一个比较标准的跨文化管理团队，一共 16 位高层管理者，其中有 3 位分别是美国籍、加拿大籍，5 位是来自 NEC 本部的日籍人员，其他 8 位都是中国人。为什么 NEC 的管理组织会如此构建？已经在 NEC 工作了 13 年的 NEC 通讯（中国）公司人力资源部总监曹来京这样理解：“这是市场的需求。”

事实的确如此，NEC 在 3G 领域拥有优秀的技术，目前它在全球 3G 终端的占有率达 52%，网络设备的占有率也有 41%，但是处于中国市场 2.5G 时代的 NEC 显得光芒不足。“NEC 一直也想求变，它在日资企业中是一个比较革命的企业。”曹来京说。由技术导向转向市场导向，关键的一个问题就是必须搭配好领导团队，以顾客为中心，最容易的办法就是建立跨文化管理团队。“这是自上而下的改变，如果是自下而上地构建跨文化团队，恐怕就没有这样顺利了。”曹来京分析说。

这个 16 人管理团队成员于最近全部到位，曹来京说这个规模是 NEC 在华企业绝无仅有的，“以前都是五六个人。成员的增加与扁平化管理有关，公司进行了一系列组织改革，打破了以前几个人各自分摊一部分业务的状况，将各部门职能细分、专业化。从人力资源角度讲，公司的各个成员如果都只重视自我的发展，无法形成一个集体价值的企业文化，这样的细分也更便于对管理团队进行绩效评估和管理”。

对于这 16 个人的背景、职位以及职能的具体情况介绍，曹来京表示处于商业竞争的原因不便于全部透露，他笑着说：“据说一些著名的咨询公司都在分析研究我们这个 16 人管理团队，也包括竞争对手。”现身说法 NEC 的跨文化管理团队首先选择了了解中国通信市场的卢雷担任 NEC 通讯（中国）公司总裁。

曾在摩托罗拉工作了多年的卢雷深受摩托罗拉跨文化管理的影响，“这是一个技术为主导的公司，也是一个典型的日本文化为主导的公司，我进来以后感觉到NEC是过分谦虚了，如果他们有10只会说5。”他说，“我在摩托罗拉的团队也是有欧洲的、亚洲的还有本土的，团队的混合其实很重要，都是一样的人做事也不一定会有很大提高。而混杂型的团队，大家可以从不同的角度考虑问题，不同的想法会让思路更加开阔，应该更能擦出火花。”国际化成为卢雷选择管理团队的标准之一，另外两点则是专业、有抱负。

NEC通讯（中国）公司常务副总裁山崎耕司向记者描述了他在这个跨文化管理团队中的切身感受，他于2002年下半年来到中国，一直参与NEC手机产品的开发工作。山崎认为NEC通讯目前的管理层给他的最大感受就是既国际化又本土化。他说：“说它国际化，是因为这个团队由来自美国、日本、中国等不同国家的精英组成，完全发挥多样性的优势。在中国有一个说法是，学技术到美国，学应用到韩国、日本，学商务到中国。我们同时拥有来自这三个国家的专家。说它本土化，是因为我们都在按照中国的商业方法做事，并不断努力开发适合中国市场的产品。与具有各种各样的价值观和商业经验的精英在一起共事，对我来说是非常宝贵的经验。”

NEC通讯（中国）公司副总裁、市场总监王善齐是跨文化管理团队的新成员，在过去十几年中，他一直在欧美著名企业任重要职务。在提到新团队的磨合时，王善齐说：“‘磨合’二字给人的开始感觉通常是不配套的东西在一起磨，一起合，其实我们的磨合并不是这样，我的感触是正面的互相配合。”他说，“NEC原有的员工与新来的员工不是在划分各自的职能地盘，也不是在冷眼旁观新来的员工怎样做，而是积极地参与到这个团队的改革中来。”

二、NEC跨文化管理的关键在于有效沟通

在NEC工作多年的曹来京这样总结中日文化差异：日本人与中国人有本质的区别，日本人善于用右脑，中国人善于用左脑，这是民族的差异。右脑在想象方面有特长，左脑在逻辑推理方面有特长。因此日本人更善于执行，中国人比较善于谋略。他说：“这次新公司成立改变了以往日本人当领导中国人做执行的不太完美的组合，由中国人当领导日本人做执行，各得其所。这样至少在理论上说是一个完美的组合，因为现阶段处于市场灵活多变的时期，需要快速反应的机制，谋略性组织能够适应市场，而当处于市场比较稳定的时期，按部就班执行可能更好一些。”

谈到文化磨合，曹来京的体会是，自己原来的观念中认为西方文化与日本文化相对，西方企业注重结果、注重个人、注重创新，而日本企业注重过程、注重团队、注重改善，这种跨文化也许会造成合作起来的不便利。但是事实相反，由于实行扁平化管理，分工细致后每个人的团队依赖性更强，每一个人都在强调与谁配合，怎样配合。“好像有一种内在合作的动力促使大家需要更多的沟通，合作的结果是一种互补。”

当然，跨文化管理不仅仅是文化的冲突与磨合，可能会面临一些不可避讳的敏感事实，比如各个国家由于文化不同而导致对工资的态度和政策不同。沟通在此显得很重要。“我们都知道，日资企业薪酬与欧美企业相比较低，这些从欧美知名企业过来的企业精英的薪酬必须得到保障，但是这又无疑会成为一件容易产生矛盾的事情，怎样说服日本员工接受这一点显得很重要。我必须告诉他们这些从欧美知名企业过来的员工的价值以及市场行情。这样的沟通最后使招聘工作平稳完成。”作为人力资源总监的他表示要尽可能做好润滑剂。“增加设计工作之外的沟通机会，通过这种活动增加了解，融洽关系。”

资料来源：百度文库。

第九章

外商对华直接投资

本章要点

- 中国吸引外商直接投资概况
- 外商对华直接投资的主要特点
- 外商直接投资对中国经济的影响
- 外商对华直接投资的发展趋势
- 跨国公司在华投资与经营

导入案例

宝洁公司在中国[1]
——从合资公司发展为独资公司

作为世界上最大的快速消费品企业之一，宝洁公司在进入中国的20年中以直接投资的方式迅速发展，为研究跨国企业在中国的成功和影响提供了一个很好的案例。宝洁在中国走过的20年，从合资公司发展成为独资，很大程度上是其全球战略的推动，展现出一个成熟的跨国公司所具备的基本素质。

1988年8月18日，一个在中国人眼里大吉大利的日子，宝洁公司与广州肥皂厂、香港和记黄埔（中国）有限公司及广州经济技术开发区建设进出口贸易公司在中国广州组建成立了第一家合资企业——广州宝洁有限公司。这是宝洁公司在中国成立的第一家合资企业，借此成功登陆中国市场。1994年，北京日化二厂与美国宝洁公司合资成立北京熊猫

---

① 案例来源：黄雅慧：《宝洁公司在华直接投资战略演变历程的启示》，载《北方经济》，2010（21）。

宝洁洗涤用品有限公司，北京日化二厂以品牌、厂房等参股35%，宝洁以65%的股份控股合资公司，宝洁支付给“熊猫”品牌50年的使用费1.4亿元人民币。之后，宝洁公司先后在北京、上海、苏州等地设立了十几家合资和独资公司。宝洁公司1988年在中国成立合资公司后，通过一系列成功的做法，如深度分销计划、渠道培养、物流配送等，在中国市场取得了不错的市场份额，在几个主要产品市场中，洗发水领域占了60%、香皂市场占了36%、洗衣粉市场占了14%等。

在中国取得成功之后，宝洁公司开始了其独资化的进程：1998年12月，广州浪奇实业股份有限公司将其所持有的宝洁洗涤用品有限公司的12%股权和全部债权都转让给宝洁和记黄埔有限公司；2000年9月10日，北京日化二厂正式向外界宣布：已经与宝洁（中国）洗涤用品有限公司达成协议，提前终止“熊猫”的使用合同，收回使用长达6年的“熊猫”品牌，“熊猫”拿到了4 000万元的品牌使用费，宝洁公司控股的合资企业变成了独资企业。“熊猫”20世纪90年代初就享有“南有白猫，北有熊猫”的盛名，而合资6年后，“熊猫”洗衣粉的产销量由合资时的6万吨减少至2001年上半年的4 000吨左右。2001年10月，广州浪奇拟将其持有的广州浪奇宝洁有限公司22%的股份出让。事实上，1993年广州宝洁首次成为中国轻工行业纳税额第一的企业，并将这第一的位置保持至今。2002年，宝洁公司曾经想将总部迁移，但被广州政府多次挽留。最后的结果是：宝洁留在了广州，宝洁的外方股份变为99%，中方仅有象征性的1%。2004年，宝洁公司以18亿美元收购和记黄埔中国所持中国内地合资公司宝洁和记有限公司余下20%的股份。至此，宝洁与其在中方的最后一个合资伙伴分道扬镳，成为一家彻底的独资公司，而宝洁也在宣布独资后立即增资6亿元扩大生产规模。

第一节　中国吸引外商直接投资概况

改革开放以前，受制于中国的实际情况，我国基本没有吸收外商直接投资。而大规模吸收外商投资的历史是从1978年我国实行改革开放政策开始的。在这30多年的时间里，我国吸收外商直接投资的历程大致可以分为四个阶段。

一、初始阶段：1979—1983年

十一届三中全会是跨时代的会议，从此中国迈出了改革开放的步伐。1979年第五届全国人民代表大会第二次会议正式通过《中华人民共和国中外合资经营企业法》，从法律层面上取消了外资进入中国的限制，标志着中国开始正式对外商投资采取开放和灵活的态度。与此同时，为了更好地实行改革开放政策，中央批准广东和福建两省的深圳、珠海、厦门、汕头4个城市作为经济特区，实行更为优惠的招商引资政策。

由于改革开放初期利用外资的相关法律尚待完善，有一定的经济和政治风险，且各种基础设施都比较落后，缺乏专业的管理和技术人才，外商对在中国进行投资仍有不少顾虑。因此在此期间，外商投资进展比较缓慢，中国实际利用外资不多。1979—1983年，共1 558家外商直接投资企业被批准成立，年均312家；实际利用外资26.85亿美元，平

均每年 5.37 亿美元。

在此阶段，外商直接投资主要集中在第三产业，在投资区域方面则集中于四个经济特区。来源于西方发达国家的资金很少，我国实际利用外资主要来源于港澳地区，且大部分投资方为中小型制造企业、服务和房地产开发企业，而资金实力雄厚、掌握先进科学技术的大型制造业跨国企业很少。

这一时期我国对于吸引外商直接投资的政策的主要特点为：

第一，四个经济特区实行独特的引资政策，外资政策具有地区性差异。

第二，对外商直接投资的审批比较严格。改革开始刚开始的时候，外商直接投资项目需要上报“外国投资管理委员会”审批。虽然 1980 年以后部分项目的审批权已经下放到地方省市政府，但是一般项目中数额超过 300 万美元的较大投资项目仍需要得到中央政府的批准。

第三，由于中外合资企业和中外合作企业、外商独资企业的所得税率并不相同，外商投资的企业可以享受企业所得税一年免征、两年减半的优惠政策，其中中外合资经营企业的核计名义负担率为 33%，而对于中外合作企业和外商独资企业而言，其可以适用 5 级超额累进税率，即最低一级为 20%，最高一级为 40%，外加 10%的地方所得税，税率差别比较大，因此税收优惠政策并不太合理。

二、起步发展阶段：1984—1991 年

从 20 世纪 80 年代中期开始，政府进一步意识到吸引外商直接投资的重要性，为了更好地发展经济，政府已经不再是被动地“允许”吸引外商投资，而是转向了采取更为开放的政策来“吸引”外资。这一阶段我国吸收外商直接投资的政策特点为：

第一，开放了更多的区域。1984 年，上海、天津、大连、青岛、广州、宁波、温州、福州等 14 个沿海港口城市和长江、珠江、闽南三个三角洲开放，并于 1990 年开始开发和开放上海浦东新区，沿海开放的整体格局得以形成。

第二，在立法层面，为了进一步吸引外资，中国加大了外商投资立法的力度，相关的法律框架也初步形成。如在 1986 年 4 月颁布了《中华人民共和国外资企业法》，1986 年 10 月颁布《关于鼓励外商投资的规定》，1987 年颁布《指导吸收外商投资方向暂行规定及其目录》，1988 年 4 月颁布《中华人民共和国中外合作经营企业法》等法律法规，法律环境日趋完善，简化了外商投资的审批程序。

第三，外资企业与内资企业实行不同的税制，且各类型外资企业的税收政策趋于一致，外资能够更好地根据自身需要选择进入中国的投资方式。

第四，政府加强了相关的基础设施建设，交通、通信、港口等配套设施逐步完善，而且还对财政、金融外贸企业制度进行了改革，来吸引外商投资，大大增强了外商对华投资的信心。

在此期间，中国共批准设立外商直接投资企业40 945家，年均5 118家；合同外资额 457.17 亿美元，年均 57.15 亿美元；实际利用外资 223.73 亿美元，年均 27.97 亿美元。[①]

---

① 数据来源：原对外贸易经济合作部外贸司各年的《中国外贸统计》。

外商直接投资的行业从第三产业转向以工业项目为主的第二产业。外资来源区域也进一步多样化，美、日、欧等国家和地区的外资也开始进入中国市场来进行投资。

三、急速发展阶段：1992—2000 年

1992 年，邓小平同志视察南方后发表讲话和中共十四大会议的召开确定了中国社会主义市场经济体制改革的目标，中国加快了对外开放的步伐。这一阶段实现了沿江（长江）、沿线（陇海线、兰新线）、沿边（边境）的对外开放，外商投资规模实现了飞跃式增长。1992 年我国批准外资项目数48 764个，比 1991 年的12 978个项目数增长了 275.74%，实际使用外资金额 110.07 亿美元，比 1991 年的 43.66 亿美元增长了 152.1%[①]，无论是在规模还是数量上，均比 1991 年有急剧增长。这一阶段我国吸收外商直接投资的特点为：

第一，资金与技术密集型的大型投资项目和相关基础设施投资项目均逐渐增多。世界著名的跨国企业中的绝大多数都已经进入中国市场，中国市场已经成为不少跨国企业全球化战略的重要组成部分，其在中国的投资额不断增长，并且为了增强对企业的控制，跨国公司倾向于对已经投资开业的企业增资扩股。

第二，投资的领域进一步扩大，随着不少领域逐步对外开放，外商的投资领域越来越广。由于外商在资金、技术和管理上存在不少优势，因此在不少行业对中国企业造成了强大的竞争压力。

1992—2000 年，中国共批准外商直接投资项目321 567个，平均每年35 730个；合同外资金额6 237.87亿美元，年平均 693.10 亿美元；实际利用外资3 233.47亿美元，年平均 359.27 亿美元。[②] 无论是从年均批准的外商直接投资项目数，还是从合同外资额和实际利用外资额的角度来看，此阶段均比上一阶段有急速增长。

四、大规模发展阶段：2001 年以来

2001 年中国加入 WTO 后，中国经济与世界经济进一步融合，在全球化背景之下，跨国公司对中国的投资热潮日趋热烈。这一阶段我国吸收外商直接投资的特点为以下几点：

第一，在国家政策方面，为了进一步适应外商对华投资的要求，原国家计委、原国家经贸委、原外经贸部于 2002 年 2 月颁布了《指导外商投资方向规定》，同年 3 月又颁布了新的《外商投资产业指导目录》。之后根据外商投资的发展需要，又相继于 2004 年、2007 年、2011 年对《外商投资产业指导目录》进行了修订。政府在根据国情对产业逐步放宽准入的同时，更注重引入高质量的外资，重视环境和资源保护。《外商投资产业指导目录》旨在更好地指导外商对我国的行业进行投资，有效调整和优化产业结构，防止部分行业盲目扩张，并提升产业素质，以保持我国国民经济持续、快速、健康发展。

第二，在投资行业方面，外商主要投向第二产业和第三产业，其中在第三产业的外商

---

①② 数据来源：原对外贸易经济合作部外贸司各年的《中国外贸统计》。

投资增长较快，外商投资进一步朝高端服务业倾斜。

第三，在投资区域方面，随着我国西部大开发和中部崛起战略的实施，中西部对外资的吸引程度增加。外商投资不再限于东部沿海地区，开始逐步向中西部地区转移。

第四，在投资方式方面，为了更好地控制其在华企业，越来越多的外商采取外商独资经营的方式进行经营。

第二节 外商对华直接投资的主要特点

21 世纪以来，中国吸引着世界各地的公司到华投资，投资额呈现逐年增长的态势，随着经济全球化的不断深入，跨国公司在世界经济发展中的作用越来越重要。本节将对外商对华直接投资的主要特点进行介绍，从外商对华直接投资的总量及速度、资金来源与结构、投资的区域结构、投资方式以及相应的产业结构这几个层面进行深入的探讨。

一、外商对华直接投资总额持续上涨，增速较快

近十几年来，中国经济发展十分迅速，特别是我国 GDP 增长速度在全球范围内可谓是傲视群雄，而在众多促进 GDP 增长的因素中，外商对华直接投资功不可没。

1. 外商对华直接投资规模逐年扩张

近年来外商对华直接投资额呈现逐年增长的态势，2000 年外商实际直接投资额仅为 407.15 亿美元，而 2012 年外商实际直接投资额已经增长到1 117.16亿美元，是 2000 年数额的 2.74 倍之多。

从图 9—1 中可以看出，在 2000—2012 年这 13 年的数据中，外商的直接投资规模基本呈现逐年扩张的态势，只有 2005 年、2009 年、2012 年这三年外商实际直接投资额比前一年的投资额少。其中 2005 年的外商实际直接投资额只比 2004 年减少了 3.03 亿美元，投资额基本与 2004 年的投资额度持平。而 2009 年的外商实际直接投资额比 2008 年减少的金额达到 23.62 亿美元，主要是受到 2008 年亚洲金融危机的影响，导致外商的投资热情有所降低。有鉴于中国政府实行了积极有效的宏观调控政策，我国经济得以迅速走出金融危机的阴影。从外商直接投资额来看，2010 年的外商直接投资额高达1 057.35亿美元，比 2009 年的外商直接投资规模高出 157.02 亿美元，外商投资的强烈反弹也从侧面反映我国经济复苏势头强劲，外商对我国长远经济发展充满信心。2010 年国务院出台了《关于进一步做好利用外资工作的若干意见》，各级地方政府也积极落实坚持有效利用外资的政策，对提升外国投资者的信心也起到非常重要的作用。2011 年度也同样延续了 2010 年经济发展的良好态势，外商对华投资额比上年同比增长了 102.75 亿美元，达到了近年来的历史最高水平。2012 年外商直接投资额又重新出现了下降，这主要是由于 2012 年我国经济增长速度降至 13 年来的最低，而中国的劳动力成本不断上升，中国周边国家的竞争力也在不断加强，国际引资竞争加剧等。

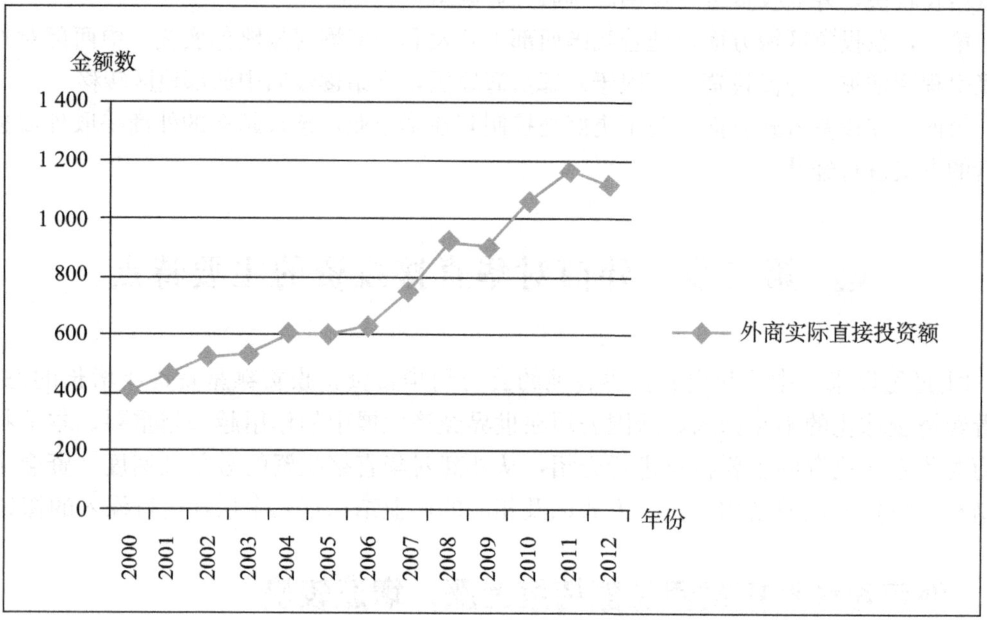

图 9—1 2000—2012 年外商直接投资签订利用外资协议金额（单位：亿美元）

资料来源：中经网。

2. 外商对华直接投资的增长速度较快

自 2000 年以来，外商对华直接投资基本保持了较快的增长速度。其中 2001 年比 2000 年同比增长了 15.13%，远高于同期 GDP 的增长速度。2002 年、2003 年、2004 年的增长速度稍稍有所下滑，分别为 12.51%、1.44%、13.32%，但也是保持持续增长的态势。2005 年则首次出现了负增长，外商直接投资额同比下降了 0.5%，2006—2008 年则恢复了增长的势头，其中 2008 年的外商投资额比 2007 年同比增长高达 23.57%。由于受到亚洲金融风暴的影响，2009 年的外商投资情况比 2008 年略差，同比减少了 2.56%。2010 年和 2011 年又重新恢复了较高水平的稳定增长态势。纵观这 13 年，其中有 7 年保持着 10%左右及以上的增长速度，总体增长速度较快。

二、外商对华直接投资的资金来源地多元化

1. 外商对华直接投资的资金来源地多元化

自我国奉行改革开放政策以来，越来越多的国家和地区的投资者到我国境内进行投资，资金来源地呈现更加多元化的趋势。从表 9—1 可以看出，外商对华直接投资的资金来源地有亚洲、非洲、欧洲、美洲和大洋洲，且基本上都呈现逐年上涨的势头。在这几大洲中，虽然非洲国家对华直接投资的金额并不大，2011 年仅为16.409 1亿美元，但其增长速度却最为迅速。2011 年非洲国家对华直接投资额为 2000 年的投资额的 8.37 倍，其增长

速度远高于其他国家和地区，显示非洲国家和我国在经济合作方面具有较好的合作潜力。在亚洲国家方面，2000年其对我国的直接投资额为268.323 1亿美元，2011年投资额则已提高到895.142 7亿美元，为2000年外商投资额的3.34倍。除了2005年和2006年投资额有所下降之外，其余年份的投资规模均保持稳定上涨的势头。值得指出的是，欧洲和美国2011年对我国的投资金额有所减少，这主要受到欧美经济近年来不景气、欧洲部分国家深陷债务危机、发达国家"再工业化"等多方面因素的影响。

表 9—1　　2000—2011 年外商对华直接投资实际利用外资金额　　单位：万美元

	亚洲	非洲	欧洲	美国	加拿大	澳大利亚
2000	2 683 231	19 606	479 713	421 586	31 442	26 331
2001	2 961 326	32 977	448 398	443 300	44 100	33 600
2002	3 256 997	56 462	404 891	542 400	58 800	38 100
2003	3 410 169	61 776	427 197	419 900	56 400	59 300
2004	3 761 986	77 568	479 830	394 100	61 400	66 300
2005	3 571 889	107 086	564 310	310 000	50 000	40 000
2006	3 508 487	121 735	571 156	286 509	42 416	55 189
2007	4 211 735	148 683	436 511	261 623	39 658	35 387
2008	5 634 512	166 788	545 937	294 434	54 328	40 707
2009	6 064 531	130 969	549 529	255 499	86 177	39 437
2010	7 759 215	127 992	592 183	300 000	60 000	30 000
2011	8 951 427	164 091	587 654	240 000	50 000	30 000

资料来源：中经网统计数据库。

2. 亚洲为主要外资来源地

我国实际利用外资的资金来源相对集中，其中得益于地缘因素，来自亚洲的外商直接投资金额遥遥领先于其他各洲。以2000年为例，来自亚洲的外商直接投资额为268.323 1亿美元，占所有外商直接投资额的73.27%。2000—2011年，来源于亚洲的外商直接投资实际利用外资金额所占比重一直保持在73%以上，除了2005和2006年比重稍稍有所下滑之外，其余年份比重均逐年上升。2011年占比达到了89.31%，总投资额为895.142 7亿美元，占据了绝对的领先地位。香港多年来一直为我国最大的外资来源地区，来源于香港的2012年外商直接投资实际利用外资金额高达712.89亿美元，在2012年对华投资的所有国家和地区中排名第一，其投资金额远高于排名第二的日本（73.8亿美元）。新加坡、我国台湾省和韩国则分别排在对华投资前十位国家和地区中的第三、第四和第六位，投资金额分别为65.39亿美元、61.83亿美元、30.66亿美元，这充分显示了亚洲的国家和地区为我国的主要外资来源地，对我国经济的发展提供了充足的资金。①

① 2012年数据根据中国投资指南网数据整理而得，这些国家/地区对华投资数据包括这些国家/地区通过英属维尔京、开曼群岛、萨摩亚、毛里求斯和巴巴多斯等自由港对华进行的投资。

三、外商对华直接投资的区域结构进一步优化

1. 外商对华直接投资主要集中于东部地区

长期以来，外商对华直接投资的分布情况极不均衡，从表 9—2 可知，外商对华直接投资主要分布在我国的东部地区。以 2000 年为例，我国东部地区合计吸引外商直接投资 348.86 亿美元，占全部外商对华投资的86.5%，而外商直接投资在中部地区和西部地区的金额仅为 54.46 亿美元，占全部投资的比例仅为 13.5%。这主要是由于东部地区具有地理优势且交通便利，市场较为成熟，再加上改革开放多年，东部已经形成了较好的软硬件配套措施和经营环境，吸引了大批的外商到东部进行投资。

表 9—2　　2000—2010 年我国东部、中部、西部地区外商直接投资金额　　单位：亿美元

年份	东部地区	中部地区	西部地区
2000	348.86	35.94	18.52
2001	403.44	41.01	19.22
2002	457.29	50.09	20.05
2003	459.51	58.31	17.23
2004	522.07	66.8	17.44
2005	535.58	48.26	19.41
2006	569.22	39.22	21.77
2007	656.37	54.5	36.81
2008	783.4	74.36	66.19
2009	775.89	53.35	71.09
2010	898.05	68.58	90.22
2011	966.04	78.36	115.71

资料来源：中经网统计数据库、中国投资指南网统计数据。

2000—2011 年，东部地区吸引的外商直接投资占全国外商直接投资的比重都维持在 83%以上，处于竞争中的绝对优势地位。以 2011 年为例，东部地区累计吸引外商直接投资为 966.04 亿美元，同比增长 7.57%，是 2000 年外商直接投资金额的 2.77 倍。其中外商直接投资集中在江苏省、广东省、上海市、辽宁省和浙江省这五个东部省市，其累计吸引外商直接投资金额高达 723.29 亿美元，占东部吸引外商直接投资金额的 74.87%，同时也占全国吸引外商直接投资总金额的 62.35%。

2. 中部和西部地区实际使用外资金额增幅较大，比重略有提高

中西部地区资源丰富，拥有广阔的消费市场，随着西部大开发、中部崛起等战略的实施，投资的软硬件条件近年来也得到了大力改善，各种配套逐渐完善。与东部地区相比，

中西部地区具有很大的成本优势，在承接东部地区产业转移的同时也吸引了越来越多的外商投资。特别是西部地区近年来吸引外资的力度非常大，其外商直接投资金额自 2009 年起连续三年高于中部地区。

虽然中西部吸引外商直接投资金额与东部地区仍然有较大的差距，但是其增速明显高于东部地区。如 2011 年中部地区吸引外商直接投资金额为 78.36 亿美元，同比增长 14.26％。2011 年西部地区吸引外商直接投资金额为 115.71 亿美元，同比增长 28.25％，均大大高于东部地区 7.57％的增幅。中西部地区 2011 年吸引外商直接投资金额为 2000 年的 3.56 倍，增长速度较快。另外，2011 年外商在中西部投资的比重也比 2000 年高。2000 年中西部外商直接投资金额占总额比重仅为 13.50％，2011 年比重已经上升为 16.73％，取得可喜的进步。这充分说明了西部大开发和中部崛起的战略取得了成效，进而引导外商投资的区域结构进一步优化。

四、外商对华直接投资的方式发生了显著的改变

外商在我国的投资方式有六种，分别是中外合资经营企业、中外合作经营企业、外商独资企业、外商投资股份制企业、中外合作开放投资以及其他投资方式。外商对华投资以中外合资经营企业、中外合作经营企业和外商独资企业这三种方式为主要的投资方式。其中 2000 年以前多以中外合资经营企业为首选的投资方式，从 2000 年开始，外商对华直接投资的方式发生明显的改变。

1. 外商独资经营有明显的上升势头

自从 1997 年我国开始允许跨国公司在华设立独资企业以来，越来越多的外商选择在华以独资的方式开设企业。独资经营一方面可以使得母公司对子公司的控制程度加强，充分发挥其内部化的优势，另一方面又能够更有效地保护其知识产权，防止核心技术外泄。2000 年，外商独资企业实际使用金额为 192.64 亿美元，在直接投资中所占的份额为 47.3％，而同期中外合资经营企业在外商直接投资中的占比为 35.23％，外商独资企业开始成为最主要的外商直接投资经营方式。随着外商直接投资金额的逐年增长，外商独资经营在直接投资中的占比也基本呈现逐年上升的趋势。2012 年外商独资企业的投资金额为 861.32 亿美元，占同期外商投资总额的 77.10％，是 2000 年外商独资企业投资金额的 4.47 倍，外商独资经营已经成为外资首选的投资方式。具体见表 9—3。

表 9—3　　2000—2012 年外商直接投资方式实际使用金额　　单位：亿美元

投资方式 年份(年)	外商直接投资总计	中外合资经营企业	中外合作经营企业	外商独资企业	外商投资股份制企业	中外合作开发投资	其他投资方式
2000	407.15	143.43	65.96	192.64	1.30	3.82	
2001	468.78	157.39	62.12	238.73	5.28	5.11	0.15
2002	527.44	149.92	50.58	317.25	6.97	2.72	
2003	535.03	153.92	38.36	333.84	3.28	0.32	5.31

续前表

投资方式 / 年份(年)	外商直接投资总计	中外合资经营企业	中外合作经营企业	外商独资企业	外商投资股份制企业	中外合作开发投资	其他方式
2004	606.30	163.86	31.12	402.22	7.77	1.09	0.24
2005	603.24	146.14	18.31	429.61	9.18		
2006	630.21	143.78	19.40	462.81	4.22		
2007	747.68	155.96	14.16	572.64	4.92		
2008	923.95	173.18	19.03	723.15	8.59		
2009	900.33	172.73	20.34	686.82	20.44		
2010	1 057.35	224.98	16.16	809.75	6.46		
2011	1 160.11	214.15	17.57	912.05	16.34		
2012	1 117.16	217.06	23.08	861.32	15.70		

资料来源：中经网统计数据库、中国投资指南网数据服务。

2. 中外合资和中外合作经营呈下降趋势

改革开放的前三十年，由于我国的政策限制和外商对我国情况还有待加深了解的情况下，外商在华投资大部分采用中外合资和中外合作经营的方式。随着国家政策的逐渐放开和外商在我国经营经验的不断积累，这两种经营方式在外商对华直接投资中的比重呈下降的趋势。2000 年，中外合资经营企业实际使用金额第一次低于外商独资企业，尽管当年中外合资经营企业和合作经营企业合计占同期外商直接投资的 51.43%，但其下降的趋势已经不可避免。中外合资经营企业虽然其金额从 2000 年的 143.43 亿美元上升到 2012 年的 217.06 亿美元，但其在全部外商投资中的所占份额却在下降，从 2000 年的 35.23%下降到 2012 年的 19.43%，下降幅度达到 15.8 个百分点。而中外合作经营企业则无论是投资金额还是所占比例均有大幅度的下降，其投资金额从 2000 年的 65.96 亿美元下降到 2012 年的 23.08 亿美元，占比则从 2000 年的 16.20%下降到 2012 年的 2.07%，下降了 14.13%。

五、外商对华直接投资的产业结构进一步调整

1. 第三产业吸引外资逐年增多

随着服务业占我国国民经济比重的不断增大，外资在第三产业的投资也逐年增多。2000 年，外商在中国第三产业实际直接投资金额为104.638 8亿美元，仅占同期全国总量的 25.70%。2011 年，服务业吸收外商实际直接投资金额为582.534 2亿美元，占全国实际吸收外资总量的 50.21%，且其比重首次超过第二产业。表明外商在我国的投资已经逐步向第三产业倾斜，第三产业吸引外资逐年增多，具体见表 9—4。

表 9—4　　2000—2011 年外商各产业在华实际直接投资金额　　单位：亿美元

年份（年）\行业	第一产业	第二产业	第三产业	总计
2000	6.759 4	295.749 9	104.638 8	407.148 1
2001	8.987 3	347.979 5	111.809 1	468.775 9
2002	10.276 4	394.648 9	122.503 3	527.428 6
2003	10.008 4	391.791 9	133.246 4	535.046 7
2004	11.143 4	454.630 6	140.525 8	606.299 8
2005	7.182 6	446.924 3	149.140 0	603.246 9
2006	5.994 5	425.066 0	199.145 6	630.206 1
2007	9.240 7	428.610 5	309.827 7	747.678 9
2008	11.910 2	532.562 4	379.481 2	923.953 8
2009	14.287 3	500.758 2	385.281 7	900.327 2
2010	19.119 5	538.603 7	499.629 2	1 057.352 4
2011	20.088 8	557.487 0	582.534 2	1 160.110 0

资料来源：中经网统计数据库。

房地产业仍然是服务业中吸收外资最多的行业，但在我国实施严厉的房地产调控的大环境下，2011 年投资于房地产业的外资增幅已经减缓，低于同期服务业的总体增速。除此之外，服务业中吸收了外资较多的五个行业均为现代服务业，分别为分销服务业、运输服务业、计算机应用服务业、电力煤气及水的生产和供应业、金融服务业。[①] 这也进一步说明外商投资的产业结构在不断调整和优化。

2. 第一产业吸引外商投资的比重较小，第二产业在外商投资中所占份额有所下降

第一产业在外商对华直接投资中占比很小，2000—2011 年，其份额均小于 2%。2011 年第一产业实际使用外资仅为20.088 8亿美元，虽然比 2000 年实际使用外资的金额 6.759 4亿美元增长了 1.97 倍，但也只占同期全国总量的 1.73%。其中农业吸收的外资比重最大，达到 43.4%，而畜牧业是增速最快的行业，同比增长 54.43%。

2011 年以前，第二产业的外商直接投资在全部外商直接投资中一直占据主导地位。虽然从全世界范围来讲，跨国投资更多地投向第三产业，但我国利用外资的产业结构却与世界普遍趋势有着明显的区别。2000 年，我国第二产业实际利用外资295.749 9亿美元，占同期全国外商直接投资总量的 72.64%，大大高于第一产业和第三产业所占的份额。2000—2005 年，第二产业外商直接投资占全部外商直接投资的比重一直保持在 72%以上。从 2006 年开始，外商对第二产业直接投资比重出现了较大幅度的下跌，仅占全国同期的

① 资料来源：中国投资指南网。

61.19%，此后比重逐年下降，并在2011年首次跌破50%的水平，仅为48.05%。

在第二产业的直接投资中，对制造业的投资占据最主要的地位，其中大部分的投资都是投向高端制造业。如2011年制造业中实际吸收外商直接投资前五位的行业分别为：通信设备、计算机及其他电子设备制造业，电气机械及器材制造业，交通运输设备制造业，专用设备制造业，化学原料及化学制品制造业。[①] 这表明外商直接投资的投向也促进了我国的产业结构调整。

第三节　外商直接投资对中国经济的影响

30多年来，国际资本在我国经济发展中发挥着越来越重要的作用，外商投资企业已经成为我国国民经济中的重要组成部分。这不仅促进了我国经济的发展，同时也带来了一定的消极影响。

一、外商直接投资对中国经济的积极影响

1. 外商直接投资促进了我国经济的发展

外商对华直接投资对我国经济产生了非常深远的影响，2000—2012年，外商在我国的实际直接投资额合计高达9 684.74亿美元，外商直接投资已经成为促进中国经济发展的发动机。以2010年为例，当年外资企业创造的工业产值、税收、进出口额分别占到全国的28%、22%、55%，直接吸纳就业约4 500万人，对我国经济增长发挥了积极的作用。[②]

外资的进入在一定程度上解决了我国企业发展的资金缺口问题，促进我国GDP的稳定快速增长。根据UPS亚太区总裁肯·托罗先生的统计，外资对中国GDP的贡献率高达53%，高于泰国和新加坡等国家。[③] 随着我国改革开放进程的进一步深入，作为外商对华投资主力的大型跨国企业也加大了投资力度，投资额逐年增长。根据2012年的一项针对德国跨国公司的调查显示，大众、舍弗勒、博世、宝马、蒂森克虏伯、巴斯夫等公司在华的投资力度都将进一步加大，这几家公司预计在华将增加近200亿欧元的投资。如德国大众汽车公司将联手合资企业加大投资，预计2016年将共同投资140亿欧元，进一步加强在节能环保以及动力总成技术的开发和合作。[④] 跨国公司有力地促进我国经济的可持续发展。

2. 外商直接投资促进了我国的技术进步和管理观念升级

外商对华技术转移主要是由跨国公司来实现的。跨国公司掌握着世界上最为先进的生产技术，在其对华进行投资的同时，为了扩大其在华的市场份额，在“市场换技术”的情

① 资料来源：中国投资指南网。

②④ 利用外资促进经济可持续发展，见中国经济网，2012-09-14。

③ ［美］肯·托罗：《中国外贸对GDP的贡献率是最高的》，见搜狐财经，2006-04-22。

况下，会将其掌握的国际先进技术对中国企业进行转移，如提供母公司比较先进的技术和国内空白技术，促进中国企业的技术升级和进步。与此同时，由于外资企业与内资企业在技术水平上存在一定的差距，为了在激烈的市场竞争中生存下来，内资企业有强大的动力向外资企业学习先进的生产技术，这也促进了技术扩散和技术创新。

在管理观念方面，跨国公司有着一整套较为先进的企业管理观念和企业文化，对中国的企业也造成了一定的冲击，这一先进的观念能够对中国企业的管理提供有益的参考。跨国公司带来了先进的公司企业生产管理、质量管理、财务管理、人力资本管理、销售管理等一系列的管理制度，中国企业通过同跨国企业的近距离接触和学习，逐步形成中国的现代企业制度，促进了我国企业管理制度的改革和发展。

3. 外商直接投资促进了我国的产业升级

外商投资的项目多为技术密集型或者资本密集型产业，其中很多资金都是投向我国产业结构升级中大力倡导发展的产业。近年来，我国重点发展的高端制造业和现代服务业都得到了外商的大力投资和支持。根据上海市商务委、上海市外商投资企业协会联合发布的2010年度上海营业额和纳税额百强外企名单可以看出，纳税百强的第二产业外企中，汽车行业纳税额占纳税百强第二产业企业纳税额的七成。而营业收入百强的第二产业外企中，电子信息产品制造业营业收入占了百强第二产业企业营业收入总额的一半。这充分说明了外商投资为上海发展先进制造业提供了坚实的支持。此外，营业收入方面，百强外企中35家来自第二产业，65家来自第三产业；以纳税额衡量，28家来自第二产业，72家来自第三产业。进入营业收入百强名单的35家第二产业外企，2010年实现营业收入8 891.3亿元人民币，占百强外企总营业收入的48.4%；65家第三产业外企实现营业收入9 462.2亿元，占百强外企总营业收入的51.6%。外商对第二产业和第三产业的投资力度相当，显示出上海近年来大力倡导的发展先进制造业和现代服务业的产业政策已初显成效。[①] 从全国层面来看，外资通过推动我国产业重组，促进了我国现代产业的国际化。

4. 外商直接投资促进了我国人力资源水平的提高

随着业务的发展，大多数的外资企业都采取人才本土化的策略，因为熟悉当地实际情况的员工更能够推动业务的顺利发展。因此，外商在对我国进行大规模投资的同时，也非常注重对相关人才的培养。不少跨国公司都建立了一套完整培训体系，除了从国外聘请专家来国内教授员工外，也会派遣优秀员工到国外进行学习和培训，这都为我国培养了一大批专业技术和管理人才，有力地促进了我国人力资源水平的提高。

除此之外，跨国公司标准化的人力资源管理模式也为中资企业提供了很好的借鉴和参考，促使内资企业人力资源管理水平的提高。如作为快餐行业老大的麦当劳，其强大的人力资源培训体系使得它能够在竞争中立于不败之地。麦当劳提供给员工全职业规划培训，从一般员工到高级主管，从各区域的培训中心到其汉堡大学（即全球麦当劳的人员学习发展中心），提供全方位的培训。其95%的管理人员都是从员工做起的，一旦优秀员工进入管理层，除了能在训练中心接受管理和运营方面的培训之外，还能够有机会到汉堡大学深

① 上海百强外企约2/3来自第三产业，见新华网，2011-07-29。

造。全方位的职业培训使得麦当劳的高级管理人员的流动性相当低，保持管理队伍的稳定性。[①] 跨国公司的先进人力资源制度都促进了我国企业人力资源制度的改革。

5. 外商直接投资推动了我国商品进出口贸易的发展

30 多年来，我国对外贸易取得的成就令世人瞩目，特别是加入 WTO 以来，我国的商品进出口贸易的发展更加迅速。2001 年，我国进出口总值达到5 097.68亿美元，而在 2012 年增加到38 667.61亿美元，增长了 6.58 倍。其中出口总值从 2001 年的2 661.55亿美元增加到 2012 年的20 489.35亿美元，扩大了 6.70 倍；进口总值从 2001 年的2 436.13亿美元增加到 2012 年的18 178.26亿美元，扩大了 6.46 倍。而外商投资企业的进出口增长有力促进了我国进出口的增长。外商投资企业进出口总值从 2001 年的2 590.98亿美元增加到 2012 年的18 939.97亿美元，增长了 6.31 倍。其出口总值从 2001 年的1 332.35亿美元增加到 2012 年的10 227.48亿美元，增长了 6.68 倍；其进口总值从 2001 年的 1 258.63亿美元增加到 2012 年的8 712.49亿美元，增长了 5.92 倍。以 2012 年为例，外商投资企业进出口总值占全国进出口总值的 48.98%，其中外商投资企业的出口总值占全国企业出口总值的 49.92%；外商投资企业的进口总值占全国企业进口总值的 47.93%。[②] 这些数据都充分说明了外商直接投资推动了我国商品进出口贸易的发展。

二、外商直接投资对中国经济的消极影响

1. 外商在华投资加剧市场竞争程度，对民族企业的发展壮大造成较大的压力

随着中国加入 WTO，更多的领域开始向外资开放，开放程度日渐深入。随着外商在中国投资经营的范围更广更深，中国市场的竞争激烈程度也在加剧。

一方面，大型跨国公司利用其强大的品牌优势，加强其在市场上的垄断地位，而许多中国的品牌则被外国企业无声无息地消灭。如 2003—2006 年，江苏省一个省就有 10 个以上的知名企业品牌被外国企业“吃掉”[③]。而美国的可口可乐公司则充分利用强大的资本和品牌优势，影响到中国年轻一代的消费者，可口可乐饮料、浓缩液在中国的市场处于明显的垄断地位，其市场份额占到 70%。这对国内饮料企业提出了非常大的挑战，不利于我国民族饮料企业的发展和壮大。

另一方面，大型跨国企业具有一定的技术垄断优势，某些跨国企业为了保护其技术垄断，在华投资采用了独资子公司的投资方式，或在华设立独资的研发机构，这些措施都强化了其技术垄断。特别是在高科技领域，跨国企业的技术垄断现象十分明显，如数据库领域，根据 Gartner 公司的统计，Oracle 数据库和 IBM 的 DB2 数据库几乎占有市场 70% 以上的份额；而在电脑主机领域，根据 IDC 资料显示，IBM 已经连续 15 年市场份额稳居全国第一，截至 2012 年第四季度，其市场份额已高达 76%；根据 Gartner 公司数据，在

---

① 《充满活力的麦当劳人力资源管理》，见职业培训教育网，2008-01-18。

② 进出口统计快报，见中华人民共和国商务部综合司。

③ 刘林森：《跨国公司：谋在华新垄断地位》，载《市场报》，2006-06-14。

光纤存储等高端存储市场，EMC 掌握了绝大部分的核心技术，其市场份额接近 30%，而 IBM 在该领域的份额也接近 15%。① 这使得我国的高科技企业的发展不得不依仗于跨国公司，对我国民族企业的发展造成很大的压力。

专栏

注意国外跨国公司在华的“市场替代”效应

“市场替代”是指跨国公司通过投资合作，使国内市场份额高、发展前景好的企业丧失品牌、研发甚至市场，从而实现产业控制或占领我国国内市场的过程。如 1997 年，佳木斯联合收割机厂与美国约翰迪尔公司合作后，只经过 7 年时间，成为美方独资公司，使约翰迪尔完成了对该厂在我国农机领域的市场替代，同时，我国也失去了在大型农业机械领域的自主发展平台；日本松下在与当年中国空调领域的著名企业万宝集团的合资中，松下有空调压缩机技术优势，万宝有国内品牌、市场优势，但到今天，松下空调已经从零做到 200 多万台，而后者已从市场消失；国内柴油燃油喷射系统最大的厂商无锡威孚，2004 年与德国博世合资由德方控股后，长期培养的技术中心被撤销合并，技术人员全部被吸收进合资企业，使威孚失去了核心技术和产品开发主导权，在博世控制了销售渠道后，随即将 P 型油泵产品在中国市场的价格提高近 90%等。

结论：市场替代对我国企业最大的影响是对行业创新能力的大幅削弱。

2. 部分外资企业不注意履行社会责任

社会责任标准（Social Accountability 8000，SA8000），是 1997 年 8 月由美国经济优先领域鉴定代理认可委员会（the Council on Economic Priorities Accreditation Agency，CEPAA）制定的，旨在通过有道德的采购活动，改善全球工人的工作条件，最终达到公平而体面的工作条件。SA8000 是全球第一个可用于第三方认证的社会责任国际标准，是一个通用的标准，它不仅适合于各类工商企业，也适合于公共机构。

根据中国国际跨国公司促进会发布的《2011 跨国公司社会责任问题报告》② 显示，一些世界 500 强跨国公司并没有较好地履行社会责任，扰乱市场秩序、污染环境、商业贿赂和损害公众权益的事情时有发生，造成了非常恶劣的社会影响。如全球最大药剂集团、世界 500 强企业之一的葛兰素史克公司，其在华销售一种名为阿莫西林克拉维酸钾干混悬剂的儿童用抗生素，这种抗生素被检出含有“塑化剂”，能够明显损害儿童的肝肾，且易诱发儿童性早熟。这种做法明显损害了公众权益，最终这种药品被国家食品药品监督管理局于 2011 年 6 月强制停止销售和使用。

此外，由于某些跨国公司在华经营时降低了其环保标准，导致对中国的环境产生了不良影响。如美国康菲公司作为一家综合性的跨国能源企业，并没有承担起相应的社会责任。2011 年 6 月，由康菲和中海油合资建设的渤海蓬莱 19－3 油田发生漏油事件。油田溢油造成了严重的环境污染，海洋污染面积达 6 200 平方千米，导致周边约3 400平方千米海域由第一类水质下降为第三、四类水质，沿海养殖贝类、海参、虾、鱼大量死亡，渔民遭

① 《IBM 等跨国企业垄断金融行业已有银行展开调查》，见腾讯科技，2013-08-30。

② 《2011 跨国公司社会责任问题报告发布》，见网易财经，2011-12-31。

受上亿元的经济损失。康菲公司正是国家海洋局认定的事故责任方，负有不可推卸的责任。

某些跨国公司只顾追求企业自身的利润最大化，而不注重履行社会责任的行为对我国经济的可持续发展造成了非常恶劣的影响。

3. 外资的大量流入容易增加我国的金融风险

一方面，外资大量流入导致我国外汇储备增长较快。2008 年 1 月，我国的外汇储备为 15 898.1亿美元，2013 年 6 月增至 34 966.86亿美元，仅仅 5 年半的时间就增长了 19 068.76亿美元。[①] 而外汇储备增长较快导致公众形成强烈的人民币升值预期。在全球金融危机后，美国等西方发达国家多采取较为宽松的货币政策，不少资金基于境内回报率较低的原因从美国等国家流出，在人民币升值预期的影响下，这些国际投机资本近年来加速流入中国等新兴经济体，这又进一步加大了人民币升值的压力。虽然中国的汇率改革方向是实行更为弹性化的汇率政策，但是由于外资的大量流入而导致人民币短期内升值过快，对我国国民经济的平稳发展无疑是弊大于利的。

另一方面，由于外资的大规模流入会造成大量外汇占款，中央银行需要被动地向银行体系投放大量的基础货币，这容易导致货币投放过多，进而引起国内的信贷扩张，以及通货膨胀水平的增长，这会增加央行宏观调控的困难，影响我国货币政策的独立性。

专栏

摩根斯坦利套现案

1999 年福建南孚电池在中国国际金融有限公司的帮助下，找到摩根斯坦利作为新的投资者。南孚电池最初的四大国有股东：南平电池厂、香港百孚公司、福建兴业银行、中国出口商品基地建设公司福建分公司以南孚 69%的股份作为出资，外方以1 500万美元作为出资，合资组成中国电池有限公司。其中，中方占 51%股份，外方占 49%股份。但是，中方股权分散，四大国有股东分别持有少部分股份。合资公司成立不久，百孚公司出现巨额亏损，向摩根斯坦利出让了中国电池 8.25%的股份；接着，摩根斯坦利收购了原属中国出口商品基地建设公司福建分公司的股份；2002 年，摩根斯坦利通过增资又获得了部分股份，最终控股南孚 72%的股权。由于种种原因，南孚电池上市困难重重。在进入南孚四年后，摩根斯坦利急于套现。最终，摩根斯坦利在 2003 年以 1 亿美元的价格将南孚电池卖给美国吉列集团。两年后，美国宝洁集团又以 570 亿美元的价格收购吉列全部股份，成为南孚电池的新东家。南孚电池至此经历了一次从金融投资者到产业投资者的转卖。之后，宝洁公司要求将南孚电池账户的 7 亿元人民币存款从中资银行转入外资银行，并企图违反与南平市政府的承诺，欲以大股东的身份在南孚公司分红，而不是把南孚的利润留在南孚进行再投资。由于南平市政府坚决反对，才暂时阻止了宝洁公司的计划。

4. 外资在华部分区域和产业的集中有可能加剧我国经济发展的不平衡

一方面，虽然为了更好地指导外商对华投资，我国政府制定了《外商投资产业指导目

① 《2000—2013 年我国央行黄金储备和外汇储备》，见百度文库。

录》，但是作为一个以利润最大化为目标的经营企业，外商在投资时首要考虑的是项目的收益性，而不是我国的产业政策。因此，跨国公司的产业投资方向与我国的产业重点发展方向发生背离时有发生。

另一方面，在投资区域方面，虽然我国采取了西部大开发和中部崛起的发展战略，试图引导更多的外商到中西部地区进行投资，但是由于东部地区的招商引资条件更为优越，基础设施更加完善，故此外商的投资主要还是投向我国的东部地区，这将可能导致我国东中西部地区的发展进一步不平衡。以 2011 年为例，东部地区吸引的外商直接投资额占到全国外商直接投资额的 83.27%，中部和西部的外商直接投资份额仅为全国的 16.73%，中西部地区在吸引外商直接投资方面所占的份额仍然相当少，而且其所吸收的外商直接投资大多集中在成都、重庆等几个具有区位优势的城市，投资呈现集中化的趋势，这些都不利于我国区域经济的平衡发展。

5. 部分外资在华并购后通过各种手段转移利润，损害我国企业利益

我国与跨国公司的合作，从原来的接受其生产性投资，逐步发展到以并购形式吸纳其直接投资。这种转变主要有以下三方面原因：一是企业通过并购获得转让收入、缓解企业扩张所需巨额资金压力；二是降低外部环境竞争压力也迫使一些企业接受外资并购；三是由于我国一些产业自主整合面临体制障碍也给外资并购提供了机会。但这些都是正常的，关键是国内企业要有一个清晰的行业发展战略，特别是龙头企业更应该注意这一点。

现在，一个不容忽视的潮流是，跨国公司开始将全球战略重心转移至中国市场，并购逐步成为跨国公司重要的全球经营战略。以全球工程机械行业巨头美国卡特彼勒公司为例，其 2003 年全球销售总额为 226 亿美元，而在华业务收入仅占 2.2%。从那时起，卡特彼勒开始将全球战略重心转移至中国市场，决心在 10 年内投资 100 亿美元“整合”中国的工程机械行业。2005 年之前，卡特彼勒在华投资的基本方式是参与国企改制，现在则是全面出击进行并购，瞄准的正是徐工、厦工、柳工等中国工程机械行业的骨干国企。跨国公司这种战略对国内企业造成巨大的冲击。

国外的并购投资者主要分为产业投资者与金融投资者两类。对于产业投资者来说，其基本投资路径是先参股，后控股，或者直接控股，但最终目的是将利润转移出中国。即对于获得控制权的产业投资企业来说，转移利润是其在华战略的重点。其主要方式无非是通过技术转让费或引进关键零部件，将在华利润甚至银行贷款转移到其国外总部。而对于金融投资者来说，其投资路径主要是靠低价买入有潜力的公司，再高价卖出获利，投资期限一般不超过五年。“出手”的途径主要有三种：一是运作上市；二是转手卖给产业投资者；三是由企业自身回购。

专栏

唯开株式会社并购厦门中桥

厦门唯开手机的前身是厦门中桥通讯设备有限公司（简称厦门中桥）。20 世纪 90 年代末期，厦门中桥已是我国传呼机市场的老大，并拿到了当时紧俏的 GSM 手机牌照。2001

年，厦门中桥总经理因虚开增值税发票骗取国家出口退税被立案调查后外逃。韩国手机电池生产商——唯开株式会社借机将厦门中桥并入旗下。在随后的几年时间内，利用厦门中桥几千万元的可抵押资产到当地中资银行贷款近1亿元。在此基础上，唯开手机的韩国籍法人代表李相澈以个人信誉为担保，向中资银行贷款约4亿元。然而，在不到5年时间，唯开手机从年销售额达9亿元的黄金经营期一下子掉入了资金黑洞，资金链彻底断裂。如今近5亿元银行欠款、数千万元的拖欠货款、数百名员工的解聘等"烂摊子"被丢给了厦门市政府，韩国籍法人代表李相澈逃之夭夭。值得注意的是，原本在韩国名不见经传的唯开株式会社，在进入中国的几年时间内，其韩国总部在首尔价格不菲的地段竟盖起了一栋高级写字楼。另外，唯开手机的原材料采购都由韩国总部负责，其采购价格大大高于这些原材料本身的价值。由于国内手机行业通常是经销商先付款后提货，因此"唯开手机完全可以在短时间内吸纳大量的经销商货款"。此外，唯开在厦门各大银行大量贷款，总额近5亿元。中国银行厦门分行等7家中资金融机构遭受重大损失。

与产业投资者不同，金融投资者不断追求利益最大化。一旦合资企业上市无望，金融投资者往往将企业卖给较具资金实力的海外产业巨头。值得注意的是，金融投资者一般也是从参股到控股，其中中方股权分散，往往使得金融投资者有机会全面收购。

国内企业在与国外跨国公司合作时，一定要摸清外资并购的"潜规则"，建立战略防御机制。国内企业为了规避风险，免受经济损失，要做好这几方面工作：一是在跨国公司参与国内企业并购时，国内企业要根据自身实际情况，在产业投资者和金融投资者之间进行有效选择；二是国内行业龙头企业与外商投资者的各种协议中，要附加一些"保护性条款"，如明确规定纳税地不变、管理团队不变、品牌不变，同时要求合作方投资扩大生产等，以达到借助合作提升国内企业国际化水平和满足资金需求；三是尽量避免由于中方股权分散，使得金融投资者有全面收购的机会；四是科学预测未来发展趋势，做好行业发展规划，建立战略防御机制。

第四节　外商对华直接投资的发展趋势

一、外企加快在华设立研发中心

自1994年北方电讯公司与北京邮电大学合作建立了北邮—北电研究开发中心以来，外商在华设立的研发机构如同雨后春笋般涌现。据不完全统计，截至2013年6月份，跨国公司在华设立的各类研发中心数目已经超过了1 800家。① 而截至2009年，商务主管部门批准的独立法人形式的外商投资研发中心共465家，投资总额128亿美元，注册资本74亿美元，主要集中在上海、北京、广东、江苏和浙江。外商投资研发中心主要集中在技术密集型行业，如电子通信、生物医药、交通化工、软件设计等行业。② 外商在华设立研发

① 《中国将大力吸引跨国公司在华设地区总部及功能性机构》，见中国新闻网，2013-06-04。

② 《研发中心成为外商投资重点为》，见山东国际商务网，2010-03-17。

中心主要基于以下原因：

第一，更好地接近中国市场。过去相当长的一段时间内，跨国企业都是将其在其他地方开发的产品提供给中国人，并没有考虑到中国人特有的需要。现在为了与中国消费者更好地拉近距离，跨国公司将其研发中心移到中国来，以真正服务于中国消费者的需求。如德国化学公司巴斯夫公司在2012年在上海设立了研发中心，表示要做到离亚洲人的需求更近，对市场反应更快。就如同其执行董事会副主席马丁·布鲁德米勒在其上海研发中心开业典礼上所说的那样："随着我们的客户在亚洲增加了投入，他们也要求我们出台从亚洲而来的解决方案。"百事可乐公司也于2012年在上海设立了其在美国之外的最大研发中心，该研发中心研发的产品在短短两周内就可以上市，更好地参与市场竞争。①

第二，充分利用中国的研发人力资源。我国拥有很多优秀的科学研发人才，不少跨国企业正是瞄准了这些专业人才，才纷纷在华设立研发机构。正如英国《金融时报》所指出的那样，虽然中国研发中心不再享有成本优势，但是在华设立研发中心的真正优势在于能够录用到优秀的人才。② 诺基亚、西门子通信公司的中国研发中心为了充分利用我国人才资源，已雇用超过1 000名中国研发人员。③

第三，享受政府针对研发活动的税收优惠政策。由于鼓励和促进研发活动已经成为我国的一项基本国策，也是国家"十二五"规划的重要内容之一，我国出台了不少针对研发活动的税收优惠政策。具体的税收优惠政策包括：对研发过程中产生的符合要求的企业研发费用可以在计算企业所得税时按照其金额的50%加计扣除；对于经过认定的高新技术企业，可享受15%的企业所得税优惠税率；对于经过认定的技术先进型服务企业，可享受15%的企业所得税优惠税率，其符合规定的收入还可以免除征收营业税；研发中心进口符合规定的研发设备可以免除进口环节的关税和增值税。④ 中国政府给予研发活动不少的税收优惠政策，刺激了一些跨国企业在华设立研发中心。

二、承接全球服务外包可望成为投资新热点

服务外包（Service Outsourcing）是指组织将非核心服务以合约的方式交由外部资源供应商负责，以提高资源配置效率的生产组织形式和战略管理模式。产业转移的升级、国际分工的发展、技术的快速进步以及国际贸易环境的优化使得国际服务外包呈现日新月异的发展。

近十几年来，为了兑现加入WTO的承诺，我国服务业对外资大幅度开放市场，市场准入门槛在降低。如2011年新修订《外商投资产业指导目录》就新增9项服务业鼓励类条目，包括机动车充电站、创业投资企业、知识产权服务、海上石油污染清理技术服务、职业技能培训等，服务业条目在鼓励类中的比重进一步增加。同时，将外商投资医疗机构、金融租赁公司等从限制类调整为允许类⑤，因此外商对服务业的投资规模近

---

①② 《外企在中国设研发中心以利用人才优势》，见环球网，2012-11-14。

③ 《我国利用外贸进入"服务经济时代"》，见《中国时报》精选，2012-01-06。

④ 毕马威：《中国税收优惠吸引外企研发中心》，见搜狐财经，2012-12-24。

⑤ 孙韶华：《新外商投资目录鼓励进入新兴产业与服务业》，见《经济参考报》，2011-12-30。

年来持续增长，且增长速度也高于制造业，并在 2011 年服务业的外商投资规模首次超过了制造业的外商投资规模，这充分说明了中国服务业将成为外商直接投资的重点产业。此外，随着外商对我国服务业的投资力度加大，承接全球服务外包成为我国利用外资的重要领域之一。

目前服务外包在全球范围内发展十分迅速，市场潜力巨大，95%的全球财富1 000强企业都已经制定了业务外包计划，预计到 2020 年全球离岸服务外包市场将达到 1.65 万亿～1.8 万亿美元。美国、日本、欧洲为重要的发包方，这三方提供的服务外包业务占据了全球业务的绝大多数份额。而发展中国家为外包业务的重要承接方，其中拉美和亚太地区的服务外包行业发展最为迅速，而亚太地区已经发展成为全球最具吸引力的服务外包投资地，中国、印度和菲律宾三国就承接了全球服务外包业务中高达 60%以上的份额。①

近几年，中国的服务外包行业快速发展，2010 年底，中国服务外包企业承接服务外包合同金额和执行金额分别达到 274 亿美元和 198 亿美元，同比增长率高达 37%和 43.1%，全国已有服务外包企业12 706家，从业人员 232.8 万人。目前已形成大连软件园、安徽服务外包软件产业园等 84 个服务外包示范园区，各城市都在大力发展服务外包产业，其中大连主要发展软件行业的服务外包服务，2010 年，仅大连高新区就拥有3 000多家企业，12.6 万从业人员，享有中国“班加罗尔”的美誉，已成为中国最重要的服务外包中心和软件中心之一。②

毕马威的一份报告预计未来五年中国服务外包市场的年复合增长率约为 26%，未来三至五年或将成为新的全球外包中心。③ 有鉴于此，服务外包业务正成为外商投资的新热点。

三、跨国并购日益成为外资进入中国市场的重要方式

从全球范围来看，跨国并购投资占跨国投资的 70%～80%，跨国并购是跨国投资的主要方式。但是在我国，由于相当长的一段时间内缺乏相关的外资并购法规，跨国公司多以绿地投资（Green Field）的方式为主，即投资新建企业。但自从中国加入 WTO 之后，中国产权制度正在逐步完善，资本市场发展也愈加健全，外资进行并购的成本大幅降低，因此越来越多的外商在华直接投资采取并购的方式进入，外资并购金额占外商直接投资额的比重在逐年上涨。前任国务院总理温家宝同志也于 2009 年指出要促进利用外资方式多样化，鼓励外资以并购方式参与国内企业改组改造和兼并重组④，从政府层面上对外资并购给予了支持。

越来越多的外资采用并购的方式主要基于以下原因：

第一，迅速占领庞大市场。如啤酒行业中的 AB 公司先后并购百威、哈啤、青啤，迅速占领了在武汉以百威为主，东三省、北京地区以哈啤为主，陕西、山东、华南等地区以青啤为主的庞大市场。⑤

---

①②③ 《2011 全球服务外包发展报告》，见中国网，2011-05-24。

④ 《鼓励外商投资企业并购国内企业》，见腾讯财经，2009-12-31。

⑤ 《外贸中国忙收割》，见中金在线，2009-04-28。

第二，利用被并购企业完善的本土营销体系。2011 年，丁家宜这一本土护肤品品牌被法国香水巨头科蒂以 4 亿美元的价格收入囊中。2004 年，科蒂曾因其在中国的业务发展不理想而选择退出中国市场，外界普遍认为科蒂选择收购丁家宜主要是看中其完善的销售渠道。事实上，并购后，科蒂通过丁家宜的销售渠道，其旗下的阿迪达斯护肤、香水等业务 2012 年的销售额达到 3 亿～4 亿美元，比 2010 年的销售额增长近一倍。①

第三，实现垄断。中国原有的八大碳酸型饮料公司，已有七家被可口可乐、百事可乐并购，占碳酸饮料市场 90%以上的份额，我国的碳酸饮料市场已经基本被可口可乐和百事可乐公司垄断。②

四、跨国公司在华总部经济得到加强

跨国公司地区总部在跨国公司全球布局中处于比较高级的位置，负责整合区域性资源，是跨国公司内部的运营中心、融资中心、结算中心、研发中心和公关中心，具有地区性决策作用。随着越来越多的跨国公司来华进行投资，中国市场对于跨国公司的全球化经营战略显得越来越重要。为了更好地迎合中国市场的需求，跨国公司开始在中国设立地区总部。2001 年，法国阿尔卡特公司成为第一个在我国建立地区总部的跨国公司，十多年来相继有不少跨国公司在中国设立地区总部。截至 2011 年 5 月，北京聚集地区总部 82 家，其中 2011 年世界 500 强公司在京设立总部 41 家，成为仅次于日本东京的全球第二大世界 500 强总部之都。截至 2011 年 9 月底，入驻上海的地区总部共计 347 家，上海拥有的地区总部机构数量居内地省市之首。③

在华设立总部的跨国公司行业非常广泛，如汽车、通信、电力及工程和机械、金融保险、物流、能源、房地产以及综合服务业等行业。电子及通信设备类制造业为代表的制造业的地区总部主要在北京，如 IBM、朗讯、摩托罗拉、北电网络、西门子、日立、松下、索尼、欧姆龙、爱普生、佳能、东芝、三星、LG 电子、诺基亚、施耐德、ABB 等大型跨国公司。上海的地区总部涉及的行业则更为广泛，如批发和零售、交通运输、房地产、能源、金融保险业等。代表企业有艾默生电气、埃克森美孚石油、德尔福汽车系统、霍尼韦尔、吉列、强生、柯达、通用电气、通用汽车、米其林、欧莱雅、资生堂、汉高、拜耳、统一公司、联合化学、先锋电子、奥地斯电梯、陶氏化学、中信泰富等。④

跨国公司在华设立地区总部，可以通过产业关联效应、消费带动效应、集聚效应以及资本放大效应等促进我国经济的发展，有利于我国产业结构调整和转变经济增长方式。因此，我国政府大力支持跨国公司的地区总部入驻，目前正研究修改现有的外商投资性公司和外商研发的相关规定，将出台相关的鼓励性政策。⑤

① 《盘点被外资收购的国产品牌：靠“卖身”走国际化》，见中国经营网，2013-08-27。

② 《外贸中国忙收割》，见中金在线，2009-04-28。

③④ 《跨国公司地区总部在中国》，见中国经济新闻网，2011-11-24。

⑤ 《中国将大力吸引跨国公司在华设地区总部及功能性机构》，见中国新闻网，2013-06-04。

第五节　跨国公司在华投资与经营

一、跨国公司在华投资战略

1. 进入方式的选择

从20世纪80年代起，一些跨国公司开始进入中国市场，当时对于跨国公司而言，最大的挑战在于对中国国情的把握，在中国市场机制不健全、市场风险相对较大的情况下，跨国公司需要摸着石头过河。因此，大部分的跨国公司都是采取了较为谨慎的投资方式和循序渐进的发展策略。常见的做法有以下几种：

第一，“销售—技术转让—合资”的稳健发展策略。跨国公司采取非常谨慎的投资策略，先在中国市场设立销售代表处，在销售自己产品的同时观察中国市场对产品的需求和满意程度。然后采取转让技术给合作伙伴的方式，让中国的厂家生产其产品。如果效果满意，跨国公司再选择在中国建立合资企业的方式进行投资。一些跨国公司在此基础上逐步控股合资企业，并最终实现独资。西门子公司和松下电器均采用了先销售，再技术转让，最后合资的发展策略。松下电器20世纪80年代初开始在华销售其产品，并于80年代后期开始向部分中国厂家转移技术以生产其产品。90年代，松下开始在华合资建厂，在华扩张速度加快。①

第二，跟随进入的发展策略。一般而言，采取跟随策略进入中国市场的跨国公司所承担的风险要比先行者的风险低。由于已经对市场有了一定的了解，很多时候跨越了先行者的销售贸易阶段，甚至跨越了技术转让和合资阶段，而采取直接收购企业股份一步到位的发展方式。如德国大众为最早进入中国市场的外资汽车生产企业，而跟随其后的有日本五十铃、美国福特等众多的汽车企业。其中日本五十铃公司就采取了股份收购一步到位的方式进入，与中方成立北京旅行车股份有限公司。

第三，核心项目带动的进入方式。一般是一家跨国公司在华投资一个核心大项目，一批相关的跨国公司也一同进入中国，以提供配套服务。如德国大众公司与上海汽车工业总公司合资成立上海大众汽车公司后，为了更好地为上海大众配套，德国汉高公司、德国纳铁福公司、巴斯夫公司等公司均因此来华投资。

2. 合作伙伴的选择

改革开放以来，由于跨国公司对中国的国情不够了解，因此选择与中国企业进行合资是一个不错的选择，借以顺利进入中国市场。合资伙伴的选择也是一门投资艺术。不少跨国公司都会倾向于选择国内管理水平较高、产品质量较好的中国企业合资，在利用中资企业现有基础的情况下，更好更快地进入中国市场。如德国大众公司在刚刚进入中国的时

---

① 王志乐：《著名跨国公司在中国的投资》，北京，中国经济出版社，1997。

候，就选择了一汽和上汽这两个合作伙伴，分别与上汽合资成立上海大众，与一汽合资成立了一汽大众。两大合作伙伴均为中国最有实力的汽车生产商，且地理分布上一南一北，为大众在中国的发展奠定了坚实的基础。

3. 投资地点与领域的选择

跨国公司在华投资时需要谨慎选择投资的地点和领域。一般而言，贴近产品市场或者原材料供应地都是跨国公司选择投资地点时必须考虑的因素。如宝洁公司就选择在中国国内较大的省会城市、人口比较密集的地方，如广州、北京、上海等地设立公司，充分考虑到当地的地理区位优势，以更好地开拓市场。德国汉高公司就从生产布局覆盖全国的角度考虑，选择在天津、徐州等地设立洗涤剂生产企业。

在投资领域方面，跨国公司不仅要充分考虑到其自身的优势，还需要结合中国当地的人才、原材料等方面的实际情况进行选择。

二、跨国公司在华经营战略

与在本国经营相比，跨国公司在华经营面临着截然不同的营商环境。为了更好地融入中国市场，适应中国的政治环境、经济环境、社会环境和文化环境，大多数跨国公司都采取了本土化的经营战略，因地制宜地实施人力资源、营销策略、在华供应链、研究开发等多方面的本土化措施。本土化战略已经成为跨国公司在华长期经营而采取的必要战略安排之一。

1. 人力资源本地化

改革开放初期，在华的高层管理人员基本都是由外国人担任，中方雇员很少能够进入到高级管理层。随着改革开放的深入，越来越多的外企进入到中国市场，外资逐步开始意识到虽然他们在技术研发、市场开发等方面的运作已经十分成熟，但是由于对中国市场不够熟悉，对中国文化还是比较陌生，因此非常需要了解当地情况的人才来进行公司的日常管理和运营。

在这个情况下，越来越多的外企开始实行人力资源本地化的策略。特别是在中国加入世界贸易组织后，人力资源本地化的步伐在逐步加大。如全球知名的零售商沃尔玛就一直将人才本地化作为其人力资源战略之一，目前其在华企业 99%以上的员工为中国人，已经基本实现了人力资源本地化。

2. 营销策略本地化

营销策略本地化是指在制定营销策略的时候，跨国公司需要充分考虑到东道国的文化传统，切实与当地的营销环境相结合，以真正满足当地市场的需求。这方面的佼佼者为宝洁公司。

宝洁公司的产品早已经进入到了千家万户，其在中国发展成功的地方就在于其营销策略得当。通过良好的市场调研以掌握消费者需求，在很多跨国公司还在瞄准一线城市的时候，其已经开始将触角深入到中国的三线城市，通过成功的市场定位，来占据市场的领先地位。采用包含更多中国元素的营销方式，在产品命名方面，宝洁公司把很多品牌都以非常中国化的名字命名，如玉兰油、飘柔、碧浪、海飞丝等；针对一些消费者推崇中草药的心理，在其产品中加入了天然药用植物成分，满足中国当地消费者的需求。在广告促销方面，宝洁也充分考虑到中国市场的实际情况，如海飞丝大力宣传去头屑，切中消费者的需求；此外，其通过赞助“中国达人秀”这个电视节目，进一步提高在观众中的知名度，使得其业务量大幅上涨。

3. 在华供应链本地化

跨国公司在华供应链本地化主要包括生产加工本地化和采购本地化两种本地化策略。

生产加工本地化是最基本的本地化策略。自改革开放以来，许多跨国公司逐步将其生产基地转移到中国，重点投资于中国的制造业。中国成为“世界工厂”，不少大型跨国公司纷纷在华设立制造企业。如著名的日本企业东芝就从 2006 年开始将其冰箱、洗衣机的产能逐步转移至广东佛山的生产基地，从 2006 年 3 月开始量产①，而其位于杭州的商用空调中国生产基地也于 2012 年正式开始生产东芝商用空调。② 三洋、松下等大型跨国企业都已经投入巨资在中国设立生产基地。

采购本地化是指为了进一步降低成本，跨国公司在华设立的生产企业所需要的原材料和各种零部件都从当地购买，尽量避免从国外进口，节约运输成本和进出海关的相关费用。根据毕马威发布的研究报告，随着跨国企业进一步将其研发部门移到中国，中国会成为跨国企业在其本土市场外进行采购的首选。③ 如德国大众汽车公司进入中国 20 多年，成为目前零部件本地化程度最高的跨国公司之一。其旗下的大众捷达、桑塔纳等轿车国产化率已经超过 95%，原大众中国总裁兼 CEO、现斯柯达汽车董事会主席范安德就曾公开表示：“进口关税使得在中国本地采购原材料显得更加节约成本，因此大众将在华实现零部件采购 100%本地化。”④ 一汽大众汽车 2011 年宣布将选择在佛山建设第四工厂，将有 37 种关键零部件实现在佛山本地化生产。⑤ 跨国公司采购本地化将有助于推动我国当地产业的转型升级。

4. 研究开发本地化

为了更好地应对中国市场的竞争和满足消费者的需求，并利用我国的人才资源，一些跨国公司选择将技术的研究和开发活动从母国移到中国。目前，跨国公司研究开发本地化主要采用三种方式：

第一，成立独立的研发中心。这种研发中心一般是属于跨国公司全球研发体系的一个分支，是跨国公司在中国研发活动的核心。这类研发机构比较著名的有 IBM 中国研究院。IBM 中国研究院成立于 1995 年 9 月，是 IBM 公司的全球八个研究中心之一，也是其第一个在发展中国家建立的研究中心。

---

① 李群：《东芝冰箱、洗衣机海外最大生产基地移至广东》，见比特网，2008-04-21。
② 《东芝商用空调中国生产基地将投产》，见中国行业研究网，2012-07-20。
③ 《中国成外企采购首选地》，见大公网，2013-05-17。
④ 《大众所有零部件逐步国产化降低成本》，见太平洋汽车网，2010-09-14。
⑤ 《零配件企业跟着整车工厂跑强化协同关系》，见腾讯汽车，2013-01-14。

第二，在合资企业内部设立研发部门。一些跨国公司在华设立的合资企业内部都设有研发部门或者相应的技术开发公司。

第三，与中国的著名大学以及各类科研机构合作成立科研中心或者实验室。这种研发策略可以最大化地利用外界的研发资源，采取合作的方式，进而降低跨国企业本身的研发成本。

主要概念

社会责任标准　营销策略本地化　跨国公司地区总部　绿地投资　服务外包

复习思考题

1. 外商对华直接投资的区域结构怎样？
2. 外商直接投资对中国经济的消极影响有哪些？
3. 试述外商对华直接投资的主要特点。
4. 跨国公司在华投资一般选择什么样的进入方式？
5. 阐述外商在华直接投资的发展趋势。

案例分析

（一）阅读以下案例，谈谈跨国公司在华对外直接投资有哪些新的变化

跨国公司在华投资及其变化

世界各地跨国公司对华投资累计达到6 000多亿美元，居发展中国家之首。但从其基本特征来看主要有以下几个方面：投资领域主要有IT、电子、汽车、化工、生物制药等；主要国家和地区包括欧美日韩，以及我国台湾、香港地区；投资方式主要采取“介入性投资”（象征性地与中国国内企业共同出资，参股比例较低，不占经营主导权），对华投资的目标是追求贸易权益。但是，随着我国融入世界经济体系逐步加深，跨国公司投资战略也在逐步发生变化。总的发展趋势：一是跨国公司将继续扩大对华投资，生产、销售、技术开发的投资规模与速度，都在逐步提高；二是跨国公司为适应全球产业发展，根据全球市场和中国市场的变化继续追加和转型投资，以巩固和完成其整体战略布局；三是对华投资目标转型成为利用资金、网络、信息等综合优势，提高出资比例。为确保经营利益，跨国公司的独资、控股、实质性投资在对华投资中的比例将增加。

21世纪初，种种迹象预示着跨国公司对华投资在发生重大变化，主要表现是：（1）抢占产业制高点和控制权。2006年，荷兰物流业巨头TNT全面收购了我国最大的民营物流企业华宇物流；同年，我国民营涂料业的龙头老大——广东华润涂料有限公司80%的股权被美国威士伯公司以2.81亿美元的价格收购；2007年3月，美国联邦快递宣布完成收购我国大田快递全部股权；在生物医药领域，仅在上海张江药谷，已有4个有望诞生国家一类新药的中小企业被外资参股或控股，20多个新药被外资后期介入收购；2007年6

月，持有沈阳机床集团100%股份的沈阳市国资委与美国加纳基金签订框架协议，向后者出让沈阳机床集团30%的股份，加纳基金携20多亿元资金进入沈阳机床集团等。(2) 整合资源。在华投资的许多跨国公司通过投资性公司或地区总部来整合在华各个经营机构以及各种资源，形成事实上的企业集团负责制定各个企业的发展战略，为企业提供技术、生产、人力资源、销售等方面的服务，增强各个企业的竞争力。(3) 建立“现地自我完结的经营”机制。即实现“三化”：现地化，包括人才现地化，原材料、零部件和研究开发等都要实现现地化；集约化，发挥集团优势，统一品牌管理，统一物流、采购业务，统一资金调配；协业化，克服过去公司内部各个事业部各自为战，公司与其他公司也缺少合作的状态，达到协调统一，增强竞争力。

（二）阅读以下案例，分析广州本田成功的原因，对其他合资企业有什么借鉴意义

合资企业成功典范——广州本田

广州本田汽车有限公司是规避风险、建立战略防御机制——行业发展规划的成功典范。下面就其未来主要发展情况做一介绍。

第一，企业有一个先进、贴近市场和消费群体的先进理念。即要做一个“社会所期待存在的企业”。这个理念的基本含义是，企业首先是社会的，有了社会的认可和接受，企业才有生存和发展的基础。另外，企业把社会责任（Corporate Social Responsibility）看作是企业品牌战略的一个重要部分。这里的社会责任是指企业在追求自身经济利益的基础上维护社会福利的职责。

第二，具有现代企业必备的创新意识。2007年7月19日，广州本田举行了“广州本田汽车研究开发有限公司成立仪式”。这是国内第一个完全由合资企业投资建设的独立法人的研究开发公司。由该机构研发的产品是属于广州本田的自主品牌，并于2010年左右推出，这也是国内汽车合资企业首次尝试自主开发品牌，开创了合资企业发展的新模式。

第三，制造技术的升级。汽车产业的自主创新不应仅仅局限于产品技术的创新，还应该包括制造技术的创新。即不能简单强调自主品牌的开发，还应该重视作为汽车产业的基础——装备制造业的发展。装备制造业是基础性、战略性产业，体现了一个国家的综合国力、科技实力和国际竞争力。据统计，我国汽车工业所需装备占装备制造业产值的一半。而国内外的经验证明，汽车工业的发展既依赖于机床工业的技术进步，又带动了机床工业的发展。近十几年来，我国汽车工业已经成为机床消费的主体，约消费了全社会40%的机床。但是，其中进口机床约占80%。在机床中，数控机床是我国进口主要依赖产品。以2005年的数据为例，我国数控机床的国产化率只有31%，其中高端数控机床国内产品的市场占有率仅为4%左右，数控系统的国产化率不到10%。国内数控机床生产的落后不仅难以生产出高质量的产品，也使国内整车制造的“四大工艺装备”——冲压生产线、喷涂生产线、车身焊接和装配生产线、整车装配流水线整体落后于国际先进水平。装备制造的落后，将阻碍中国在2020年成为世界汽车产业强国的战略目标的实现。

广州本田意识到问题的严重性，毅然决定建设增城工厂，实现国产化率最优化、汽车制造装备国产化等未来企业发展目标，加快汽车制造技术及装备创新体系建设。2006年9月19日，广州本田增城工厂正式建成投产。在设备选择过程中，遵循以合资公司的利益为最高利益的出发点，在充分满足生产工艺和生产效率的前提下，通过国际招标、QCD

综合评价，确定设备和供应商，实现了在多处关键工序采用国产设备的突破，国产设备采用率将近50%。这一突破的意义并非仅是采购比例上的突破，重要的是技术水平和工作方法上的跃进。广州本田采用了本田技术研发全球最快的生产节拍，要求设备不仅满足快周期，还要具有高可靠性。在设备导入推进中，广州本田增城工厂项目组与具有优势的供应商一起通过多种方式的合作，共同参与创新工作，实现了国产设备的引入，为中国汽车装备工业的发展做出了贡献。

第四，集成创新。广州本田对高品质的不断追求，对增城工厂设备引进方式的创新可以简单概括为“集成创新”，主要有三种形式：第一种是以海天注塑机为代表的模式，海天注塑机凝聚了中日两国，广州本田、供应商、日本专家三方的智慧，根据广州本田对注塑的需求，发挥广州本田和专家的技术优势，对供应商从硬件和程序等各个方面改善和优化，最终生产出满足广州本田需要的产品。按照原来供应商的生产能力，生产一件注塑件的周期是90多秒，通过三方的合作，最终的产品生产周期达到了40多秒，这样的速度是供应商从来没有想过的。第二种模式是以广州本田为主导，进行项目组织，由不同的供应商共同完成的项目。这个模式的代表是焊装四门两盖的柔性生产线。广州本田根据焊装生产线的需求，综合考虑了生产线的可靠性和成本，制定出最为优化的设备组合，然后由不同的供应商共同参与，提供设备，最终完成生产线的建设。第三种模式是以冲压生产线为代表的模式。冲压压力机采用了多个国家的技术，由广州本田牵头对项目进行分解，分析整个设备的构成情况，由多个国家的设备共同完成。如压力机采用的是济南二机床厂的设备，压力机之间的机器人则采用了瑞典ABB的设备，控制系统由瑞典ABB负责集成和调试。

增城工厂设备的选择和安装，对广州本田的员工来说也是极大的锻炼机会，广州本田不仅达到了降低成本的目的，还培养了一支汽车工厂建设的人才队伍。这支队伍不论是参与程度还是在主导作用方面都有了大大的提高，形成了广州本田无形的资产。美国管理协会的一份对美国本土经理和外国主管的研究得出的结论是：“太多公司目光短浅地追求劳动成本经济，导致这些公司规模缩减，原因是没有构造出掌握熟练技能的劳动力队伍。”在职培训的一个重要方面是在线实践，交叉技术应用，目的是提高职工工作技能，为企业生产力持续增长带来效益。

第五，高瞻远瞩。本田一向有前瞻眼光，判断准确，在中国市场上也是如此。在合资成立初期，尽管中央政府强制要求国产化率，但许多合资企业达不到，也不愿达到。因为，根据当时的市场环境，无论从消费者还是从外方合作伙伴来看，选择达到高的国产化率，都是不明智的。从消费者来看，他们希望车子完全是进口的，对国产部件是排斥的。从国外合作伙伴来看，进口零部件能够获得更丰厚利润，而且能够保证质量。但本田却和中方伙伴一起，真正致力于国产化率的提升。因为，本田相信，在未来长久的竞争中，国产化率将起到重要的作用。因此，广州本田成为国内第一个公开国产化率的企业。而国产化则带来了一批日本的零部件企业落户广州，也培养了一批国内的零部件厂商具备国际竞争能力。在国产化过程中，不断成长出懂技术的人才。这些都为研发公司以及未来的自主品牌奠定了扎实的基础。

第六，高度共识。把握住趋势的人，就等于把握住了成功。广州本田就是把握当前趋势的企业。目前，中国已经成为全球发展速度最快、发展潜力最大的汽车市场，但是，中国的消费者因地区、收入、文化等方面的原因而所表现出来的汽车消费习惯、审美情趣的巨大差异性是世界其他国家无法比拟的。广州本田通过市场调研与研究，得出结论是，要想进一步扩大市场份额，必须开发出更符合中国消费者审美习惯、更能贴近中国消费者需求的新品牌、新车型。在广州本田发展自主品牌方面，广州本田的股东广州汽车集团和本田技研株式会社也取得了高度共识。这是合资企业最难做到的，也是最容易被忽视的，但本田做到了。

事实上，本田公司在全球各地从事事业活动的基本原则就是在有需求的地方从事生产和研发，本田公司对广州本田的自主品牌开发工作完全支持。广州本田成立以来，不仅在制造、销售方面取得了优异的成绩，同时在技术开发、人才储备等方面也有了很大的进步，研究开发公司的成立，是广州本田综合能力的集中体现。

第七，不怕冒险。在未来，合资公司的自主品牌将使用全新的标志，本田同样持赞成态度。这再次表现出本田的长远目光和对合资企业的信任。在合资企业启用一个新的标志，中国合资企业历史上从未有过。表面看来，本田是一次冒险。但从长远来看，如果能够在中国的合资企业培养一个强大的自主品牌，这个自主品牌更了解中国消费者心理，更能赢得消费者喜爱，那么对合资企业乃至本田品牌都会有正面积极的影响。

研发公司是探索自主品牌道路的创新。在当前中国汽车行业各企业纷纷提出自主品牌研发工作的大环境下，广州本田走在前面，主要表现在以下几个方面：一是率先成立合资企业全资拥有独立法人的研发公司；二是研发公司有一个很大的特点，研发的产品将会拥有自己的品牌，有别于本田之外的品牌；三是规模是目前汽车行业中最大的，本田首期投资 20 亿元，占地面积达 600 万平方米，率先在中国汽车行业由企业建造一条具有世界先进水平的试车跑道。四是关于合资企业自主品牌，广州本田强调，研发公司是 100%投资，由广州本田自主决策，品牌属于广州本田，这在中国探索自主品牌道路方面也是一种创新。同时，广州本田在成为社会期待的企业方面，一直在努力，尤其是在环保、安全、节能方面的实践。广本希望通过这些努力，能够使广州本田真正成为社会期待存在的企业，成为一个被普遍认同的企业。

经济增长的主要来源是生产要素的技术应用，而不是简单的生产要素的存量增加，从上述分析中，可以明确看出国外跨国公司取胜的关键是牢牢掌握产品的高端生产环节、高附加值、高经济规模效应。而我国经济自改革开放以来虽然有很大发展，但主要是建立在廉价劳动力上的对低级产品的加工或组装，料重工轻，规模经济有限。

我国的各级各类合资或独资企业，如果不积极采取措施扭转局面，经济安全将存在巨大隐患。传统的国际分工是行业间的垂直分工，21 世纪并购浪潮将导致发展中国家与发达国家形成力量不均衡的“二元”结构。“一元”为发达国家跨国公司占支配地位、主导地位的产业群体，另“一元”为发展中国家依赖于国外产业群体的产业，发展中国家的高度依赖性导致其在整个国际分工的价值链中处于被动，受人遏制。要想从根本上改变，不是任何一方的努力所能达到的，这就要求政府、企业、个人共同努力，打造我国经济核心竞争力：重视人才培养、资本积累，关键是核心技术开发。在核心技术研究与核心技术保护方面，广州本田汽车有限公司就是成功典范。

第十章

“走出去”战略与中国跨国公司的发展

本章要点

- “走出去”战略及其理论基础
- 中国跨国公司跨国经营的发展阶段与投资模式
- 中国跨国公司发展中存在的问题及对策

导入案例

海尔走向国际市场

海尔集团成立于1991年，其前身是青岛电冰箱厂，1984年引进德国利勃海尔电冰箱制造技术后开始使用海尔品牌，在改革发展的时代浪潮中一步一步成长，从员工不足800名、销售收入仅380万元、亏损却高达147万元的集体小厂，发展成为一家集科研、生产、贸易和金融于一体的大型国际化企业集团，并且跻身“世界500强”行列。海尔集团是中国企业“走出去”的典范。

海尔集团在首席执行官张瑞敏的指导下，1991年确立了名牌战略，1998年确立多元化战略，2005年确立国际化战略，2012年确立全球化品牌战略，到如今的网络化战略，海尔品牌在世界范围的美誉度大幅提升。海尔集团的主营业务为白色家用电器，其在白色家电市场上处于垄断地位，市场份额为34%，已经大大超过国际公认的垄断线。在国际市场，海尔小冰箱、酒柜在美国市场，海尔洗衣机在伊朗，海尔双缸洗衣机在日本，海尔空调在塞浦路斯，分别占据当地第一的市场份额。

海尔集团在海外投资采取循序渐进的方式，由一般出口到境外投资建厂，再到尝试跨国并购。由于出口面临的政治风险最小，而且在国外市场潜力尚未准确探知，出口可以起到投石问路的作用，并为将来的直接投资积累经验。1986年，青岛电冰箱总厂第一次出口产品，取得了300万美元出口额，打响了成功的第一炮。之后海尔集团的出口仍然保持增长势头。1998年，海尔出口创汇达到7 675万美元，比1997年增长了36%。1990年，海尔产品通过美国UL认证，标志着海尔走向国际市场的思路已经开始付诸实施；同年，第一批出口的冰箱进入德国市场，吹响了向欧洲家电市场进军的号角。出口欧洲的无氟节能冰箱、冷柜等产品已达到欧洲最高标准，一扫中国货在外国人心目中质次价低的形象，以全新面目挺进国际市场。1993年，海尔空调进入法国市场，次年在巴黎设立了海尔贸易公司，直接面向法国和欧洲市场。在欧洲家电市场，海尔凭借高质量、个性化和速度优势树立起自己的品牌。

在市场条件成熟之后，海尔开始进行海外投资，在全球范围内整合资源。海尔集团从1995年起，就着手在海外投资建厂。经过洽谈和协商，1996年12月，海尔在印尼雅加达建立了海外第一家以生产电冰箱为主的合资生产企业——海尔莎保罗有限公司，它是海尔的首次跨国经营，标志着海尔集团的国际化迈出了重要的一步。1997年6月，菲律宾海尔LKG电器有限公司成立。1997年8月，马来西亚海尔工业有限公司成立。1997年2月，南斯拉夫生产厂成立。

2001年6月，海尔并购了意大利迈尼盖蒂公司所属的一家电冰箱制造工厂，这是中国白色家电企业首次实现跨国并购，海尔成为中国第一家到欧洲家电制造腹地收购工厂的企业。2002年3月，海尔在美国纽约中城百老汇购买原格林尼治银行大厦，将这座标志性建筑作为北美的总部，海尔的“三位一体”本土化战略又上升到了新的阶段。

海尔还是第一个真正被日本消费者接受的非日本品牌。2002年1月，海尔通过与日本三洋公司竞合的方式成功进入日本市场。日本是公认的家电王国，连欧美的家电品牌都难以立足日本市场，通过渠道互换的办法，三洋海尔株式会社经销的海尔品牌家电全面进入日本家电市场，并以与日本名牌家电相当的价格初步树立起海尔品牌的美誉度。

海尔海外投资的产业方式并不拘泥于采用单一的投资方式，而是根据自身的特点进行及时的调整。从海外投资准备阶段到发展阶段，海尔一直主张以新建设厂的方式进行海外投资，除收购意大利工厂之外，其他均为新建投资。到了海外投资扩张阶段，投资方式的多样化开始变得丰富起来，已经较多采用跨国并购。

海尔在海外投资的过程中，与国外知名企业结成多种形式的战略联盟，在增强了自身实力的同时也极大促进了海尔在海外的发展。一是技术合作联盟；二是渠道销售联盟；三是品牌宣传联盟。这三大联盟分别形成了海尔在高新技术方面的优势，让海尔成功进入海外市场，快速传播了海尔的品牌知名度，扩大了海尔品牌全球年轻一代消费群体的影响力。

另外，很重要的是海尔大力推行本土化战略，才使得海尔产品在海外的销售成功。海尔的“三位一体”本土化战略是指研究开发本土化、产品制造本土化、营销本土化。海尔在国外设立研发中心，雇用当地的科技人才，这样不仅能降低跨国企业的研发成本，更重要的是使产品开发和市场营销紧密结合起来，使企业具有更强的适应力。海尔产品进行本土制造，确保在最短的时间内根据顾客个性化需求，把设计生产的产品交到顾客手中，并有一流的技术和服务保证，从而获得了较大的市场占有率。目前，海尔已经形成了较为健全的海外营销网络，包括一般客户、海尔经销商、合作伙伴，成功实现了营销本土化。海尔本土化战略还包括“三融一创”，即融资、融智、融文化、创新。在“三位一体”的基础上，海尔在当地积极推进“三融一创”，创本土化的世界品牌。为了实现本土化设计、本土化生产，海尔集团坚持“市场设计产品”的经营理念，以最快的速度捕捉市场信息，使产品设计紧跟市场变化。自 1994 年海尔在东京建立了首家海外设计分部以后，先后在洛杉矶、硅谷、阿姆斯特丹、蒙特利尔成立海外设计分部；在汉城、悉尼、东京、洛杉矶、硅谷、阿姆斯特丹、维也纳、蒙特利尔、中国台湾、中国香港等城市设立了信息中心。

海尔的成功也受很多外在因素影响：

其一是政治因素，我国奉行独立自主的和平外交政策，在国际上确立了和平友好的外交形象，使其在更公平的国际环境下开展业务活动，促使跨国企业在全球进一步迅速发展。

我国政府对“走出去”企业的政策支持也很大程度地帮助了海尔集团的成长。我国加入 WTO，世界上 150 个成员国无条件对我国企业实现关税减让，提供贸易最惠国待遇，为我国家电企业开拓国际市场提供了一个良好的环境。

其二是经济因素，国民经济保持较快增长，经济规模进一步扩大；对外贸易发展良好，外汇储备不断增加；汇率水平不断变动，人民币不断升值等，都在为海尔的海外投资发展提供了助力。

海尔是一个有宏大的目标的集团，又有清晰的自我定位和战略方向，能够不断提升创新能力，准确把握市场。

资料来源：海尔官网。

第一节 “走出去”战略及其理论基础

一、“走出去”战略的提出

“走出去”战略有狭义与广义之分。狭义的“走出去”战略，是指对外直接投资。广义的“走出去”战略不仅包括对外直接投资，而且还包括货物贸易、服务贸易、技术贸易、劳务输出以及承包工程等。本章所讨论的“走出去”是指狭义的概念。“走出去”战略的提出经历了以下三个阶段。

1. 对外开放思想孕育了“走出去”战略

邓小平同志深刻总结了我国建设社会主义的历史经验教训，把对外开放提高到社会主义事业兴衰规律的高度，明确指出了对外开放是我国的长期国策，并科学阐述了对外开放的内涵，提出了对外开放的步骤和发展格局，开创了中国改革开放的全新局面。党的十一届三中全会明确提出：“在自力更生基础上，积极发展与世界各国之间平等互利的经济合作。”在这一重要方针指引下，我国企业开始勇敢地迈向世界。因此，可以说，是对外开放思想为“走出去”战略提供了坚实的理论基础。

2. “走出去”战略的正式提出

在总结了我国对外开放的历史后，第二代中央领导正式提出把“走出去”作为国家战略。1992 年，江泽民同志在党的十四大报告中明确指出，要积极扩大我国企业的对外投资和跨国经营。1997 年，在党的十五大上，进一步提出：更好地利用国内国外两个市场、两种资源，积极参与区域经济合作和全球多边贸易体系，鼓励能够发挥我国比较优势的对外投资。

2001 年，我国《国民经济和社会发展第十个五年计划纲要》指出：“鼓励能够发挥我国比较优势的对外投资，扩大国际经济技术合作的领域、途径和方式。继续发展对外承包工程和劳务合作，鼓励有竞争优势的企业开发境外加工贸易，带动产品、服务和技术出口。支持到境外合作开发国内短缺资源，促进国内产业结构调整和资源置换。鼓励企业利用国外智力资源，在境外设立研究开发机构和设计中心。支持有实力的企业跨国经营，实现国际化发展。健全对境外投资的服务体系，在金融、保险、外汇、财税、人才、法律、信息服务、出入境管理等方面，为实施‘走出去’战略创造条件。完善境外投资企业的法人治理结构和内部约束机制，规范对外投资的监管。”2002 年，在党的第十六大报告中，江泽民同志提出：坚持“走出去”与“引进来”相结合的方针，全面提高对外开放水平。

3. “走出去”战略的加快发展

2003 年 10 月，党的第十六届三中全会通过的《关于完善社会主义市场经济体制的若干重大问题的决定》指出：“继续实施‘走出去’战略……‘走出去’战略是建成完善的社会主义市场经济体制和更具活力、更加开放的经济体系的战略部署，是适应统筹国内发展和对外开放要求的，有助于进一步解放和发展生产力，为经济发展和社会全面进步注入强大动力。”

2005 年，政府工作报告中提出：“要进一步实施‘走出去’战略。鼓励有条件的企业进行对外投资和跨国经营，加大对信贷、保险外汇等业务的支持力度，加强对‘走出去’企业的引导和协调。建立健全境外国有资产监管制度。”

专栏

北京同仁堂集团的国际化战略

从 20 世纪 90 年代初起，同仁堂就制定了“站稳亚洲，开辟大洋洲，进入美洲，开发欧洲，让同仁堂产品走向全世界”的战略方针，为同仁堂与国际市场迅速接轨奠定了基础。

1. 国际化战略第一阶段

一是顺应改革开放，建立现代公司制企业。1989 年，国家工商行政管理局商标局认定“同仁堂”为驰名商标，受到国家特别保护。1991 年，同仁堂制药厂晋升为国家一级企业。1992 年，在改革开放的新形势下，为了充分发挥同仁堂及其产品优势，经北京市政府批准，成立了同仁堂集团公司，为同仁堂的快速发展创造了良好的条件。

2001 年 7 月，由北京市政府授权的中国北京同仁堂（集团）有限责任公司正式揭牌。这标志着同仁堂实现了规范化的公司制的转变，同仁堂成为一家完全意义上的现代企业。

二是利用品牌和技术优势，初步尝试海外扩张。1993年，同仁堂在中国香港开设第一家分店，把它作为传播中医中药精髓的窗口。其后共开设四家分店，在这些店中都有坐堂中医，在把脉诊病的同时，把同仁堂的中成药制品、参茸制品和中药饮片介绍给香港市民。300多年来，同仁堂一直遵循“炮制虽繁必不敢省人工，品位虽贵必不敢减物力”的古训。因此，同仁堂在香港的分店深受当地群众欢迎，经营实现了当年投资、次年收益。

同仁堂相继在马来西亚开办了北京同仁堂（马来西亚）有限公司；在澳大利亚开办了北京同仁堂（澳大利亚）有限公司；在英国开办了北京同仁堂（英国）有限公司。1997年，集团公司所属企业八条主要生产线通过澳大利亚GPA认证，为同仁堂产品进一步走向世界奠定了基础。

这些合资公司有几个特点：一是均以“同仁堂”品牌作为无形资产的形式入股，在合资公司投资总额中占一定份额。二是“同仁堂”品牌的无形资产蕴涵在企业经营的各个方面，最突出的表现就是技术的精湛与独到之处。三是名医名药结合。合资公司有条件开设药店，选派北京名老中医作为坐堂医生，为当地病人诊病，介绍并销售同仁堂产品，便于当地居民对“同仁堂”老字号有了深刻的认识。四是各合资公司经营的产品都是以贸易的方式从公司进口的产品，扩大了公司的出口。

2. 国际化暗战第二阶段

一是利用优势，规避风险。同仁堂在海外投资中始终坚持：情况不熟悉的不投，政策环境不好的不投，合作伙伴不讲信誉的不投，没有前景预期的也不投。同仁堂充分利用自身优势，如品牌优势、产品优势、技术优势和规模优势来参与国际合作，规避风险。

在向海外市场迈进过程中，同仁堂充分利用金字招牌优势，以品牌作为无形资产入股，与国外企业合资办公司，加快了同仁堂产品进入国际市场的进程。

同时，同仁堂充分利用自己的技术优势。在国外搞技术深加工，以在更大范围内实现弘扬民族精髓、开辟国际市场的目标。如澳大利亚的鹿茸资源非常丰富，但那里的加工技术比较落后，同仁堂在以品牌入股的前提下，还以鹿茸加工技术入资，使同仁堂的鹿茸加工技术与当地的鹿茸资源相结合，生产出的鹿茸产品销往韩国、日本等地。这个合资项目不仅得到澳大利亚政府的热情支持和鼓励，也使合资双方受益匪浅，在实现同仁堂全球性市场战略过程中开拓了新的更为广阔的领域和前景。

二是开拓国际市场。1998年后，北京同仁堂加快向海内外市场扩张，打破了传统思维方式与业务运作模式，对一切有利于海外市场发展的要求都尽力积极促成，开展多种灵活贸易方式，尽快抢占国际市场。

2000年5月，同仁堂科技与德国麦尔海生物技术公司总投资500万美元，合资组建同仁堂麦尔海生物技术有限公司。这次合作既填补了国内开发生物工程药品的空白，也使同仁堂实现了从传统型企业向高科技知识型企业的飞联。

2000年10月，北京同仁堂股份有限公司与美国安荣贸易有限公司签订了北京同仁堂（美国）有限公司合资合同，以北京同仁堂股份公司控股在美国成立北京同仁堂（美国）有限公司，北京同仁堂股份有限公司占投资总额的70%，美国安荣贸易有限公司占30%。为此同仁堂迅速开展市场调研以及对产品的通关和销售网络的建设。

2000年10月，北京同仁堂股份有限公司与香港泉昌有限公司签订了北京同仁堂泉昌企业管理咨询有限公司合资合同，成立北京同仁堂泉昌企业管理咨询有限公司，主要从事药店管理服务。通过该公司的运作，提升了公司药店经营效益，提高了医药零售利润率。

同时，同仁堂也已经注意到要取得在海外市场的大发展，就必须实施本土化策略。目前，已在中国香港地区有5家药店，在英国、泰国、美国、澳大利亚、马来西亚等多个国家或地区成立了合资公司，而且将从单纯的产品出口、商业合资向当地化生产拓展。目前，同仁堂正在探索经营当地化、生产当地化以及“以医带药、以学带药”的中药发展新模式，向国际大型中医药集团的方向迈进。

3. 国际化战略第三阶段

一是加大资本运作和产品创新。同仁堂在加速海外扩张的同时也加大了在资本市场的运作力度。北京同仁堂A股于1997年7月在沪上市，几年来该股业绩不俗，在销售力度加强的同时，主营业务收入和净利润逐年增长，平均每股收益达到了0.58元左右。2000年10月，同仁堂科技发展股份有限公司在香港创业板成功上市，获得20多倍的超额认购，成为中国资本市场1 000多家上市公司中的分拆上市第一股，开创中国A股分拆境外上市之先河。

中药国际市场的准入，一直是困扰中药占领海外市场的最大障碍。“入世”后，随着贸易壁垒的削弱，技术壁垒会日益加强。目前，各国对中药成分的禁忌规定、重金属含量及农药残留量的要求日趋严格。面对这种严峻的形势，同仁堂认真研究了各进口国的中药准入标准，在确保药品疗效的基础上，积极进行了成分替换及产品剂型、包装的改进工作，以满足市场需要。同时为适应国际市场，为严格控制重金属和农药残量，从产品的源头抓起，建立了自己的药材种植基地，对农药残留量、重金属含量进行严格的控制，确保成药产品的稳定性与绿色性，推动现代中药进入国际医药主流市场。

二是积极应对国际市场壁垒，加速海外扩张。秉承开拓国际市场的原则，2001年3月，北京同仁堂股份有限公司在泰国相对控股成立了北京同仁堂（泰国）有限公司，一改过去谨小慎微、求稳怕乱的传统作风，开始加快向国际市场迈进，向规模化发展。泰国卫生部以北京同仁堂（泰国）有限公司开办为样板和契机，大力宣传中医中药，使中医行医合法化以法律形式固定下来。

同仁堂努力加快中药现代化和中药国际化，突破传统的发展模式，在一些国家或地区办特许经营连锁店、建立中药分装加工厂、设立办事处等，使国粹中药更加贴近国际医药主流市场。此外，同仁堂还将在海外合作建立集生产、科研和销售为一体的生产、科研基地，为同仁堂以高科技含量、高附加值产品开发海外市场奠定基础。随着电子商务的兴起，网络新经济时代的来临，同仁堂也集中了一批网络人才，积极介入电子商务领域，全方位、多角度面向国际市场，充分利用网络高速度传播信息的特点，发挥同仁堂的传统优势。

二、“走出去”战略的理论基础

西方主流的跨国公司对外直接投资理论，基本上都是在20世纪60年代后随着国际投资和跨国公司的发展而逐渐产生的，如海默的垄断优势理论、弗农的产品生命周期理论、巴克莱和卡森的内部化理论、邓宁的国际生产折中理论以及小岛清的边际产业扩张理论等。这些理论的共同特点是以美欧等发达国家的跨国公司为研究对象，其主要内容是解释发达国家跨国公司的对外直接投资行为。

20世纪80年代以后，出现了一些研究发展中国家跨国公司对外直接投资的理论，如邓宁的投资发展阶段理论、威尔斯的小规模技术理论等，但这些理论并不完全适用中国的国情，并不能完全解释中国跨国公司的对外直接投资行为。近年来，国内一些学者结合中国的实际情况做了一些尝试性的、有意义的理论探讨。其中，比较有创新特点的是康荣平、柯银斌提出的“后发展型跨国公司”理论。①

“后发展型跨国公司”理论，也称为经济全球化条件下的跨国公司新理论。该理论与西方主流的跨国公司理论（或称为“非全球化条件下的跨国公司理论”）不同的是，它研究的是20世纪80年代后在经济全球化时代发展起来的跨国公司，即后发展型跨国公司对外直接投资的特点和规律。“后发展型跨国公司”理论的主要内容如下。

1. 跨国化成为经济全球化条件下企业成长的一般方式

西方主流跨国公司理论分析的出发点是：企业的跨国发展与国内发展相比，面临的交易成本更高，因此，企业跨国经营的必备条件是具备企业竞争者所没有的某种优势，可以称为“优势前提论”。

康荣平、柯银斌认为，这里有一个隐含条件，即在20世纪80年代以前的非经济全球化的条件下，绝大多数企业在各自的国内市场里都可以生存与发展，跨国化并非企业生存与发展的必要条件。或者说，在非经济全球化时期，跨国化只是企业成长的一种特殊方式。

20世纪80年代后，经济全球化与信息化的发展使上述（前提）条件发生了改变。

一方面，经济全球化使生产要素跨国流动的障碍越来越小；各国为吸引外商直接投资提供各种优惠条件越来越普遍；信息技术，尤其是互联网的出现极大地降低了各种经济活动的交易成本，其中跨国经营活动交易成本的降低尤为显著。企业在本国发展与跨国发展的交易成本差别大大缩小，在很多情况下已无质的区别，从而导致“优势前提论”的失效。

另一方面，经济全球化最重要的内容之一就是市场全球化，全球化市场以及生产要素的自由流动改变了企业生存与发展的必要条件，即企业要在全球范围内配置生产要素，才能正常生产与发展，尽管不同行业全球化的程度与时间不同。美国国会对上千家企业的一项跨度达十年的调查发现，跨国企业比本土企业的存活率高50%，就是一个很好的例证。一个仅在国内配置生产要素的企业，面对许多在全球范围内配置生产要素的竞争企业，是难以生存和发展的。由此，在全球化的条件下，跨国化成为企业成长的一般方式。

2. “赢得优势论”替代“优势前提论”

康荣平、柯银斌认为，在经济全球化时代，企业如何在全球化的市场竞争中赢得优势地位，是企业要解决的基本问题。他们将跨国经营对企业竞争优势的影响归纳为三种类型：一是企业已有某种竞争优势，通过跨国经营发挥和维持了原有的优势（典型的传统模

① 康荣平、柯银斌：《论后发展型跨国公司》，载《太平洋学报》，1998（3）。

式)；二是企业已有某种竞争优势，通过跨国经营又获取了新的竞争优势；三是企业原来没有竞争优势，通过跨国经营获得了竞争优势。如表10—1所示。

表10—1 企业跨国经营与竞争优势的关系

跨国经营前	跨国经营后
1. 已有优势	发挥并维持优势
2. 已有优势	获取新优势
3. 没有优势	获取优势

3. 战略链节是竞争优势的新来源

波特20世纪80年代提出的价值链理论认为，在一个企业众多的“价值活动”中，并不是每一个链节都创造价值的，只有来自某一个或几个特定链节的活动创造价值。这些特定的链节就是企业价值链的“战略链节”。企业在竞争中的优势，尤其是长期优势，归根到底就是在这种战略链节上的优势。这些决定企业战略成败的关键环节，既可以是技术开发、产品设计、制造工艺，也可以是原料供给、市场营销、人员培训等，视不同的行业而各异。

在经济全球化的条件下，大企业采取“归核化”战略——集中于战略性的核心链节，放松非战略链节使之虚拟化，当然这些活动都是在全球市场中进行的。中小企业则可以抓住本行业一两个关键链节，扩展到全球市场，以形成竞争优势，而对原本松散的其他链节进行虚拟整合。

综上所述，经济全球化之前的跨国公司发展的主流可以粗略地概括为大型化和重型化，而全球化条件下跨国公司的新发展也许可称为小型化和轻型化（虚拟化），未来的企业绝大多数都将跨国化，跨国公司将成为未来企业的一般形式。

4. “后发展型理论”是中国跨国公司发展的理论基础

后发展型跨国公司与先发展型跨国公司成长具有不同特点。[①] 先发展型跨国公司，即早期欧美跨国公司，其国际化主要具有两个特点：一是在该企业从事跨国经营的初期，国际上该行业里还没有或很少有跨国公司，即具有先行者特征；二是该企业的核心技术基本上是自己发明研制的，即具有自主者特征。后发展型跨国公司的主要特点是：一是该类企业国际化时，其所在行业的国际市场中已充满了跨国公司，即具有后来者特征；二是该类企业的核心技术主要是国外引进的，即具有技术依赖者特征。

根据企业产生及其国际化路线、所处的若干环境因素导致的行为差异，后发展型跨国公司可进一步划分为常规型、开放型和转折型。

（1）常规型。主要是指在经济开放度较高、行业所需生产资源和市场需求的国内条件较好的背景下建立与成长起来的企业。跨国经营进展是循序渐进的，如海尔集团。

（2）开放型。主要是指在经济开放度较高、行业所需生产资源国内缺乏、产品的国内

① 康荣平、柯银斌：《华人跨国公司的成长模式》，载《管理世界》，2002（3）。

市场有限的背景下建立与成长起来的企业。这些企业从初建时起就在某些生产要素和产品上有较高的国际化程度，并一直保持较高的国际化水平，在某些方面的国际化水平还逐渐提高，如联想集团。

(3) 转折型。主要是指在经济不开放的条件下建立并发展壮大到相当规模和实力的企业。在国家经济转型为开放后，这些企业才开始其跨国经营，如首钢总公司、中国化工进出口公司等。

根据上述理论，康荣平、柯银斌认为，中国一大批大中型企业是在原“闭关锁国”条件下发展起来，在中国实施对外开放政策后转而走上跨国化发展道路的，它们在跨国化发展动因、行为方式与策略等方面，像首钢、中国化工一样，都属“后发转折型”跨国公司。这种情况在1997年前后发生了明显变化，即改革开放后新成长起来的企业，如海尔、华为、小天鹅等，越来越多地跨出国门，进行直接投资，这些企业属于典型的“后发常规型”跨国公司。可以认为，从此中国企业的跨国化发展进入了一个新阶段。

三、“走出去”战略的现实意义

1. 充分利用国外资源弥补我国资源的不足

虽然我国是一个幅员辽阔、资源丰富的大国，但有经济开采价值的资源按人均储量来说，国内的资源是非常有限的。随着国民经济的迅速增长，对自然资源的需求量不断上升，这样，有限的资源与不断增加的需求量之间的矛盾日显突出。发展中国的跨国公司有利于这一矛盾的解决。目前，我国大型企业集团在国外投资矿产品、林产品开发等项目，大大满足了国内市场对自然资源类产品的需求。2007年以来，由于国际市场石油、铁矿石等资源价格不断上升，国内下游生产制造部门感受到了越来越大的成本压力。在这种情况下，中国企业走出去投资矿产品的开采项目显得愈发必要和紧迫。

中国企业国际化有利于利用发达国家的资金优势、高新技术优势以及科技商品化、产业化优势。发达国家银行业放松管制，有利于我国在当地直接融资；全球金融一体化趋势，更有利于我国利用国际金融市场实现全球融资；同时，由于我国技术层次呈多元化发展，与发达国家开展共同开发研究和技术合作，有利于获取高新技术和科技商品化、产业化的诀窍。

2. 有效配置国内闲置资金

到海外投资办企业，一方面是国内资金输出的过程；另一方面也是更广泛地利用境外金融机构大规模筹措所需贷款的过程。

3. 引进国外先进的技术与管理经验，带动国产设备出口

与引进外国直接投资相比，鼓励中国企业“走出去”，发展“追赶型”对外直接投资是获得国外先进技术更为有效的途径。所谓“追赶型”对外直接投资，是指发展中国家的跨国公司在发达国家高新技术企业和研究机构聚集区进行研究与开发性投资，通过利用反向技术外溢效应获取发达国家先进技术的一种投资方式。中国企业通过发展“追赶型”对

外直接投资设立境外企业，能够最大限度地获取发达国家技术集聚区所产生的溢出效应。同时，此类境外企业能将大量技术信息及时传递到国内公司总部，从而有助于中国企业及时了解世界前沿技术动态，增强国内企业研究与开发的能力。

第二节　中国跨国公司跨国经营的发展阶段与投资模式

一、中国跨国公司跨国经营的发展阶段

我国企业国际化经营起步较晚，是在 1979 年改革开放方针确定以后发展起来的，大致经历了四个阶段。

1. 起步阶段（1979—1991 年）

这一期间，只有个别企业开始对外投资，采取的方式是在主要国家的主要城市设立代表处、办事处，主要任务是代理国内公司向外推销产品，投资特点是金额小、业务功能简单。

在 1979—1983 年的五年里，经中国政府批准在国外开办的合营和独资企业共 61 个，分布在 23 个国家和地区，总投资额为10 119万美元，其中，中方投资4 590万美元。投资领域主要集中在航运服务、金融保险、承包工程和中餐馆等少数行业。如 1980 年 3 月，中国船舶工业总公司和中国租船公司与中国香港环球航运集团等合资在百慕大成立“国际联合船舶投资有限公司”，代理中国船舶及船用设备的进出口及经营国际航运业务。

1984—1985 年，境外企业发展较快，经政府批准在国外开办的企业共 119 个，比前 5 年开办的企业数增加了近一倍，总投资额19 477万美元，其中，中方投资13 137万美元。投资项目分布在 40 多个国家和地区，涉及的领域和行业更加广泛，包括资源开发、加工生产装配等方面。如 1984 年 10 月，中国国际信托投资有限公司投资4 000万元人民币，在美国西雅图与一家美国公司合资建立西林公司，从事林业和木材加工业务。

在改革开放初期，中国政府对境外投资审批极其严格。1984 年，外经贸部制定并颁布了《关于在境外开办非贸易性企业的审批程序和管理办法的试行规定》。这一规定下放了部分审批权限，简化了部分审批手续。但是，总体而言，中国政府并没有大张旗鼓地支持和推进境外投资，跨国投资主要是部分企业的自发行为，项目投资金额不大。

2. 调整整顿阶段（1992—1998 年）

这一阶段对外投资出现热潮，许多企业懂得了走出国门做生意比坐在家里等客户效果更好，纷纷在自己产品的主要销售国家建立一系列的分支机构，扩大自己的经销点，慢慢形成了一整套有效的经销网络。

1992 年后，伴随深化改革和扩大开放，中国跨国公司开始进行比较大规模的海外投资。如 1992 年 11 月，首钢以 1.2 亿美元收购秘鲁铁矿公司是当时影响最大的跨国投资项目，该项目成为我国冶金行业跨国投资最早的尝试。我国境外直接投资金额急剧增大，仅 1992 年一年就达到了 40 亿美元，1993 年又增加到 44 亿美元。

但这种扩大趋势并没有维持很长时间。由于种种原因，20 世纪 90 年代初，我国企业跨国投资出现了一些问题，主要表现在：

（1）一些没有完成改制的国有企业，由于产权不清晰、激励机制和约束机制不完备，跨国投资失控；

（2）一些企业违反国家规定，未经批准擅自在境外设立公司，致使“夫妻店”、“独人公司”等现象屡见不鲜；

（3）一些企业海外项目财务管理不规范，普遍存在“两本账”问题，给国有资产的保值增值带来隐患；

（4）一些腐败官员利用跨国投资将国有资产转移到个人名下，造成国有资产流失。

1994 年，国家开始对企业海外投资进行整顿，要求各单位对本单位的境外企业进行清理，撤销“夫妻店”、“独人公司”，补办擅自设立的境外企业审批手续。政府有关部门对境外投资制定了更严格的审批手续规定。经过整顿，盲目的境外投资得到遏制。与此同时，我国境外投资数量明显下降。

3. 积极推进阶段（1999—2003 年）

这一阶段跨国经营活动出现了新的质变，不仅代表处、人事处、销售网络相继建立，而且许多企业在国外建立了自己的窗口，如商场、宾馆、展览中心等，更有一些生产企业在一些国家建立自己的生产、维修基地等。

中国企业更多地按市场经济规则并从企业发展自身规律出发进行跨国投资。中国政府也以从未有过的积极态度支持和推进企业的跨国投资。1999 年初，中国政府以推进境外加工贸易为起点推动中国企业海外投资，促进中国跨国公司的成长。国务院出台了鼓励企业开展境外带料加工装配业务的规定。1999—2003 年，共批准海外投资企业数1 555个，中方投资额超过了 49 亿美元，其中，2003 年，我国企业投资设立境外企业 510 家，中方投资额达 20.87 亿美元，项目平均投资额超过 400 万美元。具体见表 10—2。

表 10—2　　1979—2003 年中国对外直接投资基本情况

年份 / 对外直接投资情况	1979—1991 年	1992—1998 年	1999—2003 年
批准海外投资企业总数（个）	1 048	1 046	1 555
年均批准海外投资企业数（个）	80.61	149.43	311
中方投资总额（万美元）	151 296	102 222	491 883
中方年均投资额（万美元）	11 638.15	14 603.14	98 376.6

4. 快速发展阶段（2003 年以后）

2003 年以后，我国对外直接投资速度明显加快，2014 年达到1 028.9亿美元，呈现高速增长的势头。2006 年和 2007 年，我国非金融类对外直接投资分别为161.3亿美元和187.2亿美元。截至 2014 年底，我国累计非金融类对外直接投资达到6 463亿美元。

大批中国企业已开始“走出去”到海外市场进行战略布局，呈现全方位、宽领域的跨国经营特点。跨国投资领域已拓展到海外的工业制造、建筑、石油化工、资源开发、交通运输、水利电力、电子通信、商业服务、农业等行业，并在海外的环境保护、航天航空、核能和平利用、医疗卫生、旅游餐饮、咨询服务等领域也有长足的进展。

二、中国跨国公司跨国经营的投资模式

1. 建立海外营销渠道投资模式

建立海外营销渠道投资模式，是指我国一些企业进行海外投资的目的并不是在东道国设立生产基地或研发中心，而是要建立自己的国际营销机构，借此构建自己的海外销售渠道和网络，将产品直接销往海外市场，减少中间环节，提高企业的盈利水平。

中国最大制药企业——三九集团的海外投资基本上属于这种，三九集团的制造基地和研发中心等均在国内，海外公司主要是营销机构。自 1992 年以来，三九集团先后在中国香港、俄罗斯、马来西亚、德国、美国、南非、新加坡、日本、中东地区等十几个国家和地区设立了营销公司。这些营销公司作为三九集团在海外的窗口，担负着让这些国家和地区的消费者了解三九产品、开拓三九产品海外销售市场的重任。海外营销公司的发展壮大，使三九集团产品的市场由单一国内市场逐步演变成为全球性市场。

2. 境外加工贸易投资模式

境外加工贸易投资模式是指我国有些企业通过在境外建立生产加工基地，开展加工装配业务，以企业自带设备、技术、原材料、零配件投资为主，经加工组装成制成品后就地销售或再出口到别的国家和地区，借此带动和扩大国内设备、技术、原材料、零配件出口。境外加工贸易投资模式由于适合我国经济结构调整的要求，近年来日益成为企业海外投资的一种重要模式。开展境外加工贸易的国内企业主要集中在技术成熟和生产能力过剩的纺织服装、家电、轻工、机械和原材药等行业。

近年华源集团境外加工贸易投资的规模已接近 3 亿美元，起到了示范和龙头作用。1992 年诞生于上海浦东新区的华源集团，是以纺织业为支柱产业的大型国有企业集团。20 世纪 90 年代中后期，我国纺织业面临的是国内市场萎缩、生产能力过剩，而在国际市场上又不断受到以出口配额和保障措施等为主要形式的贸易壁垒的限制。华源集团抛弃单纯依靠出口占领海外市场的传统做法，另辟蹊径，开展境外加工贸易，先后在塔吉克斯坦、尼日尔、墨西哥、加拿大和泰国等地投资建立海外生产加工基地并合理利用原产地规则，有效绕过国外贸易壁垒，规避反倾销，拓展了海外市场，并带动和扩大了国内设备、技术、原材料、零配件出口。华源集团在墨西哥和加拿大设立了两个纺织企业，利用《北美自由贸易协定》中规定的贸易区成员国境内生产的棉纱或纤维制成的纺织品享有免税、免配额的优惠政策，扩大了对北美尤其是美国的棉纱和面料产品出口。此外，深圳康佳集团、珠海格力集团和江苏春兰集团等企业的海外投资也多属于境外加工贸易投资模式。

3. 创立自主品牌投资模式

创立自主品牌投资模式是指我国某些企业在海外投资过程中，不论是采取绿地投资方

式，还是采取跨国并购投资方式，均坚持在全球各地树立品牌，靠长期的投入培育自主的国际知名品牌，靠消费者认同自己的品牌开拓海外市场的模式。海尔集团是该模式的代表。

海尔集团在海外投资办厂时，坚持打海尔品牌，中方投资方是海尔，生产和销售的产品是海尔。海尔在海外投资中，采用“先难后易”策略，这是由海尔创牌模式决定的：海尔先进欧美等发达国家，试图以其高质量的海尔商品获得当地消费者对海尔品牌的认同，进而取得当地名牌地位，然后再以品牌优势进入发展中国家。海尔实施的创世界名牌的目标成为现实。2004 年 1 月 31 日，在世界五大品牌价值评估机构之一的世界品牌实验室编制的《世界最具影响力的 100 个品牌》报告中，海尔集团排在第 95 位，是唯一一家入选的中国内地企业。在 2014 年世界品牌 500 强中，中国有 29 个品牌入选，其中入选百强的中国企业共有 5 个，标志着中国自主品牌发展迅速。

4. 海外并购品牌模式

海外并购品牌模式，是指通过并购国外知名品牌，借助其品牌影响力开拓当地市场的海外投资模式。并购海外品牌是为了获得目标品牌的营销渠道和忠诚的消费群体，达到快速进入市场、减少成本、规避风险的目的。

2002 年 9 月，中国 TCL 集团下属的 TCL 国际控股有限公司，通过其新成立的全资附属公司施耐德电子有限公司（Schneider Electronics GmbH）收购了“Schneider”（施耐德）及“DUAL”（杜阿尔）等著名品牌的商标权益，这些品牌是德国百年老店施耐德电子有限公司的主要资产，在德国和欧洲其他各国有广泛的基础。之后，TCL 又于 2003 年 7 月，间接收购了美国著名的家电企业戈维迪奥（Govedio）公司。2012 年 12 月联想收购 IBM，使联想成为继戴尔、惠普之后的世界第三大个人电脑厂商。

5. 海外资产并购模式

海外资产并购模式，是指中方企业购买海外目标企业的全部或主要的运营资产，或收购其一定数量的股份，以实现对目标企业进行控制或参股的投资行为。中方企业并购目标企业后一般不承担目标企业原有的债权债务，只承接目标企业原有的资产和业务。

2000 年 4 月，浙江万向集团整体收购美国舍勒公司即为此种模式。此外，还有北京东方电子集团收购韩国现代电子、中国海洋石油有限公司收购印尼油气田资产、中国网通（香港）公司牵头收购亚洲环球电信网络资产等都属于这类模式。

6. 海外股权并购模式

海外股权并购模式是指国内企业购买海外目标公司（通常都是上市公司）发行在外的具有表决权的股份或认购其新增注册资本，所获得的股份达到一定比例可对该公司行使经营管理控制权的海外投资行为。

在这种模式下，交易对象是海外目标公司的股权，而最终获得的是对目标公司的控制权，我国企业作为收购方成为海外目标公司的新股东。

国内企业选择股权并购模式进行海外投资的事例逐步增多，如北京东方电子集团收购上市公司冠捷科技便属此类并购。

7. 国家战略主导投资模式

国家战略主导投资模式，是指我国一些大型资源企业在政府推动下，为国家经济的可持续发展，如国家能源安全的需要和重要矿产资源进口供给保障而在海外进行的资源开发方面的投资。

海外能源开发投资是落实国家能源安全战略的重要步骤，这类投资需要巨额资金，投资回收期长，投资风险大，需要政府推动并承担主要风险，因而采取国家战略主导投资模式比较适宜。采取该模式进行海外投资的代表性企业是我国石油行业的三大巨头，即中石化、中石油和中海油。

重要矿产资源进口供给，保障包括铁矿石在内的矿产资源类产品的进口与国外投资活动。钢铁产业是我国经济发展的重要支柱产业，但在很大程度上受制于国外铁矿石的供给。近年来，我国加大了这方面的对外直接投资。

专栏

华菱集团收购FMG

一、收购背景

2002年以来，以中国为代表的发展中国家对铁矿石需求大幅增长，而全球铁矿石贸易量有70%以上垄断在三大国际矿业公司手中，铁矿石价格呈现出加速上涨的态势。2008年，粉矿上涨79.88%、块矿上涨96.5%。中国钢铁工业发展迅速，进口矿石需求量剧增，但在国际矿石定价谈判的话语权分量不高，一直处于被动局面。

华菱集团是湘钢、涟钢、衡钢联合组建的大型钢铁集团，经过十多年的发展成功位于国内十大钢铁企业之列。到2011年，华菱的铁矿石需求达到约3 000万吨，2015年前后，进口铁矿石的需求预计在5 000万吨/年。华菱要实现发展目标，必须突破矿石资源的瓶颈。为此，华菱全面启动了资源发展战略，对全球主要矿石生产供应商进行考察和调研，寻找铁矿石战略合作伙伴。

二、收购过程

华菱与FMG的合作，始于2007年华菱与FMG签署的铁矿石长期供货协议，华菱成为FMG在中国的第一批用户。2008年4月，应FMG邀请，政府同意华菱入股FMG，并向国家发改委申报。国家发改委考虑后，当时未予同意。华菱转而与FMG的技术合作方中南大学联合，计划在低品位矿石开发等方面开展合作。2009年1月6日，华菱集团获得了发改委的授权，成为中方与FMG股权合作谈判的唯一代表。华菱随即启动预案，上报收购方案，经发改委同意后，与FMG进行第一轮谈判，双方达成初步意向。同时，美国对冲基金Harbinger明确了转让2.75亿FMG普通股的意向。2月5日，华菱与FMG在北京进行了第二次谈判，协商股权发行的价格，明确尽职调查的时间，由于双方对股票增发定价上存在较大差距，以及FMG对审批没有足够的信心，谈判陷入僵局。在第三轮谈判中，受全球金融危机影响，FMG短期融资困难，现金流十分紧张，迫切需要资金与市场的支撑，华菱在谈判中逐渐占住上风。但随着中铝宣布收购力拓，中投公司与FMG接触商讨债务重组，河北钢铁在FMG实地考察，FMG借势抬高股价。2月13日，华菱与中投在澳大利亚佩斯会商后，中投主动停止了与FMG商谈，FMG再次陷入被动。此时，调查结果显示，FMG在法律、矿权、财务上均不存在大的瑕疵，谈判进入定价阶段。2月16日，双方进入第四轮谈判，最终就股权收购价格和数量达成一致。2月24日，双方在中国香港举行了签约仪式，次日华菱同意FMG意见，增加认购3 500万股FMG股票。2月26日，华菱集团接受澳大利亚外国投资审查委员会（FIRB）质询。最终收购股份的方案为：华菱以均价2.37澳元/股，总共持股5.35亿股，占FMG总股本的17.34%。

此后，股份收购进入两国政府的审批程序，3月30日，澳大利亚国库部审批通过，4月21日，中国国家发改委审批通过，4月22日，国家商务部予以核准；30日，华菱通过境外全资子公司完成付款、交割、持有FMG股权登记等工作，对FMG的股权交易获得成功。

三、收购后的绩效

1. 建立了长期稳定的铁矿石供应渠道。按照与FMG签订业务合作协议，FMG每年以澳洲对中国的铁矿石长期协议价格向华菱提供1 000万吨铁矿石，矿石供应量逐步增加。协议保障了矿石的长期、稳定供应。

2. 实现了低成本收购股权。2009年2月，正当经济危机全球肆虐、FMG股价处于低点时，华菱把握时机，以较低成本收购股权，为获得丰厚的投资回报奠定了基础。至2010年12月6日，投资FMG项目账面浮盈约147.788 5亿元，投资收益率接近251.46%。

3. 提高了中国钢铁行业在矿石谈判中的话语权。中国钢铁工业进口铁矿石数量巨大，对外依存度很高。国际三大矿业巨头把持着铁矿石的定价权，铁矿石价格近年来一直处于较高水平。华菱集团作为第一家与境外大型矿业公司实现战略合作的国内大型钢铁企业，随着FMG采矿和供应规模的扩大，将为打破铁矿石的垄断格局起到积极作用。

4. 带动了相关产业的发展。2009年5月，华菱与FMG签署了全面战略合作协议，进一步拓展合作领域。华菱集团将协调省内多方面的资源为FMG提供服务；促进中国的建设单位在铁路、港口的建设方面为FMG提供帮助；协助FMG在中国融资及扩大在中国的铁矿石销售量等。FMG同意优先考虑并努力满足华菱集团新增铁矿石的需求量，承诺在同等条件下，优先在省内采购工程机械、火车机车、车辆等相关设备。

5. 提升了企业的整体形象和管理水平。华菱作为国内第一家地方钢铁企业入股境外大型铁矿，知名度得到了提升。在签署转让股权协议的当晚，中央电视台新闻联播节目即进行了报道；主流媒体给予了高度关注和报道。华菱成为一家跨国、跨地区经营的企业，有利于打造国际化的管理团队，提升管理水平。

四、几点启示

1. 与FMG股权合作是国家资源战略的具体推进。近年来，铁矿石价格快速上涨，2003—2008年，中国钢企仅因价格上涨就多支出7 000多亿元。中国钢铁企业赢利能力面临严峻的挑战。2008年，华菱启动了资源发展战略：一方面争取省政府支持，整合省内铁矿石资源政策；另一方面在省商务厅的支持下，瞄准澳大利亚、巴西等主要资源产地，开展相关工作。并与澳大利亚金西资源有限公司签署了股权认购协议和铁矿石长期供应协议，成为中国第二家在西澳矿山进行股权投资的公司。成功投资入股FMG，解决了华菱进口铁矿石的瓶颈问题，符合国家境外投资的资源战略。

2. 与FMG股权合作是华菱国际化战略的深入发展。2005年，成功与全球顶尖的钢铁企业米塔尔公司实现战略合作，率先融入国际钢铁业。与米塔尔的成功合作，是华菱集团在引进国际优良资本、优秀的管理经验以及拓展国际市场上走出的第一步。成功入股FMG，从“引进来”到“走出去”，不仅赢得稳定的资源供应渠道，更获得国际化大企业先进的管理经验，为成为世界一流钢铁企业奠定了良好的基础。

3. 与FMG股权合作是谋求互利双赢的体现。一方面，华菱选择入股FMG主要是看好FMG的发展前景。FMG是澳大利亚第三大铁矿石生产商，已形成年产5 500万吨的生产规模。通过邀请专业机构评估，并多次实地考察，FMG公司是华菱投资境外铁矿资源非常理想的选择。此外，投资FMG与华菱的投资能力相匹配，FMG是新兴的铁矿石供应商，而华菱则位于中国十大钢之列，可谓“门当户对”。另一方面，华菱对FMG的优势十分明显。首先，FMG的成长是建立在中国矿石需求之上，有一个大型中国钢铁企业作为战略合作伙伴，有着非同寻常的意义。其次，FMG从华菱能找到共同语言。华菱是一家产业多元化的企业集团，有与安赛乐米塔尔公司成功合作的国际背景。最后，可以为FMG提供开发低品位矿石的技术。中南大学拥有全世界领先的低品位矿的开发利用技术与研发能力，这是FMG最需要的技术。

4. 与FMG股权合作是政府有力支持的成果。在华菱集团与FMG进行股权合作的进程中，各级政府领导和相关部门给予了大力支持。一是国家部委高度重视。华菱集团申报与FMG战略合作项目后，国家发改委、商务部的领导对项目高度关注，多次组织中投、进出口银行、中钢协等单位协同。二是省委、省政府直接领导提供保障，支持华菱入股FMG，重视项目进展。省政府领导态度明确，全力支持。省直有关部门如商务厅、国资委、发改委积极配合。三是外管局和银行大力支持。在项目进程中，外管局在外币付款方式上给华菱提供了大量的指导，同时也提高办事效率、加快审批步伐。进出口银行和国家开发银行，总行与分行同步启动申报程序，缩短了审批流程，并给予长期低息贷款。

5. 集体智慧的结晶。华菱收购FMG是在合适的时机采用适当的策略进行了符合华菱发展需要的投资。一是齐心协力，组织精干而高效的项目团队。二是适时而动，抓住机遇“抄底”收购。2008年4月，华菱着手谋划参股FMG时，即便获得15%的股权，也需要260多亿元人民币。华菱紧密跟踪、耐心等待机会。2009年元月，全球经济低迷，FMG总债务达到66.3亿澳元，资产负债率109%，资金链面临断裂。此时，国家发改委批准华菱启动FMG项目，华菱立即启动投资预案，从获得项目批准到转让股权签约仅用40多天。三是“在商言商”，坚持按国际商业原则运作。在项目运作过程中，华菱集团坚持按国际商业原则规范运作，最大限度地维护自身利益。

8. 海外研发投资模式

海外研发投资模式，是指我国一些高科技企业通过建立海外研发中心，利用海外研发资源，使研发国际化，以获取居于国际先进水平的自主知识产权。首创这一海外投资模式的是华为技术有限公司（简称“华为”）。

华为在全球建立了8个地区部和32个分支机构，在美国硅谷和达拉斯、印度班加罗尔、瑞典斯德哥尔摩以及俄罗斯莫斯科等地建立了多家海外研发中心，并通过各种鼓励政策吸引国内外优秀科技人才开展研发活动。2014年中国企业在欧洲申请专利占9%，仅次于美国、日本、德国，其中华为以1 600项专利居全球企业第五位，而华为在美国专利授权数也成功闯入前 50 名。现在，华为的市场范围已包括非洲、南美、东南亚、东欧等 90 多个国家和地区。

三、中国华为的国际化

纵览中国高新技术企业国际化，华为无疑是当前最让国人深感自豪的一家。不论从研发、产品创新还是整个的公司运营，华为已然成为国际化经营的典范。2014 年华为销售收入达 460 亿美元，实现超 15%的增长，其中超过 2/3 的销售额来自于国际市场，一举奠定了华为全球第三大移动设备制造商的市场地位。

1. 发展简述

华为在 1998 年创立于深圳，注册资金仅 2 万余元，成为一家生产用户交换机（PBX）的香港公司的销售代理。华为在 2008 年被《商业周刊》评为全球十大最有影响力的公司。根据 Informa 的咨询报告，华为在移动设备市场领域排名全球第三；首次在北美大规模商用 UMTS/HSPA 网络，为加拿大运营商 Telus 和 Bell 建设下一代无线网络；移动宽带产品全球累计发货量超过2 000万部，根据 ABI 的数据，市场份额位列全球第一；全年共递交1 737件 PCT 专利申请，据世界知识产权组织统计，2013 年华为专利申请数达成 2 094 件，位居世界第三。

2. 国际化道路

华为于 1996 年启动了全球化战略，从 1998 年拓展海外市场以来，华为在海外市场的销售额成几何倍数增长。1997 年，华为的海外业务收入不到其总营业额的 4%；2007 年，华为海外销售额已超过 70%，规模突破欧洲、北美和日本市场，并已经成功跻身全球前五大通信设备企业。

华为是全球领先的电信解决方案供应商。基于客户需求持续创新，在电信基础网络、业务与软件、专业服务和终端等四大领域都确立了端到端的领先地位。凭借在固定网络、移动网络和 IP 数据通信领域的综合优势，华为已成为全 IP 融合时代的领导者。目前，华为的产品和解决方案已经应用于全球 100 多个国家，服务全球运营商 50 强中的 45 家及全球 1/3 的人口。

3. 国际化战略

华为“农村包围城市”的战略决定了华为的渐进式国际化，该过程可分为四个步骤：

第一步：进入中国香港。1996 年，华为与和记电信合作，提供以窄带交换机为核心产品的“商业网”产品，这次合作中，华为取得了国际市场运作的经验，和记电信在产品质量、服务等方面近乎苛刻的要求，也促使华为的产品和服务更加接近国际标准。

第二步：开拓发展中国家市场。重点是市场规模大的俄罗斯和南美地区。1997 年，华为在俄罗斯建立了合资公司，以本地化模式开拓市场。2001 年，在俄罗斯市场销售额超过 1 亿美元，2003 年，在独联体国家的销售额超过 3 亿美元，位居独联体市场国际大型设备供应商的前列。1997 年，华为在巴西建立合资企业，但由于南美地区经济环境持续恶化以及北美电信巨头占据稳定市场地位，直到2003年，华为在南美地区的销售额还不到1亿美元。经过多年努力，华为在南美市场上有了较大突破，2012年华为在巴西市场上销售额突破3亿元。

第三步：全面拓展其他地区。包括泰国、新加坡、马来西亚等东南亚市场，以及中东、非洲等区域市场。在泰国，华为连续获得较大的移动智能网订单。此外，华为在相对比较发达的地区，如沙特阿拉伯、南非等也取得了良好的销售业绩。

第四步：开拓发达国家市场。在西欧市场，从2001年开始，以10G SDH光网络产品进入德国为起点，通过与当地著名代理商合作，华为的产品成功进入德国、法国、西班牙、英国等发达国家和地区。北美市场既是全球最大的电信设备市场，也是华为最难攻克的堡垒，华为先依赖低端产品打入市场，然后再进行主流产品的销售。

另外，为配合市场国际化的进展，华为不断推进产品研发的国际化。1999年，成立印度研究所。2000年之后，又在美国、瑞典、俄罗斯建立研究所，通过这些技术前沿的触角，华为引入了国际先进的人才、技术，为总部的产品开发提供了支持与服务。

4. 华为国际化模式

根据Johanson和Wiedersheim Paul（1975）、Johanson和Vahlne（1977）提出的企业国际化阶段理论，可以看出华为的国际化模式是“渐进式”的，表现为一个发展过程，且这一发展过程表现为企业逐渐提高对外国市场投入（Incremental Commitment）的连续形式。从中国香港—俄罗斯/南美—东南亚/中东/非洲—欧美这个顺序中可以看出，华为基本上是沿着“心理距离”（Psychic Distance）由近到远选择国家和地区的。而心理距离是指“阻碍或扰乱企业与市场之间信息流动的因素，包括语言、文化、政治体制、教育水平、产业发展水平等”（Johanson和Wiedersheim Paul，1975）。

5. 国际化历程

从1996年启动国际化计划以来，华为在国际化路程上开始了征程。

1999年，在印度班加罗尔设立研发中心，该研发中心分别于2001年和2003年获得CMM4级认证、CMM5级认证。2000年，在瑞典首都斯德哥尔摩设立研发中心，海外市场销售额达1亿美元。2001年，以7.5亿美元的价格将非核心子公司Avansys卖给爱默生；在美国设立四个研发中心；加入国际电信联盟（ITU）。2003年，与3Com合作成立合资公司，专注于企业数据网络解决方案的研究。2004年，与西门子合作成立合资公司，开发TD-SCDMA解决方案；获得荷兰运营商Telfort价值超过2 500万美元的合同，首次实现在欧洲的重大突破。2005年，海外合同销售额首次超过国内合同销售额；与沃达丰签署《全球框架协议》，正式成为沃达丰优选通信设备供应商；成为英国电信（BT）首选的21世纪网络供应商，为BT21世纪网络提供多业务网络接入（MSAN）部件和传输设备。2006年，以8.8亿美元的价格出售H3C公司49%的股份；与摩托罗拉合作在上海成立联合研发中心，开发UMTS技术；推出新的企业标识，新标识充分体现了聚焦客户、创新、稳健增长和和谐的精神。2007年，与赛门铁克合作成立合资公司，开发存储和安全产品与解决方案；与Global Marine合作成立合资公司，提供海缆端到端网络解决方案；在年底成为欧洲所有顶级运营商的合作伙伴；被沃达丰授予“2007杰出表现奖”，是唯一获此奖项的电信网络解决方案供应商；推出基于全IP网络的移动固定融合（FMC）解决方案战略，帮助电信运营商节省运作总成本，减少能源消耗。

6. 华为的并购路程

十几年来，在爱立信、阿尔卡特等国际巨头重重围困之下，华为仍旧取得国际市场的重大突破，仅2009年国际市场销售就达到128亿美元，占到公司销售总额的60%以上，交出了一张典型跨国公司的漂亮成绩单。华为的产品和解决方案已经进入全球范围内40多个国家和地区的市场，近年来在海外市场屡屡中标，并且在新兴技术3G、NGN等重要产品领域，也获得了世界电信运营商的青睐。从模仿起家，到跻身于国际三大电信系统供应商，华为的国际化战略可圈可点。但是其并购受阻的例子也不在少数，具体如表10—3所示。

表10—3　　华为海外并购失败案例

年份	事件	结果	失败原因
2005	欲收购英国设备经销商Marconi	失败，Marconi被爱立信收购	国家安全
2008	联手贝恩资本22亿美元收购美国3Com	失败	国家安全
2008	竞购加拿大Nortel的以太网业务	失败，该业务被爱立信收购	知识产权等
2010	收购摩托罗拉移动网络基础设施部门	失败，该业务被诺西以12亿美元购得	
2010	竞购美国私有宽带互联网软件提供商2Wire	失败，2Wire被英国的Pace以4.75亿美元购得	国家安全
2010	斥资200万美元收购美国3Leaf System公司资产	放弃收购	国家安全
2010	参与美国Sprint无线宽带网络设备招标	被Sprint拒绝	国家安全
2012	投标澳大利亚国家宽带网络（NBN）项目	被澳大利亚政府禁止	军方背景
2012	主动提出在奥运期间出资5 000万英镑为伦敦地铁铺设手机网络	被英国政府拒绝	国家安全

针对这种情况，据《中国青年报》的分析，提出以下几点可以借鉴：

一是在市场进入方式上，应采取“迂回战术”，要“打得巧”。比如，在敏感行业和领域投资，应以小股切入，或者进行直接投资，先在美国市场建立一些成功案例，以此来降低CFIUS等政府机构的紧张情绪。

二是需要大后方的支持。国务院公告，从2011年3月份开始，在中国市场并购被认为关系国家安全的农产品、能源等企业，都必须接受有关部门的审查。此时此刻，对于在海外征伐的中国企业来说，这是一条温和而坚定，又十分必要的“反制”措施。

三是最重要的，华为公司需要更多的耐心。在时机并不完全成熟的时候，事缓则圆。某种程度上，在华为公司的攻势面前，美国市场过于保守的表现其实暴露了其在实力上的担心。自我封闭往往源于内心脆弱，在经济战场上尤其如此。

综合以上的分析，可以看到华为的国际化道路任重而道远，但是即使面对种种阻碍，华为仍然坚持着，从华为近五年以来的经济报表分析（见表 10—4），可见华为的营业收入一直维持稳定增长的态势。加上华为采取了各种可持续发展战略（见图 10—1），我们可以相信华为将在国际化道路上不断取得成功，并最终实现国际化的战略。

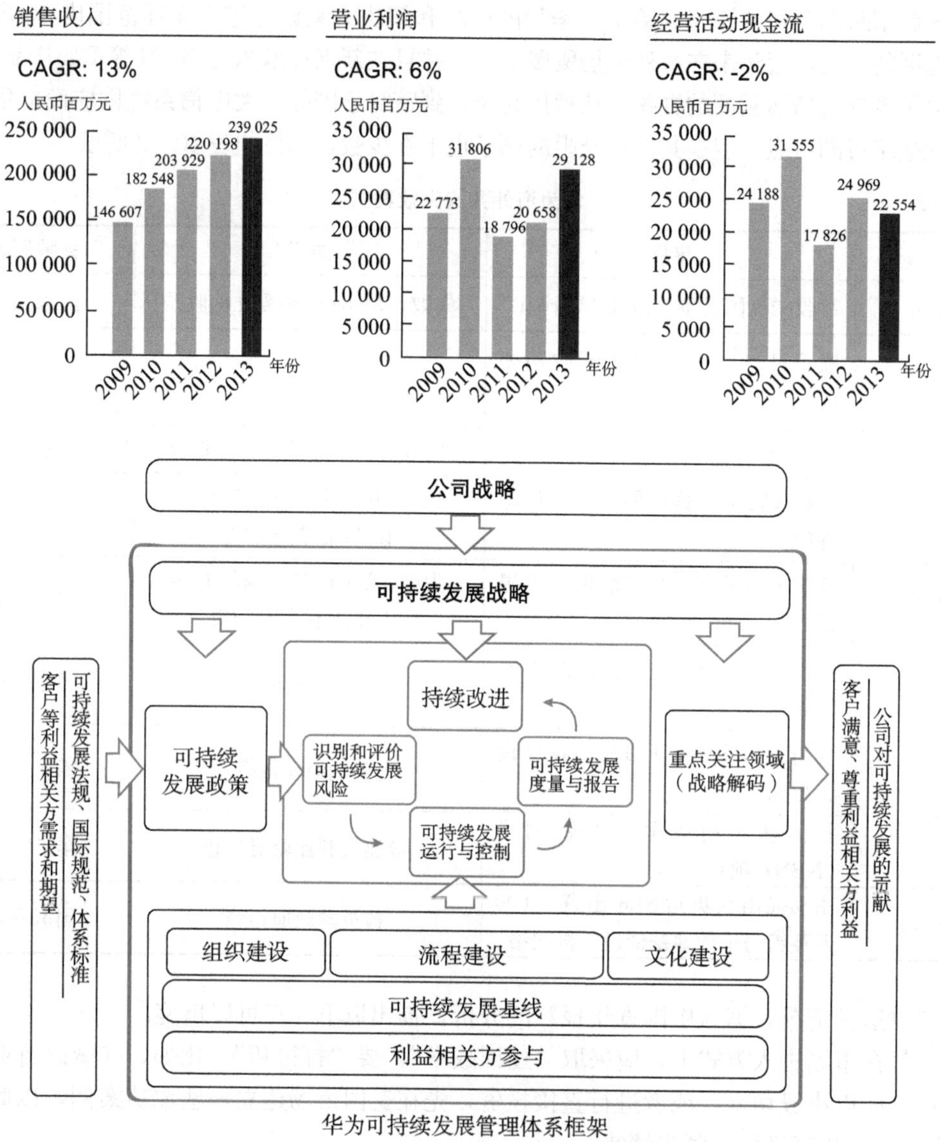

华为可持续发展管理体系框架

图 10—1　华为持续发展战略规划图

表 10—4 **华为部分年份的各项指标** 单位：人民币百万元

指标＼年份	2013（美元百万元）**	2013	2012*	2011*	2010*	2009*
销售收入	39 463	239 025	220 198	203 929	182 548	146 607
营业利润	4 809	29 128	20 658	18 796	31 806	22 773
营业利润率	12.2%	12.2%	9.4%	9.2%	17.4%	15.5%
净利润	3 468	21 003	15 624	11 655	25 630	19 430
经营活动现金流	3 724	22 554	24 969	17 826	31 555	24 188
现金与短期投资	13 529	81 944	71 649	62 342	55 458	38 214
运营资本	12 412	75 180	63 837	56 996	60 899	43 286
总资产	38 226	231 532	210 006	193 849	178 984	148 968
总借款	3 803	23 033	20 754	20 327	12 959	16 115
所有者权益	14 243	86 266	75 024	66 228	69 400	52 741
资产负债率	62.7%	62.7%	64.3%	65.8%	61.2%	64.6%

注：* 由于采用了新制订及修改的国际财务报告准则，且为了与本年度列示方式一致，部分比较数字已做重述；

** 美元金额折算采用 2013 年 12 月 31 日汇率，即 1 美元兑 6.056 9 元人民币。

第三节 中国跨国公司发展中存在的问题及对策

在贯彻实施“走出去”战略中，政府如何做出有效的引导与推动，已经成为影响这项国家战略实施的重要因素。20 世纪 90 年代末，中央提出实施“走出去”战略以来，我国政府主管部门针对境外加工贸易、推动与发展中国家合资合作、森林资源开发等业务先后出台了专项的支持性政策，包括财政支持、放宽外汇管制、增加政策性银行信贷规模等。但是，总体来看，我国现行管理体制和服务体系仍然存在诸多缺陷，对外投资管理仍处于不成熟阶段。

一、现行管理体制和服务体系的缺陷及对策

1. 行政管理体制与服务体系的缺陷

（1）多头审批管理，审批环节烦琐。在我国对外直接投资管理体制中，多头审批管理一直是一个比较突出的问题。有众多的部门参与企业对外直接投资的管理工作：商务部是国务院授权的对外直接投资的归口管理部门，负责拟订境外投资的管理办法和具体政策，

起草对外直接投资管理的法律法规和规章，依法核准国内企业对外投资开办企业（金融类除外）并实施监督管理。国家发展与改革委员会负责安排国家拨款的境外资源开发类和大额用汇投资项目。国家外汇管理局、中国人民银行、财政部、国有资产管理委员会为对外直接投资的协助管理部门，负责与对外投资有关的外汇的汇出与汇入、资金投放、境外国有资产管理等事务。各地方政府和有关部委为其境外企业主办单位的政府主管部门，并根据本地区、本行业的综合优势和特点，确定本地区、本行业的重点投资方向和领域。同时商务部授权其驻外使领馆商务处对中方在其所在国开办的各类企业进行一线监督管理。在这种多层次的管理体制下，表面上各部门各司其职，但实际上职能交叉、管理内容重叠。各部门从各自的管理权限和部门目的出发，制定出各自的管理办法，同时又缺乏一个权威的机构来负责统一协调，在实际操作中往往造成混乱，极易产生矛盾。

按现行规定，不同类型和金额的对外投资项目要经过国家发展与改革委员会、商务部及地方相关主管部门的核准，需要企业报送的相关材料虽然按最新规定有所简化，但仍相对繁杂，企业很难在短期内备齐；若想得到中央外贸发展基金、进出口银行政策性贷款、出口信用保险、援外优惠贷款等方面的政策扶持，则更费周折。

（2）国家对海外企业监管不力。在我国对外直接投资中，一直存在国有资产流失、企业非法经营、投资移民、资本外逃等问题。这与我国对外直接投资的管理体制中一直存在的“重审批、轻监管”的现象不无关系。我国对对外投资的监管基本上处于放任自流或无能为力的状态。尽管我国商务部从2003年起对境外投资实行了统计、年检和绩效评价制度，但由于少数投资主体对联合年检重视程度不够，落实不到位，导致部分境外企业没有参加联合年检；加之还有许多根本没有经过审批而私自进行对外投资的国有企业、民营企业，使我国对外投资统计的准确性与全面性大打折扣。财政部对境外国有资产的管理基本上也是有名无实，其监管的条例和措施可操作性较差，而驻外使领馆商务处也缺乏必要的监管手段，其一线监管职能受到人员经费的严重制约。

（3）外汇管制制约企业国际融资能力。为了适应我国境内投资者开展对外直接投资和跨国经营的需要，外汇管理局逐步放宽了对境外投资的外汇管理，取消了境外投资风险审查制度和外汇额度的限制，允许购汇或使用国内外汇贷款用于境外投资等。但是，企业走出去的融资担保问题一直没有得到很好的解决，国家对境外投资企业的资金筹措和贷款担保仍限制得过多过死。例如，国家外汇管理部门对国内母公司给予境外子公司贷款担保有严格的数量限制，中国银行境外分行也不能向我国境外企业发放贷款。这些规定都极大削弱了海外投资企业的国际国内融资能力。

（4）对外投资保障制度体系不健全。具体表现在以下几方面：

第一，法律法规体系不健全。我国对外投资立法严重滞后于海外投资实践的发展。我国的第一项对外直接投资开始于1979年，但迄今为止，我国尚未出台《海外投资法》，还没有形成完善的对外投资的法律体系。现行的法规不仅颁布时间较早，而且门类残缺不全，难以适应当前企业海外投资的需要。

第二，海外投资保险制度不完备。企业从事跨国经营，往往面临着较大的政治和经济风险。中国出口信用保险公司作为政策性保险公司，已为境外带料加工装配等国家鼓励出口的项目和产品提供了政治风险及非商业性风险保障。对境外带料加工装配项下出口的设备、技术、零配件、原材料等，比照中长期出口信用保险的条件提供保险，并适当提高对拉美、非洲等高风险地区的出口信用保险国家限额。尽管如此，我国海外保险制度对实施“走出去”战略的支持力度远没有达到预期目标，主要原因是业务范围狭窄、业务规模小以及保险费率过高。

第三，多边双边投资保护机制不健全。我国已于 1985 年和 1990 年先后参加了由世界银行主持的《多边投资担保机构公约》和《关于解决各国和其他国家国民之间投资争端的公约》。这两个公约对中国跨国公司开展对外直接投资提供了强有力的支持。我国已与 100 多个国家签订了双边投资促进和保护协定，但仍有相当一部分海外市场与我国尚未签订此类协定。而在已签订的双边投资协定中，多数都是同来华投资的发达国家和次发达国家签订的，其主要目的是吸引这些国家的投资，而未将保护中国境外投资列为重点。这事实上导致双边投资协定演变为我国政府的单方面承诺。

第四，对外投资信息服务尚不完善。毋庸置疑，企业在收集各国投资环境和市场信息方面的手段是十分有限的，且成本很高。向社会提供公共产品是政府的应尽职责，全面、系统、准确、及时地向国内企业提供对外投资相关信息是政府具体实施“走出去”战略的重要一环，本应大有作为。然而长期以来，外经贸主管部门在为企业提供外国政治法律环境、投资贸易环境及文化风俗等信息方面做得还很不到位。

2. 解决行政管理体制与服务体系缺陷的对策

如何在充分发挥市场配置资源基础性作用的同时，进一步加强和改善宏观调控，是完善社会主义市场经济体制的内在要求，也是我国参与经济全球化、发展外向型经济的要求，同时还是我国政府打造国际竞争力的一个重要课题。

（1）构建新型监督管理体系。我国正在完善社会主义市场经济体制，企业将彻底成为投资决策和生产经营主体。因此在自主经营、自负盈亏的前提下，政府部门应减少对企业商务活动的限制和干预，包括跨国经营的投资决策和经营人员的出国外事管制。政府政策的重点不再是在审批环节上管制企业，而应通过产业和地区促进政策引导企业的经营行为。

一方面，作为国家重大战略的管理者，政府需要把握战略实施的全局，应通过建立完善的统计分析制度，适时进行战略和策略调整；另一方面，根据国际政治经济发展的动态，对于拟投资和已经投资的项目在政治（战争为主）风险、经济（金融为主）风险、经济和技术安全以及是否违反我国以及东道国法律法规方面，进行必要的监控和限制，以便建立风险预测、预警和快速反应机制，通过政治保险、内部通告以及外交协调等有效措施，帮助企业规避风险。

（2）强化法律和制度保障。政府应当切实为“走出去”战略保驾护航 ，做好“守夜人”。投资自由化是当前国际直接投资的发展趋势，但自由化是以法律为保障的，不仅东道国需要向外来投资者提供法律保护，而且投资者母国也须以法律法规保障投资者的权益。我国迄今为止尚未制定《海外投资法》，部门管理规章也比较零散，落后于形势的发展，亟待完善与更新，否则依法行政就没有根据。因此，政府有关部门应加快对外投资相关法律的制定，为我国跨国公司的境外投资提供法律保障。

（3）完善海外投资保障体系和保险制度。为鼓励企业“走出去”，我国应通过提供优惠政策，建立必要的对外投资保障体系和保险制度，签订双边投资保护协定和避免双重征税协定等措施来保护本国投资者的合法权益，鼓励和引导企业开展对外投资。

(4) 完善财政促进体系。我国应进一步完善实施“走出去”战略的政策促进体系，发挥政府作为这项事业宏观发展的推动者和引导者的作用。具体来说，应做好以下几方面的工作：一是在信贷方面，取消受贷企业出具1∶1财产抵押或以担保来获取贷款的政策限制。作为政策性银行，中国进出口银行应将业务内容进行调整，不直接做信贷业务，而是将现有资本金作为“信贷担保基金”，向那些为跨国经营企业提供商业贷款的商业银行提供信贷担保，担保比例按风险系数进行计算后确定，规模占贷款总额的85%，其余15%由承贷银行自担风险。二是中国出口信用保险公司的政策定位应更加清晰，适度扩大资本金规模，进一步扩大对外投资和其他跨国经营的保险和担保范围，确定合理适度的信贷保险费率，满足企业跨国并购、BOT项目融资等新兴业务的需要。

(5) 加大中央财政对“走出去”战略实施的支持力度。应加大中央对“走出去”战略的财政支持力度，以扶持企业对新行业领域市场的开拓。财政支持可考虑以赠款、贷款和股权投资的方式提供。这样的财政支持可对整个投资项目提供，或针对海外投资项目实施进程中的某个特定阶段提供，如可行性研究、项目开发或启动阶段。根据财政支持计划的结构，投资前期规划和可行性研究可以得到金额资助或垫付。如果一个项目被认为是可以存活的，垫付可行性研究的经费资助可以偿还的方式进行。政府在财政支持方面，还可以对不同产业领域的对外投资或其他跨国经营，提供有差别的直接税收鼓励。

(6) 加强信息与技术援助服务。政府应加强信息服务和技术援助服务。在信息服务方面，除向国内投资者提供东道国经济和政策法规外，还要提供相关国家的各类风险信息、行业调研和具体的投资机会信息；建立对境外投资有意向的国内企业相关情况的数据库；提供中介服务，向潜在投资者提供投资机会信息或介绍适宜的投资合作项目。

技术援助体系包括：根据企业需要，设定投资促进的技术援助项目，如跨国收购和资源整合、可行性研究等。通过这种项目，把发达国家的高级管理人员带到国内，或者把国内企业的高级管理人员送到发达国家，相互交流；对于圈定的投资机会，提供项目开发和可行性研究等。

二、中国企业跨国投资中自身存在的问题与对策

1. 中国企业跨国投资中自身存在的问题

(1) 国有企业制度存在缺陷。产权界定不清晰是我国国有企业跨国经营业绩不佳的主要原因。产权明晰的重要性在于它能带来效率，而排他性的产权之所以有效率则在于它是有效激励机制和交易产生的基础。我国国有企业普遍存在所有者缺位现象，造成国有企业对外投资项目出现明显的决策失误等先天不足现象。另外，产权安排也决定着管理制度。由于国有企业产权制度对经营者缺乏有效的激励、监督和约束机制，造成境外公司内部管理混乱等严重问题，进而直接导致企业海外经营失败。我国多数国有企业产权不明、机制不活、管理不善，未能按照现代企业制度完善内部治理结构，形成先天制度缺陷，难以肩负起“走出去”的大任。

(2) 缺乏国际化意识。我国企业还普遍缺乏全球化战略意识和现代化经营管理手段，在经营理念和方法上都无法适应国际竞争的需要，仅仅满足于占领国内市场，“走出去”

意识淡薄，即便是一些有实力和比较优势的企业也未将对外投资列入企业的发展规划。目前，跨国公司之间的竞争已远远超出了具体国家的范围，形成了在全球范围内抢占市场、争夺消费者的竞争态势。如果一个企业将竞争的着眼点仅仅放在本国市场，那么它很有可能在一夜之间发现，自己身边已经出现了一个无法匹敌的庞然大物——跨国公司，并且这个庞然大物会毫不手软地向自己的地盘发起进攻。缺乏国际化和全球化意识的公司，在未来是不可能成为具有竞争力的公司的。

(3) 对外投资战略不明确。我国很多企业缺乏对外投资的长期发展战略，目标极不明确，有的是为了“走出去”而“走出去”，有的则是一种随机行为，缺乏科学论证。一些企业不善于利用国际投资方面的法律、会计、资产评估等相关信息服务，前期准备工作不充分，对境外经营过程中可能遇到的困难也考虑不周全，结果往往造成投资的失败。

(4) 缺乏对外投资资金和跨国经营管理人才。我国企业开展对外投资遇到的一个突出问题就是自有资金不足，而国家的信贷支持力度又不够，其他融资渠道也相当闭塞，使得开拓国际市场困难重重。除了一些列入国家投资计划的资源开发和境外加工贸易项目得到政府资金支持外，多数项目的资金要靠企业自己解决。有些境外企业虽然有很好的销售市场，产品技术和质量也能达到当地较高的水平，但就是因为资金短缺，不能扩大生产规模。同时，企业进行跨国经营需要大批高级的金融人才、科技人才、管理人才和法律人才，他们不仅要熟练掌握外语，还要了解国外的政治、经济、法律与文化环境，熟悉国外的市场与消费者，具有跨文化谈判与沟通能力。而我国企业恰恰缺乏这方面的复合型人才，人才瓶颈已经成为当前制约企业“走出去”的明显障碍。

2. 解决问题的对策措施

(1) 制定科学合理的跨国经营发展战略。跨国经营战略应与企业总体发展战略相协调，把国家化发展与企业的总体发展战略有机结合起来，企业的每项海外投资和跨国经营，必须服从于整体战略。

(2) 企业要强化战略管理与控制。着力完善跨国经营管理制度，包括投资决策制度、经营管理制度、人力资源管理制度、风险规避制度等。跨国经营的战略管理与控制制度，是实现企业全球化资源优化配置的关键。企业在产业布局过程中，一定要兼顾成本和利润率，实行价值链管理，以母公司利润最大化为根本目标。对现有生产经营的产业链进行细分、延长，由国内外分支机构按资源优化组合的原则进行专业化分工协作，把国内劳动力资源的竞争优势转化为利润，然后加大对研发和营销的投入，创立自主知识产权和自由品牌。高度警惕和防范跨国经营可能遭遇的各类风险，建立风险评估机制和风险防范预案，通过快速反应机制，应对风险的发生并降低风险带来的损失。

(3) 培养和吸纳跨国经营人才。企业开展跨国经营，需要大批熟悉国际惯例，又了解当地政治、法律和文化，还能熟练掌握外语的复合型人才。因此，企业应该尽快制定人才战略，通过各种方式和渠道，培养和吸纳高级复合型人才。一方面，可以采用培训的手段。企业既可以利用自身的力量或国家的帮助进行员工培训，也可以将员工送出去进行专门培训。另一方面，通过市场化运作，招揽人才，在世界范围内吸引高级人才，具有成本低、见效快的特点。如 TCL 公司聘请具有丰富海外市场拓展经验的韩国人安明浚担任其在香港地区的海外总部的负责人，聘请日本人山根亲雄担任其王牌彩电的技术总监，这些举措一定程度上满足了公司在国际管理人才方面的强烈需要。

主要概念

"走出去"战略　海外营销渠道投资模式　境外加工贸易投资模式
创立自主品牌投资模式　海外并购品牌模式　海外股权并购模式
国家战略主导投资模式

复习思考题

1. 论述"走出去"战略的现实意义。
2. 在贯彻实施"走出去"战略中，我国现行管理体制还存在哪些缺陷？
3. 试述"后发展型跨国公司"理论。
4. 中国跨国公司跨国经营的投资模式有哪些？
5. 在我国企业跨国经营中，如何解决行政管理体制存在的问题？

案例分析

阅读以下案例，回答问题：

1. 试述浙江民营企业实施"走出去"战略的重要意义。
2. 浙江民营企业在"走出去"过程中还存在哪些制约因素？

民营企业"走出去"战略

改革开放30多年来，浙江的经济得到了飞速的发展，这与该省民营企业的快速发展密不可分。浙江企业"走出去"战略开始于20世纪80年代初，至今已有3个阶段。第一个阶段是1982—1997年，这一阶段以设立境外窗口公司和办事处为主，政府机关和国有企业占主导。第二个阶段是1998—2005年。特别是，1999年，省外经贸厅提出"两个推动"，即推动浙江制造业等优势产业到境外投资，积极开展境外加工贸易；推动浙江商品专业市场到境外设立分市场，建立国际营销网络，在带动出口方面作用明显。第三个阶段是2006年至今，这一阶段项目个数明显增加，规模不断扩大，质量显著提高，形式日益多样，民营企业成为"走出去"主题，产业项目比重增大。

目前，浙江企业经审批在境外的投资机构已近3 000家，数量位居全国第一。据统计，浙江境外投资总额约20亿美元，分布在127个国家和地区。2002—2010年，浙江企业境外投资额由0.6亿美元提高到约6.6亿美元，年均增长59.5%，"走出去"的步伐明显加快。单向投资规模从2006年的92万美元提高到158万美元，中方投资额在500万美元以上的项目达24个。纺织、机械、轻工、电子和建筑业是浙江企业"走出去"的主导产业。在这些"走出去"的企业中，民营企业是主体，占到总数的95%。而在商务部确定的第一批和第二批19家境外合作企业中，浙江企业中标4家，数量全国第一。

浙江省民营企业在"走出去"的过程中取得了较大的成绩，这在很大程度上得益于其产权清晰，机制灵活。民营企业产权明晰，自担风险，体制新，机制或，善于捕捉市场信息，细分市场，迅速组织生产，准备周期短，其灵活性适应了国际市场上多品种、小批量、个性化需求。与此同时，浙江民营企业在对外直接投资中也具有小规模技术优势。浙江民营企业生产的很多产品既是劳动密集型产品，又是高技术密集型产品，这正是浙江民营企业的特殊优势。浙江位于我国经济最发达的长江三角洲地区，经济基础良好，水陆交通都很方便，长期以来一直与海外有着广泛的经济贸易联系，国内外市场腹地广阔，辐射能力强，具有比较良好的区位条件。此外，浙江的企业家具有吃苦耐劳的精神，这也是其发展对外投资、实施跨国经营的资源优势。

尽管浙江民营企业成绩辉煌，但在未来对外直接投资的竞争中也面临很多困难。从企业自身层面来说，首先，经营融资困难，资本劣势明显。对于大部分浙江民营企业来说，企业产权单一、规模较小、产品科技含量低、抗风险能力低下、缺乏吸引资金的能力，且中小型民营企业的融资渠道狭窄，期限较短，贷款的供给数量远远不能满足企业对资金的需求量。其次，管理能力不足，开拓国际市场综合能力有待进一步提高。浙江民营企业的原始创业大多是以血缘、地缘、情缘为纽带合作投资的，普遍采用“任人唯亲”以及企业最高管理者事必躬亲的管理模式来实现企业的发展与扩张，缺乏国际化经营能力和经验、垄断优势或某种特有的经营管理优势，使得企业的国际化竞争能力下降。再次，科技开发和技术创新能力较低。近年来，浙江民营企业产品在国际市场屡屡遭受各类贸易壁垒，与此有密不可分的关联。最后，大多数民营企业家素质不高，海外市场信息获取不足等因素，都会对浙江省民营企业未来的发展形成一定的制约。

参考文献

1. 王焕祥．跨国公司经营与管理［M］．北京：经济科学出版社，2011.

2. 卢进勇，刘恩专．跨国公司经营与管理［M］．北京：机械工业出版社，2013.

3. 林季红．跨国企业管理案例［M］．北京：中国人民大学出版社，2013.

4. 朱伟晋．跨国经营与管理［M］．北京：北京大学出版社，2011.

5. 邹海涛．国际市场营销［M］．北京：中国铁道出版社，2011.

6. 关雪凌，罗来军．跨国公司经营与管理［M］．北京：中国人民大学出版社，2012.

7. 弗雷德·卢森斯，乔纳森·多．国际企业管理——文化、战略与行为［M］．赵曙明，程德俊，译．北京：机械工业出版社，2009.

8. 谭力文，吴先明．国际企业管理［M］．武汉：武汉大学出版社，2009.

9. 胡朝霞，张明志．国际投资［M］．北京：高等教育出版社，2006.

10. 约翰·丹尼尔斯，等．国际商务——环境与运作［M］石永恒，译．北京：机械工业出版社，2008.

11. 雷新华．国际市场营销［M］．重庆：重庆大学出版社，2009.

12. 张岩贵．国际直接投资及其波动性［M］．北京：经济科学出版社，2001.

13. 保罗·克鲁格曼，茅瑞斯·奥伯斯法尔德．国际经济学［M］（第五版）．海闻，译．北京：中国人民大学出版社，2002.

14. 李桂芳．中国企业对外直接投资分析报告 2008［M］．北京：中国经济出版社，2008.

15. 王林生．跨国经营理论与实务［M］．北京：对外经济贸易大学出版社，1994.

16. 马春光．国际企业管理［M］．北京：中国对外经济贸易出版社，1997.

17. 薛求知．当代跨国公司新理论［M］．上海：复旦大学出版社，2007.

18. 赵春明．跨国公司与国际直接投资［M］．北京：机械工业出版社，2007.

19. 张素芳．跨国公司与跨国经营［M］．北京：经济管理出版社，2009.

20. 范黎波，宋志红．跨国经营理论与战略［M］. 北京：北京师范大学出版社，2011.

21. 崔日明，徐春向．跨国公司经营与管理［M］. 北京：机械工业出版社，2010.

22. 林康．跨国公司经营与管理［M］. 北京：对外经济贸易大学出版社，2008.

23. 迈克尔·波特．竞争优势［M］. 北京：华夏出版社，1997.

24. 帕拉哈拉德，伊夫·多茨．跨国公司使命［M］. 王文彬，等，译．北京：华夏出版社，2001.

25. 刘易斯·威尔斯．第三世界跨国公司［M］. 叶刚，杨宇光，译．上海：上海翻译出版社，1996.

26. 白洁. 对外直接投资的逆向技术溢出效应［J］. 世界经济研究，2009（8）.

27. 陈立敏，杨振，侯再平. 出口带动还是出口代替——中国企业对外直接投资的边际产业战略检验［J］. 财贸经济，2010（2）.

28. 杜凯，周勤. 中国对外直接投资——贸易壁垒诱发的跨越行为［J］. 南开经济研究，2010（2）.

29. 何志毅. 中国企业国际化途径选择——海尔与 TCL 海外投资战略比较［J］. 世界经济研究，2002（6）.

30. 洪联英，罗能生. 全球生产与贸易新格局下企业国际化发展路径及策略选择——基于生产率异质性理论的分析方法［J］. 世界经济研究，2007（12）.

31. 鲁明泓. 制度因素与国际直接投资区位分布：一项实证研究［J］. 经济研究，1999（7）.

32. 邱立成，王凤丽．我国对外直接投资主要宏观影响因素的实证研究［J］. 国际贸易问题，2008（6）.

33. 王凤彬，杨阳. 我国企业 FDI 路径选择与“差异化的同时并进”模式［J］. 中国工业经济，2010（2）.

34. 韦军亮，陈漓高. 政治风险对中国对外直接投资的影响——基于动态面板模型的实证研究［J］. 经济评论，2009（4）.

35. 孔欣，宋桂琴．国际贸易理论新进展——新新贸易理论述评［J］. 税务与经济，2011（5）.

36. 孔欣，李健欣．企业异质性：出口贸易、国外直接投资与企业外包［J］. 贵州财经学院学报，2011（6）.

37. 项本武．东道国特征与中国对外直接投资的实证研究［J］. 数量经济技术经济研究，2009（7）.

38. 徐雪，谢玉鹏. 我国对外直接投资区位选择影响因素的实证分析［J］. 管理世界，2008（4）.

39. 俞毅，万炼. 我国进出口商品结构与对外直接投资的相关性研究——基于 VAR 模型的分析框架［J］. 国际贸易问题，2009（6）.

40. 张为付. 影响我国企业对外直接投资因素研究［J］. 中国工业经济，2008（11）.

41. 赵伟，古广东，何元庆. 外向 FDI 与中国技术进步：机理分析与尝试性实证［J］. 管理世界，2006（7）.

42. 齐玉莉. 中国企业跨国并购中存在的问题及对策 [J]. 对外经贸，2013 (8).
43. 樊增强. 跨国公司发展的新趋势和新特点 [J]. 中国流通经济，2013 (9).
44. 李永生. 企业并购整合存在的问题及对策 [J]. 大庆社会科学，2007 (6).
45. 王跃生. FDI 理论发展与我国企业对外投资的基础 [J]. 南方金融，2007 (8).
46. Bagnoli, M., B. Lipman. Successful Takeovers without Exclusion [J]. Review of Financial Studies, 1988, 1 (1): 89-110.
47. Baron, D. P.. Tender Offers and Management Resistance [J]. Journalof Finance, 1983, 38 (2): 331-343.
48. Berkovitch, E., N. Khanna. How Target Shareholders Benefit from Value-Reducing Defensive Strategies [J], Journal of Finance, 1990, 45 (1): 137-156.
49. Berry, S., Ariel, P.. Some Applications & Limitations of Recent Advances in Empirical Industrial Organization: Merger Analysis [J]. American Economic Review, 1993, 83 (2).
50. M. Bradley. Interfirm Tender Offer & the Market for Corporate Control [J]. Journal of Business, 1980, 53 (3): 345-376.
51. M. Bradley, A. Desai, E. H. Kim. The Rationale Behind Interfirm Tender Offers: Information or Synergy? [J]. Journal of Financial Economics, 1983, 11 (2): 183-206.
52. M. Bradley, A. Desai, E. H. Kim. Synergistic Gains from Corporate Acquisitions & Their Division Between the Stockholders of Target & Acquiring Firms [J]. Journal of Financial Economics, 1988, 21 (1): 3-40.
53. M. Burkart. Initial Shareholders & Overbidding in Takeover Contests [J]. Journal of Finance, 1995, 50 (5): 1 491-1 515.
54. Chowdhry, B., N. Jegadeesh. Pre-Tender Offer Share Acquisition Strategy in Takeovers [J]. Journal of Financial & Quantitative Analysis, 1994, 29 (1): 117-129.
55. Fishman, M. J.. A Theory of Pre-emptive Takeover Bidding [J]. The Rand Journal of Economics, 1988, 19 (1): 88-101.
56. Bengtsson M., Kock S.. Coopetition0in business networks to cooperate and compete simultaneously [J]. Industrial Marketing Management, 2000 (29).
57. Hill C., Li H., Davies B.. The paradox of cooperation and competition in strategic alliances: Towards a multi-paradigm approach [J]. Management Research News, 2003 (26).
58. Rice J., Galvin P.. Alliance patterns during industry life cycle emergence: the case of Ericsson and Nokia [J]. Technovation, 2006 (26).
59. Massimo Motta, George Norman. Does economic integration cause foreign direct investment? [J]. International Economic Review, 1996, 37 (4).
60. Michael Mortimore. Corporate strategies for FDI in the context of Latin America's new economic model [J]. World Development, 2000, 28 (9).
61. Lorena Skuflic, Valerija Botric. Foreign direct investment in Southeast European

Countries: the role of the service sector [J]. Eastern European Economics, 2006, 44 (5).

62. J W Fedderke, AT Romm. Growth impact and determinants of foreign direct investment into South Africa, 1956—2003 [J]. Economic Modelling, 2006, 23 (5).

63. Matthias Busse, Carsten Hefeker. Political risk, institutions and foreign direct investment [J]. European Journal of Political Economy, 2007, 23 (2).

64. Eric Dolansky, Ilan Alon. Religious freedom, religious diversity, and Japanese-foreign direct investment [J]. Research in International Business and Finance, 2008, 22 (1).

65. Yothin Jinjarak. Foreign direct investment and macroeconomic risk [J]. Journal of Comparative Economics, 2007, 35 (3).

66. Ilan Noy, Tam B Vu. Capital account liberalization and foreign direct investment [J]. North American Journal of Economics and Finance, 2007 (18).

67. James B Ang. Determinants of foreign direct investment in Malaysia [J]. Journal of PolicyModeling, 2008, 30 (1): 185-189.

68. Sung-Hoon Lim. How investment promotion affects attracting Foreign direct investment: Analytical argument and empirical analyses [J]. International Business Review, 2008, 17 (1).

69. Yuqing Xing, Laixun Zhao. Reverse imports, foreign direct investment and exchange rates [J]. Japan and the World Economy, 2008, 20 (2).

70. Grossmann A, et al. The impact of deviation from relative purchasing power parity equilibrium on U. S. foreign direct investment [J]. The Quarterly Review of Economics and Finance, 2008, 48 (4).

71. T Ushijima. Domestic bank health and foreign direct investment [J]. J. Japanese Int. Economies, 2008, 22 (3).

72. Assaf Razina, Efraim Sadkaa. Corporate transparency, cream-skimming and FDI [J]. European Economic Review, 2007, 51 (5).

73. Ashoka Mody. Growing up with capital flows [J]. Journal of International Economics, 2005, 65 (1).

74. Yong Suhk Pak, Young-Ryeol Park. Characteristics of Japanese FDI in the East and the West: Understanding the strategic motives of Japanese investment [J]. Journal of World Business, 2005, 40 (3).

75. Sourafel Girma, Katharine Wakelin. Local productivity spillovers from foreign direct investment in the U. K. electronics industry [J]. Regional Science and Urban Economics. 2007, 37 (3).

76. Bruce A Blonigen, et al. FDI in space: spatial autoregressive relationships in foreign direct investment [J]. European Economic Review, 2007, 51 (5).

77. Eleni Ath, Kaditi. Foreign Direct Investments and Productivity Growth in the Agri-Food Sector of Eastern Europe and Central Asia: An Empirical Analysis [J]. Global Economy Journal, 2006.

78. Garrick Blalock, Paul J. Gertler. Welfare gains from Foreign Direct Investment through technology transfer to local suppliers [J]. Journal of International Economics, 2008, 74 (2).

图书在版编目（CIP）数据

跨国公司理论与实务/孔欣主编. —北京：中国人民大学出版社，2015.3
ISBN 978-7-300-20839-8

Ⅰ.①跨… Ⅱ.①孔… Ⅲ.①跨国公司-高等学校-教材 Ⅳ.①F276.7

中国版本图书馆 CIP 数据核字（2015）第 034065 号

21 世纪通识教育系列教材
跨国公司理论与实务
主　编　孔　欣
副主编　李健欣　祝　佳

出版发行	中国人民大学出版社		
社　　址	北京中关村大街 31 号	邮政编码	100080
电　　话	010－62511242（总编室）		010－62511770（质管部）
	010－82501766（邮购部）		010－62514148（门市部）
	010－62511173（发行公司）		010－62515275（盗版举报）
网　　址	http://www.crup.com.cn		
经　　销	新华书店		
印　　刷	固安县铭成印刷有限公司		
开　　本	787 mm×1092 mm　1/16	版　　次	2015 年 4 月第 1 版
印　　张	18.75	印　　次	2025 年 8 月第 3 次印刷
字　　数	443 000	定　　价	38.00 元